U0600753

现代林业理论及其应用

张 军 著

中国原子能出版社

图书在版编目（CIP）数据

现代林业理论及其应用 / 张军著. --北京：中国
原子能出版社，2023.9
ISBN 978-7-5221-2993-8

Ⅰ．①现… Ⅱ．①张… Ⅲ．①林业管理–研究 Ⅳ.
①F307.2

中国国家版本馆 CIP 数据核字（2023）第 180169 号

现代林业理论及其应用

出版发行	中国原子能出版社（北京市海淀区阜成路43号　100048）
责任编辑	白皎玮
责任印制	赵　明
印　　刷	北京天恒嘉业印刷有限公司
经　　销	全国新华书店
开　　本	787 mm×1092 mm　1/16
印　　张	23.75
字　　数	460 千字
版　　次	2023 年 9 月第 1 版　2023 年 9 月第 1 次印刷
书　　号	ISBN 978-7-5221-2993-8　　　定　价　76.00 元

发行电话：010-68452845

前　言

　　林业与绿色经济关系密切。根据联合国环境规划署（UNEP）的报告，林业的定位是绿色经济的基础和关键，森林将被作为资产进行管理和投资以实现各种效益。2011年10月，联合国森林论坛"森林对绿色经济的责任"波恩会议对林业与绿色经济的相关关系进行了深入的阐述。波恩会议认为，林业在实现绿色转型中发挥着关键作用，将对实现可持续发展和千年发展目标做出重要贡献。

　　林业是绿色经济发展的生态资本。联合国环境规划署提出，生态系统管理在绿色经济发展中发挥着重要作用。森林是重要而独特的战略资源和能源，具有可再生性、多样性、多功能性，是发展绿色经济十分重要的自然资产。许多林业产业本身就是绿色产业。林业为绿色经济的发展创造了绿色财富，为绿色经济的物质基础提供了强大保障。

　　本书对现代林业发展和林业经济等主题展开探究，希望能够通过相应理论研究对我国的林业实际发展起到促进作用。

　　笔者在本书撰写过程中，参阅了大量近年来出版的同类著作，借鉴和吸收了许多国内外专家学者、同仁的研究成果，在此谨向提供了有益观点和理论的学者表示感谢！由于撰写时间和笔者水平有限，难免有疏忽、谬误之处，敬请各位读者、专家、同行批评指正，以便今后改进和完善。

目　录

第一章　现代林业基本理论

第一节　我国林业资源现状与功能

一、我国林业的资源状况

（一）森林资源

全国第八次森林资源清查数据显示，我国现有林业用地 3.13 亿 hm²，森林面积 2.08 亿 hm²，活立木蓄积量 164.33 亿 m³，森林蓄积 151.37 亿 m³，森林覆盖率为 21.63%。天然林面积 1.22 亿 hm²，蓄积 122.96 亿 m³；人工林面积 0.69 亿 hm²，蓄积 24.83 亿 m³。森林面积和森林蓄积分别位居世界第 5 位和第 6 位，人工林面积仍居世界首位。

（二）湿地资源

我国是湿地大国，全国第二次湿地资源调查结果显示，我国现有湿地面积 5 360.26 万 hm²，湿地面积占国土面积的比率（湿地率）为 5.58%。本次调查将湿地分为 5 类，其中近海与海岸湿地 579.59 万 hm²、河流湿地 1 055.21 万 hm²、湖泊湿地 859.38 万 hm²、沼泽湿地 2 173.29 万 hm²、人工湿地 674.59 万 hm²。从分布情况看，青海、西藏、内蒙古、黑龙江 4 省区湿地面积均超过 500 万 hm²，约占全国湿地总面积的 50%。目前，我国湿地保护还面临着湿地面积减少、功能有所减退、受威胁压力持续增大、保护空缺较多等问题。

（三）野生动植物资源

我国作为一个幅员辽阔、自然条件复杂多样的国家，拥有丰富的野生动植物资源。

据统计，全国约有高等植物 3.28 万种，占世界高等植物种类的 10%以上，被子植物约 2.5 万种，占世界被子植物 20 万种的 12.5%，在世界各国中居第三位。脊椎动物达 4 400 多种，约占世界总数的 10%以上。植物中约有 200 种属于中国所特有。动物中的大熊猫、金丝猴、华南虎、台湾猴、扬子鳄、中华鲟等都为中国所特有。然而，由于人口的迅速增加，对自然环境的开发强度的加大，改变和破坏了物种的生存环境，使得许多物种处于濒危状态，甚至灭绝。

（四）可利用荒漠化资源

我国第五次荒漠化和沙化监测结果表明，2014 年全国荒漠化土地总面积为 261.16 万 km²，占国土总面积的 27.20%。我国荒漠化土地分布于北京、天津、河北、山西、内蒙古、辽宁、吉林、山东、河南、海南、四川、云南、西藏、陕西、甘肃、青海、宁夏、新疆 18 个省（自治区、直辖市）的 528 个县（旗、市、区）。其中新疆、内蒙古、西藏、甘肃、青海 5 个省（自治区）的荒漠化占全国荒漠化总面积的 95.64%，其他 13 个省（自治区、直辖市）的荒漠化面积仅占全国荒漠化总面积的 4.36%。荒漠化地区具有丰富多样的旅游资源、野生动植物资源等，其土地资源丰富，光、热条件好，是未来有待进一步开发利用的重要区域。

二、我国林业的资源分布

（一）森林资源

林业资源的核心是森林资源，根据《中国森林资源状况》，在行政区划的基础上，依据自然条件、历史条件和发展水平，把全国划分为：东北地区、华北地区、西北地区、西南地区、华南地区、华东地区和华中地区，进行森林资源的格局特征分析。

1. 东北地区

东北林区是中国重要的重工业和农林牧生产基地，包括辽宁、吉林和黑龙江省，跨越寒温带、中温带、暖温带，属大陆性季风气候。除长白山部分地段外，地势平缓，分布落叶松、红松林及云杉、冷杉和针阔混交林，是中国森林资源集中分布区之一，森林覆盖率 41.60%。全区林业用地面积 3 763.48 万 hm²，占土地面积的 47.68%，活立木总蓄积量 300 227.97 万 m³，占全国活立木总蓄积量的 18.27%，其中森林蓄积 281 790.67 万 m³，占该区活立木总蓄积量的 93.86%。

2. 华北地区

华北地区包括北京、天津、河北、山西和内蒙古。该区自然条件差异较大，跨越温带、暖温带，以及湿润、半温润、干旱和半干旱区，属大陆性季风气候。分布有松柏林、松栎林、云杉林、落叶阔叶林，以及内蒙古东部兴安落叶松林等多种森林类型，除内蒙古东部的大兴安岭为森林资源集中分布的林区外，其他地区均为少林区。全区森林覆盖率 21.43%，全区林业用地面积 5 999.49 万 hm²，占土地面积的 39.21%，活立木总蓄积量 174 819.55 万 m³，占全国活立木总蓄积量的 10.64%，其中森林蓄积 156 843.91 万 m³，占该区活立木总蓄积量的 89.72%。

3. 西北地区

西北地区包括陕西、甘肃、宁夏、青海和新疆。该区自然条件差，生态环境脆弱，境内大部分为大陆性气候，寒暑变化剧烈，除陕西和甘肃东南部降水丰富外，其他地区降水量稀少，为全国最干旱的地区，森林资源稀少，森林覆盖率仅为 8.16%。森林主要分布在秦岭、大巴山、小陇山、洮河和白龙江流域、黄河上游、贺兰山、祁连山、天山、阿尔泰山等处，以暖温带落叶阔叶林、北亚热带常绿落叶阔叶混交林，以及山地针叶林为主。全区林业用地面积 4 358.97 万 hm²，占土地面积的 14.07%，活立木总蓄积量 110 907.49 万 m³，占全国活立木总蓄积量的 6.75%，其中森林蓄积 99 692.12 万 m³，占该区活立木总蓄积量的 89.89%。

4. 华中地区

华中地区包括安徽、江西、河南、湖北和湖南。该区南北温差大，夏季炎热，冬季比较寒冷，降水量丰富，常年降水量比较稳定，水热条件优越。森林主要分布在神农架、沅江流域、资江流域、湘江流域、赣江流域等处，主要为常绿阔叶林，并混生落叶阔叶林，马尾松、杉木、竹类分布面积也非常广，森林覆盖率 39.87%。全区林业用地面积 4 120.45 万 hm²，占土地面积的 47.38%，活立木总蓄积量 160 259.39 万 m³，占全国活立木总蓄积量的 9.75%，其中森林蓄积 137 762.27 万 m³，占该区活立木总蓄积量的 85.96%。

5. 华南地区

华南地区包括广东、广西、海南和福建。该区气候炎热多雨，无真正的冬季，跨越南亚热带和热带气候区，分布有南亚热带常绿阔叶林、热带雨林和季雨林，森林覆盖率为 56.69%。全区林业用地面积 1 891.28 万 hm²，占土地面积的 33.12%，活立木总蓄积量 170 040.3 万 m³，占全国活立木总蓄积量的 10.35%，其中森林蓄积 156 319.49 万 m³，占该区活立木总蓄积量的 91.93%。

6. 华东地区

华东地区包括上海、江苏、浙江和山东。该区临近海岸地带，其大部分地区因受台风影响获得降水，降水量丰富，而且四季分配比较均匀，森林类型多样，树种丰富，低山丘陵以常绿阔叶林为主，森林覆盖率为 23.37%。全区林业用地面积 847.17 万 hm²，占土地面积的 23.37%，活立木总蓄积量 45 427.34 万 m³，占全国活立木总蓄积量的 2.76%，其中森林蓄积 37 255.89 万 m³，占该区活立木总蓄积量的 82.01%。

7. 西南地区

西南地区包括重庆、四川、云南、贵州和西藏。该区垂直高差大，气温差异显著，形成明显的垂直气候带与相应的森林植被带，森林类型多样，树种丰富，森林覆盖率仅为 16.78%。森林主要分布在岷江上游流域、青衣江流域、大渡河流域、雅砻江流域、金沙江流域、澜沧江和怒江流域、滇南山区、大围山、渠江流域、峨眉山等处全区林业用地面积 10 278.16 万 hm²，占土地面积的 43.67%，活立木总蓄积量 681 598.58 万 m³，占全国活立木总蓄积量的 41.48%，其中森林蓄积 644 065.37 万 m³，占该区活立木总蓄积量的 94.49%。

（二）湿地资源

从 1995 年至 2003 年国家林业局组织开展了中华人民共和国成立以来首次大规模的全国湿地资源调查。根据国家林业局 2003 年《全国湿地资源调查简报》，中国湿地分布较为广泛，几乎各地都有，受自然条件的影响，湿地类型的地理分布有明显的区域差异。

1. 沼泽分布

我国沼泽以东北三江平原、大兴安岭、小兴安岭、长白山地、四川若尔盖和青藏高原为多，各地河漫滩、湖滨、海滨一带也有沼泽发育，山区多木本沼泽，平原则草本沼泽居多。

2. 湖泊湿地分布

我国的湖泊湿地主要分布于长江及淮河中下游、黄河及海河下游和大运河沿岸的东部平原地区湖泊、蒙新高原地区湖泊、云贵高原地区湖泊、青藏高原地区湖泊、东北平原地区与山区湖泊。

3. 河流湿地分布

因受地形、气候影响，河流在地域上的分布很不均匀，绝大多数河流分布在东部气候湿润多雨的季风区；西北内陆气候干旱少雨，河流较少，并有大面积的无流区。

4. 近海与海岸湿地

我国近海与海岸湿地主要分布于沿海省份，以杭州湾为界，杭州湾以北除山东半岛、辽东半岛的部分地区为岩石性海滩外，多为沙质和淤泥质海滩，由环渤海滨海和江苏滨海湿地组成；杭州湾以南以岩石性海滩为主，主要有钱塘江—杭州湾湿地、晋江口—泉州湾湿地、珠江口河口湾和北部湾湿地等。

5. 库塘湿地

属于人工湿地，主要分布于我国水利资源比较丰富的东北地区、长江中上游地区、黄河中上游地区，以及广东等地区。

三、我国林业的主要功能

根据联合国《千年生态系统评估报告》，生态系统服务功能包括生态系统对人类可以产生直接影响的调节功能、供给功能和文化功能，以及对维持生态系统的其他功能具有重要作用的支持功能（如土壤形成、养分循环和初级生产等）。生态系统服务功能的变化通过影响人类的安全、维持高质量生活的基本物质需求、健康，以及社会文化关系等而对人类福利产生深远的影响。林业资源作为自然资源的组成部分，同样具有调节、供给和文化三大服务功能。调节服务功能包括固碳释氧、调节小气候、保持水土、防风固沙、涵养水源和净化空气等方面；供给服务功能包括提供木材与非木质林产品；文化服务功能包括美学与文学艺术、游憩与保健疗养、科普与教育、宗教与民俗等方面。

（一）固碳释氧

森林作为陆地生态系统的主体，在稳定和减缓全球气候变化方面起着至关重要的作用。森林植被通过光合作用可以吸收固定二氧化碳，成为陆地生态系统中二氧化碳最大的贮存库和吸收汇。而开荒、土地退化、筑路和城市扩张导致毁林，也导致温室气体向大气排放。以森林保护、造林和减少毁林为主要措施的森林减排已经成为应对气候变化的重要途径。

据 IPCC 估计，全球陆地生态系统碳贮量约 2 480 Gt，其中植被碳贮量约占 20%，土壤碳约占 80%。占全球土地面积 27.6% 的森林，其森林植被的碳贮量约占全球植被的 77%，森林土壤的碳贮量约占全球土壤的 39%。单位面积森林生态系统碳贮量是农地的 1.9～5 倍，土壤和植被碳库的比率在北方森林为 5，但在热带林仅为 1。可见，森林生态系统是陆地生态系统中最大的碳库，其增加或减少都将对大气二氧化碳产生重要影响。

人类使用化石燃料、进行工业生产以及毁林开荒等活动导致大量的二氧化碳向大气排放，使大气二氧化碳浓度显著增加。陆地生态系统和海洋吸收其中的一部分排放，但全球排放量与吸收量之间仍存在不平衡。这就是被科学界常常提到的二氧化碳失汇现象。

最近几十年来城市化程度不断加快，人口数量不断增长，工业生产逐渐密集，呼吸和燃烧消耗了大量氧气、排放了大量二氧化碳。迄今为止，任何发达的生产技术都不能代替植物的光合作用。地球大气中大约有 1.2×10^{25} t 氧气，这是绿色植物经历大约 32 亿年漫长岁月，通过光合作用逐渐积累起来的，现在地球上的植被每年可新增 7.0×10^{10} t 氧气。据测定，一株 100 年生的山毛榉树（具有叶片表面积 1 600 m²）每小时可吸收二氧化碳 2.35 kg，释放氧气 1.71 kg。1 hm² 森林通过光合作用，每天能生产 735 kg 氧气，吸收 1 005 kg 二氧化碳。

（二）调节小气候

1. 调节温度作用

林带改变气流结构和降低风速作用的结果必然会改变林带附近的热量收支，从而引起温度的变化。但是，这种过程十分复杂，影响防护农田内气温因素不仅包括林带结构、下垫面性状，而且还涉及风速、湍流交换强弱、昼夜时相、季节、天气类型、地域气候背景等。

在实际蒸散和潜在蒸散接近的湿润地区，防护区内影响温度的主要因素为风速，在风速降低区内，气温会有所增加；在实际蒸散小于潜在蒸散的半湿润地区，由于叶面气孔的调节作用开始产生影响，一部分能量没有被用于土壤蒸发和植物蒸腾而使气温降低，因此这一地区的防护林对农田气温的影响具有正负两种可能性。在半湿润易干旱或比较干旱地区，由于植物蒸腾作用而引起的降温作用比因风速降低而引起的增温作用程度相对显著，因此这一地区防护林具有降低农田气温的作用。我国华北平原属于干旱半干旱季风气候区，该地区的农田防护林对温度影响的总体趋势是夏秋季节和白天具有降温作用，对春冬季节和夜间气温具有升温及气温变幅减小作用。据河南省林业科学研究院测定：豫北平原地区农田林网内夏季日平均气温比空旷地低 0.5 ℃～2.6 ℃，在冬季比空旷地高 0.5 ℃～0.7 ℃；在严重干旱的地区，防护林对农田实际蒸散的影响较小，这时风速的降低成为影响气温决定因素，防护林可导致农田气温升高。

2. 调节林内湿度作用

在防护林带作用范围内，风速和乱流交换的减弱，使得植物蒸腾和土壤蒸发的水分在近地层大气中逗留的时间要相对延长，因此，近地面的空气湿度常常高于旷野。宋兆明等研究证实：黄淮海平原黑龙港流域农田林网内活动面上相对湿度大于旷野，其变化值在 1%～7%。王学雷研究表明：江汉平原湖区农田林网内相对湿度比空旷地提高了 3%～5%。据在甘肃河西走廊的研究，林木初叶期，林网内空气相对湿度可提高 3%～14%，全叶期提高 9%～24%，在生长季节中，一般可使网内空气湿度提高 7% 左右。李增嘉对山东平原县 3 m×15 m 的桃麦、梨麦、苹麦间作系统的小气候效应观测研究表明：小麦乳熟期间，麦桃、麦梨间做系统空气相对湿度比单作麦田分别提高 9.5%、3%和 13.1%。据研究株行距 4 m×25 m 的桐粮间作系统、3 m×20 m 的杨粮系统在小麦灌浆期，对比单作麦田，相对湿度分别提高 7%～10%和 6%～11%，可有效地减轻干热风对小麦的危害。宫伟光等对东北松嫩平原 5 m×30 m 樟子松间作式草牧场防护林小气候效应研究表明：幼龄期春季防护林网内空气湿度比旷野高 6.89%。

3. 调节风速

防护林最显著的小气候效应是防风效应或风速减弱效应。人类营造防护林最原始的目的就是借助防护林减弱风力，减少风害。故防护林素有"防风林"之称。防护林减弱风力的主要原因有：（1）林带对风起一种阻挡作用，改变风的流动方向，使林带背风面的风力减弱；（2）林带对风的阻力，从而夺取风的动量，使其在地面逸散，风因失去动量而减弱；（3）减弱后的风在下风方向不用经过很久即可逐渐恢复风速，这是因为通过湍流作用，有动量从风力较强部分被扩散的缘故。从力学角度而言，防护林防风原理在于气流通过林带时，削弱了气流动能而减弱了风速。动能削弱的原因来自三个方面：其一，气流穿过林带内部时，由于与树干及枝叶的摩擦，使部分动能转化为热能部分，与此同时由于气流受林木类似筛网或栅栏的作用，将气流中的大旋涡分割成若干小旋涡而消耗了动能，这些小旋涡又互相碰撞和摩擦，进一步削弱了气流的大量能量；其二，气流翻越林带时，在林带的抬升和摩擦下，与上空气流汇合，损失部分动能；其三，穿过林带的气流和翻越林带的气流，在背风面一定距离内汇合时，又造成动能损失，致使防护林背风区风速减弱最为明显。

（三）保持水土

1. 森林对降水再分配作用

降水经过森林冠层后发生再分配过程，再分配过程包括 3 个不同的部分，即穿透降水、径流水和截留降水。穿透降水是指从植被冠层上滴落下来的或从林冠空隙处直接降落下来的那部分降水；径流水是指沿着树干流至土壤的那部分水分；截留降水系指雨水以水珠或薄膜形式被保持在植物体表面、树皮裂隙中，以及叶片与树枝的角隅等处，截留降水很少达到地面，而通过物理蒸发返回到大气中。

森林冠层对降水的截留受到众多因素的影响，主要有降水量、降水强度和降水的持续时间以及当地的气候状况，并与森林组成、结构、郁闭度等因素密切相关。根据观测研究，我国主要森林生态系统类型的林冠年截留量平均值为 134.0～626.7 mm，变动系数 14.27%～40.53%，热带山地雨林的截留量最大，为 626.7 mm，寒温带、温带山地常绿针叶林的截留量最小，只有 134.0 mm，两者相差 4.68 倍。我国主要森林生态系统林冠的截留率的平均值为 11.40%～34.34%，变动系数 6.86%～55.05%。亚热带、热带西南部高山常绿针叶林的截留损失率最大，为 34.34%；亚热带山地常绿落叶阔叶混交林截留损失率最小，为 11.4%。

研究表明，林分郁闭度对林冠截留的影响远大于树种间的影响。森林的覆盖度越高，层次结构越复杂，降水截留的层面越多，截留量也越大。例如，川西高山云杉、冷杉林，郁闭度为 0.7 时，林冠截留率为 24%，郁闭度降为 0.3 时截留率降至 12%；华山松林分郁闭度从 0.9 降为 0.7，林冠截留率降低 6.08%。

2. 森林对地表径流的作用

（1）森林对地表径流的分流阻滞作用

当降雨量超过森林调蓄能力时，通常产生地表径流，但是降水量小于森林调蓄水量时也可能会产生地表径流。分布在不同气候地带的森林都具有减少地表径流的作用。在热带地区，对热带季雨林与农地（刀耕火种地）的观测表明，林地的地表径流系数在 1% 以下，最大值不到 10%；而农地则多为 10%～50%，最大值超过 50%，径流次数也比林地多约 20%，径流强度随降雨量和降雨时间增加而增大的速度和深度也比林地突出。

（2）森林延缓地表径流历时的作用

森林不但能够有效地削减地表径流量，而且还能延缓地表径流历时。一般情况下，降水持续时间越长，产流过程越长；降水初始与终止时的强度越大，产流前土壤越湿润，产流开始的时间就越快，而结束径流的时间就越短。这是地表径流与降水过程的一般规律。从森林生态系统的结构和功能分析，森林群落的层次结构越复杂，枯枝落叶层越厚，土壤孔隙越发育，产流开始的时间就越短，结束径流的时间相对较晚，森林削减和延缓地表径流的效果越明显。例如在相同的降水条件下，不同森林类型的产

8

流与终止时间分别比降水开始时间推迟 7～50 min，而结束径流的时间又比降水终止时间推后 40～500 min。结构复杂的森林削减和延缓径流的作用远比结构简单的草坡地强。在多次出现降水的情况下，森林植被出现的洪峰均比草坡地的低；而在降水结束，径流逐渐减少时，森林的径流量普遍比草坡地大，明显地显示出森林削减洪峰、延缓地表径流的作用。但是，发育不良的森林，例如只有乔木层，无灌木、草本层和枯枝落叶层，森林调节径流量和延缓径流过程的作用会大大削弱，甚至也可能产生比草坡地更高的径流流量。

（3）森林对土壤水蚀的控制作用

森林地上和地下部分的防止土壤侵蚀功能，主要有几个方面：① 林冠可以拦截相当数量的降水量，减弱暴雨强度和延长其降落时间；② 可以保护土壤免受破坏性雨滴的机械破坏；③ 可以提高土壤的入渗力，抑制地表径流的形成；④ 可以调节融雪水，使吹雪的程度降到最低；⑤ 可以减弱土壤冻结深度，延缓融雪，增加地下水储量；⑥ 根系和树干可以对土壤起到机械固持作用；⑦ 林分的生物小循环对土壤的理化性质、抗水蚀、风蚀能力起到改良作用。

（四）防风固沙

1. 固沙作用

森林以其茂密的枝叶和聚积枯落物庇护表层沙粒，避免风的直接作用；同时植被作为沙地上一种具有可塑性结构的障碍物，使地面粗糙度增大，大大降低近地层风速；植被可加速土壤形成过程，提高黏结力，根系也起到固结沙粒作用；植被还能促进地表形成"结皮"，从而提高临界风速值，增强了抗风蚀能力，起到固沙作用，其中植被降低风速作用最为明显也最为重要。植被降低近地层风速作用大小与覆盖度有关，覆盖度越大，风速降低值越大。内蒙古农业大学林学院通过对各种灌木测定，当植被覆盖度大于 30%时，一般都可降低风速 40%以上。

2. 阻沙作用

由于风沙流是一种贴近地表的运动现象，因此，不同植被固沙和阻沙能力的大小，主要取决于近地层枝叶分布状况。近地层枝叶浓密，控制范围较大的植物，其固沙和阻沙能力也较强。在乔、灌、草 3 类植物中，灌木多在近地表处丛状分枝，固沙和阻沙能力较强。乔木只有单一主干，固沙和阻沙能力较小，有些乔木甚至树冠已郁闭，表层沙仍然继续流动。多年生草本植物基部丛生亦具固沙和阻沙能力，但比之灌木植株低矮，固沙范围和积沙数量均较低，加之入冬后地上部分干枯，所积沙堆因重新裸露而遭吹蚀，因此不稳定。这也是在治沙工作中选择植物种时首选灌木的原因之一。不同灌木，其近地层枝叶分布情况和数量亦不同，固沙和阻沙能力也有差异，因而选择时应进一步分析。

3. 对风沙土的改良作用

植被固定流沙以后，大大加速了风沙土的成土过程。植被对风沙土的改良作用，主要表现在以下几个方面。（1）机械组成发生变化，粉粒、黏粒含量增加。（2）物理性质发生变化，比重、容重减少，孔隙度增加。（3）水分性质发生变化，田间持水量增加，透水性减慢。（4）有机质含量增加。（5）氮、磷、钾三要素含量增加。（6）碳酸钙含量增加，pH 值提高。（7）土壤微生物数量增加。据中国科学院兰州沙漠研究所陈祝春等人测定，沙坡头植物固沙区（25 年），表面 1 cm 厚土层微生物总数 243.8 万个/（g 干土），流沙仅为 7.4 万个/（g 干土），约比流沙增加 30 多倍。（8）沙层含水率减少，据陈世雄在沙坡头观测，幼年植株耗水量少，对沙层水分影响不大，随着林龄的增加，对沙层水分产生显著影响。在降水较多年份，如 1979 年 4—6 月所消耗的水分，能在雨季得到一定补偿，沙层内水分含量可恢复到 2%左右；而降水较少年份，如1974 年，降雨仅 154 mm，补给量少，0～150 cm 深的沙层内含水率下降至 1.0%以下，严重影响着植物的生长发育。

（五）涵养水源

1. 净化水质作用

森林对污水净化能力也极强。据测定，从空旷的山坡上流下的水中，污染物的含量为 169 g/m²，而从林中流下来的水中污染物的含量只有 64 g/m²。污水通过 30～40 m的林带后，水中所含的细菌数量比不经过林带的减少 50%。一些耐水性强的树种对水中有害物质有很强的吸收作用，如柳树对水溶液中的氰化物去除率达 94%～97.8%。湿地生态系统则可以通过沉淀、吸附、离子交换、络合反应、硝化、反硝化、营养元素的生物转化和微生物分解过程处理污水。

2. 削减洪峰

森林通过乔、灌、草及枯落物层的截持含蓄、大量蒸腾、土壤渗透、延缓融雪等过程，使地表径流减少，甚至为零，从而起到削减洪水的作用。这一作用的大小，又受到森林类型、林分结构、林地土壤结构和降水特性等的影响。通常，复层异龄的针阔混交林要比单层同龄纯林的作用大，对短时间降水过程的作用明显，随降水时间的延长，森林的削洪作用也逐渐减弱，甚至到零。因此，森林的削洪作用有一定限度，但不论作用程度如何，各地域的测定分析结果证实，森林对削减洪峰有作用。

（六）净化空气

1. 滞尘作用

大气中的尘埃是造成城市能见度低和对人体健康产生严重危害的主要污染物之一。据统计，全国城市中有一半以上大气中的总悬浮颗粒物（TSP）年平均质量浓度超过 310 μg/m³，百万人口以上的大城市的 TSP 浓度更大，一半以上超过 410 μg/m³，超标的大城市占 93%。人们在积极采取措施减少污染源的同时，更加重视增加城市植被覆盖，发挥森林在滞尘方面的重要作用。据测定：每公顷云杉林每年可固定尘土 32 t，每公顷欧洲山毛榉每年可固定尘土 68 t。据天津市园林局统计，天津市区 2002 年有以树木为主的绿地 3 500 hm²，一年可以吸附或阻挡沙尘 4.2 万多 t。

2. 杀菌作用

植物的绿叶，能分泌出如酒精、有机酸和萜类等挥发性物质，可杀死细菌、真菌和原生动物。如香樟、松树等能够减少空气中的细菌数量，1 hm² 松、柏每日能分泌 60 kg 杀菌素，可杀死白喉、肺结核、痢疾等病菌。另外，树木的枝叶可以附着大量的尘埃，因而减少了空气中作为有害菌载体的尘埃数量，也就减少了空气中的有害菌数量，净化了空气。绿地不仅能杀灭空气中的细菌，还能杀灭土壤里的细菌。有些树林能杀灭流过林地污水中的细菌，如 1 m³ 污水通过 30～40 m 宽的林带后，其含菌量比经过没有树林的地面减少一半；又如通过 30 年生的杨树、桦树混交林，细菌数量能减少 90%。

杀菌能力强的树种有夹竹桃、稠李、高山榕、樟树、桉树、紫荆、木麻黄、银杏、桂花、玉兰、千金榆、银桦、厚皮香、柠檬、合欢、圆柏、核桃、核桃楸、假槟榔、木菠萝、雪松、刺槐、垂柳、落叶松、柳杉、云杉、柑橘、侧柏等。

3. 增加空气中负离子及保健物质含量

森林能增加空气负离子含量。森林的树冠、枝叶的尖端放电，以及光合作用过程的光电效应均会促使空气电解，产生大量的空气负离子。空气负离子能吸附、聚集和沉降空气中的污染物和悬浮颗粒，使空气得到净化。空气中正、负离子可与未带电荷的污染物相互作用结合，对工业上难以除去的飘尘有明显的沉降效果。空气负离子同时有抑菌、杀菌和抑制病毒的作用。空气负离子对人体具有保健作用，主要表现在调节神经系统和大脑皮层功能，加强新陈代谢，促进血液循环，改善心、肺、脑等器官的功能等。

植物的花叶、根芽等组织的油腺细胞不断地分泌出一种浓香的挥发性有机物，这种气体能杀死细菌和真菌，有利于净化空气、提高人们的健康水平，被称为植物精气。森林植物精气的主要成分是芳香性碳水化合物——萜烯，主要包含有香精油、酒精、有机酸、醚、酮等。这些物质有利于人们的身体健康，除杀菌外，对人体有抗炎症、抗风湿、抗肿瘤、促进胆汁分泌等功效。

第二节　现代林业的概念与内涵

现代林业是一个具有时代特征的概念，随着经济社会的不断发展，现代林业的内涵也在不断地发生着变化。正确理解和认识新时期现代林业的基本内涵，对于指导现代林业建设的实践具有重要的意义。

一、现代林业的概念

早在改革开放初期，我国就有人提出了建设现代林业。当时人们简单地将现代林业理解为林业机械化，后来又走入了只讲生态建设，不讲林业产业的朴素生态林业的误区。张新中在《现代林业论》（1995）一书中对现代林业的定义是：现代林业即在现代科学认识基础上，用现代技术装备武装和现代工艺方法生产，以及用现代科学方法管理的，并可持续发展的林业。徐国祯提出，区别于传统林业，现代林业是在现代科学的思维方式指导下，以现代科学理论、技术与管理为指导，通过新的森林经营方式与新的林业经济增长方式，达到充分发挥森林的生态、经济、社会与文明功能，担负起优化环境，促进经济发展，提高社会文明，实现可持续发展的目标和任务。江泽慧在《中国现代林业》（2000）中提出：现代林业是充分利用现代科学技术和手段，全社会广泛参与保护和培育森林资源，高效发挥森林的多种功能和多重价值，以满足人类日益增长的生态、经济和社会需求的林业。

关于现代林业起步于何时，学术界有着不同的看法。有的学者认为，大多数发达国家的现代林业始于第二次世界大战之后，我国则始于 1949 年中华人民共和国成立。也有的学者认为，就整个世界而言，进入后工业化时期，即进入现代林业阶段，因为此时的森林经营目标已经从纯经济物质转向了环境服务兼顾物质利益。而在中华人民共和国成立后，我国以采伐森林提供木材为重点，同时大规模营造人工林，长期处于传统林业阶段，从 20 世纪 70 年代末开始，随着经济体制改革，才逐步向现代林业转轨。还有的学者通过对森林经营思想的演变，以及经营利用水平、科技水平的高低等方面进行比较，认为 1992 年的联合国环境与发展大会标志着林业发展从此进入了林业生态、社会和经济效益全面协调、可持续发展的现代林业发展阶段。

以上专家学者提出的现代林业的概念，都反映了当时林业发展的方向和时代的特征。今天，林业发展的经济和社会环境、公众对林业的需求等都发生了很大的变化，如何界定现代林业这一概念，仍然是建设现代林业中首先应该明确的问题。

从字面上看，现代林业是一个偏正结构的词组，包括"现代"和"林业"两个部分，前者是对后者的修饰和限定。汉语词典对"现代"一词有以下几种释义：一是指当今的时代，可以对应于从前的或过去的；二是新潮的、时髦的意思，可以对应于传统的或落后的；三是历史学中特定的时代划分，即鸦片战争前为古代、鸦片战争以后到中华人民共和国成立前为近代、中华人民共和国成立以来即为现代。本书认为，现代林业并不是一个历史学概念，而是一个相对的和动态的概念，无须也无法界定其起点和终点。对于现代林业中的"现代"应该从前两个含义进行理解，也就是说现代林业应该是能够体现当今时代特征的、先进的、发达的林业。

随着时代的发展，林业本身的范围、目标和任务也在发生着变化。从林业资源所涵盖的范围来看，我国的林业资源不仅包括林地、林木等传统的森林资源，同时还包括湿地资源、荒漠资源，以及以森林、湿地、荒漠生态系统为依托而生存的野生动植物资源。从发展目标和任务看，已经从传统的以木材生产为核心的单目标经营，转向重视林业资源的多种功能、追求多种效益，我国林业不仅要承担木材及非木质林产品供给的任务，同时还要在维护国土生态安全、改善人居环境、发展林区经济、促进农民增收、弘扬生态文化、建设生态文明中发挥重要的作用。

综合以上两个方面的分析，衡量一个国家或地区的林业是否达到了现代林业的要求，最重要的就是考察其发展理念、生产力水平、功能和效益是否达到了所处时代的领先水平。建设现代林业就是要遵循当今时代最先进的发展理念，以先进的科学技术、精良的物质装备和高素质的务林人为支撑，运用完善的经营机制和高效的管理手段，建设完善的林业生态体系、发达的林业产业体系和繁荣的生态文化体系，充分发挥林业资源的多种功能和多重价值，最大限度地满足社会的多样化需求。

按照伦理学的理论，概念是对事物最一般、最本质属性的高度概括，是人类抽象的、普遍的思维产物。先进的发展理念、技术和装备、管理体制等都是建设现代林业过程中的必要手段，而最终体现出来的是林业发展的状态和方向。因此，现代林业就是可持续发展的林业，它是指充分发挥林业资源的多种功能和多重价值，不断满足社会多样化需求的林业发展状态和方向。

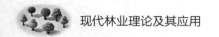

二、现代林业的内涵

内涵是对某一概念中所包含的各种本质属性的具体界定。虽然"现代林业"这一概念的表述方式可以是相对不变的，但是随着时代的变化，其现代的含义和林业的含义都是不断丰富和发展的。

对于现代林业的基本内涵，在不同时期，国内许多专家给予了不同的界定。有的学者认为，现代林业是由一个目标（发展经济、优化环境、富裕人民、贡献国家）、两个要点（森林和林业的新概念）、三个产业（林业第三产业、第二产业、第一产业）彼此联系在一起综合集成形成的一个高效益的林业持续发展系统。还有的学者认为，现代林业强调以生态环境建设为重点，以产业化发展为动力，全社会广泛参与和支持为前提，积极广泛地参与国际交流合作，从而实现林业资源、环境和产业协调发展，经济、环境和社会效益高度统一的林业。现代林业与传统林业相比，其优势在于综合效益高，利用范围大，发展潜力突出。

江泽慧（2000 年）将现代林业的内涵概述为：以可持续发展理论为指导，以生态环境建设为重点，以产业化发展为动力，以全社会共同参与和支持为前提，广泛地参与国际交流与合作，实现林业资源、环境和产业协调发展，环境效益、经济效益和社会效益高度统一。

贾治邦（2006 年）指出：现代林业，就是科学发展的林业，以人为本、全面协调可持续发展的林业，体现现代社会主要特征，具有较高生产力发展水平，能够最大限度拓展林业多种功能，满足社会多样化需求的林业。同时，从发展理念、经营目标、科学技术、物质装备、管理手段、市场机制、法律制度、对外开放、人员素质 9 个方面论述了建设现代林业的基本要求，这一论述较为全面地概括了现代林业的基本内涵。

综上所述，中国现代林业的基本内涵可表述为：以建设生态文明社会为目标，以可持续发展理论为指导，用多目标经营做大林业，用现代科学技术提升林业，用现代物质条件装备林业，用现代信息手段管理林业，用现代市场机制发展林业，用现代法律制度保障林业，用扩大对外开放拓展林业，用高素质新型务林人推进林业，努力提高林业科学化、机械化和信息化水平，提高林地产出率、资源利用率和劳动生产率，提高林业发展的质量、素质和效益，建设完善的林业生态体系、发达的林业产业体系和繁荣的生态文化体系。

（一）现代发展理念

理念就是理性的观念，是人们对事物发展方向的根本思路。现代林业的发展理念，就是通过科学论证和理性思考而确立的未来林业发展的最高境界和根本观念，主要解决林业发展走什么道路、达到什么样的最终目标等根本方向问题。因此，现代林业的发展理念，必须是最科学的，既符合当今世界林业发展潮流，又符合中国的国情和林情。

中国现代林业的发展理念应该是：以可持续发展理论为指导，坚持以生态建设为主的林业发展战略，全面落实科学发展观，最终实现人与自然和谐的生态文明社会。这一发展理念的四个方面是一脉相承的，也是一个不可分割的整体。建设人与自然和谐的生态文明社会，是党的十七大报告提出的实现全面建成小康社会目标的新要求之一，是落实科学发展观的必然要求，也是"三生态"战略思想的重要组成部分，充分体现了可持续发展的基本理念，成为现代林业建设的最高目标。

可持续发展理论是在人类社会经济发展面临着严重的人口、资源与环境问题的背景下产生和发展起来的，联合国环境规划署把可持续发展定义为满足当前需要而又不削弱子孙后代满足其需要之能力的发展。可持续发展的核心是发展，重要标志是资源的永续利用和良好的生态环境。可持续发展要求既要考虑当前发展的需要，又要考虑未来发展的需要，不以牺牲后代人的利益为代价。在建设现代林业的过程中，要充分考虑发展的可持续性，既充分满足当代人对林业三大产品的需求，又不对后代人的发展产生影响。大力发展循环经济，建设资源节约型、生态良好和环境友好型社会，必须合理利用资源、大力保护自然生态和自然资源，恢复、治理、重建和发展自然生态和自然资源，是实现可持续发展的必然要求。可持续林业从健康、完整的生态系统、生物多样性、良好的环境及主要林产品持续生产等诸多方面，反映了现代林业的多重价值观。

（二）多目标经营

森林具有多种功能和多种价值，从单一的经济目标向生态、经济、社会多种效益并重的多目标经营转变，是当今世界林业发展的共同趋势。由于各国的国情、林情不同，其林业经营目标也各不相同。德国、瑞士、法国、奥地利等林业发达国家在总结几百年来林业发展经验和教训的基础上提出了近自然林业模式；美国提出了从人工林计划体系向生态系统经营的过渡；日本则通过建设人工培育天然林、复层林、混交林等措施来确保其多目标的实现。20世纪80年代中期，我国对林业发展道路进行了深入系统的研究和探索，提出了符合我国国情、林情的林业分工理论，按照林业的主导功能特点或要求划类，并按各类的特点和规律运行的林业经营体制和经营模式，通过森林功能性分类，充分发挥林业资源的多种功能和多种效益，不断增加林业生态产品、物质产品和文化产品的有效供给，持续不断地满足社会和广大民众对林业的多样化需求。

中国现代林业的最终目标是建设生态文明社会，具体目标是实现生态、经济、社会三大效益的最大化。

第三节　我国现代林业建设的主要任务与困难

一、我国现代林业建设的主要任务

发展现代林业，建设生态文明是中国林业发展的方向、旗帜和主题。现代林业建设的主要任务是，按照生态良好、产业发达、文化繁荣、发展和谐的要求，着力构建完善的林业生态体系、发达的林业产业体系和繁荣的生态文化体系，充分发挥森林的多种功能和综合效益，不断满足人类对林业的多种需求。重点实施好天然林资源保护、退耕还林、湿地保护与恢复、城市林业等多项生态工程，建立以森林生态系统为主体的、完备的国土生态安全保障体系，是现代林业建设的基本任务。随着我国经济社会的快速发展，林业产业的外延在不断拓展，内涵在不断丰富。建立以林业资源节约利用、高效利用、综合利用、循环利用为内容的、发达的产业体系是现代林业建设的重要任务。林业产业体系建设重点应包括加快发展以森林资源培育为基础的林业第一产业，全面提升以木竹加工为主的林业第二产业，大力发展以生态服务为主的林业第三产业。建立以生态文明为主要价值取向的、繁荣的林业生态文化体系是现代林业建设的新任务。生态文化体系建设的重点是努力构建生态文化物质载体，促进生态文化产业发展，加大生态文化的传播普及，加强生态文化基础教育，提高生态文化体系建设的保障能力，开展生态文化体系建设的理论研究。

（一）努力构建人与自然和谐的完善的生态体系

林业生态体系包括三个系统一个多样性，即森林生态系统、湿地生态系统、荒漠生态系统和生物多样性。

努力构建人与自然和谐的完善的林业生态体系，必须加强生态建设，充分发挥林业的生态效益，着力建设森林生态系统，大力保护湿地生态系统，不断改善荒漠生态系统，努力维护生物多样性，突出发展，强化保护，提升质量，努力建设布局科学、结构合理、功能完备、效益显著的林业生态体系。到 2020 年，全国森林覆盖率将达到 23%以上，建成生态环境良好国家。

（二）不断完善充满活力的发达的林业产业体系

林业产业体系包括第一产业、第二产业、第三产业三次产业和一个新兴产业。不断完善充满活力的发达的林业产业体系，必须加快产业发展，充分发挥林业的经济效益，全面提升传统产业，积极发展新兴产业，以兴林富民为宗旨，完善宏观调控，加强市场监管，优化公共服务，坚持低投入、高效益，低消耗、高产出，努力建设品种丰富、优质高效、运行有序、充满活力的林业产业体系。

各类商品林基地建设取得新进展，优质、高产、高效、新兴林业产业迅猛发展，林业经济结构得到优化，到 2020 年，林业产业总产值达到 50 000 亿元，森林蓄积量达到 150 亿 m^3，建成林业产业强国。

（三）逐步建立丰富多彩的繁荣的生态文化体系

生态文化体系包括植物生态文化、动物生态文化、人文生态文化和环境生态文化等。

逐步建立丰富多彩的繁荣的生态文化体系，必须培育生态文化，充分发挥林业的社会效益，大力繁荣生态文化，普及生态知识，倡导生态道德，增强生态意识，弘扬生态文明，以人与自然和谐相处的社会主义核心价值观，以森林文化、湿地文化、野生动物文化为主体，努力构建主题突出、内涵丰富、形式多样、喜闻乐见的生态文化体系。

加快城乡绿化，改善人居环境，发展森林旅游，增进人民健康，提供就业机会，增加农民收入，促进新农村建设。到 2020 年，森林公园达到 3 000 处以上，70%的城市林木覆盖率达到 35%，人均公共绿地达到 12 m^2 以上。

（四）大力推进优质高效的服务型林业保障体系

林业保障体系包括科学化、信息化、机械化三大支柱和改革、投资两个关键，涉及绿色办公、绿色生产、绿色采购、绿色统计、绿色审计、绿色财政和绿色金融等。

林业保障体系要求林业行政管理部门切实转变职能、理顺关系、优化结构、提高效能，做到权责一致、分工合理、决策科学、执行顺畅、监督有力、成本节约，为现代林业建设提供体制保障。

大力推进优质高效的服务型林业保障体系，必须按照科学发展观的要求，大力推进林业科学化、信息化、机械化进程；坚持和完善林权制度改革，进一步加快构建现代林业体制机制，进一步扩大重点国有林区、国有林场的改革，加大政策调整力度，逐步理顺林业机制，加快林业部门的职能转变，建立和推行生态文明建设绩效考评与问责制度；同时，要建立支持现代林业发展的公共财政制度，完善林业投融资政策，健全林业社会化服务体系，按照服务型政府的要求建设林业保障体系。

二、我国现代林业建设的困难

目前，虽然我国林业发展呈现出较好的趋势，可是在林业建设过程中还是存在较大的问题。我国国内由于对林业建设缺少较为高端的人才，因此，在林业的建设规划过程中差强人意，这种问题主要体现在林业建设质量的不合格，普遍较低，且在造林植树方面没有合理的规划设计，结构配置较为单一，不能满足生态、经济，以及社会效益的相统一。而且在造林结束后期，由于管理不当，林木的成活率较低，无法对生态效益做出较为显著的提高。

由于我国地形与气候的复杂多变，在我国沿海城市，经常会因其台风、暴雨等自然灾害造成严重的水土资源流失，使森林系统遭受到破坏，因此也将会导致林业发展建设的巨大损失并影响到林业产业的发展。因在林业建设中的建设项目较少，且项目建设之间关联较少，面积分布过于分散，不符合实际情况，因此也导致在林业建设过程中没有取得良好的生态效应。

虽然我国森林资源占有量较多，但由于人口较多，因此人均占有率较低，而且由于我国很多地区林业经济发展水平较差，缺少一定的技术和资源，因此，目前我国的实际国情也是林业建设过程中亟待解决的一大难题。

第四节　现代林业建设的总体布局

21世纪上半叶中国林业发展总体战略构想是：（1）确立以生态建设为主的林业可持续发展道路；（2）建立以森林植被为主体的国土生态安全体系；（3）建设山川秀美的生态文明社会。

林业发展总体战略构想的核心是"生态建设、生态安全、生态文明"。这三者之间相互关联、相辅相成。生态建设是生态安全的前提，生态安全是生态文明的基础和保障，生态文明是生态建设和生态安全所追求的最终目标。按照"三个代表"重要思想，"生态建设、生态安全、生态文明"既代表了先进生产力发展的必然要求和广大人民群众的根本利益，又顺应了世界发展的大趋势，展示了中华民族对自身发展的审慎选择、对生态建设的高度责任感和对全球森林问题的整体关怀，体现了可持续发展的理念。

现代林业建设总体布局要以天然林资源保护、退耕还林、三北及长江流域等重点防护林体系建设、京津风沙源治理、野生动植物保护及自然保护区建设、重点地区速生丰产用材林基地建设等林业六大重点工程为框架，构建"点、线、面"结合的全国森林生态网络体系，即以全国城镇绿化区、森林公园和周边自然保护区及典型生态区为"点"；以大江大河、主要山脉、海岸线、主干铁路公路为"线"；以东北内蒙古国有林区，西北、华北北部和东北西部干旱半干旱地区，华北及中原平原地区，南方集体林地区，东南沿海热带林地区，西南高山峡谷地区，青藏高原高寒地区 8 大区为"面"。实现森林资源在空间布局上的均衡、合理配置。

东北内蒙古国有林区以天然林保护和培育为重点，华北中原地区以平原防护林建设和用材林基地建设为重点，西北、华北北部和东北西部地区以风沙治理和水土保持林建设为重点，长江上中游地区以生态和生物多样性保护为重点，南方集体林区以用材林和经济林生产为重点，东南沿海地区以热带林保护和沿海防护林建设为重点，青藏高原地区以野生动植物保护为重点。

一、总体布局

（一）构建点、线、面相结合的森林生态网络

良好的生态环境，应该建立在总量保证、布局均衡、结构合理、运行通畅的植被系统基础上。森林生态网络是这一系统的主体。当前我国生态环境不良的根本原因是植被系统不健全，而要改变这种状况的根本措施就是建立一个合理的森林生态网络。

建立合理的森林生态网络应该充分考虑下述因素。一是森林资源总量要达到一定面积，即要有相应的森林覆盖率。按照科学测算，森林覆盖率至少要达到 26%以上。二要做到合理布局。从生态建设需要和我国国情、林情出发，今后恢复和建设植被的重点区域应该是生态问题突出、有林业用地但又植被稀少的地区，如西部的无林少林地区、大江大河源头及流域、各种道路两侧及城市、平原等。三是提高森林植被的质

量，做到林种、树种、林龄及森林与其他植被的结构搭配合理。四是有效保护好现有的天然森林植被，充分发挥森林天然群落特有的生态效能。从这些要求出发，以林为主，因地制宜，实行乔灌草立体开发，是从微观的角度解决环境发展的时间与空间、技术与经济、质量与效益结合的问题；而点、线、面协调配套，则是从宏观发展战略的角度，以整个国土生态环境为全局，提出森林生态网络工程总体结构与布局的问题。

"点"是指以人口相对密集的中心城市为主体，辐射周围若干城镇所形成的具有一定规模的森林生态网络点状分布区。它包括城市森林公园、城市园林、城市绿地、城郊接合部，以及远郊大环境绿化区（森林风景区、自然保护区等）。

城市是一个特殊的生态系统，它是以人为主体并与周围的其他生物和非生物建立相互联系，受自然生命保障系统所供养的"社会—经济—自然复合生态系统"。随着经济的持续高速增长，我国城市化发展趋势加快，已经成为世界上城市最多的国家之一，现有城市 680 多座，城市人口已约占总人口的 50%，尤其是经济比较发达的珠江三角洲、长江三角洲、胶东半岛，以及京、津、唐地区已经形成城市走廊（或称城市群）的雏形，虽然城市化极大地推动了我国社会进步和经济繁荣，但在没有强有力的控制条件下，城市化不可避免地导致城市地区生态的退化，各种环境困扰和城市病愈演愈烈。因此，以绿色植物为主体的城市生态环境建设已成为我国森林生态网络系统工程建设不可缺少的一个重要组成部分，引起了全社会和有关部门的高度重视。根据国际上对城市森林的研究和我国有关专家的认识，现代城市的总体规划必须以相应规模的绿地比例为基础（国际上通常以城市居民人均绿地面积不少于 10 m^2 作为最低的环境需求标准），同时，按照城市的自然、地理、经济和社会状况已用城市规划、城市性质等确定城市绿化指标体系，并制定城市"三废"（废气、废水、废渣）排放以及噪音、粉尘等综合治理措施和专项防护标准。城市森林建设是国家生态环境建设的重要组成部分，必须把城市森林建设作为国家生态环境建设的重要组成部分。城市森林建设是城市有生命的基础设施建设，人们向往居住在空气清新、环境优美的城市环境里的愿望越来越迫切，这种需求已成为我国城市林业发展和城市森林建设的原动力。近年来，在国家有关部门提出的建设森林城市、生态城市及园林城市、文明卫生城市的评定标准中，均把绿化达标列为重要依据，表明我国城市建设正逐步进入法治化、标准化、规范化轨道。

"线"是指以我国主要公路、铁路交通干线两侧、主要大江与大河两岸、海岸线，以及平原农田生态防护林带（林网）为主体，按不同地区的等级、层次标准，以及防护目的和效益指标，在特定条件下，通过不同组合建成乔灌草立体防护林带。这些林带应达到一定规模，并发挥防风、防沙、防浪、护路、护岸、护堤、护田和抑螺防病等作用。

"面"是指以我国林业区划的东北区、西北区、华北区、南方区、西南区、热带区、青藏高原区等为主体，以大江、大河、流域或山脉为核心，根据不同自然状况所形成的森林生态网络系统的块状分布区。它包括西北森林草原生态区、各种类型的野生动植物自然保护区，以及正在建设中的全国重点防护林体系工程建设区等，形成以涵养水源、水土保持、生物多样化、基因保护、防风固沙，以及用材等为经营目的、集中连片的生态公益林网络体系。

我国森林生态网络体系工程点、线、面相结合，从总体布局上是一个相互依存、相互补充，共同发挥社会公益效益，维护国土生态安全的有机整体。

（二）实行分区指导

根据不同地区对林业发展的要求和影响生产力发展的主导因素，按照"东扩、西治、南用、北休"的总体布局和区域发展战略，实行分区指导。

东扩：发展城乡林业，扩展林业产业链，主要指我国中东部地区和沿海地区。

主攻方向：通过完善政策机制，拓展林业发展空间，延伸林业产业链，积极发展城乡林业，推动城乡绿化美化一体化，建设高效农田防护林体系，大力改善农业生产条件，兼顾木材加工业原料需求，以及城乡绿化美化的种苗需求，把这一区域作为我国木材供应的战略支撑点之一，促进林业向农区、城区和下游产业延伸，扩展林业发展的领域和空间。

西治：加速生态修复，实行综合治理，主要指我国西部的"三北"地区、西南峡谷和青藏高原地区，是林业生态建设的主战场，也是今后提高我国森林覆盖率的重点地区。

主攻方向：在优先保护好现有森林植被的同时，通过加大西部生态治理工程的投入力度，加快对风沙源区、黄土高原区、大江大河源区和高寒地区的生态治理，尽快增加林草植被，有效地治理风沙危害，努力减轻水土流失，切实改善西部地区的生态状况，保障我国的生态安全。

南用：发展产业基地，提高森林质量和水平，主要指我国南方的集体林区和沿海热带地区，是今后一个时期我国林业产业发展的重点区域。

主攻方向：在积极保护生态的前提下，充分发挥地域和政策机制的优势，通过强化科技支撑，提高发展质量，加速推进用材林、工业原料林和经济林等商品林基地建设，大力发展林纸林板一体化、木材加工、林产化工等林业产业，满足经济建设和社会发展对林产品的多样化需求。

北休：强化天然林保育，继续休养生息，主要指我国东北林区。

主攻方向：通过深化改革和加快调整，进一步休养生息，加强森林经营，在保护生态的前提下，建设我国用材林资源战略储备基地，把东北国有林区建设成为资源稳步增长、自然生态良好、经济持续发展、生活明显改善、社会全面进步的社会主义新林区。

（三）重点突出环京津生态圈，长江、黄河两大流域，东北、西北和南方三大片

环京津生态圈是首都乃至中国的"形象工程"。在这一生态圈建设中，防沙治沙和涵养水源是两大根本任务。它对降低这一区域的风沙危害、改善水源供给，同时对优化首都生态环境、提升首都国际形象、举办绿色奥运等具有特殊的经济意义和政治意义。这一区域包括北京、天津、河北、内蒙古、山西 5 个省（直辖市、自治区）的相关地区。生态治理的主要目标是为首都阻沙源、为京津保水源并为当地经济发展和人民生活开拓财源。

生态圈建设的总体思路是加强现有植被保护，大力封沙育林育草、植树造林种草，加快退耕还林还草，恢复沙区植被，建设乔灌草相结合的防风固沙体系；综合治理退化草原，实行禁牧舍饲，恢复草原生态和产业功能；搞好水土流失综合治理，合理开发利用水资源，改善北京及周边地区的生态环境；缓解风沙危害，促进北京及周边地区经济和社会的可持续发展。主要任务是造林营林，包括退耕还林、人工造林、封沙育林、飞播造林、种苗基地建设等；治理草地，包括人工种草、飞播牧草、围栏封育、草种基地建设及相关的基础设施建设；建设水利设施，包括建立水源工程、节水灌溉、小流域综合治理等。基于这一区域多处在风沙区、经济欠发达和靠近京津、有一定融资优势的特点，生态建设应尽可能选择生态与经济结合型的治理模式，视条件发展林果业，培植沙产业，同时，注重发展非公有制林业。

长江和黄河两大流域。主要包括长江及淮河流域的青海、西藏、甘肃、四川、云南、贵州、重庆、陕西、湖北、湖南、江西、安徽、河南、江苏、浙江、山东、上海 17 个省（自治区、直辖市），建设思路是：以长江为主线，以流域水系为单元，以恢复和扩大森林植被为手段，以遏制水土流失、治理石漠化为重点，以改善流域生态环境为目标，建立起多林种、多树种相结合，生态结构稳定和功能完备的防护林体系。主要任务是：开展退耕还林、人工造林、封山（沙）育林、飞播造林及低效林改造等。

同时，要注重发挥区域优势，发展适销对路和品种优良的经济林业，培植竹产业，大力发展森林旅游业等林业第三产业。

在黄河流域，重点生态治理区域是上中游地区，主要包括青海、甘肃、宁夏、内蒙古、陕西、山西、河南的大部分或部分地区。生态环境问题最严重的是黄土高原地区，总面积约为 64 万 km^2，是世界上面积最大的黄土覆盖地区，气候干旱，植被稀疏，水土流失十分严重，流失面积占黄土高原总面积的 70%，是黄河泥沙的主要来源地。建设思路是：以小流域治理为单元，对坡耕地和风沙危害严重的沙化耕地实行退耕还林，实行乔灌草结合，恢复和增加植被；对黄河危害较大的地区要大力营造沙棘等水土保持林，减少粗沙流失危害；积极发展林果业、畜牧业和农副产品加工业，帮助农民脱贫致富。

东北片、西北片和南方片。东北片和南方片是我国的传统林区，既是木材和林产品供给的主要基地，也是生态环境建设的重点地区；西北片是我国风沙危害、水土流失的主要区域，是我国生态环境治理的重点和"瓶颈"地区。

东北片肩负商品林生产和生态环境保护的双重重任，总体发展战略是：通过合理划分林业用地结构，加强现有林和天然次生林保护，建设完善的防护体系，防止内蒙古东部沙地东移；通过加强三江平原、松辽平原农田林网建设，完善农田防护林体系，综合治理水土流失，减少坡面和耕地冲刷；加强森林抚育管理，提高森林质量，同时，合理区划和建设速生丰产林，实现由采伐天然林为主向采伐人工林为主的转变，提高木材及林产品供给能力；加强与俄罗斯东部区域的森林合作开发，强化林业产业，尤其是木材加工业的能力建设；合理利用区位优势和丘陵浅山区的森林景观，发展森林旅游业及林区其他第三产业。

西北片面积广大，地理条件复杂，有风沙区、草原区，还有丘陵、戈壁、高原冻融区等。这里主要的生态问题是水土流失、风沙危害及与此相关的旱涝、沙暴灾害等，治理重点是植树种草，改善生态环境。主要任务是：切实保护好现有的天然林生态系统，特别是长江、黄河源头及流域的天然林资源和自然保护区；实施退耕还林，扩大林草植被；大力开展沙区，特别是沙漠边缘区造林种草，控制荒漠化扩大趋势；有计划地建设农田和草原防护林网；有计划地发展薪炭林，逐步解决农村能源问题；因地制宜地发展经济林果业、沙产业、森林旅游业及林业多种经营业。

南方片自然条件相对优越，立地条件好，适宜森林生长。全区经济发展水平高，劳动力充足，交通等社会经济条件好；集体林多，森林资源总量大，分布较为均匀。林业产业特别是人工林培育业发达，森林单位面积的林业产值高，适生树种多，林地利用率高，林地生产率较高。总体上，这一地区具有很强的原料和市场指向，适宜大力发展森林资源培育业和培育、加工相结合的大型林业企业。主要任务是：有效提高森林资源质量，调整森林资源结构和林业产业结构，提高森林综合效益；建设高效、优质的定向原料林基地，将未来林业产业发展的基础建立在主要依靠人工工业原料林上，同时，大力发展竹产业和经济林产业；进行深加工和精加工，大力发展木材制浆造纸业，扶持发展以森林旅游业为重点的林业第三产业及建立在高新技术开发基础上的林业生物工程产业。

二、区域布局

（一）东北林区

以实施东北内蒙古重点国有林区天然林保护工程为契机，促进林区由采伐森林为主向管护森林为主转变，通过休养生息恢复森林植被。

这一地区主要具有原料的指向性（且可以来自俄罗斯东部森林），兼有部分市场指向（且可以出售国外），应重点发展人工用材林，大力发展非国境线上的山区林业和平原林业；应提高林产工业科技水平，减少初级产品产量，提高精深加工产品产量，从而用较少的资源消耗获得较大的经济产出。

（二）西北、华北北部和东北西部干旱半干旱地区

实行以保护为前提、全面治理为主的发展策略。在战略措施上应以实施防沙治沙工程和退耕还林工程为核心，并对现有森林植被实行严格保护。

一是在沙源和干旱区全面遏制沙化土地扩展的趋势，特别是对直接影响京津生态安全的两大沙尘暴多发地区，进行重点治理。在沙漠仍在推进的边缘地带，以种植耐旱灌木为主，建立起能遏制沙漠推进的生态屏障；对已经沙化的地区进行大规模的治理，扩大人类的生存空间；对沙漠中人类集居形成的绿洲，在巩固的基础上不断扩大绿洲范围。二是对水土流失严重的黄土高原和黄河中上游地区、林草交错带上的风沙地等实行大规模退耕还林还草，按照"退耕还林、封山绿化、以粮代赈、个体承包"的思路将退化耕地和风沙地的还林还草和防沙治沙、水土治理紧密结合起来，大力恢复林草植被，以灌草养地。为了考虑农民的长远生计和地区木材等林产品供应，在林灌草的防护作用下，适当种植用材林和特有经济树种，发展经济果品及其深加工产品。三是对仅存的少量天然林资源实行停伐保护，国有林场职工逐步分流。

（三）华北及中原平原地区

在策略上适宜发展混合农林业或种植林业。一方面建立完善的农田防护林网，保护基本耕地；另一方面，由于农田防护林生长迅速，应引导农民科学合理地利用沟渠路旁、农田网带、滩涂植树造林，通过集约经营培育平原速生丰产林，从而不断地产出用材，满足木材加工企业的部分需求，实现生态效益和经济效益的双增长。同时，在靠近城市的地区，发展高投入、高产出的种苗花卉业，满足城市发展和人们生活水平逐渐提高的需要。

（四）南方集体林地区

南方集体林地区的主要任务是有效提高森林资源质量，建设优质高效用材林基地，集约化生产经济林，大力发展水果产业，加大林业产业的经济回收力度，调整森林资源结构和林业产业结构，提高森林综合效益。

在策略上应先搞好分类经营，明确生态公益林和商品林的建设区域。结合退耕还林工程加快对尚未造林的荒山荒地绿化、陡坡耕地还林和灌木林的改造，利用先进的营造林技术对难以利用土地进行改造，尽量扩大林业规模，强化森林经营管理，缩短森林资源的培育周期，提高集体林质量和单位面积的木材产量。另外，通过发展集团型林企合成体，对森林资源初级产品深加工，提高精深加工产品的产出。

（五）东南沿海热带林地区

东南沿海热带林地区的主要任务是在保护好热带雨林和沿海红树林资源的前提下，发展具有热带特色的商品林业。

在策略上主要实施天然林资源保护工程、沿海防护林工程和速生丰产用材林基地建设工程。在适宜的山区和丘陵地带大力发展集约化速生丰产用材林、热带地区珍稀树种大径材培育林、热带水果经济林、短伐期工业原料林，尤其是热带珍稀木材和果品，发展木材精深加工和林化产品。

（六）西南高山峡谷地区

西南高山峡谷地区的主要任务是建设生态公益林，改善生态环境，确保大江大河生态安全。在发展策略上应以保护天然林、建设江河沿线防护林为重点，以实施天然林资源保护工程和退耕还林工程为契机，将天然林停伐保护同退耕还林、治理荒山荒地结合进行。在地势平缓、不会形成水土流失的适宜区域，可发展一些经济林和速生丰产用材林、工业原料林基地；在缺薪少柴地区，发展一些薪炭林，以缓解农村烧柴对植被破坏的压力。同时，大力调整林业产业结构，提高精深加工产品产出，重点发展人造板材。

（七）青藏高原高寒地区

青藏高原高寒地区的主要任务是保护高寒高原典型生态系统。应采取全面的严格保护措施，适当辅以治理措施，防止林、灌、草植被退化，增强高寒湿地涵养水源功能，确保大江大河中下游的生态安全。同时，要加强对野生动物的保护、管理和执法力度。

（八）城市化地区

加大城市森林建设力度，将城市林业发展纳入城市总体发展规划，突出重点，强调游憩林建设和人居林生态林建设，从注重视觉效果为主向视觉与生态功能兼顾的转变；从注重绿化建设用地面积的增加向提高土地空间利用效率转变；从集中在建成区的内部绿化美化向建立城乡一体的城市森林生态系统转变。

在重视林业生态布局的同时也要重视林业产业布局。东部具有良好的经济社会条件，用政策机制调动积极性，将基干林带划定为国家重点公益林并积极探索其补偿新机制，出台适应平原林业、城市林业和沿海林业特点的木材采伐管理办法，延伸产业，形成第一、二、三产业协调发展的新兴产业体系。持续发展，就是要全面提高林业的整体水平，实现少林地区的林业可持续发展。

西部的山西、内蒙古中西部、河南西北部、广西西北部、重庆、四川、贵州、云南、西藏、陕西、甘肃、宁夏、青海、新疆等地为我国生态最脆弱、治理难度最大、任务最艰巨的区域，加快西部地区的生态治理步伐，为西部大开发战略的顺利实施提供生态基础支撑。

南部的安徽南部、湖北、湖南、江西及浙江、福建、广东、广西、海南等林业产业发展最具活力的地区，充分利用南方优越的水热条件和经济社会优势，全面提高林业的质量和效益；加大科技投入，强化科技支撑，以技术升级提升林业的整体水平，充分发挥区域自然条件优势，提高林地产出率，实现生态、经济与社会效益的紧密结合和最大化。

北部深入推进辽宁、吉林、黑龙江和内蒙古大兴安岭等重点国有林区天然林休养生息政策，加快改革就是大力改革东北林区森林资源管理体制、经营机制和管理方式，将产业结构由单一的木材采伐利用转变到第一、二、三产业并重上来。加速构筑东北地区以森林植被为主体的生态体系、以丰富森林资源为依托的产业体系、以加快森林发展为对象的服务体系，最终实现重振东北林业雄风的目标。

　　另外，在进行区域布局时应加强生态文明建设，文明不仅是人类特有的存在方式，而且是人类唯一的存在方式，也就是人类实践的存在方式。"生态文明"是在生态良好，社会经济发达，物质生产丰厚的基础上所实现的人类文明的高级形态，是与社会法律规范和道德规范相协调，与传统美德相承接的良好的社会人文环境、思想理念与行为方式，是经济社会可持续发展的重要标志，和先进文化的重要象征，代表了最广大人民群众的根本利益。建立生态文明、经济繁荣的社会，就是要按照以人为本的发展观、不侵害后代人的生存发展权的道德观、人与自然和谐相处的价值观，指导林业建设，弘扬森林文化，改善生态环境，实现山川秀美，推进我国物质文明和精神文明建设，促使人们在思想观念、思维方式、科学教育、审美意识、人文关怀等方面产生新的变化，逐步从生产方式、消费方式、生活方式等各方面构建生态文明的社会形态。

　　中国作为最大的发展中国家，正在致力于建设山川秀美、生态平衡、环境整洁的现代文明国家。在生态建设进程中，必须把增强国民生态文明意识列入国民素质教育的重要内容。通过多种形式，向国民特别是青少年展示丰富的森林文化，扩大生态文明宣传的深度和广度。增强国民生态忧患意识、参与意识和责任意识。

第二章　现代林业的评价指标体系

第一节　评价指标的选择与划分依据

一、指标体系的基本特征与分类

现代林业的指标体系要能够准确反映现代林业所具有的静态与动态的双重特性。静态的特性体现在作为某一时间阶段林业发展水平与社会经济综合发展要求的差距的衡量标准，以及比较和衡量一个地方、国家或区域林业发展水平所处的阶段和层次。如目前林业发达国家的林业科技和产业发展水平，可能是某些指标的最高计量值，可作为现代林业发展水平衡量的静态参照系。然而必须注意到：一方面，即使是林业发达的国家，其国与国之间或各国内部区域之间，林业发展的水平也存在差异，同时，其林业的发展水平也未必与其社会经济的发展相协调，且其随着时间的推移而不断地进步和变化；另一方面人的预测能力是有限的，并受许多因素的制约，未来的林业发展水平和发达程度在许多方面是不可预知的。因此，现代林业发展的综合评价指标体系不可避免地具有明显的动态特征。

现代林业既重视林业的经济效益，又注重林业的生态和社会效益。因此，指导现代林业的思想体系不可能脱离森林生态学的理论范畴和经济学及社会学的理论体系，或者是这几个领域的结合。如果单纯从衡量社会进步的理论方法来看，经济学和生态学是两种对立的世界观，单纯的经济指标，如国家账户制度下的林业生产总值、林区人均收入等，均不考虑和反映经济发展所付出的环境和资源代价，显示不出林业的真实水平和发展状况，必须有更好的替代指标。因此，现代林业发展评价指标的选择必须以上述理论范畴为基础，同时也要具有实际的可操作性。

例如，在全球经济和生活质量衡量指标的研究中，经济学家赫尔曼·达里和神学家约翰·布提出的可持续经济福利指数（ISEW），是目前最为精致的一项可持续发展指标，它在衡量生活质量时，不仅考虑了人均消费量，并且考虑了分配和环境退化因素，具体地说包括资源利用和污染开支。

可持续经济福利指数（ISEW）＝个人消费＋非防御性公共开支－防御性公共开支＋资产形成－环境破坏开支－自然资产衰减

在低收入的国家，人均粮食消费量较之收入与生活质量具有更为密切的关系，它着重于对人类基本需求的满足，而且不受购买力差异的影响，能更好地显示生活质量的改善或恶化。同时，粮食生产还是比收入更敏感的环境退化的度量计，因为除农业以外的环境破坏活动，如空气污染，随全球变暖而来的冬季高温（冬季高温影响森林的分布及其生产力的变化），以及过度砍伐森林导致的洪水增多，对粮食生产的影响更是立竿见影。

现代林业以综合开发利用和保护森林资源为目标，以现代科学技术、设备为武装，以现代科学管理为手段，遵循现代市场导向和调控，以比较发达的林业产业体系和比较完备的生态体系为标志，促进国家建设，民族富强。因此，本书中关于指标的划分，主要从资源、环境、社会经济和科学技术四个方面来描述。

二、选择依据与划分标准

（一）林地

林地资源是土地资源的重要组成部分。林地即林业用地，是指郁闭度在 0.2 以上的有林地、疏林地、灌木林地、未成林造林地、苗圃用地和宜林地。它提供了林业资源潜力的重要信息。通过林业土地利用活动，可以重建自然环境的结构，保护和改善土地资源、野生生物，以及大范围的空气和水的质量等。因此，无论从林业经济前景还是从环境前景来看，林业土地的利用与变化都是森林可持续经营和林业可持续发展的基础。

林地资源的概念，在一般的问题讨论中，往往被森林资源的概念所遮盖或取代。实质上，森林资源的多少，只是林业资源的一个部分而已。林业的基础是在建立作为林业资源载体的林地资源（数量、分布、质量）的基础上的，林地资源的数量、分布、质量及其稳定性、利用状况和生产力水平的高低，这些因素均直接影响着森林资源的总体格局和变化，进而决定了林业的发展水平。

林地及时更新不但可以提高林地利用率，而且能有效地保持水土；林地裸露的时间越长，越容易引起表土的流失，降低土壤肥力。

林业的可持续发展，是以林地资源的永续利用为基础。林地资源的有效利用和生产力的提高，是我国现代林业发展的重要问题。我国林地的 90%集中在山区，因此，林地资源又是广大山区人民赖以生存和发展的基础。

正确认识林地资源与林业生产的关系，了解林地资源的数量、分布、质量及其在林业和国民经济中的地位与作用，是保护、利用林地资源与林业可持续发展的基础。若林地资源得不到合理的保护、开发与利用，则林业的可持续发展就无从谈起，也就不可能实现由传统林业向现代林业的历史性转变。

（二）森林资源

森林资源是森林可持续发展的基础。在不同的历史发展时期，人们赋予森林资源的含义是不同的。现代林业对森林资源的认识已经提高到了陆地生态系统的主体地位水平，关系到人类社会的可持续发展与否。因此，衡量资源的标准与指标也不能再局限于单纯木材资源的层次，应该突出林业的多资源特征。森林资源指标主要包括资源状况指标、资源消长指标，以及体现森林资源经营状况的经营水平衡量指标等。

资源的比例消长动态关系，是可持续发展的物化特征。森林覆盖率是表示森林资源总量的最重要指标之一。森林覆盖率低，分布不均，往往是造成各类自然灾害的直接原因。我国的森林覆盖率只有 16.55%，且集中在东北、西南和沿海等少数地区。

森林作为重要的原料资源，其供应的持续与否对国民经济和人民生活的影响非常大。目前我国每年大约有 6 000 万 m^3 的木材供应缺口，使我国成为世界木材的重要消费国之一；另一个严重问题是我国的成、过熟林蓄积量很小，可采资源日渐枯竭，给主要林区的林业生产，乃至当地人民的生活都造成了非常不利的影响。幼、中、成森林面积和蓄积的比例系数是衡量资源质量的关键性指标，这一比例系数反映了现有可采资源和后备资源的基本情况；人工林是自然资源保存量受到各种因素的限制而不能满足社会发展的需求时，采取的工程措施，人工林的比例并不能确切反映森林的真实质量。把人工林的面积所占比例与木材生产中人工林生产木材的比例结合起来，就可以反映出该地区森林经营的总体水平。

另外，衡量森林资源可持续经营与否的指标必须具有动态特性，但此类指标不能机械地应用。森林资源的动态消长量是有一定变化范围的，不能一出现负向变化就认为其可持续性遭到破坏，只能说出现负向变化是一种应当引起重视的指示信号，应该从全局的角度去考察出现这种情况的真正原因，以便确定调整战略，保证森林资源的经营有一定的可信度。

提高资源的综合利用率是节约与保护森林资源的又一重要措施，针对我国木材利用率相对较低的现实，应加大力度提高木材加工利用率，进而提高森林资源的综合利用率。

保护和合理利用林地资源，充分挖掘其潜力，是保护森林资源的重要措施之一，也是山区综合开发、人民脱贫致富的关键。

建立自然保护区是国家和部门发展的共同目标。根据不同的土地类型和生态系统类型，划分不同级别的自然保护区，是维持生态系统、保护野生物种和维护人与自然关系的重要手段，也是一个国家林业发展水平的重要标志。

（三）森林经营与林业产业经济发展

随着我国国民经济的快速发展，人们生活水平不断提高，社会对森林的需求结构也由过去单一的木材和简单的林副产品的需求，转向对森林生态环境及其他新型林业加工产品的多元化需求。从本质上说，这种需求的变化就是对森林培育目标提出的要求和挑战。作为以森林为经营对象的行业，若不适应这一变化，林业的生存空间和发展道路就会越来越窄。为了满足社会需求变化和林业发展的要求，在面临有限林地和森林资源的情况下，必须对森林进行目标化经营和管理，从林业产业结构和林业经营活动上实现分类经营和管理。这样做既满足当代人的需求目标，又能为后代人的生存与发展提供良好的基础支撑条件。

传统林业的中心任务就是生产木材和利用木材，而现代林业则认为森林除生产木材外，还应具有更为广大的综合效益，即具有经济、生态和社会效益多个方面。传统林业是单效低效的林业，是粗放的劳动密集型的林业；而现代林业则是多效高效的林业，是集约的技术密集型的林业。在林业经济活动中，林产品贸易是一项十分重要的经济活动。面对世界经济全球化、贸易自由化的发展趋势，以及目前仍存在的严重的不合理和不公平的贸易状况，林业的对外贸易也对它的发展产生着较大的影响，在某种程度上直接加速了森林的不合理采伐和生态环境的破坏。

森林经营水平伴随社会经济的发展而发展。因此，在经济发展水平不同的地区使用此类指标一定要充分考虑当地的经济发展水平，考虑社会的接受程度。超越经济发展水平的过高要求只会挫伤人们的积极性，对社会发展十分不利。

现代林业的经济指标是衡量现代林业产业（包括森林培育业、木材采运工业、林产工业和森林旅游业）体系的最主要的标准。木材采运工业、林产工业（包括制浆造纸工业）等就是所谓的第二产业；森林旅游业等则属于第三产业。具体的森林旅游指标可划归生态指标范畴，因为它是由景观生态功能产生的经济效益。

劳动就业程度是反映现代林业产业发展水平的重要标志之一，应该属于现代林业的经济指标，但劳动力的素质，以及相关的社会人口数量和质量却属于人力资源范畴，即应属于现代林业的社会指标。

（四）林业与生态环境

林业生产与环境质量的关系十分复杂。把生产与环境质量当作可以互换的商品在短期内是可以的，但从长远看就不再有效，例如，生产与二氧化碳排放及其与气候变化的关系和国民经济的关系等。另外，环境是一个多维变量，有土壤污染、水污染、空气污染、工作环境、美学价值等，它们不是每一个都能用目前的技术进行描述，尤其是定量描述。

森林生物多样性越丰富，说明食物链越长，森林生态系统的自我调节和抗干扰能力就越强，生物循环越旺盛，生物生产力越大。因此，衡量一个地区林业发展水平，必须考虑该地区森林生态系统的稳定性。

（五）科学技术

无论从资源、环境还是产业来看，林业发展的根本出路在于依靠科学技术和现代化的科学管理。运用现代科学技术改造传统林业，以增资源、增效益、增活力为目标，为可持续林业发展提供技术保障，实现林业由传统经营向现代林业的转变。科学技术进步是林业发展的根本推动力，林产品的科技含量和林业发展中的科技贡献率是林业发展水平的重要指标。

（六）投入

不断增加对林业产业的投入是发达国家和发展中国家的共识。对林业投入的力度直接关系到林业发展的速度和水平。

总之，我国地域广阔，地貌类型复杂，气候和森林植被类型多样，区域经济发展和社会发展的差异巨大。因此，在研究现代林业指标体系时必须充分考虑这些差异特征，必须从一个国家和区域的不同层次出发考虑问题，应该分别建立科学合理的指标体系，最终实现综合判别和评价国家和区域现代林业发展的水平。

第二节　林业技术经济效果的指标体系

林业技术经济效果既有直接效果，又有间接效果。要准确、全面地评价林业技术经济效果，不是某一二项指标所能体现的。所用指标的准确性和完整性，关系到是否能够科学如实地反映林业技术的经济效果。因此，要科学地设置一系列相互联系、相互补充的评价指标。这些互相联系、互相补充的评价指标便形成了林业技术经济效果的指标体系。

一、林业技术经济效果指标的构成

林业技术经济效果指标反映在林业生产中劳动消耗与生产成果之间的数量关系，可分为绝对数量经济效果指标组和相对数量经济效果指标组。

（一）绝对数量经济效果指标组

绝对数量经济效果表达式是生产成果减去劳动消耗。

$$净产值 = 产值 - 物化劳动消耗$$
$$纯收入 = 产值 - （物化劳动消耗 + 活劳动消耗）$$

（二）相对数量经济效果指标组

经济效果的相对数量指标是生产成果和劳动消耗之比，主要有以下几种。

1. 林地生产率

它反映单位林地面积上的产量或产值。

$$林地生产率 = 产品产量（产值） / 占用林地面积$$

2. 林业劳动生产率

它反映消耗单位劳动时间所生产的产品产量或产值。

$$林业劳动生产率 = 产品产量（产值） / 消费的活劳动时间$$

3. 成本产品率（产值率）

它反映消耗单位生产费用所生产的产品产量或产值。

$$成本产品（产值）率 = 产品产量（产值） / 生产成本$$

4. 资金产品（产值）率

它反映单位资金所生产的产品产量（产值）。资金包括固定资金和流动资金。资金产品（产值）率 = 产品产量（产值） / 资金占用值

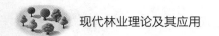

由于资金包括固定资金、流动资金，故资金产品（产值）率分为固定资金产品（产值）率、流动资金产品（产值）率和总资金产品（产值）率。

二、林业技术经济效果的指标体系

在林业技术经济效果评价中，利用经济效益衡量指标、技术经济效果分析指标和林业技术经济目的指标的内在联系，可建立一个科学的林业技术经济效果评价的指标体系，如图 2-1 所示。

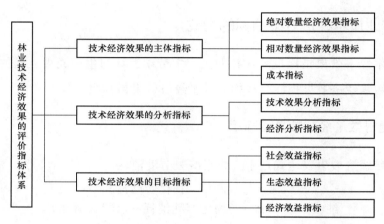

图 2-1　评价指标体系

第三节　林业技术经济效果的评价方法

林业技术经济分析的方法有比较分析法、因素分析法和量本利分析法等。

一、比较分析法

比较分析法是林业技术经济分析的基本方法，是将不同的技术措施、技术方案的技术经济效果指标列示出来，进行比较，从中选择最佳方案。常用直接对比法。

直接对比法是对评价指标直接进行对比，选择技术经济效果较佳的技术方案。利用比较分析法时，首先分析对象要有可比性；其次劳动消耗要有可比性，而且计算劳动消耗的方法要一致，如固定资产折旧率标准、劳动报酬标准等。

二、因素分析法

因素分析法是分析两个或两个以上因素对技术方案经济效果影响程度的一种数量

化方法。常用方法有连环替代法和因素分解法。

（一）连环替代法

它是在假定其他影响不变的情况下，依次改变其中一个因素的量来计算其对经济效果的影响程度。公式如下：

$$M = A_1B_1C_1 - A_0B_0C_0$$
$$= (A_1B_0C_0 - A_0B_0C_0) + (A_1B_1C_0 - A_1B_0C_0) + (A_1B_1C_1 - A_1B_1C_0)$$

式中，M——经济效果变化程度；

A_1、B_1、C_1——各影响因素的新值；

A_0、B_0、C_0——各影响因素的原值。

（二）因素分解法

即按各影响因素与经济效果的内在联系和函数关系，计算各影响因素变化对经济效果的影响程度。当影响因素与经济效果之间的关系较复杂又无统一的函数关系时，可用此法。

例如，某林业局 20 年销售利润比 1991 年的销售利润增加 220 万元，影响利润变化的因素如销售数量、平均售价、销售成本等。

（1）销售数量变化对销售利润的影响，即

销量变化使销售利润的增减额 =(本期销售量 – 上期销售量)× 上期单位销售利润
$$= (12 - 10) \times 200 \div 10 = 40 （万元）$$

由于销售数量增加 2 万 m^3，从而使销售利润增加 40 万元。

（2）销售成本的变化使销售利润增减额，即

(上期单位销售成本 – 本期单位销售成本)× 本期实际销售量
$$= (250 - 280) \times 12 = -360 （万元）$$

由于销售成本的增加，从而使利润减少 360 万元。

（3）平均售价变化对销售利润的影响，即

(本期平均售价 – 上期平均售价)× 本期销售数量 ×(1 – 产品税率)
$$= (350 - 300) \times 2 \times (1 - 10\%) = 540 （万元）$$

由于平均售价提高，从而使企业销售利润增加 540 万元。

综上可得：销售利润受影响额 $= 40 - 360 + 540 = 220 （万元）$

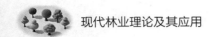

三、量本利分析法

量本利分析法是通过产品产量、生产成本和利润三者之间的关系，确定盈利与亏损的分界产量，以及不同产量的盈利水平，为提高经营管理水平和正确地进行经营决策提供经济上的依据。

（一）成本分类

产品成本分为固定成本、变动成本、半变动成本三类。固定成本是其发生额不直接受产量影响的成本，如管理人员工资、折旧费等；变动成本指其总额随着产量的变动而变动的成本，如直接材料、生产人员工资等；半变动成本既包含固定成本，也包含变动成本，也就是有一个初始量类似固定成本，在这个基础上产量增加，成本也随着增加，又类似变动成本。如一台机器按年支付租金 30 000 元，每加工一件产品另支付租金 1 元，则一年加工 30 000 件产品，应支付租金 60 000 元。

（二）盈亏临界点

用企业销售收入扣减变动成本后的余额称为边际利润；边际利润与固定成本相等时的状态称为盈亏临界点。

以 P 代表利润，V 代表产量，S 代表售价，B 代表固定成本，D 代表单位产品变动成本，则利润计算公式为

$$P = VS - VD - B$$

盈亏临界点是企业利润等于零时的销售量，因此有

$$VS - VD - B = 0$$

例如，某产品单位售价 4 元，单位变动成本为 2 元，全厂固定成本为 2 000 元。则盈亏临界点的销售量（实物单位）= 固定成本/单位产品边际利润 = 2 000/（4 − 2）= 1 000（件）。

（三）盈亏临界图

将盈亏临界点的公式用图表示出来，即盈亏临界图，横坐标表示销售量以实物量或金额表示，纵坐标表示成本和销售收入。

收入线与变动成本线的交叉点 Q 为盈亏临界点，即当产量为 V 时，销售收入与生产成本相等，企业不亏不盈；当产量大于 V 时，销售收入大于生产成本，企业盈利，

点右侧的阴影部分为盈利区域；当产量小于 V 时，销售收入小于生产成本，企业亏损，因此点左侧的阴影为亏损区域。不同产量对应的销售收入线与成本线的差额，便是该产量的盈利或亏损数额。

（1）盈亏临界点 Q 不变，销售量越大，可实现的利润越多或亏损越少；销售量越小，可实现的利润越少或亏损越多。

（2）销售量不变，盈亏临界点越低，能实现的利润越多；反之则越少。

（3）在销售收入既定条件下，盈亏临界点的高低取决于固定成本和单位产品变动成本的大小。固定成本越大或单位产品的变动成本越大，盈亏临界点越高；反之，盈亏临界点越低。

例如，某企业半自动化改自动化，需使企业的半固定成本由原来的 10 万元增加到 15 万元；自动化程度提高后，单位产品的变动成本可降低 2.5 元，生产能力可提高 25%。

年产量在 1 万件到 2 万件之间，半自动化生产比自动化生产盈利能力高；当年产量超过 2 万件时，则采用自动化生产能获得较多的利润。

第三章 中国林业发展历史及趋势

第一节 中国林业发展历史简述

一、新中国成立前的林业发展概况

我国古代是一个多林的国家。据《山海经》《五藏经》等史料记载，远古时期的华北、西北分布着相当数量的森林。从陕西到甘肃的西山，有大小山峰 78 座，其中覆盖树木多的 33 座，占 42%；无木者 7 座，不到 10%。华北地区也分布大量森林，并不像现在的景像。随着社会的发展和人口的增加，森林受到破坏，林地日益减少。

从秦汉时代直到鸦片战争前的漫长封建社会时期，我国逐渐由一个多林的国家变成少林国家。原来密林遍布的黄河流域，是中华民族经济、文化发展的摇篮，但是，历经数千年的反复摧残破坏，加之人口增多，到处毁林开荒，森林面积日益减少，水土流失日益严重，以致黄河上游到处是秃岭荒坡和千沟万壑，下游河床淤高，水灾频繁。

1840 年鸦片战争以后，由于外国列强的侵略，中国逐渐沦为一个半封建半殖民地的社会。从 1840 年到 1949 年的 100 多年间，随着帝国主义列强的入侵，国内封建地主、官僚资本主义和帝国主义相互勾结，加剧了对我国森林资源的破坏和掠夺。

1894 年，甲午战争后，日本帝国主义霸占了我国领土台湾，全岛 200 多万 hm² 森林落入日本之手。1904 年日俄战争后，日本势力逐渐侵入我国东北，日本帝国主义根据《北京中日会议东北三省事宜条约》的规定，于 1908 年成立了中日两国政府合办的"鸭绿江采木公司"，从此鸭绿江一带的森林又完全陷入日本帝国主义手中。

1912 年（民国元年），农林部公布了《东三省国有林发放规则》（十八条）其中规定发放林场有效期 20 年为限。一次承领面积 200 km² 为限，从而大部分森林资源落入地主、官僚之手。抗日战争前，四川省峨边县发现近 1 000 km² 的森林，宋氏豪门的中国木业公司，立即巧取豪夺，据为己有，垄断开发。结果因运输困难半途而废，给整个林区造成严重损害。

在 1937—1945 年整个抗日战争期间，由于日本法西斯侵略者对我国大部分领土实行野蛮的军事占领，疯狂烧杀与大规模掠夺，使我国林业方面的损失约相当于当时我国森林面积的 10%（约 6 亿 m³）。

总之，我国的森林，从盘古开天地、三皇五帝开始，森林随着大自然的变迁而演化，随着人类的干预而减少，到 1949 年新中国成立前夕，我国森林覆盖率只有 8.6%。

二、新中国成立后的林业发展历程

新中国成立 60 多年来，林业为国民经济建设和人民生活做出了重大贡献，取得了巨大成绩，同样也存在某些失误。回顾研究新中国林业的发展状况，有利于分析目前的形势，总结经验，寻找未来发展之路。

新中国林业发展大致可以分为三个阶段：1949—1978 年为第一阶段，1979—1997 年为第二阶段，1998 年至今为第三个阶段。

1. 林业建设的起步与徘徊阶段（1949—1978 年）

新中国成立初期至十一届三中全会，是新中国林业发展的第一阶段。这一阶段党和政府针对林业建设方针、森林权属界定、保护森林资源、防止森林火灾、禁止乱垦滥伐等先后出台了一系列政策，这一阶段又可分为建设起步和徘徊停滞两个时期。

（1）建设起步时期（1949—1958 年）

1949 年，中国人民政治协商会议做出了"保护森林，并有计划地发展林业"的规定。1950 年，党和政府提出了"普遍护林，重点造林，合理采伐和合理利用"的建设总方针。1964 年，为进一步完善这一方针，提出要"以营林为基础，采育结合，造管并举，综合利用，多种经营"。林业建设总方针的提出与完善，对保护发展、开发利用森林资源发挥了重要的指导作用。

新中国成立前，我国山林权绝大多数为私有，山林可以自由买卖。1950 年通过的《中华人民共和国土地改革法》，对山林权属问题做出了界定，确立了国有林和农民个体所有林。1949 年中国人民政治协商会议做出了"保护森林，并有计划地发展林业"的规定。1950 年第一次全国林业业务会议决定"护林者奖，毁林者罚"，各地政府积极组织群众成立护林组织，订立护林公约，保护森林，禁止乱砍滥伐。同年，政务院还颁布了《关于全国林业工作的指示》，指出林业工作的方针和任务是以普遍护林为主，严格禁止一切破坏森林的行为，在风沙水旱灾害严重地区发动群众有计划地造林。1958年4月，中共中央、国务院发出了《关于在全国大规模造林的指示》，同月，中共中央、国务院发出了《关于加强护林防火工作的紧急指示》等。

林业建设总方针的确立与完善、森林权属界定、保护森林资源政策的出台与实施，有助于保护森林资源，推动了我国林业的发展。据相关统计资料，1949年前后，全国森林覆盖率仅为8.6%。1950—1962年主要林区的森林资源调查显示，全国森林覆盖率为11.81%。森林覆盖率有了较快的增长。

（2）徘徊停滞时期（1958—1978年）

这一时期，党和政府为推动林业的健康发展，曾出台过一些正确的政策，如1958年9月，中共中央下发了《关于采集植物种子绿化沙漠的指示》；1961年6月，中共中央做出《关于确定林权、保护山林和发展林业的若干政策规定（试行草案）》；1963年5月，国务院颁布了《森林保护条例》，这是新中国成立以后制定的第一个有关森林保护工作的最全面的法规；1967年9月，中共中央、国务院、中央军委、中央文革小组联合下发了《关于加强山林保护管理，制止破坏山林、树木的通知》等。这些政策措施，都有利于森林资源的保护和合理开发。

但就总体而言，这一阶段我国林业建设历经曲折。全国范围内出现了毁林种粮的现象，森林资源遭到了严重的破坏，水土流失严重，生态环境问题迅速凸显。1973—1976年，我国开展了第一次全国森林资源清查工作，结果显示，当时森林面积约121.9万 km^2，森林覆盖率为12.7%。1977—1981年第二次全国森林资源清查，我国森林面积为115.3万 km^2，森林覆盖率降至12.0%，指标较第一次清查时有所下降。

党的十一届三中全会前，党和政府为推动林业发展出台了一系列政策，就政策的实施效果来看，情况并不理想，林业建设一度停滞，甚至倒退。这与以下几点因素密切相关。

① 林业建设缺乏有利的社会环境。1958—1978年间，我国先后经历了"大跃进"、人民公社化运动、三年困难时期和"文化大革命"。党和政府在思想和认识方面出现了偏差，"左"倾思想盛行。在急于求成思想指引下，全国人民"向自然界开战""以粮为纲"，全国范围内出现了大规模的毁林种粮现象，这一时期森林资源的利用和开发，严重背离了林业可持续发展的要求。尽管20世纪60年代，党和政府采取了一些补救措施，如制止乱砍滥伐、恢复林业经济正常秩序等，但"文化大革命"爆发后，"以粮为纲"的政策再度推行，林业建设依然艰难。

② 以木材生产为中心的林业经营实践。受传统林业经营思想的影响，在林业经营

实践中，无论是森工企业，还是营林部门，都执行了以原木生产为中心的经营方针。森林仅被作为一种经济资源，林业建设的首要任务被定位为生产木材。随着国民经济的恢复、发展，社会各条战线对木材等林产品的需求不断加大，木材年产量逐年增长，从 1949 年的 567.0 万 m^3，到 1980 年的 3 507.8 万 m^3，增长了 6 倍多。超指标采伐、超期采伐，甚至乱砍滥伐，给林业发展带来了严重危害。

③ 取之于林多，用之于林少，森林保护不到位。由于对森林保护和营造的重要性认识不足，林业建设的正确思想、方针、政策没能得到有效落实，如林业建设"以营林为基础"，没能得到有效的贯彻。重砍伐，轻营造，"年年植树不见树，岁岁造林难成林"。相关资料显示，从新中国成立至十一届三中全会前，我国每年平均造林 315 万 hm^2，累计造林超过 9 000 万 hm^2，但成林面积却只有 2 800 万 hm^2，保存率不到 1/3。

2. 林业建设的恢复与振兴阶段（1979—1997 年）

从 20 世纪 70 年代末到 90 年代后期，即从改革开放之初到 20 世纪末期，是林业发展的第二阶段。大力植树造林、加强森林保护、强调可持续发展，成为这一时期党和政府林业政策措施的重点。这一阶段又可分为三个时期。

（1）恢复发展时期（1978—1983 年）

十一届三中全会以后，伴随着党和国家工作重点转移，林业建设步入正常轨道。党和政府就植树造林问题，相继出台了一些政策，如《全国人大常委会关于植树节的决议》（1979）、《关于大力开展植树造林绿化祖国的通知》（1979）、《中共中央关于加快农业发展若干问题的决定》（1979）、《中共中央 国务院关于大力开展植树造林的指示》（1980）、《中共中央 国务院关于保护森林发展林业若干问题的决定》（1981）等。

由于历史欠账太多，以上政策的出台、实施，没能遏制住我国生态失衡的局面。1981 年 7—8 月，我国四川、陕西等省先后发生了历史上罕见的特大洪水灾害。长江、黄河上游连降暴雨，造成洪水暴发、山体崩塌，给人民群众生命财产和国家经济建设造成巨大损失。专家学者以大量的数据和事实论证了森林植被遭到破坏、生态失去平衡是造成这次洪灾的主要原因。

严峻的生态形势，使党和政府对森林生态效益的重要性的认识不断提升。邓小平指出："最近发生的洪灾涉及林业问题，涉及森林的过量砍伐。看来宁可进口一点木材，也要少砍一点树。"1981 年 12 月 13 日，第五届全国人大第四次会议审议并通过了《关于开展全民义务植树的决议》，从此，植树造林成为我国公民应尽的义务。在党和政府的领导下，全国人民掀起植树造林运动高潮，展开了一场规模浩大的生态建设运动。为了改变我国西北、华北、东北地区风沙危害和水土流失，减缓日益加速的荒漠化进程，党和政府决定在西北、华北北部、东北西部绵延 4 480 千米的风沙线上，实施"三北"防护林体系建设工程。1986 年后又陆续开展了绿化太行山、沿海防护林、长江中上游防护林、平原绿化、黄河中游防护林等生态工程。全民义务植树和大型生态工程的上马，体现出党和国家对生态建设的重视程度日益加强。

（2）加强森林保护时期（1984—1991 年）

按照中央部署，为了保护森林，促进林业发展，我国农村广泛实行了林业"三定"政策。但随着经济体制改革的深入，木材市场逐步放开，在经济利益的驱动下，一些集体林区出现了对森林资源的乱砍滥伐、偷盗等现象，甚至一些国有林场和自然保护区的林木也遭到哄抢，导致集体林区蓄积量在 300 万 m³ 以上的林业重点市，由 20 世纪 50 年代的 158 个减少到不足 100 个，能提供商品材的县由 297 个减少到 172 个。第三次森林资源清查（1984—1988 年）显示，较第二次清查，南方集体林区活立木总蓄积量减少了 18 558.68 万 m³，森林蓄积量减少 15 942.46 万 m³。在生产建设需要和人口生存需求的双重压力下，木材年产量居高不下，长期超量采伐、计划外采伐，对森林资源消耗巨大，远远超出了森林的承载能力。

与人祸对应的是天灾。1986 年春，我国多个省份又连续发生森林火灾 1 200 多起，烧林 52 万多亩，造成严重的经济损失。1987 年，大兴安岭林区又发生特大森林火灾，大火持续了近一个月。据统计，过火林地面积 114 万 hm²，其中受害森林面积 87 万 hm²，烧毁贮木场存材 85 万 m³，死亡 193 人，受伤 226 人。这是新中国成立以来最严重的一次森林大火，损失非常惨重。

面对森林资源出现的危机，党和政府高度重视，先后颁布了一系列林业保护政策。其中主要有《国务院关于坚决制止乱砍滥伐森林的紧急通知》（1980）、《中共中央 国务院关于制止乱砍滥伐森林的紧急指示》（1987）、《中华人民共和国森林法》（1987）、《中华人民共和国森林法实施细则》（1987）、《中共中央 国务院关于加强南方集体林区森林资源管理坚决制止乱砍滥伐的指示》（1987）、林业部《封山育林管理暂行办法》（1988）、《国务院关于保护森林资源制止毁林开垦和乱占林地的通知》（1988）、《中华人民共和国水土保持法》（1991）、《林业部关于当前乱砍滥伐、乱捕滥猎和综合治理措施报告》（1992）等。

以上政策明确指出，保护森林、发展林业是我国社会主义建设中的一个重大问题，要正确处理当前利益和长远利益、经济效益和生态效益的关系。我国林业建设实行以营林为基础，普遍护林，大力造林，采育结合，永续利用。对森林的保护和管理必须加强，在任何时候都不能有丝毫放松。对乱砍滥伐应当随起随剎，绝不能手软。要彻底改变"木材生产为中心"的理念，坚决调减木材产量，给林业以休养生息的机会。这些政策措施对森林资源的保护，对林业的健康发展，起到了积极的促进作用。其中，《中华人民共和国森林法》及其实施细则的出台，标志着我国林业法治建设跨上了一个新的台阶。

（3）向可持续发展转变时期（1992—1997 年）

1992 年 6 月，巴西里约热内卢联合国环境与发展大会对人类环境与发展问题进行了全球性规划，会议通过的《21 世纪议程》，使可持续发展这一模式成为世界各国的共识。会后，我国编制了《中国 21 世纪议程——中国 21 世纪人口、环境与发展白皮书》，成为中国可持续发展的总体战略。作为可持续发展战略的重要组成部分，党和政府把生物多样性资源保护、森林资源保护等放到了突出位置。在《国务院关于进一步加强造林绿化工作的通知》（1993）中，明确指出要坚持全社会办林业、全民搞绿化，总体推进造林绿化工作，切实抓好造林绿化重点工程建设。在随后制定的《中华人民共和国农业法》中明确指出，国家实行全民义务植树制度；保护林地，制止滥伐、盗伐森林，提高森林覆盖率。1994 年 10 月通过的《中华人民共和国自然保护区条例》，强调要将生物多样性作为重点保护对象。在 1996 年 9 月出台的《野生植物保护条例》中，明确提出以严厉的措施，保护生物多样性，维护生态平衡。

从 20 世纪 70 年代末到 90 年代后期，经过各方努力，林业建设中存在的毁林开垦、乱砍滥伐等现象，得到了一定程度的遏制，植树造林、封山育林等工作初见成效。1984—1988 年第三次全国森林资源清查，我国森林面积为 124.65 万 km^2，森林覆盖率 12.98%，活立木蓄积量 105.72 亿 m^3，森林蓄积量 91.41 亿 m^3。1989—1993 年第四次清查，森林面积 133.70 万 km^2，森林覆盖率 13.92%，活立木蓄积量 117.85 亿 m^3，森林蓄积量 101.37 亿 m^3。1994—1998 年第五次清查，森林面积 158.94 万 km^2，森林覆盖率 16.55%，活立木蓄积量 124.88 亿 m^3，森林蓄积量 112.67 亿 m^3。可见，我国森林面积和蓄积出现双增长的良好局面，林业发展取得了阶段性成果。

同时，也需清醒地认识到，由于生产建设对木材的需求居高不下，林业发展形势依然严峻。依据林业年鉴中的统计数据，1986—1991 年，我国每年的木材产量曾一度递减，从 6 502.4 万 m^3，下降到 5 807.3 万 m^3，减少了 695.1 万 m^3，减幅为 10.7%。但是，1991 年之后又迅速反弹，至 1995 年，木材产量攀升至 6 766.9 万 m^3，远远超过了 1986 年的产量。

3. 林业建设的快速发展阶段（1998 年至今）

从 1998 年至今是我国林业建设的第三个阶段。这一时期我国的林业建设初步实现了以木材生产为主向以生态建设为主的历史性转变。这一阶段分别以 1998 年特大洪灾、《关于加快林业发展的决定》的出台和中央林业工作的召开为三个节点。

（1）发展战略开始转型（1998—2002 年）

1998 年特大洪灾后，林业发展向以生态建设为主转变。1998 年我国"三江"（长江、嫩江、松花江）流域发生了特大洪灾。此次灾害持续时间长、影响范围广，灾情特别严重，可谓百年洪灾。据国家权威部门统计，全国共有 29 个省（自治区、直辖市）受到不同程度的洪涝灾害，农田受灾面积 2 229 万 hm^2，死亡 4 150 人，倒塌房屋 685 万间，直接经济损失 2 551 亿元。有专家指出，洪灾与生态环境的破坏有着直接的关系。长期以来，长江流域上游无节制的森林采伐，致使植被减少，森林覆盖率急剧降低，导致流域内水土大量流失，泥沙淤积，河流蓄水能力降低。北方嫩江、松花江流域的洪灾成因也是如此。

洪灾引发了党和政府对林业发展战略的深入思考。时任国务院总理朱镕基在考察洪灾时指出："洪水长期居高不下，造成严重损失，也与森林过度采伐、植被破坏、水土流失、泥沙淤积、行洪不畅有关。"在灾情还未结束时，国务院就下发了《关于保护森林资源制止毁林开荒和乱占林地的通知》，强调："必须正确处理好森林资源保护和开发利用的关系，正确处理好近期效益和远期效益的关系，绝不能以破坏森林资源，牺牲生态环境为代价换取短期的经济增长。"在此基础上，党和政府又出台了多项政策，如《国务院办公厅关于进一步加强自然保护区管理工作的通知》（1998）、《中共中央关于农业和农村工作若干重大问题的决定》（1998）等。在这些政策中，党和政府反复强调保护和发展森林资源的重要性、迫切性。同时，党和政府果断采取措施，实行天然林保护工程。进入 21 世纪后，又相继实施了退耕还林还草工程、"三北"防护林建设、长江中下游地区重点防护林体系建设、京津风沙源治理、野生动植物保护及自然保护区建设、重点地区速生丰产用材林建设等工程。林业六大工程的实施，标志着我国林业以生产为主向以生态建设为主转变。

（2）新的发展战略确立（2003—2008 年）

《关于加快林业发展的决定》的出台，标志着我国林业以生态建设为主的发展战略基本确立。由于林业具有生产周期长、破坏容易、恢复难的特点，进入 21 世纪后，我国生态问题日益凸显。2003 年 6 月，中共中央、国务院出台了《关于加快林业发展的决定》，指出我国生态整体恶化的趋势没能根本扭转，土地沙化、湿地减少、生物多样性遭破坏等仍呈加剧趋势。乱砍滥伐林木、乱垦滥占林地等现象屡禁不止。气候异常、风沙、洪涝、干旱等自然灾害频发，严重制约了经济、社会等各项事业的发展。

随后，在中共中央、国务院出台的一系列政策中，反复强调贯彻林业可持续发展战略的重要性。这些政策主要有：《中共中央 国务院关于促进农民增加收入若干政策的意见》（2003）、《中共中央 国务院关于进一步加强农村工作提高农业综合生产能力若干政策的意见》（2004）、《中共中央 国务院关于推进社会主义新农村建设的若干意见》（2005）、《中共中央 国务院关于积极发展现代农业扎实推进社会主义新农村建设的若干意见》（2007）、国务院《中国应对气候变化国家方案》（2007）等。

这些政策体现出党和政府对林业建设、生态建设的认识进一步深化。党和国家对林业建设的认识，已经上升到事关国家发展全局、事关应对全球气候变化的战略地位。由此确立了"三生态"林业发展战略思想，即确立以生态建设为主的林业可持续发展道路，建立以森林植被为主体的国土生态安全体系，建设山川秀美的生态文明社会。这一阶段规划了林业建设的目标：力争到 2010 年使我国森林覆盖率达到 20.3%，2020 年达到 23.4%，2050 年达到 28%，基本建成资源丰富、功能完善、效益显著、生态良好的现代林业，最大限度地满足国民经济与社会发展对林业的生态、经济和社会需求，实现我国林业的可持续发展。

（3）跨越式发展新时期（2008 年至今）

中央林业工作会议召开，我国林业建设进入以生态建设为主的新阶段。为了促进传统林业向现代林业转变，2008 年 6 月，中共中央、国务院出台了《关于全面推进集体林权制度改革的意见》，要求用 5 年左右时间基本完成明晰产权、承包到户的改革任务。2009 年 6 月，中央召开了中华人民共和国成立 60 年来首次林业工作会议，研究了新形势下林业改革发展问题，全面部署了推进集体林权制度改革的工作。会上，时任国务院总理温家宝明确指出，林业在贯彻可持续发展战略中具有重要地位，在生态建设中具有首要地位，在西部大开发中具有基础地位，在应对气候变化中具有特殊地位。时任国务院副总理、全国绿化委员会主任回良玉也指出，实现科学发展必须把发展林业作为重大举措，建设生态文明必须把发展林业作为首要任务，应对气候变化必须把发展林业作为战略选择，解决"三农"问题必须把发展林业作为重要途径。这说明党和政府对生态林业建设重要性的认识，达到了前所未有的高度。随着我国工业化、城镇化步伐的加快，毁林开垦和非法占用林地的现象日趋严重，社会经济发展需求与林地供给矛盾十分突出。为此，2010 年 6 月 9 日，国务院审议通过了《全国林地保护利用规划纲要（2010—2020 年）》，这是我国第一个中长期林地保护利用规划。纲要从严格保护林地、合理利用林地、节约集约用地的角度，提出了适应新形势要求的林地分级、分等保护利用管理新思路，具有里程碑意义，体现了党和国家全面加强生态建设的决心和意志，也标志着我国林业发展政策，由以前摸着石头过河，在不断尝试中前进，逐步过渡到对林业发展规律有了深入认识，注重总体规划顶层设计的新的历史时期。随着以上政策的出台和实施，林业建设获得了健康的发展，森林资源得到有效保护、发展取得了巨大成就。

总体来看，我国过去长期以木材生产为中心，这段历史时期有着一定合理性甚至是必要性。随着实践发展和认识转变，林业生态效益与经济效益相对立的观点逐步被破除，未来林业建设的方向应该是：进一步解放思想，妥善处理林业建设中经济效益与生态效益的关系，积极探索能够实现两者之间共赢的最佳切入点和载体，实现两者之间的良性互动；在坚定以生态建设为主的林业发展战略的同时，推动林业经营方式改革，提高林业生产力水平，最大限度满足经济社会发展对木材及林产品的需求。

第二节　中国林业建设的成就、经验和问题

一、林业建设的主要成就

新中国成立 70 年来，我国林业建设在探索中前进，在改革中发展。尤其是最近 30 多年来，林业在管理体制、经营机制、组织形式、经营方式、产业结构等方面进行了富有成效的改革和调整，林业生态体系、产业体系和生态文化体系建设取得了长足的发展。

1. 全面构建林业生态体系，为维护国家和全球生态安全做出了重大贡献

建立完善的林业生态体系，发挥林业巨大的生态功能，是发展现代林业的首要任务，也是维护生态安全、建设生态文明的重要基础。1978 年以来，党中央、国务院采取一系列有效措施，全面加强林业生态体系建设，为维护中华民族生存根基和全球生态安全做出了突出贡献。

（1）建设和保护森林生态系统，我国成为世界上森林资源增长最快的国家。一是大力发展人工林。目前，我国人工林保存面积达到 5 300 多万 hm²，占世界人工林总面积的近 40%，居世界首位。2000—2005 年全球年均减少森林面积 730 万 hm²，而我国年均增加 405.8 万 hm²。我国人工林年均增量占全球的 53.2%。二是大力保护天然林。为了保护我国珍贵的天然林资源，国家实施了天然林资源保护工程，全面停止长江上游、黄河上中游地区天然林商品性采伐，大幅度调减东北、内蒙古等重点国有林区天然林采伐量，有效地保护了 9 930 万 hm² 森林。三是大力实施退耕还林。1999 年以来，

退耕还林工程区 25 个省、自治区、直辖市累计完成退耕地造林 905 万 hm^2、荒山荒地造林 1 262 万 hm^2、封山育林 160 万 hm^2，占国土面积 82% 的工程区森林覆盖率提高了 2 个多百分点。四是大力建设长江、珠江、沿海等防护林体系。1989 年以来，长江、珠江流域、太行山绿化、沿海防护林体系建设工程分别完成营造林 570 万、71 万、489 万、142.09 万 hm^2。2008 年，国务院又决定到 2015 年再投资 99.84 亿元，全面加强沿海防护林体系建设。

建设和保护森林生态系统的有效措施，使我国森林资源实现了持续增长，森林覆盖率从 1981 年的 12% 增加到 21.63%（第八次全国森林资源清查 2009—2013 年结果），森林蓄积量达到 151.37 亿 m^3，活立木总蓄积量达到 164.33 亿 m^3。森林资源总量持续增长，使我国吸收二氧化碳的能力显著增加。2004 年，中国森林净吸收了 5 亿 t 以上二氧化碳的量，占同期全国温室气体排放总量的 8% 以上。国际专家评估表明，中国是世界上森林资源增长最快的国家，吸收了大量二氧化碳，为中国乃至全球经济社会可持续发展创造了巨大的生态价值。

（2）治理和改善荒漠生态系统，土地沙化趋势得到初步遏制。我国是土地沙化危害最严重的国家之一。为遏制土地沙化，我国坚持科学防治、综合防治、依法防治的方针，实施了三大重点治理工程，土地沙化由 20 世纪 90 年代末期年均扩展 3 436 km^2 转变为 21 世纪初期年均缩减 1 283 km^2，总体上实现了从扩展到缩减的历史性转变。一是实施"三北"防护林体系建设工程。工程涉及我国 13 个省、自治区、直辖市的 551 个县（旗），建设期到 2050 年。经过 30 年建设，累计造林保存面积 2 374 万 hm^2，使黄土高原 40% 的水土流失面积得到治理。二是实施京津风沙源治理工程。工程涉及北京、天津等 5 省、自治区、直辖市的 75 个县（旗）。到 2007 年，累计完成治理任务 669.4 万 hm^2，实行禁牧 568.4 万 hm^2，生态移民 11.6 万人。工程区林草植被盖度平均提高 10%～20.4%。三是实施农田防护林体系建设工程。1988—2007 年，全国平原地区累计完成造林 710 万 hm^2，农田林网控制率由 59.6% 提高到 74%，3 356 万 hm^2 农田得到保护。

（3）保护和恢复湿地生态系统，不断增强湿地的生态功能。我国湿地面积 3 848 万 hm^2，居世界第四位、亚洲第一位，保存了全国 96% 的可利用淡水资源。改革开放以来，我国制定了抢救性保护自然湿地、制止随意侵占和破坏湿地等一系列政策，实施了湿地保护工程。2013 年，第三次全国湿地资源调查显示，我国已建立各级湿地公园 468 处、受保护湿地面积达到 2 324.32 万 hm^2，比第二次调查增加了 525.94 万 hm^2，湿地保护率由 30.49% 提高到现在的 43.51%。水源涵养等生态功能不断增强。我国政府先后获得"献给地球的礼物特别奖""全球湿地保护与合理利用杰出成就奖""湿地保护科学奖""自然保护杰出领导奖"等国际荣誉。

（4）全面保护生物多样性，使国家最珍贵的自然遗产得到有效保护。物种是最珍贵的自然遗产和生态平衡的基本因子，维护物种安全是可持续发展的重要标志。为了加强野生动植物和生物多样性保护，国家颁布了《野生动物保护法》《野生植物保护条例》等法律法规，建立各类自然保护区 2 395 处，覆盖了 15%以上的陆地国土面积，超过世界 12%的平均水平。目前，我国已建立野生动物拯救繁育基地 250 多处，野生植物种质资源保育或基因保存中心 400 多处，初步形成了类型齐全、功能完备的自然保护区网络体系。300 多种珍稀濒危野生动植物和 130 多种珍贵树木的主要栖息地、分布地得到较好保护，大熊猫、朱鹮等濒危野生动物种群数量不断扩大，有效保护了 90%的陆地生态系统类型、85%的野生动物种群和 65%的高等植物群落。

2. 加快建设林业产业体系，为国民经济发展和农民增收发挥了重要作用

建设发达的林业产业体系，发挥林业巨大的经济功能是现代林业建设的重要任务，也是建设生态文明的重要物质基础。改革开放以来，我国林业产业在曲折中发展、在开拓中前进、在调整中完善，从小变大、由弱渐强，取得了显著成绩。

（1）产业规模不断扩大。2013 年，全国林业产业总产值达到 4.46 万亿元，木材、松香、人造板、木竹藤家具、木地板和经济林等主要林产品产量稳居世界第一。同时，产业集中度大幅提升。全国规模以上林业工业企业超过 15 万家，产值占到全国的 70%以上，广东、福建、浙江、山东、江苏等五省林业产业总产值占到全国的一半左右，龙头企业培育初见成效，依托自然资源和具有区域特色的产业集群已逐步形成。

（2）新兴产业异军突起。近年来，在传统林业产业继续巩固的同时，竹藤花卉、森林旅游、森林食品、森林药材等非木质产业迅速发展，野生动植物繁育利用、生物质能源、生物质材料等一批新兴产业异军突起。2013 年，全国木本油料、干鲜果品等特色经济林产量达 1.34 亿 t，油茶种植面积达到 5 750 万亩，花卉种植面积 1 680 万亩，木材产量达 8 367 万 m^3。森林等自然资源旅游达 7.8 亿多人次。林产品进出口贸易额达 1 250 亿美元，初步确立了我国作为林产品国际贸易大国的地位。

（3）特色产业不断壮大。不同地区的特色支柱产业不断发展，有力地促进了区域经济繁荣、农民增收和社会就业。2007 年，陕西省继苹果形成支柱产业后，花椒产业成为新的经济增长点，韩城市花椒产值占林业总产值的 95%以上，有 11 万农民靠花椒实现脱贫致富；江苏省邳州市大力培育杨树和银杏产业，林业年产值达到 140 多亿元；山东省沾化县仅冬枣一项就实现年销售收入 18 亿元，枣农人均收入超过 6 000 元。

3. 大力发展生态文化体系，全社会的生态文明观念不断强化改革开放以来，在林业生态体系和产业体系建设取得重大进展的同时，党和政府高度重视生态文化发展，生态文化体系建设明显加强，人与自然和谐相处的生态价值观在全社会开始形成

（1）生态教育成为全民教育的重要内容。发布了《关于加强未成年人生态道德教育的实施意见》。坚持每年开展"关注森林""保护母亲河"和"爱鸟周"等行动，在植树节、国际湿地日、防治荒漠化和干旱日等重要生态纪念日，深入开展宣传教育活动。在电视频道开办"人与自然""绿色时空""绿野寻踪"等专题节目，创办了《中国绿色时报》《中国林业》《森林与人类》《国土绿化》《生态文化》等重要文化刊物。树立了林业英雄马永顺、治沙女杰牛玉琴和治沙英雄石光银、王有德等先进模范人物，坚持用榜样的力量推动生态建设。

（2）生态文化产品不断丰富。举办了"创建国家森林城市"等各种文化活动，极大地丰富了生态文化内涵。举办了全国野生动植物保护成果展、绿色财富论坛、生态摄影展、文艺家采风和生态笔会、绿化、花卉、森林旅游等专类博览会等活动，出版了《新时期党和国家领导人论林业与生态建设》《生态文明建设论》《生态文化建设论》《森林与人类》等专著，形成了一批有价值的研究成果。《中华大典·林业典》编纂和林业史料收集整理工作全面启动。制作播出了 11 集大型系列专题片《森林之歌》赢得社会好评，电影《天狗》和电视专题片《保护湿地》荣获 2007 年度华表奖。

（3）生态文化基础建设得到加强。到 2013 年，我国已建立国家级森林公园 779 处，经营面积 1 048 万 hm²。确立了上百处国家生态文化教育基地。2007 年，首个生态文明建设示范基地——湄洲岛生态文明建设示范基地正式建立，国家级特大型综合植物园——秦岭国家植物园工程开工。建设了一批森林博物馆、森林标本馆、城市园林等生态文化设施，保护了一批旅游风景林、古树名木和革命纪念林。2007 年，福建省启动了第一批 20 个"森林人家"示范点，重庆市建成 20 多个农家社区森林公园，河南省建成生态文化基地 232 个，北京市建成观光果园 400 多个。这些基础设施建设，为人们了解森林、认识生态、探索自然、陶冶情操提供了场所和条件。

（4）生态文化传播力度明显加大。林业宣传工作纳入了党的宣传工作布局。2013 年以来，为宣传贯彻中共十八大精神，以促进生态林业和民生林业发展为主题，各级林业部门大力宣传林业在生态文明建设中的地位和作用，宣传林业在经济社会发展中的职责和任务，全面推进生态文化体系建设。一方面，天然林保护、退耕还林、湿地恢复、沙漠化治理等 16 项重大生态修复工程的建设情况不断向社会公开，在两会、植树节、森林日、爱鸟周、湿地日、防治荒漠化日、森林防火紧要期，广泛组织开展系

列宣传活动。另一方面，大力宣传集体林权制度改革的重要意义、重大举措和巨大成就，用典型事例说明改革带给农村社会的发展红利，给广大农民带来的福祉。持续宣传林业产业"倍增计划"和产业基地建设、产业集群发展的态势，引导社会资本投入林业发展。持续宣传林业十大主导产业及其政策要点，特别是林下经济、森林旅游、油茶等木本油料产业和林业生物质能源产业的扶持政策和激励措施。

二、林业建设的重要经验

改革开放30多年来我国林业建设的实践，初步探索出了一条适合中国国情、林情的林业发展道路，为林业在21世纪取得更大的发展积累了宝贵经验。

1. 坚持把解放思想作为现代林业发展的重要前提

解放思想、与时俱进是事业不断取得胜利的重要思想武器。改革开放以来，我国林业之所以能够得到持续快速发展，取得巨大成就，创造成功经验，甚至有很多方面在世界上处于领先地位，就在于坚持解放思想、实事求是的思想路线，不断破除阻碍林业发展的旧观念，消除束缚林业发展的思想羁绊，提出了"在发展中保护、在保护中发展""生态中有产业、产业中有生态""兴林为了富民、富民才能兴林"等许多新理念，为林业发展打开了广阔的视野。

2. 坚持把深化改革作为现代林业发展的根本动力

只有深化改革，才能激发林业的内在活力，增强林业发展的动力；只有深化改革，才能理顺生产关系，解放发展林业生产力。改革开放以来，各级林业部门坚定不移地推进以林业产权制度改革为重点的各项改革，不断调整完善林业政策和机制，有效激发了林业发展的内在活力。

3. 坚持把建设生态文明作为现代林业发展的战略目标

林业是生态文明建设重要的物质基础，也是重要的文化载体。建设现代林业就是按照建设生态文明的要求，努力构建三大体系，提升三大功能（生态功能、经济功能和社会文化功能），发挥三大效益（生态效益、经济效益和社会效益），以林业的多种功能满足社会的多样化需求，从而使林业发展的方向更好地适应了建设生态文明的要求。

4. 坚持把兴林富民作为现代林业发展的根本宗旨

兴林富民是国家、集体和个人多方利益的最佳结合点。只有兴林才能不断夯实富民的资源基础，只有富民才能不断壮大兴林的社会基础。在林业发展实践中，各级林业部门坚持在兴林中富民、在富民中兴林，充分调动了广大林农群众和林业职工发展林业的积极性，为林业发展增添了动力和活力。

5. 坚持把实施重点工程作为现代林业发展的重要途径

重点工程是国家投资的载体。发展现代林业，必须坚持工程带动战略，带动各种生产要素向林业流动。30 年来，国家先后启动实施了一批林业重点工程，优化了林业生产力布局，解决了林业长期投入不足的问题，为林业发展提供了有力保障。

6. 坚持把依法治林和科技兴林作为现代林业发展的重要手段

发展现代林业，必须全面加强法治建设，充分发挥科技的支撑、引领和带动作用。我国林业法治建设不断完善，基本建立了较为完备的林业法律法规体系、行政执法体系、监督检查和普法体系。林业科技支撑能力不断增强，科技对林业发展的贡献率不断提高，已由 1996 年的 27.3%，提高到"十二五"期间的 48%，其中科技转化率达 55%，为林业又好又快发展提供了有力支撑。

7. 坚持把国际合作作为现代林业发展的重要力量

我国先后与 70 多个国家（地区）及国际组织建立了长期稳定的林业合作关系，累计争取无偿援助项目 700 余个，受援资金约 7.7 亿美元。林业对外科技交流、经济贸易、对外承包和海外开发森林不断发展。我国加入了《濒危野生动植物种国际贸易公约》《湿地公约》《联合国气候变化框架公约》《生物多样性公约》《联合国防治荒漠化公约》和《国际植物新品种保护公约》等，在促进全球林业发展和生物多样性保护方面发挥了重要的作用。

三、林业建设存在的问题

在我国林业建设在取得重大成就的同时，仍然需要看到，与全面建成小康社会的要求相比，我国林业发展还很落后，林业供给能力还不充分，难以满足不断增长的多样化需求。林业刚刚从以木材生产为主的发展阶段转向以生态建设为主的发展阶段，这一阶段的特征是：边治理，边破坏，治理速度赶不上破坏，生态环境"局部好转，总体恶化"，并且恶化的趋势还未得到根本扭转。与此伴随的另一个特点是：中国林业目前处在社会主义初级阶段的较低发展水平，森林资源还没有摆脱农民对其的生存依赖、工业对其的经济依赖。破坏森林资源的原发性动力依然强劲。

与国内经济发展需求和世界先进水平相比，当前我国林业建设的问题主要表现如下。

1. 森林资源总量不足、质量低下

我国人均森林面积和蓄积量仅为世界平均水平的 1/4 和 1/7，远不能满足占世界

22%人口生产生活的需要。尽管森林清查结果反映，我国已经连续多年实现了森林面积和蓄积的双增长，但增长速度已经开始放缓，第八次全国森林资源清查显示，森林面积增量只有第七次清查的 60%，未成林造林地面积比第七次清查减少 396 万 hm²，仅有 650 万 hm²。同时，现有宜林地质量好的仅占 10%，质量差的多达 54%，且 2/3 分布在西北、西南地区，立地条件差，造林难度越来越大、成本投入越来越高，见效也越来越慢，实现森林面积增长目标还要付出艰巨的努力。

2. 严守林业生态红线面临的压力巨大

2009—2013 年，各类建设违法违规占用林地面积年均超过 200 万亩，其中约一半是有林地。局部地区毁林开垦问题依然突出。随着城市化、工业化进程的加速，生态建设的空间将被进一步挤压，严守林业生态红线，维护国家生态安全底线的压力日益加大。

3. 加强森林经营的要求非常迫切

我国林地生产力低，森林每 hm² 蓄积量只有世界平均水平 131 m³ 的 69%，人工林每 hm² 蓄积量只有 52.76 m³。林木平均胸径只有 13.6 cm。龄组结构依然不合理，中幼龄林面积比例高达 65%。林分过疏、过密的面积占乔木林的 36%。林木蓄积年均枯损量增加 18%，达到 1.18 亿 m³。进一步加大投入，加强森林经营，提高林地生产力、增加森林蓄积量、增强生态服务功能的潜力还很大。

4. 森林有效供给与日益增长的社会需求的矛盾依然突出

我国木材对外依存度接近 50%，木材安全形势严峻；现有用材林中可采面积仅占 13%，可采蓄积仅占 23%，可利用资源少，大径材林木和珍贵用材树种更少，木材供需的结构性矛盾十分突出。同时，森林生态系统功能脆弱的状况尚未得到根本改变，生态产品短缺的问题依然是制约我国可持续发展的突出问题。

第三节 林业发展战略

一、战略指导思想

林业发展战略是从林业生产的宏观角度出发，制定出符合国民经济发展需要的林业战略目标，总体研究林业发展过程全局应该采取的方针政策。林业发展战略包括战略指导思想、战略目标、战略重点和战略措施。林业发展战略是林业长期发展必不可少的纲领。回顾新中国成立以来我国林业建设走过的曲折历程，是森林资源经受破坏、恢复和发展的过程，是从以木材生产为中心的林业建设指导思想从不断强化到逐步弱化的过程，是对林业性质、地位、作用的认识不断深化的过程。前 30 年，我国林业基本上处于大规模开发利用森林资源的时期。这是当时国家经济建设的现实要求，但客观上造成了不少地方森林质量退化，生态功能弱化，生态状况恶化。改革开放以后，林业进入了恢复、发展的时期。这个时期，社会对林业性质和作用的认识发生了变化，但由于体制惯性和投入严重不足，林业整体上还停留在"挖坑栽树砍木头"上，以木材生产为中心的指导思想仍然起主导作用。20 世纪末，我国林业开始孕育巨变，特别是进入 21 世纪，随着人们对改善生态的愿望越来越迫切，以及国家综合实力显著增强，投入巨资启动六大林业重点工程，催生了我国林业由以木材生产为主向以生态建设为主的历史性转变。

总体上，新中国成立以后我国林业发展战略经历了以木材生产为主、木材生产与生态建设并重、以生态建设为主等三大阶段，具有与时俱进的鲜明特点。基于对我国林业发展所处阶段的判断，为了更好地服务于国民经济总体发展战略，21 世纪林业的发展必须置于国民经济和社会可持续发展的全局中统筹考虑，拓宽林业发展空间，不断强化林业的战略地位。2003 年 6 月 25 日，中共中央、国务院关于加快林业发展的决定中明确提出了林业发展的指导思想、基本方针、战略目标和战略措施等。

1. 指导思想

林业发展战略的根本问题是战略指导思想。新时期，我国林业发展的指导思想是：以邓小平理论和"三个代表"重要思想为指导，深入贯彻党的十八大精神，确立以生态建设为主的林业可持续发展道路，建立以森林植被为主体、林草结合的国土生态安全体系，建设以山川秀美的生态文明社会，大力保护、培育和合理利用森林资源，实现林业跨越式发展，使林业更好地为国民经济和社会发展服务。

2. 基本方针

林业发展的基本方针是七个坚持：坚持全国动员，全民动手，全社会办林业；坚持生态效益、经济效益和社会效益相统一，生态效益优先；坚持严格保护、积极发展、科学经营、持续利用森林资源；坚持政府主导和市场调节相结合，实行林业分类经营和管理；坚持尊重自然和经济规律，因地制宜，乔灌草合理配置，城乡林业协调发展；坚持科教兴林；坚持依法治林。

3. 战略目标

选择林业发展战略目标是林业发展的核心问题，将会影响到林业发展战略能否顺利进行。目标定得过高，脱离客观条件，容易挫伤积极性；目标定得过低，又会同整个社会经济发展战略不协调。所以，客观合理地确定战略目标，对于促进林业健康发展和促进国民经济发展都具有重要意义。我国林业发展战略目标是：通过管好现有林，扩大新造林，抓好退耕还林，优化林业结构，增加森林资源，增强森林生态系统的整体功能，增加林产品有效供给，增加林业职工和农民收入。

具体目标是：2010 年，使我国森林覆盖率达到 19%以上，大江大河流域的水土流失和主要风沙区的沙漠化有所缓解，全国生态状况整体恶化的趋势得到初步遏制，林业产业结构趋于合理；到 2020 年，使森林覆盖率达到 23%以上，重点地区的生态问题基本解决，全国的生态状况明显改善，林业产业实力显著增强；到 2050 年，使森林覆盖率达到并稳定在 26%以上，基本实现山川秀美，生态状况步入良性循环，林产品供需矛盾得到缓解，建成比较完备的森林生态体系和比较发达的林业产业体系。

4. 战略措施

林业发展战略措施是对战略目标的保证和促进。措施是否得当，决定目标是否能实现。我国林业发展战略措施主要有以下方面。① 抓好重点工程，推动生态建设。主要包括：坚持不懈地搞好林业重点工程建设；深入开展全民义务植树运动，采取多种形式发展社会林业。② 优化林业结构，促进产业发展。主要包括：加快推进林业产业结构升级；加强对林业产业发展的引导和调控；进一步扩大林业对外开放。③ 深化林业体制改革，增强林业发展活力。主要包括：进一步完善林业产权制度，加快推进森林、林木和林地使用权的合理流转，放手发展非公有制林业，深化重点国有林区和国有林场、苗圃管理体制改革，实行林业分类经营管理体制。④ 加强政策扶持，保障林业长期稳定发展。主要是加大政府对林业建设的投入和加强对林业发展的金融支持，以及减轻林业税费负担。⑤ 强化科教兴林，坚持依法治林。主要是加强林业科技教育工作和林业法治建设。⑥ 切实加强对林业工作的领导。主要包括：各级党委和政府要高度重视林业工作、坚持并完善林业建设任期目标管理责任制、动员全社会力量关心和支持林业工作。

二、战略建设重点

发展现代林业，维护生态安全，建设生态文明，是历史赋予林业的重大使命。目前，林业建设的战略重点如下。

1. 积极应对全球气候变化

为充分发挥森林的间接减排作用，减缓全球气候变暖，必须加大植树造林力度，力争到 2020 年森林覆盖率达到 23%以上、2050 年达到 26%以上。要加强森林经营，提高森林质量，加大对森林火灾、病虫害、非法征占用林地行为的防控力度和水土流失治理力度，增强森林固碳能力。要加快构建"亚太森林恢复与可持续管理"，推动亚太地区森林资源恢复和发展。

2. 建设和保护森林生态系统

继续实施好天然林资源保护、退耕还林、长江流域防护林体系建设、沿海防护林体系建设等重点工程，促进森林生态系统的自然修复和人工修复，减少水土流失、风沙危害、干旱洪涝等自然灾害的发生。

3. 治理和改善荒漠生态系统

坚持发扬"胡杨精神"，坚持科学防治、综合防治、依法防治的方针，加强"三北"防护林工程、京津风沙源治理工程建设管理，加强重点地区防沙治沙和石漠化治理，全面提升沙化土地防治成效，加快推进从"沙逼人退"向"人逼沙退"的历史性转变。

4. 保护和恢复湿地生态系统

力争到 2030 年，使中国湿地自然保护区达到 713 个，国际重要湿地达到 80 个，90%以上天然湿地得到有效保护，形成较为完整的湿地保护和管理体系。

5. 严格保护生物多样性

继续实施野生动植物保护及自然保护区建设工程，到 2050 年使森林、野生动物等类型自然保护区总数达到 2 600 个，总面积 1.54 亿 hm^2，占国土面积 16%，使全国 85%的国家重点保护野生动植物种群数量得到恢复和增加，所有的典型生态系统类型得到良好保护。

6. 切实保障木材供应

立足国内保障和改善木材等林产品供给。大力发展速生丰产林，力争到 2015 年完成 1 333 万 hm^2 的建设任务。强化对现有人工用材林的科学经营，力争将每 hm^2 蓄积量提高到 100 m^3 左右。切实提高木材综合利用水平，力争到"十二五"末，把木材综合利用率提高到 70%以上。

7. 大力发展木本粮油

要充分利用好我国土地资源潜力、树种资源潜力、劳动力资源潜力，大力发展木本粮油。力争到 2020 年，使我国人均占有食用木本植物油达到 0.8 kg，人均占有水果达到 50 kg，人均占有木本粮食 10 kg，为维护国家粮食安全、提高国民营养水平做出贡献。

8. 积极开发林业生物质能源

通过发展林业生物质能源，改善能源供应结构，维护能源供应安全，促进节能减排。要积极开发现有森林中能源原料的 3 亿多吨生物量，充分利用现有宜林荒山荒地培育能源林。要积极研发相关配套技术，逐步形成培育、加工、开发的"生物质能一体化"格局。2016 年 5 月国家林业局正式印发《林业发展"十三五"规划》（以下简称《规划》）。《规划》提出了今后 5 年我国林业发展的指导思想、目标指标、发展格局、战略任务、重点工程项目、制度体系等内容。

"十三五"时期，我国林业发展的指导思想是高举中国特色社会主义伟大旗帜，全面贯彻中共十八大和十八届三中、四中、五中、六中全会精神，深入贯彻习近平总书记系列重要讲话精神，牢固树立创新、协调、绿色、开放、共享的新发展理念，深入实施以生态建设为主的林业发展战略，以维护森林生态安全为主攻方向，以增绿增质增效为基本要求，深化改革创新，加强资源保护，加快国土绿化，增进绿色惠民，强化基础保障，扩大开放合作，加快推进林业现代化建设，为全面建成小康社会、建设生态文明和美丽中国做出更大贡献。

推进林业现代化建设的 6 项基本要求是：始终坚持把改善生态作为林业发展的根本方向，始终坚持把做强产业作为林业发展的强大动力，始终坚持把保护资源和维护生物多样性作为林业发展的基本任务，始终坚持把改革创新作为林业发展的关键动力，始终坚持把依法治林作为林业发展的可靠保障，始终坚持把开放合作作为林业发展的重要路径。《规划》提出，"十三五"时期，我国林业要加快推进功能多样化、经营科学化、管理信息化、装备机械化、服务优质化，为到 2050 年基本实现林业现代化奠定坚实基础。到 2020 年，实现"国土生态安全屏障更加稳固""林业生态公共服务更趋完善""林业民生保障更为有力""林业治理能力明显提升" 4 个方面目标。《规划》确定了"一圈三区五带"的林业发展格局。"一圈"为京津冀生态协同圈。"三区"为东北生态保育区、青藏生态屏障区、南方经营修复区。"五带"为北方防沙带、丝绸之路生态防护带、长江（经济带）生态涵养带、黄土高原—川滇生态修复带、沿海防护减灾带。《规划》提出了"十三五"时期重点完成的十大战略任务：开展大规模国土绿化行动，做优做强林业产业，全面提高森林质量，强化资源和生物多样性保护，全面深化林业改革，大力推进创新驱动，切实加强依法治林，发展生态公共服务，夯实林业基础保障，扩大林业开放合作。今后 5 年，完成营造林任务 11 亿亩（7 333 万 hm²），其中：造林 5 亿亩（3 333 万 hm²），包括人工造林、封山育林、飞播造林、退化林修复、人工更新；森林抚育 6 亿亩（4 000 万 hm²）。新增森林蓄积量 14 亿 m³。完成湿地修复 14 万 hm²；沙化土地治理 1 000 万 hm²。"十三五"时期，实施一批、谋划一批、储备一批林业重点工程项目。在国家层面，谋划和实施对筑牢屏障和富国惠民作用显著、对经济发展和结构调整全局带动性强的 9 项林业重大工程，分别是：国土绿化行动工程、森林质量精准提升工程、天然林资源保护工程、新一轮退耕还林工程、湿地保护与恢复工程、濒危野生动植物抢救性保护及自然保护区建设工程、防沙治沙工程、林业产业建设工程、林业支撑保障体系建设工程。在此基础上，全国规划 100 个区域重点生态保护修复项目。

《规划》确定，建立健全林业资源资产产权、林业资源用途管制、林业自然资源资产债表编制、生态环境损害责任追究、生态保护补偿、公共财政投入、金融保险服务 7 项制度体系。同时，从落实规划实施责任、健全林业机构队伍、强化规划实施监督 3 个方面，对加强组织领导进行了部署。

第四章　中国林业制度和主要林业政策

第一节　制度的基本内涵

一、制度的概念和内涵

"制度"一词从不同学科领域的视角有不同的表述，从语言和词汇字面给出的概念和含义解释往往是综合了多个学科的视角，是一个较为综合的概念。例如《辞海》对"制度"的注解包括三条：① 要求共同遵守的，按一定程序办事的规程或行为准则，如工作制度；② 在一定的历史条件下形成的政治、经济、文化等方面的体系，如社会主义制度；③ 旧时指政治上的规模法度。与中文"制度"一词对应的英文词汇是"institution"，在《牛津大辞典》中的定义是：一种已经在一个民族的政治生活和社会生活中建立起来或长期形成的法律、风俗习惯、使用习惯、组织或其他因素。它是一种遵从于一个有组织的社团或作为一种文明的总成果有规则的原则或习俗。可以看出，不论是中文还是英文词汇的解释都至少包含了经济学、政治学、管理学和社会学等方面的含义。

不同学科角度制度含义侧重点各有差别，每一个学科视角的制度也都存在层次范围的区别。本章所指"制度"是经济学角度的概念，按照新制度经济学比较一致接受的定义是：制度是在一个特定群体内部得以确立并实施的行为规则，这套行为规则抑制着个人可能出现的机会主义行为，使人的行为变得可预见。制度成为经济学的范畴并流行开来主要归功于制度经济学派优秀经济学家的贡献，其中最为重要的是罗宾斯、哈耶克、科斯和道格拉斯·诺斯。罗宾斯以推广"机会成本"和以其他"科学的"现代经济分析方法取代古典经济学著名，哈耶克则以对知识和经济学关系问题分析的贡献获得了诺贝尔经济学奖，这两位学者的上述经济思想对科斯制度经济学思想的形成起到了直接影响，尤其日后大行其道的"交易费用"概念都可以用罗宾斯的"机会成本"、哈耶克关于知识和经济学的思想进行解释。科斯1991年、诺斯1993年分获诺贝尔经济学奖之后，制度经济学日益流行，制度一词也连同"交易费用""产权"成为经济学范畴之一。至此，制度开始专指人们在博弈均衡状态下的行为规范，进而以此打破了新古典经济学一般均衡理论制度既定的假设，在均衡分析中开始引入权利分配的状态。这种关于权利分配的"制度"是围绕稀缺资源选择社会多人博弈的均衡结果，在动态多人博弈中，每一个博弈均衡就表明了一套行为规范，从而定义了一个制度。因此，制度不是静态长期不变的，而是随着社会多人博弈的均衡结果变化而变迁。当一个博弈均衡的制度形成时，同时也就产生了稀缺资源个人选择的前提条件，即个人在选择决策时必须遵守特定制度包含的行为规则，由此制度就和预算共同成为选择者面临的约束。

制度的基本内涵包括四个方面。① 制度是人们行为选择的约束规则，抑制着人际交往中可能出现的任意行为和机会主义行为。② 一定时期相对稳定的制度是在特定社会文化传统、道德观念、价值观和知识结构背景下通过多人博弈社会选择形成的。③ 制度具有公共物品的属性。④ 政府在制度形成过程中具有正式认可和执行保护的作用，但政府并不能完全按照自己的理想供给制度物品，政府也只是制度形成多人博弈的主体之一；非正式规则多数时候并不需要借助政府的强制力来执行和保护。

二、制度的构成

制度经济学主流观点认为制度构成包括三个要素：国家制定的正式规则、社会认可的非正式规则和有关规则的实施机制。

1. 非正式规则

非正式规则是人们在长期交往中无意识形成的、代代相传的、具有持久的生命力并能对人们行为产生非正式约束的规则。非正式规则多是不成文的规定，在缺乏正式规则的场合起到规范人们行为的作用，是相对于法律等正式制度的概念。非正式规则主要包括习惯习俗、伦理规范、文化传统、价值信念和意识形态等因素。非正式规则不是人为设计的，而是自发演进的结果。人们的交往是为了实现一定的预期目标。由于人类知识和理性的有限性，人们无法做到无所不知、无所不能，只靠个人的知识和努力难以维持生存并实现发展，必须通过集体行动和社会联系交流和传递个人拥有的信息和知识，进而形成了基于共同利益和彼此认同的社会共同体。社会共同体内部具有相似的习惯、思维方式和习俗，这些既是维持社会共同体的纽带，也是个体行为选择和利益实现的要求与规范。

2. 正式规则

正式规则是人们有意识创造的一系列政策法则，一般由统治共同体的政治权力机构自上而下设计出来、强加于社会并付诸实施的各种规则。

正式规则包括政治规则、经济规则和契约，以及由这一系列规则构成的等级结构，如从宪法到其他成文法、不成文法、特殊的细则，最后到个别契约就形成了一个共同约束人们行为的等级结构。正式规则的出现是人为设计的结果，由一个主体设计出来并强加于共同体。进行制度设计的主体高居于共同体之上，具有政治意志和实施强制的权力，往往借助国家暴力来实施正式规则。正式规则具有强制性的特征，明确以奖赏和惩罚的形式规定可干和不可干的行为。对社会成员来说，正式规则是一种外在约束，不考虑个体的愿意与否。这种强制性还体现在利益的差别性，在正式规则约束的地方，常常会有一部分人获益而另一部分人受损，因而强制成为其实施必不可少的工具。

新制度经济学在论述政治规则与有效产权形成的关系时认为，只有在设计一项规则（产权）的预期收益大于其成本的情况下，才能导致产权的出现；而且在这种规则的等级结构中，政治规则的有效性是产权有效的关键。

3. 制度的实施机制

制度的实施机制是指由一种社会组织或机构对违反制度（规则）的人做出相应惩罚或奖励，从而使这些制度或规则得以实施的条件和手段的总称。制度的实施机制内含了两大功能，即惩罚功能和激励功能。制度惩罚功能可以使违规者的违规成本大于违规所得，从而使违规变得不合算。制度的激励功能是让执行者感觉到执行制度虽然使自己付出了一定的成本，但收益大于成本，执行是划算的，从而产生执行的正效应。当然，也存在具有自我执行机制的制度。制度的实施机制对于制度的功能和绩效的发挥具有至关重要的作用，制度得不到实施，不仅会影响制度的稳定性和权威性，使制度形同虚设起不到应有的作用，而且还会使人们产生对制度的不正常的预期，或者产生藐视制度的文化心理，从而使目无法纪愈演愈烈。

三、制度的作用

制度的出现是和资源稀缺性紧密相关的。资源稀缺性意味着人们在选择行为时不得不面临着预算约束，在没有正式规则和资源稀缺加剧的情况下，一些个体甚至会使用粗暴手段以获得超出预算约束的资源，其他相关个体也会选择暴力手段维护自身的财产权益，由此出现竞争稀缺资源的"丛林法则"。粗鲁暴力的"丛林"秩序作为一种产权和合约权益保护机制，在正式司法不可靠或者缺乏的情况下，能在一定情况下促进经济交易的发生和市场的发展。但这种以粗鲁暴力建立的"丛林规则"及其相应秩序往往是一种"多极"的低效秩序，它只能支持市场经济发展到一定程度，无法让一个经济发展深化。为了让经济发展深化，这也是符合绝大多数人利益的，就需要某种正式司法支持下的"单极"秩序，制度也就应运而生。具体来看，制度对经济发展的积极作用表现为以下几个方面。

1. 制度能够促进合作和竞争

在一个经济社会中，每个人、每个集团和每个阶层都有自己的特殊利益，都想通过某种行动谋求自身利益的最大化，进而形成了不同经济主体之间的竞争关系。竞争是在市场经济模式下保证资源配置效率的重要条件，最为理想的市场结构是完全竞争市场。由于不同经济主体的禀赋差异和信息不够充分并且缺乏对称，不完全竞争是更为多见的情态，某些经济主体甚至会借助已有优势进一步扩大不充分竞争的程度，以谋取自身更大的利益。这会损害经济的持续增长和威胁集体的社会福利。另一方面，加强彼此间的合作可以大大节约交易费用，减少市场中的不确定性。但如果没有可靠的机制保证合作关系中的契约得到充分履行，同时对违约行为进行惩罚，就很难形成合作博弈的均衡。这两种情况都对制度的产生提出了直接的要求。通过对市场中阻碍竞争的行为进行限制，保护正当竞争形成的合法财产；充分保障合作契约的履行，对违约行为进行惩罚，制度就可以有效促进经济发展中的合作与竞争关系。

2. 制度是获取集体行动收益的手段

由于个人理性并不是必然和集体理性相一致，个人在追求自身利益最大化的时候可能会与集体利益最大化产生冲突。另一方面，个人常常不得不对其他人的工作质量或贡献做出评价，而在很多情况下，有关质量的信息是昂贵、不确定甚至不可获得的。为了集体行动达到预期的目的，解决单独工作时存在的问题，必须有一些制度安排以实现监督、强制执行等功能。等级制、合同和法律都是这方面的制度安排。

3. 制度提供激励和约束机制

激励机制是指制度可以对人们的行为产生积极的影响，促使人们按照制度的积极导向目标进行选择并采取相应行动，如促进财产保值增值的活动，或者个人道德品质的自觉完善等。激励功能主要是通过制度保证实施积极行为的人可以充分享有积极行动的收益来实现的，如合法享有资产增值的收益，道德品行获得社会、群体认可和褒奖。约束机制是指制度可以使人们自觉限制自己的某些与制度导向不一致的不良行为，如对属于其他人合法所有资产、公共资产、公共利益的侵犯，或者其他不良道德行为。约束功能主要是通过对违反制度要求的行为进行惩罚实现的，包括法律方面的刑事和民事责任，以及道德方面的社会或群体谴责。诺斯指出："制度确定和限制了人们的选择集合。制度包括人类用来决定人们相互关系的任何形式的制约……制度制约既包括人们对所从事的某些活动予以禁止的方面，有时也包括允许人们在怎样的条件下可以从事某些活动的方面。因此，正如这里所定义的，它们是为人类发生相互关系所提供的框架。它们完全类似于一个竞争性的运动队中的激励规则，也就是说，它们由正规的成文规则和那些作为正规规则的基础与补充的典型非成文行为准则所组成……规则和非正式的准则有时是对犯规和惩罚的规定。因此，制度在发挥其功能中的一个实质性的部分就是确定犯规和惩罚严厉性的成本。"

四、制度产生的原因

引发制度需求的原因早期更多地归结为人口对稀缺资源禀赋所带来的压力增加，晚期则更多地归结为经济发展过程中人力资本的经济价值上升、人口变化和技术变迁引发的相对产品和要素价格变化，以及市场规模和宪法秩序变化等，这些因素都可以成为引发制度需求的外生变量，甚至经济发展的初始水平、文化、历史传统等也会影响制度安排的需求。

科斯指出，只有当新的制度安排带来的收益超过新制度产生的成本或旧制度安排的成本高于新制度的成本时，制度供给才可能发生，即预期超过成本的收益是新制度产生的动力。林毅夫认为，人们需要彼此交换货品和服务，因此出于安全和经济两个方面的原因，制度变得不可或缺。他认为制度来源于人类的交换需求。

卢瑟福（1999）阐述的观点具有一般性意义。他在《经济学中的制度》一书中认为，新、旧制度主义者都承认制度有可能被精心设计和实施，也有可能在未经筹划或"自发"的过程中演化。人类是有目的的行动者，制度是个人有目的的行为预期或未预期的结果。个人可能（经常通过某种集体选择）设计或修正制度，使之发挥或更好地发挥某种作用。与此同时，制度也可能以未经设计的方式产生和延续，成为人们有意行为的无意结果。在这里，卢瑟福指出了制度产生的两条途径：一是人为设计的结果，二是自发演进的结果。事实上也是如此，在现实的社会生活中，约束的制度规则往往是上溯一代代人的生活经验和行为习惯的总结，最后发展成为制度而被大家遵守是因为不遵守要付出很大的代价。这种自发演进的制度存在于大量的非正式规则中，也反映在部分正式制度规则之中。而人为设计的制度规则乃是作为社会公共权力的代表（虽然是少数人）以共同意志的名义制定出来强加于全体社会成员的行为准则，比较常见的是统治集团制定的法律制度和各种规章。

五、制度变迁

戴维斯和诺斯认为制度变迁是指制度创立、变更乃至随着时间的推移被打破的方式，其实质是在一系列制度环境下所进行的制度安排。制度环境是指一系列用来确立生产、交换与分配基础的基本政治、社会与法律规则。制度安排则是用于支配经济单位之间的可能的合作和竞争的一种安排。它们认为制度变迁的动因来自预期收益和成本的关系。如果预期收益超过预期成本，一项制度安排就会被创新，即发生制度变迁。

V.W.拉坦将制度创新或新制度发展定义为：① 一种特定组织行为的变化；② 这一组织与其环境之间相互关系的变化；③ 在一种组织的环境中支配行为与相互关系的规则的变化。他认为制度变迁依赖于两个因素：知识基础与创新成本。

林毅夫将制度变迁视同为制度创新。他认为制度变迁通常是指某一制度安排的变化，而不是指整个结构中所有制度安排的变迁，是对构成制度框架的规则、准则和实施组合所做的边际调整，而且他认为制度变迁是发展中国家经济发展的一个组成部分。

林毅夫把制度变迁分为强制性制度变迁和诱致性制度变迁两种。诱致性制度变迁指现行制度安排的变更和替代，或者新制度安排的创造，它由个人或一群人在响应获利机会时自发倡导、组织和实行。而强制性制度变迁由政府命令和法律引入实行。但不论哪一种制度变迁，都是一个渐进的过程。在制度变迁过程中，国家会考虑自身的利益，如果变迁会导致统治者的利益受损，即使没有变迁成本的约束，国家也会维持旧有的制度。

关于制度变迁及其诱因，不同学者有不同的意见。综合来看，制度变迁通常具有历史的延续性，不是突然而发的过程。制度变迁的原因主要来自于各种利益考虑，当个人和组织的预期利益超过预期成本时，或者人口增加引发相对资源禀赋紧张时，就会有制度变迁的需求。当政府或统治者预期制度变迁的收益超过成本时，就会有新的制度供给。制度变迁的方式或者是由上而下推进的强制性制度变迁，或者是由下而上的诱致性制度变迁，但后者的实现离不开政府，即制度变迁的关键主体仍然是政府。

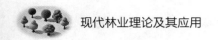

第二节 中国林业制度

　　制度包括各种层面的正式和非正式规则，这些规则根据调控人们行为选择的领域又可以分为多种专项制度，如产权制度、财税制度、司法制度和道德规范等，其中最为基础的制度之一是产权制度。关于财产权利的制度安排直接决定了个人努力程度、经济回报水平及其与社会回报水平一致性的程度，是个人行为选择最为根本的动机。各类制度在林业行业中的应用就是各种林业制度，如林业产权制度、税费制度、森林经营管理制度等，其中最为重要的也是产权制度。一方面因为产权制度的基础地位和重要作用，另一方面因为其他各种制度较为庞杂，所以本节对中国林业制度变迁及其当前林业制度改革发展的讨论主要集中于林业产权制度。

一、中国林业制度变迁

　　林业产权构成中最为核心是林地和林木资产的产权，新中国成立时通过土地改革把封建土地私有制变为了农民私人土地所有制，同时把封建官僚资本所有，以及大规模集中连片无主山林划归国家所有，初步建立了我国山林农民私人所有和国家所有的产权格局。自此以后，随着国家政治经济形势的变化，国家围绕农民私人所有的林地和林木资产所有及使用等问题实施了一系列的改革，使得新中国成立初期建立的林地、林木农民私人所有制度大致经历了两个时期：① 新中国成立到 21 世纪初期，是集体林权制度多变和频繁调整的时期；② 2008 年以后至今，集体林权制度全面改革的推进。

　　频繁调整时期，集体林权制度的变迁又可以分为五个发展阶段：第一次是 20 世纪 50 年代初期的土地改革，实现林地由封建地主所有制到农民私人所有制的转变；第二次是 20 世纪 50 年代中期的初级农业合作社，实行的是农民所有，初级社集体经营的林地制度；第三次是 20 世纪 50 年代中后期至 70 年代末期的高级农业合作社和人民公社，林地产权制度由农民所有、集体经营转变为集体所有、集体统一经营；第四次是 20 世纪 80 年代初期的林业"三定"，实行了家庭联产承包责任制，将集体山林划分为自留山、责任山和统管山，自留山、责任山在不改变林地集体所有的基础上，由集体统一经营改变为农户家庭经营；第五次是林权的市场化运作阶段，森林、林木和林地流转迅速发展，集体所有的森林资源通过市场进行一次或二次流转。

　　全面改革推进时期的主要制度目标是全面推行林地家庭承包经营制度，同时把林木随同承包林地划归农户私人所有。接下来首先回顾一下频繁调整时期我国集体林权制度的变迁过程，然后专门介绍新时期集体林权制度全面改革的进展。频繁调整时期，集体林权制度变迁的主要阶段及其改革内容如下。

1. 土地改革时期（1949—1953年）

这一时期制度的目标是把封建所有制的土地制度改革为农民私有制的土地制度。这一时期制度变迁是通过自上而下强大的政治力量推动实现的，是一种典型的强制性制度变迁。

1950年6月30日，中央人民政府发布了《中华人民共和国土地改革法》（以下简称《土改法》），这是土地改革中山林权属处理的依据。《土改法》第一条明确规定："废除地主阶级封建剥削的土地所有制，实行农民的土地所有制，借以解放农村生产力，发展农业生产，为新中国的工业化开辟道路。"当时，各地政府依靠政权的力量没收地主的土地，征收祠堂、庙宇、寺院、教堂等封建土地，分配给无地、少地农民。分配土地时，往往按土地数量、土地质量及其位置，用抽补调整方式按人口统一分配，也就是按照"均田"思想，按人平均分配土地。这时林权安排的特点是：农民既是林地、林木的所有者，又是使用者。《土改法》第三十条规定："承认一切土地所有者自由经营、买卖及其出租土地权利。"农民具有收益权的独享权和完整的处分权。土地产权可以自由流动，允许土地买卖、出租、典当、赠予等交换活动。但不久以后，这种收益的独享权和完整的处分权发生了变化。1950年1月30日对林产品开征货物税，1951年8月政府发布了"节约木材的指示"，对合理采伐做了全面规划，走上了国家统一管理、统一采伐的道路。在产权的保护方面，《土改法》第三十条规定了发放土地所有权证。1951年，政府发布了《关于适当处理林权、明确管理保护责任的指示》，明确按《土改法》规定分配给农民的山林，由县政府发给林权证明。但在实际工作中分配给农民的山林已经有了土地证，山林"四至"基本上是正确的，绝大部分地区没有再颁发林权证明。

在这个阶段，全国还建立了一批全民所有制大林场、森工企业。在农村，农民分得了个体所有的山林，山林所有者可以自由地就自己所有的山林进行采伐、利用、出卖和赠予。林农对个人所有的山林拥有支配权，极大激发了林农经营的积极性。

2. 初级农业生产合作社时期（1954—1956年）

该时期土地产权制度改革的目标是所有权和使用权的分离，即私人拥有林地所有权、合作社拥有使用权。

1953年12月16日，中共中央通过的《关于发展农业生产合作社的决议》强调指出："为了进一步提高农业生产力，党在农村的最根本的任务，就是逐步实行农业的社会主义改造，使农业能够由落后的小规模生产的个体经济变为先进的大规模生产的合作经济。"1954年初，农村很快掀起了大办农业合作社的热潮。初级农业生产合作社的基本做法是：在允许社员有小块自留地的情况下，社员的土地必须交给农业生产合作社统一使用，合作社按照社员入社土地的数量和质量，从每年的收入中付给社员以适当的报酬。初级农业合作社建立后，入社农民仍然拥有土地使用权，以入股土地分红成为农民在经济上实现其土地所有权收益的基本形式；土地经营权、使用权成功从所有权中分离出来，统一由合作社集体行使，合作社集体对土地进行统一规划、统一生产、统一收获；农民还拥有土地的处分权，退社自由，退社时可以带走入社时带来的土地。

初级合作社期间，林区的山林与农地一样，农民将土地和山林折价入社，经营权归合作社，所有权归林农，所有权和经营权分离，开始了规模经营，合作造林，谁造谁有，合造共有。因此，初级合作社时期的林权安排如下：个人拥有林地和林木的所有权，合作社拥有部分林木所有权和林地的使用权；收益权在林地所有者和合作社之间分配，所有者获得土地分红，但这种分红必须在做出公积金、公益金扣除后兑现；处分权也受到很大制约，所有者不能再按照自己的意志来处分土地了，社员不能出租或出卖土地，但农户有退社的自由。林木的处分权也受到了限制，1951年8月政府发布的《关于节约木材的指示》对合理采伐做了全面的规划，由国家统一管理、统一采伐，并实行木材的统一调拨。

这个阶段林农个人仅保留山上的林木及房前屋后零星树木的所有权，林地及成片林木所有权通过折价入社，转为合作社集体所有。社员对入社的林业资产不再享有直接的支配权、使用权和占有处分权，但并没有丧失财产的所有权。制度安排持续时间短，制度能量未得到充分发挥。这个阶段的制度变迁是诱致性与强制性制度变迁相呼应的。

3. 高级农业生产合作社和人民公社时期（1956—1978年）

（1）高级农业生产合作社（1956—1958年）。1955年10月4日，中共七届六中全会通过的《关于农业合作化问题的决议》提出："有重点地试办高级的（即完全社会主义性质的）农业生产合作社。有些已经在基本上实现了半社会主义的合作化的地方，可以根据发展生产的需要、群众觉悟程度和当地的经济条件，按照个别试办、由少到多、分期分批地逐渐地发展的步骤，拟订关于由初级社变为高级社的计划。"会后，高级社就由个别试办转向重点试办。1956年1月《中国农村的社会主义高潮》一书由人民出版社公开出版，毛泽东亲自任主编，在书中他开始大力提倡创办高级社和大社。在这一思想的指引下，从1956年开始，初级社没来得及巩固，高级社在全国就进入了大发展阶段。高级农业合作社的做法是：废除土地私有制，使土地由农民所有转变为合作社集体所有。这是农村土地所有制的又一次重大变革。在高级社里，除社员原有的坟地和宅基地不必入社外，社员私有的土地及地上附属私有的塘、井等水利设施，都无偿转归合作社集体所有。土地由集体统一经营使用，全体社员参加统一劳动。取消土地分红，按劳动的数量和质量进行分配。

高级农业生产合作社时期，林区除少数零星树木仍属社员私有外，大部分森林、林地、林木产权实现了农民私有向合作社集体所有的转变。

集体化完成后，公有（集体和国有）产权是唯一的产权类型，农民只有名义上的生产资料，农民的退出权受到极大限制。模糊的产权造成了不合理的分配和激励严重不足，加上农民的意识形态、传统习惯等非正式制度并没有发生根本变化，公有产权这时已经暴露出一些问题，林农对林权权益分配也非常不满。

（2）人民公社时期（1958—1978年）。人民公社化的前奏是小社并大社。1958年3月，中共中央政治局成都扩大会议讨论并通过了《关于小型的农业合作社适当地合并为大社的意见》，提出："为了适应农业生产和文化革命的需要，在有条件的地方，把小型的农业合作社有计划地适当地合并为大型的合作社是必要的。"同年4月，该意见经中共中央政治局正式批准下发，全国各地迅速开始了小社并大社的工作。1958年8月，中共中央政治局在北戴河举行扩大会议，会议讨论通过了《关于在农村建立人民公社的决议》。此后，各地争先恐后，纷纷并社组建人民公社，人民公社运动很快在全国农村范围内广泛展开。通过人民公社化运动，原属于各农业生产合作社的土地和社员的自留地、坟地、宅基地等一切土地，连同牲畜、农具等生产资料及一切公共财产、公积金、公益金，都无偿收归公社所有。公社对土地进行统一规划、统一生产、统一管理，分配上实行平均主义。

林区的山林产权制度也发生相同的变革。农村土地（山林）的性质在人民公社化的过程中并没有发生根本的改变，农村土地（山林）仍属于集体所有，由集体统一经营，只是集体的规模由小社变成了大社。但高级农业生产合作社仅仅是经济单位，而人民公社既是经济单位又是行政单位，因此人民公社时期的集体所有制带有浓厚的国有化色彩。"政社合一"的人民公社奠定了国家以行政权力控制农村经济的制度基础。名义上土地等生产资料归公社所有，但国家通过自上而下的行政体系实现了对公社干部的管理与控制，从而掌握了实际上的土地控制权。

1962 年 9 月，中共八届十中全会召开，通过了《农村人民公社工作条例修正草案》（以下简称"六十条"），确定人民公社实行以生产队为基础的三级所有制；恢复农民的自留地和家庭副业；取消公共食堂和部分供给制。这时候农村土地所有者为"三级所有，队为基础"，生产队范围内的土地都归生产队所有。生产队所有的土地，包括社员的自留地、宅基地等，一律不准出租和买卖。1961 年，中共中央发布了《关于确定林权、保护山林和发展林业的若干政策规定（试行草案）》（简称"林业 18 条"），对确定和保护山林的所有权问题做了规定，提出："林木的所有权必须长期固定下来，划清山界，树立标记，不再变动。"这个阶段不仅林木、林地，而且所有重要的生产资料都属于公有（国家或集体所有），国家和集体拥有森林、林木和林地所有权。产权集中化，高度共有。由于产权残缺，高昂的强制成本、劳动组织成本和监督成本，使林业效率没有提高，林业资源受到严重破坏。高级社和人民公社时期林业产权变迁属于强制性制度变迁。

4. 林业"三定"时期（1981 年至 20 世纪 90 年代初）

1979 年 2 月 23 日，第五届全国人大常委会第六次会议通过《中华人民共和国森林法》（试行），明确规定保障国家、集体和个人林木所有权不受侵犯，不准将国有林划归集体和非林业单位，不准将集体林划归个人，不准平调社队的林木和社员个人的树木。

1981 年中央布署了全国开展林业"三定"工作，即稳定山权林权、划定自留山和确定林牧业生产责任制。这一时期的集体林产权安排的改革是参照农业的家庭联产承包责任制。家庭联产承包责任制属于诱致性制度变迁，这一制度的推行并非由于事前政府在政策上有一个明确、完整的改革方案，而是出于农民的自发要求。在其有效性得到实践证明以后，政府因势利导，全面实施，形成规模巨大的变革。1978 年安徽省滁州市的农民首先打破"三级所有、队为基础"的体制，探索出包产到组和小宗田间管理负责人的办法；淮南凤阳县小岗生产队首创了包产到户的责任制形式。新的制度安排创造出来的巨大利益，使当时部分国家领导人看到了新制度中蕴含的巨大生产力，安徽、四川两省有意识地维持并积极推进了新制度。当制度创新的收益被国家经济决策面深刻理解后，承包责任制对中国整体而言转变为诱致性制度变迁，局部地区则转变为自上而下的制度变迁。

这个阶段集体林区实行开放市场、分林到户的政策，使林农拥有较充分的林地经营权和林木使用权。同时，在国有林区实行以放权让利为主要特征的承包责任制，把部分国有林业企业的经营权转到了经营者手上。但是由于配套政策没有跟上，加上经营者对改革政策缺乏信任，南方部分省（自治区）出现了大范围采伐承包到户林木的现象。这个阶段的制度变迁既有诱致性变迁，也有强制性变迁；总体而言，产权关系仍然不够明晰，激励功能依然不足。

5. 林权市场化运作时期（20 世纪 90 年代初至今）

20 世纪 90 年代初，随着我国市场经济体制改革的深入，林业生产责任制暴露出来的问题日益显现，各地开始探索林业产权改革的新路子，林权市场化运作不断涌现。这一时期产权制度的变革开始于诱致性制度创新，而后政府加以引导。1995 年 8 月，原国家体改委和原林业部联合下发的《林业经济体制改革总体纲要》中明确指出，要以多种方式有偿流转宜林"四荒地使用权"，要"开辟人工活立木市场，允许通过招标、拍卖、租赁、抵押、委托经营等形式，使森林资产变现"。1998 年 8 月第九届全国人大常委会第四次会议修订的《中华人民共和国土地管理法》第九条规定："国有土地和农民集体所有的土地，可以依法确定给单位或个人使用。"1998 年 7 月 1 日施行的《中华人民共和国森林法》第十五条规定："下列森林、林木、林地使用权可以依法转让，也可以依法作价入股或者作为合资、合作造林、经营林木的出资、合作条件，但不能将林地改为非林地：① 用材林、经济林、薪炭林；② 用材林、经济林、薪炭林的林地使用权；③ 用材林、经济林、薪炭林的采伐迹地、火烧迹地的林地使用权；④ 国务院规定的其他森林、林木和其他林地使用权。"这些条款给林权的市场化运作提供了政策和法律依据，林权的市场化运作日益活跃。

（1）"四荒"拍卖。集体林区的荒山大多归集体所有，过去由于荒山利用可能带来的经济效益没有明确的受益者，没有人真正关心荒山的合理使用，也就没有人投资荒山荒地造林。即使国家或集体拿出一部分投资，并动员群众投工投劳造林，也是"多年造林不见林"。"四荒"使用权的拍卖，以契约化形式授予经营者土地使用权，把"四荒"开发可能带来的效益与购买者的切身利益直接联系起来，吸引了众多的投资者投资开发荒山，大大加快了绿化荒山的步伐。

（2）活立木转让。活立木转让主要有两种形式。一是转让林木采伐权。林木所有者按照林木生产安排和市场需求，以及年度森林采伐限额指标，确定森林采伐作业现场、进行伐区调查设计并依法办理林木采伐许可证后，根据所要采伐的立木质量和数量，参考当地木材价格，制定采伐立木的招标底价，向社会公布伐区状况和招标事项，公开竞标，中标者获得林木采伐权、木材销售权。二是以培育、经营为目的的林木折价转让，即林木经营者将成熟林或者中幼林转让给单位、个人经营管理。这种形式的转让价格根据林木数量、质量议定，转让期限由双方在合同中约定，可以是一个轮伐

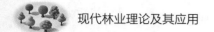

期，也可能是其他时间。

（3）林地使用权流转。林地使用权流转是指在不改变林地所有权和林地用途的前提下，将林地使用权按议定的程序以有偿或无偿的方式，由一方转让给另一方的经济行为。参与流转的对象一般不受行政区域、行业、身份的限制。林地使用权流转实际上是林业联产承包责任制的延伸和发展，是适应社会主义市场经济的需要，中心环节是转换经营机制，以吸引更多的社会资金，促进林业产业化进程，实现森林可持续经营。

总之，这一阶段的产权制度也是所有权与使用权分离，按照集体和林农或者其他经营者之间的合同约定权利义务关系，是一种债权关系。这一时期与林业"三定"时期相比，体现了产权主体多元化和产权界定细分化的过程。

这一阶段，一些省份也出现了林业股份合作制的尝试，即按照"分股不分山、分利不分林"的原则对责任山实行折股联营。产权进一步细分，产权形式出现多元化，呈现产权市场化导向。这个阶段既有诱致性制度变迁，也有强制性制度变迁。

以上各个阶段林权制度改革表明，我国集体林权制度改革曲折变迁的过程，与我国特定的社会历史背景和社会发展进程相吻合。林业产权制度改革是要创立以产权安排为基础，以利益机制为纽带，以政府干预和农民参与为标志，以优化资源配置、提高林业效率为目标的新型林业发展模式。改革进行到第五个阶段，我国在明晰林业产权界定、林业产权有效分割、林业产权自由流转和规范交易、林业产权权益保障等方面，制度安排仍不完善，制度供给与需求相比仍旧不足，制度激励的功能仍未有效发挥出来，相关利益主体的林业生产经营管理的积极性尚未充分调动起来，需要进一步探索我国林业产权制度的有效安排。为建立一套符合我国社会主义市场经济的林业产权制度安排，充分调动相关利益主体的积极性，提高林业经营效率，进一步解放林业生产力。中共中央、国务院在试点的基础上，于 2008 年 6 月 8 日颁布了《关于全面推进集体林权制度改革的意见》，由此把我国集体林权制度改革推入了新的历史阶段。

二、林权制度改革及其发展

最新一轮在全国全面铺开的集体林权制度改革始于 21 世纪初在福建等地为解决集体林经营长期普遍存在的林农经营积极性缺乏、森林经营水平低、森林经营效益差等问题而开展的改革探索。我国全面确立生态文明发展道路对林业提出的在生态建设、林产品供给方面新的历史使命，迫切要求我国林业必须有一个大的转变，林业不仅要满足社会经济可持续发展提出生态改善的第一需求，还要满足基础林产品供给、促进林区群众增收致富和社会发展的需求。为充分解放林业生产力，更好满足经济社会可持续发展对林业提出的迫切要求，2003 年 6 月 25 日，中共中央、国务院发布了《关于加快林业发展的决定》，明确指出要通过产权制度改革，破解长期束缚林业生产力的制度约束，其中就集体林权制度改革做出了具体部署："进一步完善林业产权制度。这是调动社会各方面造林积极性，促进林业更好更快发展的重要基础。要依法严格保护林权所有者的财产权，维护其合法权益。对权属明确并已核发林权证的，要切实维护林权证的法律效力；对权属明确尚未核发林权证的，要尽快核发；对权属不清或有争议的，要抓紧明晰或调处，并尽快核发权属证明。""已经划定的自留山，由农户长期无偿使用，不得强行收回。自留山上的林木，一律归农户所有。""分包到户的责任山，要保持承包关系稳定。""对目前仍由集体统一经营管理的山林，要区别对待，分类指导，积极探索有效的经营形式。"

国家林业局首先正式确定了福建作为本轮集体林权制度改革的先行试点省份进行全面试点，随后试点省份逐步扩大到江西、浙江和辽宁。在全面总结 4 个试点省份经验的基础上，中共中央、国务院 2008 年 6 月 8 日颁发了《关于全面推进集体林权制度改革的意见》（以下简称"意见"），并于 6 月 22—23 日在北京召开了新中国成立 60 年来的首次林业工作会议（以下简称"会议"），全面部署和推进集体林权制度改革。"意见"和"会议"提出了本次林权制度改革的总目标：用 5 年左右时间，基本完成明晰产权、承包到户的改革任务。在此基础上，通过深化改革、完善政策、健全服务、规范管理，逐步形成集体林业的良性发展机制，实现资源增长、农民增收、生态良好、林区和谐的目标。

1. 集体林权制度改革的基本内容

（1）明晰产权。在坚持林地集体所有不变的前提下，依法将林地承包经营权和林木所有权通过家庭承包方式落实到本集体经济组织的农户，确立农民作为林地承包经营权人的主体地位。对不宜实行家庭承包经营的林地，依法经本集体经济组织成员同意，可以通过均股、均利等其他方式落实产权。村集体经济组织可保留少量的集体林地，由本集体经济组织依法实行民主经营管理。林地的承包期为 70 年。承包期届满，可以按照国家有关规定继续承包。已经承包到户或流转的集体林地，符合法律规定、承包或流转合同规范的，要予以维护；承包或流转合同不规范的，要予以完善；不符合法律规定的，要依法纠正。对权属有争议的林地、林木，要依法调处，纠纷解决后再落实经营主体。自留山由农户长期无偿使用，不得强行收回，不得随意调整。承包方案必须依法经本集体经济组织成员同意。

自然保护区、森林公园、风景名胜区、河道湖泊等管理机构和国有林（农）场、垦殖场等单位经营管理的集体林地、林木，要明晰权属关系，依法维护经营管理区的稳定和林权权利人的合法权益。

（2）勘界发证。明确承包关系后，要依法进行实地勘界、登记，核发全国统一式样的林权证，做到林权登记内容齐全规范，数据准确无误，图、表、册一致，人、地、证相符。各级林业主管部门应明确专门的林权管理机构，承办同级人民政府交办的林权登记造册、核发证书、档案管理、流转管理、林地承包争议仲裁、林权纠纷调处等工作。

（3）放活经营权。实行商品林、公益林分类经营管理。依法把立地条件好、采伐和经营利用不会对生态平衡和生物多样性造成危害区域的森林和林木划定为商品林，把生态区位重要或生态脆弱区域的森林和林木划定为公益林。对商品林，农民可依法自主决定经营方向和经营模式，生产的木材自主销售；对公益林，在不破坏生态功能的前提下，可依法合理利用林地资源，开发林下种养业，利用森林景观发展森林旅游业等。

（4）落实处置权。在不改变林地用途的前提下，林地承包经营权人可依法对拥有的林地承包经营权和林木所有权进行转包、出租、转让、入股、抵押或作为出资、合作条件，对其承包的林地、林木可以开发利用。

（5）保障收益权。农户承包经营林地的收益，归农户所有。征收集体所有的林地，要依法足额支付林地补偿费、安置补助费、地上附着物和林木的补偿费等费用，安排被征林地农民的社会保障费用。经政府划定的公益林，已承包到农户的，森林生态效益补偿要落实到户；未承包到农户的，要确定管护主体，明确管护责任，森林生态效益补偿要落实到本集体经济组织的农户。严格禁止乱收费、乱摊派。

（6）落实责任。承包集体林地，要签订书面承包合同，合同中要明确规定并落实承包方、发包方的造林育林、保护管理、森林防火、病虫害防治等责任，促进森林资源可持续经营。基层林业主管部门要加强对承包合同工的规范化管理。深化完善集体林权制度改革的政策措施如下。

① 完善林木采伐管理机制。编制森林经营方案，改革商品林采伐限额管理，实行林木采伐审批公示制度，简化审批程序，提供便捷服务。严格控制公益林采伐，依法进行抚育和更新性质的采伐，合理控制采伐方式和强度。

② 规范林地、林木流转。在依法自愿、有偿的前提下，林地承包经营权人可采取多种方式流转林地经营权和林木所有权。流转期限不得超过承包期的剩余期限，流转

后不得改变林地用途。集体统一经营管理的林地经营权和林木所有权的流转，要在本集体经济组织内提前公示，依法经本集体经济组织成员同意，收益应纳入农村集体财务管理，用于本集体经济组织内部成员分配和公益事业。加快林地、林木流转制度建设，建立健全产权交易平台，加强流转管理，依法规范流转，保障公平交易，防止农民失山失地。加强森林资源资产评估管理，加快建立森林资源资产评估师制度和评估制度，规范评估行为，维护交易各方合法权益。

③ 建立支持集体林业发展的公共财政制度。各级政府要建立和完善森林生态效益补偿基金制度，按照"谁开发谁保护，谁受益谁补偿"的原则，多渠道筹集公益林补偿基金，逐步提高中央和地方财政对森林生态效益的补偿标准。建立造林、抚育、保护、管理投入补贴制度，对森林防火、病虫害防治、林木良种、沼气建设给予补助，对森林抚育、木本粮油林、生物质能源林、珍贵树种及大径材培育给予扶持。改革育林基金管理办法，逐步降低育林基金征收比例，规范用途，各级政府要将林业部门行政事业经费纳入财政预算。森林防火、病虫害防治以及林业行政执法体系等方面的基础设施建设要纳入各级政府基本建设规划，林区的交通、供水、供电、通信等基础设施要依法纳入相关行业的发展规划，特别是要加大对偏远山区、沙区和少数民族地区林业基础设施的投入。集体林权制度改革工作经费主要由地方财政承担，中央财政给予适当补助。对财政困难的县乡，中央和省级财政要加大转移支付力度。

④ 推进林业投融资改革。金融机构要开发适合林业特点的信贷产品，拓宽林业融资渠道。加大林业信贷投放，完善林业贷款财政贴息政策，大力发展对林业的小额贷款。完善林业信贷担保方式，健全林权抵押贷款制度。加快建立政策性森林保险制度，提高农户抵御自然灾害的能力。妥善处理农村林业债务。

⑤ 加强林业社会化服务。扶持发展林业专业合作组织，培育一批辐射面广、带动力强的龙头企业，促进林业规模化、标准化、集约化经营。发展林业专业协会，充分发挥政策咨询、信息服务、科技推广、行业自律等作用。引导和规范森林资源资产评估、森林经营方案编制等中介服务健康发展。

2. **集体林权制度改革进展**

据 2013 年中国林业发展报告，截至 2012 年，全国 29 个省（自治区、直辖市）已确权集体林地 27.02 亿亩，占各地纳入集体林权制度改革面积的 99.05%，确权发证工作基本完成。全国累计发证面积 26.04 亿亩，占已确权林地总面积的 96.37%，发证户数 8 981.25 万农户，占涉及林改的总农户数的 60.01%。26 个省（自治区、直辖市）建立了地方森林生态效益补偿基金制度。林权抵押面积累计 5 780.49 万亩，贷款金额

792.31 亿元。23 个省（自治区、直辖市）开展了森林保险，投保面积 9.5 亿亩，保费 10.92 亿元。全国成立县级及以上的林权交易服务机构 1 186 个，林业专业合作组织 11.15 万个。国家级公益林全部纳入了中央财政森林生态效益补偿范围；17 省（自治区、直辖市）的森林保险纳入中央财政森林保险保费补贴范围；中央财政森林抚育补贴面积 5 150.18 万亩；中央财政造林补贴试点省（自治区）扩大到全国，内蒙古、宁夏、甘肃、新疆、青海、陕西、山西等省（自治区）灌木林补助标准提高到 200 元/亩。

3. 集体林权改革的制度含义

从两个时期、六个阶段集体林权改革的进程看，林权改革的制度含义包括国家权力对农民私有产权的干预和重构两个方面，初级社至人民公社时期，集体化的过程"不是农民自发运动的产物，更不是农民们基于私产的自愿合约，它是国家权力深入农村社会、全面干预和改造农民私人产权的结果；是在落后的农民中国完成工业化现实积累问题和'社会主义'追求求解的结合"（周其仁，2008）。人民公社时期 1961 年的"林业 18 条"，以及之后的林业"三定"、市场化改革直至当下的全面改革，本质上则是国家放松对林农的控制，试图通过重构林业的私人财产权以调动林农森林资源经营积极性。这次私人财产权的重构，核心是林木的私人所有权，而通过林地承包经营，也使得林农在一定期限内获得了对林地经营排他性的权利，这种承包经营权也就具有了有期限的私权性质。这就为发挥产权的激励和约束功能，调动广大林农的林业经营积极性奠定了产权基础。进而，通过流转、投融资和专业合作组织培育等方面的深化改革，还可有效调动社会资本投资林业经营，提升集体林业发展的产业化和组织化水平，提高森林资源经营的效率。

但由于林地用途制度、森林资源采伐管理政策、公益林政策，以及森林生态效益补偿标准低等现实政策限制，广大林农林地承包经营权、私人所有的林木资产收益权和处置权并不完整，受到国家基于生态林业建设目标考虑的诸多限制，出现了产权的"残缺"，这就使得林农在承包林地上经济努力的回报和社会收益水平不能实现统一。因此，目前广大林农和社会资本对森林经营的积极性仍然没有得到全面调动，需要通过继续深化改革全面保障广大林农拥有完整的权利，才能充分激发广大林农、社会资本投资和经营森林的兴趣。

4. 国有林权制度改革

（1）国有林产权制度发展。新中国成立以后，把成片的原始林区、官僚资本占有的山林、日伪势力占有的山林，以及其他无主权人的山林统一收归国有，国家统一规划建立林业（森林）局、营林局、国有林场和采育场进行管理和经营，进而形成了我国东北（内蒙古）、西北、西南及其他国有林区。

国有林产权包括森林资源产权和国有林业企业制度两部分，前者是基础，也是本节讨论的重点。国有林产权制度变迁主要是围绕森林资源的经营管理权和企业管理机制发生的，核心的国有林地、林木所有权和使用权没有发生变化和调整，一直都是国家行政主管部门或者国有林业（森工）企业控制使用；企业机制改革的目标是为了更好调动国有林业企业干部职工的经营积极性，提高企业经营效益，推进国有林业（森工）企业开展可持续经营；除了 2006 年黑龙江伊春林管局对少量国有林木资产进行了流转试点探索，国有林地、林木产权制度没有发生显著的变革。

国有林权围绕森林资源的管理权、经营权和企业制度的改革探索经历了"四权合一""两权分离"和林区综合改革三个阶段。改革开放以前，我国国有林产权制度是"四权合一"体制，是一种高度集中的计划经济体制，国有森林资源的政府行政管理权、国有森林资源所有者管理权、国有森林资源资产经营权及国有森林资源实体经营权四种权能统一掌握在政府手中，由政府全权支配国有森林资源及国有林业企业产权。伴随着改革开放进程，国有林产权制度改革也在探索中不断深化，经历了以放权让利、所有权与经营权适当分开和以建立现代企业制度为核心的林区综合改革创新。

（2）国有林产权制度存在的问题。受国有林区开发建设历史因素、林区区域经济结构和发展水平、国家林业发展战略和政策，以及其他多种因素影响，国有林权改革仍然没能触及核心的林地、林木所有权问题，国有林业（森工）企业以财产权重构为基础的现代企业制度也没有在林区普遍推开，国有林产权制度仍然存在一些根本性的问题没能彻底解决。

第一，政资不分。政府的行政管理职能和国有森林资产所有权管理职能两种职能不分。长期以来，我国林业行政管理部门既担负着行政管理职能，又担负着所有权管理职能，致使政府习惯性地用行政管理手段行使国有森林所有权，干预林业经济的运行。

第二，政企不分。政府行政管理职能与国有企业经营管理职能合一，企业成为政府附属物。一方面，由于企业没有生产经营自主权和独立的利益，企业的生产积极性受到很大限制；另一方面，政府运用财政力量对国有林业企业的直接和间接补贴，扭曲了林业市场中国有与非国有林业企业的公平竞争关系。

第三，企社不分。国有林业企业除从事林业经营活动外，还负责辖区内一切社会事业，包括公检法、文教卫生、商饮服务等。由于财政预算对这些事业内容支出悬空，实际上是由企业承担这些社会性支出，致使国有林业企业背负着沉重的社会事业性包袂。20 世纪 90 年代以来，结合国有林业企业现代企业制度改革，一部分林区、林业企业也开始探索剥离企业社会职能的林区综合改革尝试，也就是把企业经营性资产和非经营性的社会事业服务资产分离，分别组建独立的经营实体，事业服务实体纳入地方财政预算或者差额、定额补贴，但随后实施的天然林资源工程，以及国有林区地方财政缺乏资金来源等因素限制，这一个改革进程目前仍没能取得全面进展。

第四，产权模糊、责任不清。森林资源归国家所有，企业既代表国家管理森林资源，又具有占有权、使用权，结果造成森林资源产权主体虚置，对企业行为监督机制效果低下，企业森林可持续经营目标没有得到充分保障，国有林区普遍出现了资源危机、经济危困的"两危"局面。

（3）国有林权制度改革的目标。2003 年中共中央、国务院《关于加快林业发展的决定》明确指出了未来我国国有林权制度改革的方向和目标：深化重点国有林区和国有林场、苗圃管理体制改革。建立权责利相统一，管资产和管人、管事相结合的森林资源管理体制。按照政企分开的原则，把森林资源管理职能从森工企业中剥离出来，由国有林管理机构代表国家行使，并履行出资人职责，享有所有者权益；把目前由企业承担的社会管理职能逐步分离出来，转由政府承担，使企业真正成为独立的经营主体，参与市场竞争。国有森工企业要按照专业化协作的原则，进行企业重组，妥善分流安置企业富余职工。国务院林业主管部门要会同有关省、自治区、直辖市人民政府和国务院有关部门研究制定具体改革方案，报国务院批准后实施。深化国有林场改革，逐步将其分别界定为生态公益型林场和商品经营型林场，对其内部结构和运营机制做出相应调整。生态公益性林场要以保护和培育森林资源为主要任务，按从事公益事业单位管理，所需资金按行政隶属关系由同级政府承担。商品经营性林场和国有苗圃要全面推行企业化管理，按市场机制运作，自主经营，自负盈亏，在保护和培育森林资源、发挥生态和社会效益的同时，实行灵活多样的经营形式，积极发展多种经营，最大限度地挖掘生产经营潜力，增强发展活力。切实关心和解决贫困国有林场、苗圃职工生产生活中的困难和问题。加快公有制林业管理体制改革，鼓励打破行政区域界限，按照自愿互利原则，采取联合、兼并、股份制等形式组建跨地区的林场和苗圃联合体，实现规模经营，降低经营成本，提高经济效益。

第三节　中国主要林业政策

改革开放以来，中国政府十分重视林业建设，制定了一系列适应中国国情、林情的林业建设政策。其中，最主要的两大政策就是林业分类经营政策及林业重点工程建设。林业分类经营作为我国林业经营体制改革的重大举措，是我国全面建设林业生态体系和产业体系的重要手段，而林业重点工程政策的制定和实施则成为新世纪我国林业建设的主要载体，具有划时代的重要意义。

一、林业分类经营政策

20 世纪 80 年代末 90 年代初，得改革开放之利的广东省面对巨大的森林资源供求矛盾和日益增长的环境需要，率先提出森林分类经营设想，1994 年，出台《广东省森林保护管理条例》，正式以立法形式将全省森林划分为公益林和商品林两大类。1995 年，林业部颁发《林业经济体制改革总体纲要》，首次提出了"林业分类经营"的政策思路，推出以分类经营改革为主题的林业经济体制改革总体方案。1996 年，下发《关于开展林业分类经营改革试点工作的通知》，全国各省（自治区、直辖市）相继开展森林分类经营改革试点工作。1999 年，国家林业局出台《关于开展全国森林分类区划界定工作的通知》，对森林分类经营提出了具体的可操作原则、方法和步骤。到目前为止，全国省（自治区、直辖市）已完成森林分类区划界定工作。

1. 林业分类经营的概念和内涵

林业分类经营，是在社会主义市场经济体制下，根据社会对林业生态效益和经济效益的两大要求，按照对森林多种功能主导利用的不同和森林发挥两种功能所产生的"产品"的商品属性和非商品属性的不同，相应地把森林划分为公益林和商品林，并按各自特点和规律运营的一种新型的林业经营体制和发展模式。需要指出的是，这一概念包括了如下内涵：① 分类是人为的，分类经营是经营和管理森林的方法，不是目的。② 分类经营包括了分类区划和分类管理。分类区划是分类经营的前提，分类管理是分类经营的保障。③ 分类的依据是森林的经营目的，不是森林的功能。森林功能是森林固有的基本特性，任何森林几乎都具有生态功能和经济功能，只有程度不同而已。森林经营目的是森林经营者有针对性地采取相应的措施，充分发挥森林的某种功能，为经营者提供效率。④ 区划界定是分类经营的基础。各类森林必须有空间定位。没有空间定位，没有边界和范围的分类是不能落实的，不能落实的分类谈不上分类经营。

2. 林业分类经营的政策措施

公益林建设以生态防护、生物多样性保护、国土安全为经营目的，以最大限度发挥生态效益和社会效益为目标，遵循森林自然演替规律，及其自然群落层结构多样性的特性，采取针阔混交，多树种、多层次、异龄化与合理密度的林分结构。封山育林、飞播造林、人工造林、补植、管护并举,封育结合,乔、灌、草结合,以封山育林、天然更新为主,辅之以人工促进天然更新。商品林是在国家产业政策指导下,以追求最大经济效益为目标,按市场需要调整产业产品结构,自主经营、自负盈亏。可以依法承包、转让、抵押。商品林建设应以向社会提供木材及林产品为主要经营目的,以追求最大的经济效益为目标,要广泛运用新的经营技术、培育措施和经营模式,实行高投入、高产出、高科技、高效益,定向培育、基地化生产、集约化规模经营。以商品林生产为第一基地,延长林产工业和林副产品加工业产业链,构建贸工林一体化商品林业。

公益林和商品林的政策区别主要内容如下。

(1) 资金投入政策不同。1998 年第二次修改的《中华人民共和国森林法》(以下简称《森林法》)对资金投入政策进行了强化:"国家设立森林生态效益补偿基金,用于提供生态效益的防护林和特种用途林的森林资源、林木的营造、抚育、保护和管理。"(第八条第六款)这就将国家对公益林进行补偿的政策法定化。而商品林则主要通过市场投入和取得回报。

(2) 使用权流转政策不同。商品林的森林、林木和林地使用权可以依法转让,也可以依法作价入股或者作为合资、合作造林、经营林木的出资、合作条件,但不得将林地改为非林地。而公益林的森林、林木和林地使用权,除了国务院有特殊规定的以外,是不能流转的。

(3) 采伐政策不同。商品林中的用材林按消耗量小于生长量的原则制定森林年采伐限额。防护林和特种用途林中的国防林、母树林、环境保护林、风景林,只准进行抚育和更新性质的采伐;特种用途林中的名胜古迹和革命纪念地的林木、自然保护区的森林严禁采伐。显然,公益林采伐分为禁伐、抚育和更新采伐两种类型。

(4) 划分和批准的权限不同。国家重点防护林和特种用途林由国务院林业主管部门提出意见,报国务院批准公布;地方重点防护林和特种用途林由省、自治区、直辖市人民政府林业主管部门提出意见,报本级人民政府批准公布;其他的防护林、用材林、特种用途林,以及经济林、薪炭林由县级人民政府林业主管部门根据国家关于林种划分的规定和本级人民政府的部署组织划定,报本级人民政府批准公布。省、自治区、直辖市行政区域内的重点防护林和特种用途林的面积,不得少于本行政区域森林总面积的30%。经批准公布的林种改变为其他林种的,应当报原批准机关批准。

(5) 权利人的林权不同。商品林的经营者依法享有经营权、收益权和其他合法权益,公益林的经营者有获得森林生态效益补偿的权利。

（6）征用、占用两类林地的审批权限不同。国家重点工程建设需占用或征用防护林或者特种用途林地面积 10 hm² 以上的，用材林、经济林、薪炭林林地及其采伐迹地面积 35 hm² 以上的，其他林地面积 70 hm² 以上的，由国务院林业主管部门审核；占用或者征用林地面积低于上述规定数量的，由省、自治区、直辖市人民政府林业主管部门审核。占用或者征用重点林区的林地的，由国务院林业主管部门审核。

（7）改变林地用途所承担的法律责任不同。未经批准，擅自将防护林和特种用途林改变为其他林种的，由县级以上人民政府林业主管部门收回经营者所获得的森林生态效益补偿，并处所获取森林生态效益补偿 3 倍以下的罚款。而对将商品林改为公益林则没有这样的法律责任。

实施分类经营，意味着以服务社会目标、生态目标为主的公益林，国家必须通过财政强制性地将社会其他部分投入转移到公共项目上，因为生态和环境资源不是企业资产，而是全社会公共资产，所以保护经营生态公益林，从国家到地方政府各级财政必须对生态公益林经营实行经济补偿，实行有偿使用，使生态公益林能持续不断地为国家、为社会提供最大的生态效益和社会效益，来满足人们对生存环境的需要。而以追求最大经济效益为目标的商品林，经营者在按市场规律进行经营生产的同时，必须服从于环境保护目标。这种服从要具体落实到采伐方式、采伐量等森林经营措施的制定和实施上。生态与环境方面的限制，促使经营者一方面经营木材生产，追求经济效益；另一方面充分利用其他资源以短养长，来弥补由于受生态环境限制而经营商品林中用于生产资金的不足。利用森林资源中除木材以外的其他资源的合理开发，来吸引更多的投资者来经营森林、发展森林，整个森林的系统结构才能保持稳定，才能持续不断地为全社会提供所需的物质和木材，来满足社会对林产品的不断增长需要，实现青山常在，森林永续利用。

所以，实施林业分类经营是社会主义市场经济条件下林业发展中带有全局性的改革，是建立林业生态体系和经济体系的客观要求。它对于深化林业改革，合理调整林业产业和产品结构，科学配置林业生产要素，提高林业生产力、管理水平和林业综合效益，具有十分重要的意义。

二、林业重点工程政策

森林是陆地生态系统的主体，森林资源是具有多重功能的多资源复合体。依托森林资源可以生产满足人们需要的多种林产品，同时森林生态系统还发挥着多种生态改善功能，提供经济社会可持续发展的生态支持功能。因此，林业具有公益事业和基础产业的双重属性。随着一系列全球或区域性生态、环境问题的加剧，保护和发展森林也成了全球性主题，越来越受到国际社会的普遍关注。但由于外部性影响，社会资本缺乏投资生态林业建设的积极性，世界各国生态林业建设多由政府投资，并多以专项工程的形式实施，由此出现了各类林业生态工程。

我国历届政府和领导集体也都充分意识到了林业的生产功能和生态功能。20世纪50年代，毛泽东主席先后两次向全国发出了"绿化祖国"和"实行大地园林化"的号召，周恩来总理做出了"越采越多，越采越好，青山常在，永续利用"的指示；新中国成立初期林业工作的基本方针也是"普遍保护现有森林，并大规模进行造林、育林，以保障农田水利，增加产量。合理伐木、合理利用国家森林资源，保证供应国家建设，特别是工业用材"。但由于新中国成立初期支持国家经济恢复和仍在进行的巩固政权战争对木材资源的需要，林业生产的首要任务是木材生产，随后的"大跃进"和"文化大革命"运动又使得我国社会经济发展陷入动荡时期，因此，直到20世纪70年代中后期，我国林业建设中"普遍护林、大力造林"的方针并没有得到有效贯彻，林业发展主要以木材生产为中心，森林资源消耗和破坏较为严重。加之国家人口的快速增长，工农业、矿产资源开发、交通、水利建设发展的需求，我国生态环境问题也逐渐显现并日趋严重。"文化大革命"结束后，我国社会经济发展秩序恢复正常，国家经济社会发展对林业的需求除了木材以外，也提出了更多生态改善方面的要求，加之生态学理论、经济社会与环境协调发展理念的兴起，我国林业发展也开始采取木材生产和生态建设并重的方针。国家根据经济社会发展需求和经济力量的增强，逐步投资实施了一系列林业生态建设工程，这些工程被统称为林业重点工程，包括：天然林资源保护工程、退耕还林工程、京津风沙源治理工程、"三北"及长江流域等防护林体系建设工程、野生动植物保护及自然保护区建设工程、重点地区速生丰产用材林基地建设工程。

（一）天然林资源保护工程

1. 政策背景

1998年我国特大洪涝灾害以后，针对我国天然林资源过度消耗引起生态环境恶化的现实，国家果断做出了全面停止长江上游、黄河上中游地区天然林商品性采伐，实施天然林资源保护的重大决策。当年国家林业局火速编制了《天然林资源保护工程实施方案（草案）》，1998—2000年在工程区进行了试点。2000年10月，国务院正式批准了《长江上游、黄河上中游地区天然林资源保护工程实施方案》和《东北、内蒙古等重点国有林区天然林资源保护工程实施方案》。2000年12月，国家林业局、国家计委、财政部、劳动和社会保障部联合下发了《关于组织实施长江上游黄河上中游地区和东北内蒙古等重点国有林区天然林资源保护工程的通知》（林计发〔2000〕661号），对工程区各省、自治区、直辖市人民政府提出了加强组织领导、认真编制和严格执行天然林停伐和木材减产计划、加强森林资源管护工作、做好富余职工的分流安置工作、做好省级和县（局）级工程实施方案的编制工作、加强天然林资源保护工程资金监督和管理等六项要求，这标志着天然林资源保护工程全面正式启动。

2. 政策内容

天然林资源保护政策的主要内容如下。

（1）全面停止天然林的商品性采伐。长江上游、黄河上中游地区天然林资源保护工程区，要全面停止对天然林的商品性采伐。东北、内蒙古等重点国有林区天然林资源保护工程区内的禁伐区，必须停止一切采伐活动；限伐区必须严格选择采伐作业方式和控制采伐数量。对于工程区人工林（包括速生丰产林）的商品性采伐问题，在国务院批准的全国"十五"期间年森林采伐限额内，经国家林业局组织力量充分调查研究，有计划、有步骤地加以解决。

（2）大力推行个体承包，落实森林资源管护责任制。对于国有林的管护，根据工程区森林分布及地理环境特点，对不同区域和地段，采取不同的方式进行森林管护：对交通不便、人口稠密，林、农交错地区的林地，划分森林管护责任区，实行个体承包，用合同方式确定承包者的责任和义务，明确承包者的权益，实行责权利挂钩的管护经营责任制。对于集体林的管护，凡是群众愿意承包管护又可以进行林下资源开发利用的，可发包给农民个人管护，国家不再投入；凡无林下资源可以开发利用、群众不愿意无偿承包的，国家给予一定数额的管护费，由群众个人承包或当地村组统一组织管护。在天然林资源保护工程区森林管护经费方面，长江、黄河工程区每人管护380 hm²，每人每年管护费1万元；对于东北、内蒙古的专业队管护，每人每年1万元；个体承包管护的，每人每年2 000元。

（3）妥善解决企业富余人员的分流安置。对下岗进入再就业中心的职工，要与再就业中心签订基本生活保障和再就业协议，协议期限最长不超过3年，在3年内由再就业中心发放基本生活保障费和代缴医疗、养老、失业社会保险费用。下岗职工基本生活保障标准参照企业所在地省会城市国有企业下岗职工基本生活保障标准确定。对在再就业中心协议期满仍未实现再就业的下岗职工，要解除或终止劳动合同，由企业支付经济补偿金或生活补助费，并按国家有关规定享受失业保险待遇直至纳入最低生活保障范畴。下岗职工一次性安置的基本政策是：对自愿自谋出路的职工，原则上按不高于森工企业所在地企业职工上年平均工资收入的 3 倍发放一次性安置费。同时，通过法律公证，解除与企业的劳动关系，不再享受失业保险。对于一次性安置费补助，长江、黄河工程区按职工上年平均工资的 3 倍支付；内蒙古、大兴安岭为每人 24 000 元，吉林、黑龙江为每人 22 300 元。对下岗职工基本生活保障费补助，长江、黄河工程区按有关省规定的标准补助；东北、内蒙古按不同省份标准补助，吉林为每人每月 208 元，黑龙江为每人每月 256 元，内蒙古、大兴安岭为每人每月 284 元。

（4）企业职工养老保险社会统筹。将森工企业养老保险纳入所在地的社会统筹，实行省级管理。对离退休人员基本养老金实行社会化发放，退休人员由社区管理，暂无条件纳入社区管理的地方，由森工企业退休职工专门机构负责管理。为了保证森工企业按时足额缴纳基本养老保险费，对实施天然林资源保护工程后，由于天然林停伐和木材减产，造成森工企业缴费能力下降产生的缺口，采取中央和地方财政补助的方式予以解决。对从事森林管护、社会公共事业及下岗分流的职工，企业承担的基本养老费由中央和地方财政给予补助，并纳入工程实施方案的资金总量中。职工养老保险社会统筹费补助情况是：长江、黄河工程区按在职职工应发工资总额的一定比例予以补助；东北、内蒙古按不同省份标准补助，其中吉林为 1 450 元，黑龙江为 1 500 元，内蒙古为 1 595 元。

（5）对长江上游、黄河上中游地区工程区内宜林荒山荒地造林进行补助，其中封山育林每年每 hm^2 补助 210 元，连续补助 5 年；飞播造林每 hm^2 补助 50 元；人工造林长江上游地区每 hm^2 补助 3 000 元，黄河上中游地区每 hm^2 补助 4 500 元。此外，国家还对工程区的种苗基础建设、科技支撑体系等进行一定的扶持。天然林资源保护工程 2010 年年底到期后，为维护国家生态安全，有效应对全球气候变化，促进林区经济社会可持续发展，2010 年 12 月 29 日国务院常务会议决定，2011 年至 2020 年，实施天然林资源保护二期工程，实施范围在原有基础上增加丹江口库区的 11 个县（市、区）。力争经过 10 年努力，新增森林面积 7 800 万亩，森林蓄积净增加 11 亿 m^3，森林碳汇增加 4.16 亿 t，生态状况与林区民生进一步改善。

（二）退耕还林工程

1. 政策背景

此项政策主要是为了保护和改善生态环境，将容易造成水土流失的坡耕地和容易出现土地沙化的耕地，有计划、有步骤地停止耕种，因地制宜、适地适树植树造林，恢复森林植被。该项工程于 1999 年先行在四川、陕西和甘肃三省启动，国家林业局、国家计委和财政部 2000 年又联合下发《关于开展 2000 年长江上游、黄河上中游地区退耕还林（草）试点示范工作的通知》，将退耕工作扩大到长江、黄河流域 13 个省（自治区）进行试点。针对试点中出现试点范围过大、工作衔接不够、种苗供需矛盾突出、林种结构不合理、经济林比重偏大、部分地区由于干旱以及管理粗放造成成活率较低等问题，国务院 2000 年 9 月 10 日又出台了《国务院关于进一步做好退耕还林（草）试点工作的若干意见》（国发〔2000〕24 号）。为贯彻落实国务院精神，加强对退耕还林（草）工作的管理，有关部门制定了《以粮代赈、退耕还林还草的粮食供应暂行办法》（计粮办〔2000〕241 号）、《退耕还林还草试点粮食补助资金财政、财务管理暂行办法》（财建〔2000〕292 号），下发了《关于退耕还林还草试点地区农业税政策的通知》（财税〔2000〕103 号）。总结实践经验，2002 年 4 月，国务院又下发了《国务院关于进一步完善退耕还林还草政策措施的若干意见》（国发〔2002〕10 号）。

2. 政策主要内容

（1）国家向退耕户无偿提供粮食。每亩退耕地补助粮食（原粮）标准，长江上游地区为 150 kg，黄河上中游地区为 100 kg。粮食补助的年限先按经济林补助 5 年、生态林补助 8 年计算，到期后可以根据农民实际收入情况，需要补多少年再继续补多少年。补助要按照有关规定直接兑现到农户手中。要保证补助粮食的数量、质量和品种结构。

（2）国家给退耕户适当的现金补助。考虑农民退耕后医疗、教育等必要的日常开支，国家在一定时期内给农民适当的现金补助。按每亩退耕地每年补助 20 元安排。现金补助的期限与粮食补助期限相同。现金补助以户为单位发放到农民手中。

（3）国家向退耕户提供种苗补助费。退耕地还林还草和宜林荒山荒地造林种草，由国家提供每亩 50 元的种苗补助费，并直接发放给农民，由农民自行采购种苗。

（4）对前期工作和科技支撑工作给予补助。退耕还林还草基本建设投资的一定比例由国家给予补助，根据工程情况在年度计划中适当安排。

（5）实行税收优惠。对应税的退耕地，自退耕之年起，对补助粮达到原有收益水平的，国家扣除农业税部分后再将补助粮发放给农民；停止粮食补助时，不再对退耕地征收农业税。进行生态林草建设的，按国家有关税收优惠政策执行。

（6）通过财政转移支付方式，对地方财政减收给予适当补偿。实施退耕还林还草试点的县，其农业税等收入减少部分由中央财政以转移支付的方式给予适当补助。

（7）实行个体承包。按照"谁造林（草）、谁管护、谁受益"的原则，将责权利紧密结合起来，调动农民群众的积极性，使退耕还林还草真正成为农民的自觉行动。农民承包的退耕地和宜林荒山荒地植树造林以后，承包期一律延长到 50 年，允许依法继承、转让，到期后还可以根据有关法律和法规继续承包。

（8）协调政策、统筹安排。实施退耕还林还草的地区，将把退耕还林还草与扶贫开发、农业综合开发、水土保持等政策措施结合起来，对不同渠道的资金，可以统筹安排，综合使用。调整农业支出结构，统筹安排使用支农资金。实施退耕还林还草地区的财政扶持资金可重点用于该地区包括基本农田、小型水利在内的基础设施建设和农牧民科技培训、科技推广，提高缓坡耕地和河川耕地的生产能力，提高农民的科技水平，促进退耕还林还草。

（三）京津风沙源治理工程

1. 政策背景

京津风沙源治理工程是中共中央、国务院为改善和优化京津及周边地区生态环境状况，减轻风沙危害，紧急启动实施的一项具有重大战略意义的生态建设工程。工程区西起内蒙古的达茂旗，东至河北的平泉县，南起山西的代县，北至内蒙古的东乌珠穆沁旗，东西横跨近 700 km，南北纵跨近 600 km，涉及北京、天津、河北、山西及内蒙古 5 省（自治区、直辖市）的 75 个县（旗）。工程区总人口 1 958 万人，总面积 45.8 万 km²，沙化土地面积 10.12 万 km²。一期工程区分为四个治理区，即北部干旱草原沙化治理区、浑善达克沙地治理区、农牧交错地带沙化土地治理区和燕山丘陵山地水源保护区，治理总任务为 1.5 亿 hm²，初步匡算投资 558.6 亿元。工程于 2000 年 6 月启动试点，2001 年全面铺开。工程建设期为 10 年，即 2001—2010 年，分两个阶段进行，2001—2005 年为第一阶段，2006—2010 年为第二阶段。

2. 政策主要内容

工程采取以林草植被建设为主的综合治理措施。具体有：林业措施，包括退耕还林 3 944 万亩，其中退耕地造林 2 013 万亩，匹配荒山荒地荒沙造林 1 931 万亩；营造林 7 416 万亩，其中，人工造林 1 962 万亩，飞播造林 2 788 万亩，封山育林 2 666 万亩。农业措施，包括人工种草 2 224 万亩，飞播牧草 428 万亩，围栏封育 4 190 万亩，基本草场建设 515 万亩，草种基地 59 万亩，禁牧 8 527 万亩，建暖棚 286 万 m²，购买饲料机械 23 100 套。水利措施，包括水源工程 66 059 处，节水灌溉 47 830 处，小流域综合治理 23 445 km²。生态移民 18 万人。到 2010 年，通过植被的保护，封沙育林，飞播造林、人工造林、退耕还林、草地治理等生物措施和小流域综合治理等工程措施，使工程区可治理的沙化土地得到基本治理，生态环境明显好转，风沙天气和沙尘暴天气明显减少，从总体上遏制沙化土地的扩展趋势，使北京周围生态环境得到明显改善。

（四）"三北"和长江中下游地区等重点防护林体系建设工程

这是中国涵盖面最广、内容最丰富的防护林体系建设工程。具体包括"三北"防护林工程、长江中下游及淮河太湖流域防护林工程、沿海防护林工程、珠江防护林工程、太行山绿化工程和平原绿化工程，主要解决"三北"地区的防沙治沙问题和其他区域各自不相同的生态问题。

1. "三北"防护林工程

为了从根本上改变我国西北、华北、东北地区风沙危害和水土流失的状况，1978年11月3日，国家计划委员会以计〔1978〕808号文件批准国家林业总局《西北、华北、东北防护林体系建设计划任务书》。1978年11月25日，国务院以国发〔1978〕244号文件批准国家林业总局《关于在西北、华北、东北风沙危害和水土流失重点地区建设大型防护林的规划》，至此，"三北"防护林工程正式启动实施。

按照总体规划，"三北"防护林工程的建设范围东起黑龙江的宾县，西至新疆的乌孜别里山口，北抵国界线，南沿天津、汾河、渭河、洮河下游、布长汗达山、喀喇昆仑山，东西长4 480 km²，南北宽560～1 460 km²。地理位置在东经73°26′～127°50′，北纬33°30′～50°12′。包括陕西、甘肃、宁夏、青海、新疆、山西、河北、北京、天津、内蒙古、辽宁、吉林、黑龙江13个省（自治区、直辖市）的551个县（旗、市、区）。工程建设总面积406.9万km²，占全国陆地总面积的42.4%。

"三北"防护林工程规划从1978年开始到2050年结束，历时73年，分三个阶段、八期工程进行建设。1978—2000年为第一阶段，分三期工程：1978—1985年为一期工程，1986—1995年为二期工程，1996—2000年为三期工程。2001—2020年为第二阶段，分两期工程：2001—2010年为四期工程，2011—2020年为五期工程。2021—2050年为第三阶段，分三期工程：2021—2030年为六期工程，2031—2040年为七期工程，2041—2050年为八期工程。

目前，四期工程已经全面完成。工程区涉及"三北"地区的13个省、自治区、直辖市的590个县（旗、市、区），到2010年，在有效保护好工程区内现有2 787万hm²森林资源的基础上，完成造林950万hm²，其中人工造林630.2万hm²，封沙（山）育林193.7万hm²，飞播造林种草126.1万hm²，工程建设区内的森林覆盖率由8.63%提高到10.47%，净增1.84个百分点，建成一批比较完备的区域性防护林体系，初步遏制了"三北"地区生态恶化的趋势。

2. 长江中下游及淮河太湖流域防护林体系建设工程

目前已完成的二期工程建设范围包括：长江、淮河流域的青海、西藏、甘肃、四川、云南、贵州、重庆、陕西、湖北、湖南、江西、安徽、河南、山东、江苏、浙江、上海 17 个省（自治区、直辖市）的 1 305 个县（市、区）。

工程建设思路是以长江为主线，以流域水系为单元，以恢复和增长森林植被为中心，以遏制水土流失、治理石漠化为重点，以改善生态环境为目标，建立起多林种、多树种相结合，生态结构稳定和功能完备的防护林体系。2001—2010 年二期工程规划造林任务 687.6 万 hm^2，其中人工造林 313.2 万 hm^2，封山育林 348.2 万 hm^2，飞播造林 26.5 万 hm^2，低效防护林改造 629 万 hm^2。

3. 沿海防护林体系建设工程

二期工程（2001—2010 年）建设范围包括：辽宁、河北、天津、山东、江苏、上海、浙江、福建、广东、广西、海南 11 个沿海省（自治区、直辖市）的 220 个县（市、区）。规划造林 136 万 hm^2，其中人工造林 68.3 万 hm^2，封山育林 61.4 万 hm^2，飞播造林 6.33 万 hm^2，低效防护林改造 97.93 万 hm^2。

工程建设思路是以泥岸盐碱地区和台风登陆频繁地区为重点，突出抓好沿海基干林带建设和滨海山地丘陵水土保持建设，使沿海基干林带全面合拢、珍稀红树林资源得到恢复和发展，形成稳定的防护林体系，满足沿海发达地区生态屏障的需要。

4. 珠江流域防护林体系建设工程

1996 年，一期工程首批启动实施了 13 个县，1998 年国家实施积极的财政政策，加大了珠江流域防护林体系建设工程的资金投入和支持力度，又先后试点启动了 34 个县。到 2000 年，一期工程建设共完成营造林 67.5 万 hm^2，其中人工造林 23.45 万 hm^2，飞播造林 2.76 万 hm^2，封山育林 28.19 万 hm^2，完成低效防护林改造任务 12.88 万 hm^2，"四旁"植树 1.7 亿株。

二期工程建设范围包括：江西、湖南、云南、贵州、广西和广东 6 个省（自治区）的 187 个县（市、区）。规划造林 227.87 万 hm^2，其中人工造林 87.5 万 hm^2，封山育林 137.2 万 hm^2，飞播造林 3.1 万 hm^2，规划低效防护林改造 99.76 万 hm^2。

5. 太行山绿化工程

一期工程累计完成造林 295.2 万 hm^2，其中人工造林 164.57 万 hm^2，飞播造林 30.63 万 hm^2，封山育林 100 万 hm^2。此外，还完成"四旁"植树 1.7 亿株。工程区森林覆盖率从 15.30% 提高到了 21.58%，增加了 6.28 个百分点。工程区林草植被覆盖度显著提高，活立木蓄积量增加了 3 000 万 m^3。工程区水土流失面积已由治理前的 61 149 km^2

减少到 49 214 km²，使水土流失面积占工程区总面积的比重由 50%降到了 40%。工程建设促进了当地群众脱贫致富和农村经济增长，太行山区初步形成林产品资源生产基地，以及与之相对应的原产品加工、包装、贮运、销售等第三产业的一条龙服务体系。

二期工程建设范围包括：河北、山西、河南、北京三省一市 73 个县（市、区）。规划造林 146.2 万 hm²，其中人工造林 67 万 hm²，封山育林 50.7 万 hm²，飞播造林 28.5 万 hm²。规划低效防护林改造 45.1 万 hm²。

6. 平原绿化工程

平原绿化工程的主要目的是促进城乡绿化一体化进程，实现农田林网化、城市园林化、通道林荫化、庭院花果化，建成人与自然相和谐的人居生活环境，发挥对平原农业的防护支持作用，同时也可通过资源培育带动区域林业产业发展。

二期工程建设范围包括：北京、天津、河北、山西、山东、河南、江苏、安徽、陕西、上海、福建、江西、浙江、湖北、湖南、广东、广西、海南、四川、辽宁、吉林、黑龙江、甘肃、内蒙古、宁夏、新疆 26 个省、自治区、直辖市的 944 个县（市、旗、区）。规划建设总任务 552.1 万 hm²。其中新建农田防护林带折合面积 41.6 万 hm²，荒滩荒沙荒地绿化 294.5 万 hm²，村屯绿化 112.7 万 hm²，园林化乡镇建设 30.4 万 hm²，改造提高农田林网面积 72.9 万 hm²。

（五）野生动植物保护及自然保护区建设工程

2001 年 6 月由国家林业局组织编制的《全国野生动植物保护及自然保护区建设工程总体规划》得到国家计委的正式批准，标志着该项工程的正式启动。工程建设的主要指导思想是为了促进野生动植物保护事业的健康发展，实现野生动植物资源的良性循环和永续利用，保护生物多样性，为我国国民经济的发展和人类社会的文明进步服务。

工程建设总体目标是要拯救一批国家重点保护野生动植物，扩大、完善和新建一批国家级自然保护区和禁猎区。到建设期末，使我国自然保护区数量达到 2 500 个，总面积 1.728 亿 hm²，占国土面积的 18%。形成一个以自然保护区、重要湿地为主体，布局合理、类型齐全、设施先进、管理高效、具有国际重要影响的自然保护网络。加强科学研究，资源监测，管理机构，法律法规和市场流通体系建设和能力建设，基本上实现野生动植物资源的可持续利用和发展。

（六）重点地区速生丰产用材林基地建设工程

重点地区速生丰产用材林基地建设工程，是新时期六大林业重点工程之一。2002

年 7 月，国家计委以计农经〔2002〕1037 号文批复了《重点地区速生丰产用材林基地建设工程规划》；同年 8 月 1 日，国家林业局在北戴河召开了工程启动会，宣布速丰林基地建设工程正式开始实施。

按照国家计委批复的工程规划，根据森林分类区划的原则，在现有速生丰产用材林基地建设的基础上，主要选择在 400 mm 等雨量线以东，优先安排 600 mm 等雨量线以东范围内自然条件优越，立地条件好（原则上立地指数在 14 以上），地势较平缓，不易造成水土流失和对生态环境构成影响的热带与南亚热带的粤桂琼闽地区、北亚热带的长江中下游地区、温带的黄河中下游地区（含淮河、海河流域）和寒温带的东北内蒙古地区，具体建设范围涉及河北、内蒙古、辽宁、吉林、黑龙江、江苏、浙江、安徽、福建、江西、山东、河南、湖南、湖北、广东、广西、海南、云南 18 个省、自治区的 1 000 个县（市、区）。

工程规划的任务。工程建设总规模为 1 333 万 hm²。其中，浆纸原料林基地 586 万 hm²，人造板原料林基地 497 万 hm²，大径级用材林基地 250 万 hm²。总投资为 718 亿元。

整个工程建设期为 2001—2015 年，分两个阶段，共三期实施。第一期 2001—2005 年，重点建设以南方为重点的工业原料林产业带，建设面积 469 万 hm²；第二期 2006—2010 年，建设面积达到 920 万 hm²；第三期 2011—2015 年，共建成速丰林 1 333 万 hm²，完成南北方速生丰产用材林绿色产业带建设。

根据每 hm² 年平均生长量 15 m³ 计算，全部基地建成后，每年可提供木材 13 337 万 m³，可支撑木浆生产能力 1 386 万 t、人造板生产能力 2 150 万 m³，提供大径级材 1 579 万 m³。能提供国内生产用材需求量的 40%，加上现有森林资源的采伐利用，国内木材供需基本趋于平衡。

三、森林资源经营管理相关重要政策

1. 林地利用管理

土地作为基本生产要素之一，可以用于多种用途。土地在林业用途上使用即为林地，在没有政策限制情况下，土地用途会受到社会经济发展环境因素影响而发生动态变化。我国实行土地用途管理制度，《中华人民共和国土地管理法》（以下简称《土地管理法》）（2004 年 8 月 28 日第十届全国人民代表大会常务委员会第十一次会议第二次修正）第四条明确规定："国家实行土地用途管制制度。国家编制土地利用总体规划，规定土地用途，将土地分为农用地、建设用地和未利用地。严格限制农用地转为建设用地，控制建设用地总量，对耕地实行特殊保护。前款所称农用地是指直接用于农业生产的土地，包括耕地、林地、草地、农田水利用地、养殖水面等；建设用地是指建造建筑物、构筑物的土地，包括城乡住宅和公共设施用地、工矿用地、交通水利设施用地、旅游用地、军事设施用地等；未利用地是指农用地和建设用地以外的土地。使用土地的单位和个人必须严格按照土地利用总体规划确定的用途使用土地。"因此，林地更多是一个法律概念，其利用管理受到《土地管理法》和《森林法》等有关法律法规的严格限制。

《中华人民共和国森林法实施条例》（以下简称《森林法实施条例》）（2000 年 1 月 29 日中华人民共和国国务院令第 278 号公布自公布之日起施行）对林地的界定是："林地，包括郁闭度 0.2 以上的乔木林地以及竹林地、灌木林地、疏林地、采伐迹地、火烧迹地、未成林造林地、苗圃地和县级以上人民政府规划的宜林地。"当前我国正在施行的直接有关林地利用管理的法律法规除《森林法》及《森林法实施条例》，还有《占用征收征用林地审核审批管理办法》（2001 年 1 月 4 日国家林业局令第 2 号公布自公布之日起施行）、《林木和林地权属登记管理办法》（2000 年 12 月 31 日国家林业局令第 1 号公布自公布之日起施行）、《林木林地权属争议处理办法》（1996 年 10 月 14 日林业部令第 10 号公布自公布之日起施行）。这些法律法规规定关于林地利用管理的主要方面如下。

（1）林地权属登记。《森林法实施条例》第四条规定，依法使用国家所有林地的单位和个人必须依法申请权属登记，其中使用国务院确定的国家所有的重点林区（以下简称重点林区）林地的单位，应当向国务院林业主管部门提出登记申请，由国务院林业主管部门登记造册，核发证书，确认林地使用权以及由使用者所有的林木所有权；使用国家所有的跨行政区域的林地的单位和个人，应当向共同的上一级人民政府林业主管部门提出登记申请，由该人民政府登记造册，核发证书，确认林地使用权以及由使用者所有的林木所有权；使用国家所有的其他林地的单位和个人，应当向县级以上地方人民政府林业主管部门提出登记申请，由县级以上地方人民政府登记造册，核发证书，确认林地使用权，以及由使用者所有的林木所有权。

集体林地权属登记管理，《森林法实施条例》第五条规定：集体所有的林地，由所有者向所在地的县级人民政府林业主管部门提出登记申请，由该县级人民政府登记造册，核发证书，确认所有权。使用集体所有的林地的单位和个人，应当向所在地的县级人民政府林业主管部门提出登记申请，由该县级人民政府登记造册，核发证书，确认林地使用权。

（2）林地征用占用审核审批管理。按照《土地管理法》有关规定，林地必须按照土地利用总体规划确定的区域和用途使用，严禁非法转换林地用途，如确需转用，必须依法审核审批。《森林法实施条例》第十六、十七和十八条具体规定了征用占用林地的许可事项、申请审批程序、数量限制、收费标准、征用占用林地立木采伐管理、临时占用林地和森林经营单位在所经营的林地范围内修筑直接为林业生产服务的工程设施需要占用林地的事项及审手续等。

（3）权属争议处理。林地权属争议是指因森林、林木、林地所有权或者使用权的归属而产生的争议。处理林地的所有权或者使用权争议，主要适用《林木林地权属争议处理办法》。该办法详细规定了争议处罚的机关、依据和程序。

2. 植树造林

关于植树造林、培育森林的法律规范及政策很多，主要内容如下。

（1）种子、种苗许可检疫政策。国家鼓励、支持单位和个人从事良种的选育和开发；主要林木品种在推广应用前要通过国家级或省级审定，审定后要公告；应当审定的品种未经审定通过的，不得发布广告，不得经营、推广。

主要林木的商品种子生产实行许可制度。符合条件的申请单位由县级林业主管部门审核，省级林业主管部门发放许可证。生产者按许可证规定的品种、地点，以及规定的生产技术和检验检疫程序进行生产。

种子经营实行许可制度。种子经营者必须先取得种子经营许可证后，方可凭种子经营许可证向工商行政主管机关申请办理或者变更营业执照。农民个人自繁自用的常规种子除外。

林业主管部门规定林木种苗的检疫对象，划定疫区的保护区，对林木种苗进行检疫。省、自治区、直辖市可规定本地补充检疫对象，报国务院林业主管部门备案。凡是种子、苗木和其他繁殖材料，不论是否列入应实施检疫的植物及其制品名单，在调运前都必须经过检疫。

（2）义务植树。1981年12月13日，五届全国人大四次会议做出了《关于开展全民义务植物运动的决议》，规定凡是条件具备的地方，年满11岁的公民，除老弱病残外，都要每人每年义务植树3～5棵，或者完成相应劳动量的育苗、管护和其他绿化任务。国务院随后又制定了《关于开展全国义务植树运动的实施办法》，要求县级以上各级人民政府均应成立绿化委员会，统一领导本地区的义务植树运动和整个造林绿化工作。各级绿化委员会由当地政府的主要领导同志及有关部门和人民团体的负责同志组成，委员会办公室设在同级人民政府的林业主管部门。各级绿化委员会组织和推动本地区各部门、各单位有计划、有步骤地开展植树运动。

（3）部门单位造林绿化责任制。铁路公路两旁、江河两侧、湖泊水库周围，由各有关主管部门因地制宜地组织造林；工矿区、机关、学校用地，部队营区，以及农场、牧场、渔场经营地区，由各单位负责造林。国家对造林绿化实行部门和单位负责制，规定了各类造林任务的责任单位。对未按县级人民政府下达的责任通知书要求完成植树造林的，处造林费用2倍以下的罚款，对主要责任人给予行政处分。

3. 森林资源采伐

我国森林资源采伐实施限额管理制度。《森林法》第二十九条明确规定：国家根据使用材林的消耗量低于生长量的原则，严格控制森林年采伐量。国家所有的森林和林木以国有林业企业事业单位、农场、厂矿为单位，集体所有的森林和林木、个人所有的林木以县为单位，制定年采伐限额，由省、自治区、直辖市林业主管部门汇总，经同级人民政府审核后，报国务院批准。

采伐限额一般按五年周期进行编制，主要是总量控制；然后依据限额编制年度木材生产计划，具体实施采伐时根据年度生产计划数执行。《森林法》对采伐方式、采伐后的更新造林，不同林种的采伐要求也给予了明确规定。

单位和个人实施采伐前还要先申请采伐许可证，并按许可证的规定进行采伐；农村居民采伐自留地和房前屋后个人所有的零星林木除外。国有林业企业事业单位、机关、团体、部队、学校和其他国有企业事业单位采伐林木，由所在地县级以上林业主管部门依照有关规定审核发放采伐许可证。铁路、公路的护路林和城镇林木的更新采伐，由有关主管部门依照有关规定审核发放采伐许可证。农村集体经济组织采伐林木，由县级林业主管部门依照有关规定审核发放采伐许可证。农村居民采伐自留山和个人承包集体的林木，由县级林业主管部门或者其委托的乡、镇人民政府依照有关规定审核发放采伐许可证。采伐以生产竹材为主要目的的竹林，适用以上各款规定。

4. 木材经营、加工管理

从林区运出木材，必须持有林业主管部门发给的运输证件。依法取得采伐许可证，按照许可证规定采伐的木材，从林区运出时，林业主管部门应当发给运输证件。经省、自治区、直辖市人民政府批准，可以在林区设立木材检查站，负责检查木材运输。对未取得运输证件或者物资主管部门发给的调拨通知书运输木材的，木材检查站有权制止。在林区非法收购明知盗伐、滥伐林木的，由林业主管部门责令停止违法行为，没收违法收购的盗伐、滥伐的林木或者变卖所得，并处违法收购林木的价款1倍以上3倍以下的罚款；构成犯罪的，依法追究刑事责任。在林区经营（含加工）木材，必须经县级以上人民政府林业主管部门批准。

5. 野生动植物资源保护管理

野生动植物资源是森林资源的有机组成部分，是森林自然生态系统的重要组成环节，对生态平衡和生物多样性保存具有重要作用。我国高度重视野生动植物资源及其多样性保护，除了在《森林法》中做出了原则性保护要求，还陆续出台了一系列专门的法律法规进一步规范，同时加入了有关的国际公约，如《中华人民共和国野生动物保护法》《陆生野生动物保护实施条例》《中华人民共和国野生植物保护条例》《中华人民共和国自然保护区条例》《森林和野生动物类型自然保护区管理办法》《中华人民共和国濒危野生动植物进出口管理条例》等。以上及其他各类法律法规涉及野生动植物资源保护管理的方面包括国家一级保护陆生野生动物特许猎捕证核发，出售、收购、利用国家一级保护陆生野生动物或其产品审批，出口国家重点保护陆生野生动物或其产品审批，进出口国际公约限制进出口的陆生野生动物或其产品审批，外国人对国家重点保护野生动物进行野外考察、标本采集或在野外拍摄电影、录像审批，国家一级保护野生动物驯养繁殖许可证核发，外来陆生野生动物物种野外放生审批，科研教学单位对国家一级保护野生动物进行野外考察、科学研究审批，采集国家一级保护野生植物审批，进出口中国参加的国际公约限制进出口野生植物审批，出口国家重点保护野生植物审批，出口珍贵树木或其制品、衍生物审批，引进陆生野生动物外来物种种类及数量审批，在林业系统国家级自然保护区实验区开展生态旅游方案审批，在林业系统国家级自然保护区建立机构和修筑设施审批等一系列行政许可事项。

此外，《中华人民共和国刑法》中也有专门界定涉及野生动植物违法犯罪行为及量刑准的条款，全国人大常委会又根据执法情况对《中华人民共和国刑法》中涉及野生动植物的违法犯罪出台了专门司法解释。

第五章　林权法律制度

第一节　林权制度

一、林权概述

1. 林权的概念

林权，是森林、林木、林地权属的简称，是指森林、林木、林地的所有权或者使用权。

森林、林木、林地的所有权是指所有人依法对森林、林木、林地享有占有、使用、收益和处分的权利。使用权是指根据合同或有关规定，使用国家、集体或者他人的森林、林木、林地的权利。使用权是所有权权能的一种，使用权可以由所有人行使，也可以由非所有人行使。在实践中，森林、林木、林地的所有权和使用权在很多情况下是分离的。所以，森林、林木、林地的使用权具有特别重要的意义。

林权的客体是林权所指向的具体物，包括森林、林木和林地，而森林包括乔木林和竹林；林木包括树木和竹子；林地包括郁闭度 0.2 以上的乔木林地，以及竹林地、灌木林地、疏林地、采伐迹地、火烧迹地、未成林造林地、苗圃地和县级以上人民政府规划的宜林地。

2. 林权的种类

（1）森林、林木、林地所有权的主要形式根据我国《宪法》及《森林法》等法律的规定，我国森林、林木和林地的所有权主要有三种形式。

① 国家的森林、林木、林地所有权

《宪法》规定，矿藏、水流、森林、山岭、草原、荒地、滩涂等自然资源，都属于国家所有，即全民所有；由法律规定属于集体所有的森林和山岭、草原、荒地、滩涂除外。《森林法》规定，森林资源属于国家所有，由法律规定属于集体所有的除外。国家所有的森林、林木、林地在整个国家财产中占有十分重要的地位，是发展我国林业的主要物质基础。

国家对其所有的森林、林木、林地的经营管理是通过分级管理和授权的方式实现的。国家依法将国有林地、林木无偿划拨或者有偿出让给企业事业单位、个人或者其他组织，使国有林业企业事业单位取得经营权。国家重点国有林区的森林、林木、林地由国务院林业主管部门监督管理，由国有企业事业单位经营；其他国家所有的森林、林木、林地由所在地县级以上林业主管部门监督管理，并由国有企业事业单位经营；对于那些面积不大，零星分散不便于设立专门的国有林业企事业单位经营的国有林，可以依法确定给当地的集体经济组织经营。

② 集体的森林、林木、林地所有权

按照《宪法》《森林法》的规定，法律规定属于集体所有的森林、林木、林地，属于集体所有。集体的森林、林木、林地所有权包括：根据《中华人民共和国土地改革法》（以下简称《土地改革法》）分给农民个人后经过农业合作化时期转化为集体所有的森林、林木和林地；在集体所有的土地上由农村集体经济组织组织农民种植、培育的林木；农村集体组织与国有单位合作在国有土地上种植的林木（如公路、铁路两旁的护路林，江河两岸的护岸林等）按合同规定属于集体所有的林木。在 20 世纪 60 年代实行劳力、土地、耕畜、农具"四固定"时期确定给农村集体经济组织的森林、林木、林地，在 80 年代林业"三定"时期将国有林划给农村集体经济组织所有的森林、林木、林地并由当地县级以上人民政府核发了林权证的，也属于集体所有的森林、林木、林地。

集体所有的森林、林木、林地，是集体所有财产的重要组成部分，是发展我国林业的主要物质基础。集体所有的森林、林木、林地在我国森林资源中占有十分重要的地位。依法保护和合理利用集体所有的森林、林木、林地，是我国林业建设事业的重要内容。

集体所有的森林、林木、林地的所有者，是该集体经济组织，而不是该组织的成员。只有集体经济组织才有权依照法律的规定及集体经济组织全体成员的决定来行使对集体所有的森林、林木、林地的占有、使用、收益和处分的权利。集体所有的森林、林木、林地受国家法律保护，任何单位和个人都不得侵占，也不得任意平调和无偿占有。

③ 公民个人的林木所有权和林地使用权

根据《森林法》的规定，公民个人享有林木的历有权和林地的使用权，但不享有森林和林地的所有权。

在公有制基础上通过劳动取得林木所有权和林地使用权，是个人林权取得的主要方式，如农民在房前屋后、自留地、自留山上种植的林木，归个人所有；城镇居民在自有房屋的庭院内种植的林木，归个人所有；承包国家所有或集体所有的宜林荒山造林的，除承包合同另有规定的以外，所种植的林木归承包的个人所有。此外，还可以通过继承、接受赠予等方式取得个人林木所有权，通过划定自留山、承包山林等形式取得个人林地使用权。

公民个人自留山造林和承包荒山造林，绝大多数都是以家庭的形式出现的，以个人的形式出现是极个别的情况，所以，自留山造林和承包荒山造林的主体多数情况下是家庭，少数情况下是个人。自留山造林和承包荒山造林的林木权属以家庭形式出现的归全家人所有，以个人形式出现的归个人所有。承包荒山造林合同如果规定发包方也享有部分林木所有权的，则承包荒山造林的林木所有人还应包括发包方。

公民个人的林木所有权和林地使用权受法律保护。这种保护不仅是对公民个人财产和其他合法权益的保护，还是对广大农民植树造林积极性的保护。个人行使林木所有权和林地使用权也必须符合法律和社会公共利益。

此外，在我国现阶段还出现了共有林权的形式，即林权的所有者或者使用者为两个以上当事人的情况。

（2）森林、林木、林地使用权的主要形式

根据《宪法》《中华人民共和国民法典》《土地管理法》和《森林法》的有关规定，森林、林木、林地使用权的形式多种多样，主要有以下几种。

① 国家所有的森林、林木、林地由国有单位使用，该单位依法享有对所使用的森林、林木、林地的占有、使用、收益和部分处分的权利，但不拥有所有权。例如，国务院确定的重点国有林区的森林、林木、林地，由国有企业事业单位经营，由国务院林业主管部门监督管理；其他国家所有的森林、林木、林地由国有企业事业单位经营，由所在地的县级以上人民政府林业主管部门监督管理。

② 国家所有的森林、林木、林地由集体以合法形式（如联营、承包、租赁等形式）取得森林、林木、林地的使用权。

③ 集体所有的林地由国有林业单位使用，该单位没有所有权，但依法拥有使用权。

④ 公民、法人或者其他组织以承包、租赁、转让等形式依法取得国家所有或者集体所有林地的使用权，但不拥有所有权。随着林地制度改革的深入和土地利用形式的多样化，森林、林木、林地使用权的形式也将趋于多样化。

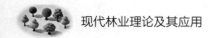

二、林权登记与确认发证

（1）林权证及其法律效力

《森林法》规定，国家所有和集体所有的森林、林木和林地，个人所有的林木和使用的林地，由县级以上地方人民政府登记造册，发放证书，确认所有权或者使用权。《森林法实施条例》规定，国家依法实行森林、林木和林地登记发证制度。

《中华人民共和国林权证》（以下简称"林权证"）是县级以上地方人民政府或国务院林业主管部门，依据《森林法》或《农村土地承包法》的有关规定，按照有关程序，对国家所有和集体所有的森林、林木和林地，个人所有的林木和使用的林地，确认所有权或者使用权，并登记造册而发放的证书。

根据《森林法实施条例》的规定，森林、林木和林地的权属证书式样由国务院林业主管部门规定。自 2000 年 4 月 18 日起，启用全国统一式样和编号的林权证，外封为绿色塑封，印有烫金国徽和"中华人民共和国林权证"字样，首页套印"国家林业局林权证监制专用章"。证内的森林、林木、林地状况登记表中，分别登记林地所有权权利人、林地使用权权利人、森林或林木所有权权利人、森林或林木使用权权利人、林地及其地上林木坐落、小地名、所在林班和小班、林地面积、主要树种、林木株数、林种、林地使用期、林地使用终止日期、林地四至等，证内还设有变更登记和森林、林木、林地四至范围图。林权证经县级以上地方人民政府盖章生效；属于国务院确定的国家所有的重点林区的森林、林木和林地，经国务院林业主管部门盖章生效。2000 年 4 月 18 日以前已经颁发的林权证（山林权证、自留山证等）仍然有效。林权证的式样是全国统一的，由国家林业局监制并统一编号。

林权证是依法经县级以上人民政府登记核发，由权利人持有的确认森林、林木和林地所有权或使用权的法律凭证，是森林、林木和林地唯一合法的权属证书。林权权利人可以据此对抗一切他人的非法侵权行为，并通过寻求行政和司法救济，使其合法权益得到国家法律的保护。

林权证直接关系到所有人和经营者的合法权益，关系到森林、林木和林地权属是否稳定。《森林法实施条例》及国家林业局发布的《林木和林地权属登记管理办法》分别就不同情况，对森林、林木、林地的登记发证程序作了明确规定。

（2）林权权利人的概念

林权权利人是指森林、林木、林地的所有权或者使用权的拥有者。林权权利人可以是公民个人、法人和其他组织。任何单位和个人，只要依法拥有森林、林木和林地所有权或者使用权的任何一项权利，都可以成为林权权利人。

根据《宪法》《土地管理法》和《农村土地承包法》等法律的规定，我国林地实行社会主义公有制，即全民所有制和集体所有制，林地不得买卖。国家所有的森林、林木、林地，其所有权由国务院代表国家行使。国家依法将国有林地、林木无偿划拨或者有偿出让给企事业单位、个人或者其他组织，企业事业单位、个人或者其他组织，只是该林地、林木使用权的拥有者。通过无偿划拨获得林地、林木使用权的拥有者，其使用权是有限的，只有依法经营管理和收益权，不得将使用权转让。确需转让的，应当先办理国有森林、林木、林地的出让手续并交纳出让金。经依法转让后，受让方可以在受让期内将部分或全部使用权依法转让给第三方。国有林业企业事业单位对其经营范围内的森林、林木、林地，通过建立管护责任制等形式，将林地使用权、林木经营权落实到内部职工的，其林权没有发生变化，林权权利人也没有发生变化。

集体所有和国家所有依法由农民集体使用的林地，以及其他依法用于农业的土地，国家实行农村土地承包经营制度。农村林地承包一般采取农村集体经济组织内部的家庭承包方式，对不宜采取家庭承包方式的荒山、荒沟、荒丘、荒滩等宜林地，可以采取招标、拍卖、公开协商方式承包。农村林地承包后，林地的所有权性质不变，只是使用权变化。林地的所有权权利人是发包者，林地的使用权权利人及林地上林木的所有权权利人是承包者。农村林地承包后，可以依法流转。通过家庭承包后依法转让或者互换的，确立新的承包关系，林地使用权和林木所有权变化，林权权利人变更；依法转包或者出租给第三方的，承包方与发包方的承包关系不变，林权权利人也不变。通过招标、拍卖、公开协商等方式承包农村荒山、荒沟、荒丘、荒滩等宜林地的，经依法登记取得林权证的，其林地承包经营权可以依法转让、出租、入股、抵押或者其他方式流转；依法转让的，确立新的承包关系，林地使用权和林木所有权变化，林权权利人变更；依法出租、入股的，承包方与发包方的承包关系不变，林权权利人也不变；依法抵押的，抵押期间并不转移林地、林木的占有、使用、收益权，林地使用权和林木所有权不变，林权权利人也不变；当抵押人不能履行到期债务时，抵押权人依法处分该林地使用权、林木所有权并以所得价款优先受偿后，林地使用权和林木所有权变化，林权权利人变更。

（3）林权登记的种类

根据《森林法实施条例》及国家林业和草原局（原国家林业局）《林木和林地权属登记管理办法》的规定，县级以上林业主管部门依法履行林权登记职责，林权登记分为初始登记、变更登记和注销登记。

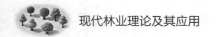

① 初始登记

是指林权权利人对某一块森林、林木和林地所有权或使用权第一次提出登记申请，按照规定的程序到登记机关办理的林权登记。

② 变更登记

林权权利人所拥有的森林、林木和林地的所有权或使用权经初始登记之后，因某种原因导致其面积、林种或林木状况等主要因素发生变化后，林权权利人应当持原林权证向登记机关提出变更相关登记因子的变更登记。

③ 注销登记

已登记发证的森林、林木、林地，由于某种原因，如被依法占用征用，或因遭受无法抗拒的自然灾害，或在流转过程中全部转让给他人，致使林权权利人完全失去原有林权时，林权权利人应到登记机关进行注销登记。

（4）受理登记申请和核发林权证的机关

① 使用国务院确定的国家所有的重点林区的森林、林木和林地的单位，向国务院林业主管部门提出登记申请，由国务院林业主管部门登记造册，核发证书，确认森林、林木和林地使用权以及由使用者所有的林木所有权。

② 使用国家所有的跨行政区域的森林、林木和林地的单位和个人，向共同的上一级人民政府林业主管部门提出登记申请，由该人民政府登记造册，核发证书，确认森林、林木和林地使用权以及由使用者所有的林木所有权。

③ 使用国家所有的其他森林、林木和林地的单位和个人，向县级以上地方人民政府林业主管部门提出登记申请，由县级以上地方人民政府登记造册，核发证书，确认森林、林木和林地使用权以及由使用者所有的林木所有权。

④ 未确定使用权的国家所有的森林、林木和林地，由县级以上人民政府登记造册，负责保护管理。

⑤ 集体所有的森林、林木和林地，由所有者向所在地的县级人民政府林业主管部门提出登记申请，由该县级人民政府确认所有权，登记造册，核发证书。

⑥ 单位和个人所有的林木，向所在地的县级人民政府林业主管部门提出登记申请，由该县级人民政府确认林木所有权，登记造册，核发证书。

⑦ 使用集体所有的森林、林木、林地的单位和个人，向所在地的县级人民政府林业主管部门提出登记申请，由该县级人民政府登记造册，核发证书，确认森林、林木、林地使用权。

⑧ 改变森林、林木和林地所有权、使用权的，林权权利人应当到初始登记机关申

请变更登记；林地被依法征用、占用或者由于其他原因造成林地灭失的，原林权权利人应当到初始登记机关申请办理注销登记。

（5）林权登记的申请人

根据《林木和林地权属登记管理办法》的规定，林权权利人为个人的，由本人或者其法定代理人、委托代理人提出林权登记申请；林权权利人为法人或者其他组织的，由其法定代表人、负责人或者委托的代理人提出林权登记申请。

（6）林权登记申请需要提交的材料

① 林权权利人提出初始登记申请时，应当提交以下材料：林权登记申请表；个人身份证明、法人或者其他组织的资格证明、法定代表人或者负责人的身份证明、法定代理人或者委托代理人的身份证明和说明委托事项和委托权限的委托书；申请登记的森林、林木和林地权属证明文件；附图界线清楚、标志明显，与毗邻单位的认界协议或者划拨书；省、自治区、直辖市人民政府林业主管部门规定要求提交的其他有关文件。

② 林权发生变更的，林权权利人应当到初始登记机关申请变更登记。林地被依法占用征用或者由于其他原因造成林地灭失的，原林权权利人应当到初始登记机关申请办理注销登记。林权权利人申请办理变更登记或者注销登记时，应当提交下列文件：林权登记申请表，林权证，林权依法变更或者灭失的有关证明文件。

（7）受理林权登记申请和核发林权证

① 对申请登记的材料进行初步审查登记机关应当对林权权利人提交的申请登记材料进行初步审查。登记机关认为符合《森林法》《森林法实施条例》，以及《林木和林地权属登记管理办法》规定的，应当予以受理；认为不符合规定的，应当说明不受理的理由或者要求林权权利人补充材料。

② 进行登记申请的公告登记机关对已经受理的登记申请，应当自受理之日起 10个工作日内，在森林、林木、林地所在地进行公告，公告期为 30 天。在公告期内，有关利害关系人如对登记申请提出异议，登记机关应当对其所提出的异议进行调查核实，有关利害关系人对提出的异议主张确实合法有效的，属于林权纠纷的，应暂停登记申请的受理并移交林权纠纷调处机关处理，依据处理结果，再重新受理；属于申请入侵权的，应停止受理，并通知申请人。如有关利害关系人提出的异议主张无效的，应继续受理。

③ 报请同级人民政府予以登记公告期满后，需要进一步调查核实的，申请受理机关应组织有资质的林业调查队伍，现场核实申请登记的林地所有权权利人、林地使用

权权利人、森林或林木所有权权利人、森林或林木使用权权利人，林地及其地上林木坐落位置、小地名、所在林班和小班、林地面积、主要树种、林木株数、林种、林地四至等是否准确，申请材料中的权属证明材料是否合法有效，有关图件中标明的界桩、明显地物标志、界线是否与实际相符合。经现场核实后，数据准确、权属合法有效、图件符合实际的，申请受理机关应当自申请之日起 3 个月内，报请同级人民政府予以登记并核发林权证书。对不符合条件的，申请受理机关应当以书面形式向提出登记申请人告知不予登记的理由。

④ 人民政府审查和核发林权证书地方各级人民政府的审查、核准是林权证发证必须履行的程序。人民政府应对同级林业主管部门报请予以登记并核发林权证的请示进行审查、核准，防止出现重复登记或林地与耕地、草地、使用水面等登记发证重叠情况。经审查、核准无误的，准予登记并及时核发林权证。

林权证必须有县级以上地方人民政府或者国务院林业主管部门的盖章才能生效，使用其他印章是无效的。

第二节　森林、林木、林地流转

一、森林、林木、林地流转概述

（1）森林、林木、林地流转的概念

森林、林木和林地的流转，是指森林、林木所有权人或者林地使用权人将其森林、林木的所有权或使用权和林地的使用权依法全部或部分转移给他人的行为。森林、林木和林地的流转依据的规范性文件包括：《宪法》第 10 条第 4 款规定，土地的使用权可以依照法律的规定转让，《森林法》第 15 条、《农村土地承包法》第 2 章第 5 节和有关森林、林木和林地流转的地方性法规及林业政策规定等。

随着我国社会主义市场经济体制的建立和林业改革的深入，森林、林木、林地作为生产要素进入市场流转是必然趋势。我国现阶段，促进林权的流转是盘活林业资产、深化林权制度改革，加快非公有制林业发展的重要途径。依据有关规范性文件的规定和森林、林木、林地流转的初步实践，森林、林木和林地的流转具有以下基本法律特征。

① 流转主体的法定性

森林、林木和林地转让方的当事人须是依法取得林权证的公民、法人或其他组织，而受让方须是符合法定条件的公民、法人或其他组织。转让方具体包括国有林业企事业单位、农村集体经济组织和取得林地承包权的农村居民；受让方包括具有林业经营能力的自然人、法人或其他组织。

② 流转范围的特定性

森林、林木和林地流转的范围包括：用材林、经济林、薪炭林；用材林、经济林、薪炭林的林地使用权；用材林、经济林、薪炭林的采伐迹地、火烧迹地的林地使用权；国务院规定的其他森林、林木和其他林地使用权。

下列对象依法不得流转：重点生态防护林、特种用途林；未取得林权证或者权属有争议的森林、林木和林地；林地所有权；森林内的野生动物、矿藏物和埋藏物。但依托森林、林木和林地生存的野生动物、重点保护野生植物以及古树名木的法定保护义务随森林、林木和林地的流转而同时转移。

③ 流转方式的多样性

《森林法》第 15 条规定了森林、林木和林地流转的入股、合资、合作的流转方式，而《农村土地承包法》第 32 条增加规定了家庭承包取得的土地（含林地）承包经营权可以依法采取转包、出租、互换、转让或者其他方式流转，进而对森林、林木和林地资源的优化配置提供了充分的法律依据。

（2）森林、林木、林地流转的原则

① 公开公正、平等协商、自愿有偿，任何组织和个人不得强迫或者阻碍他人依法进行森林、林木和林地的流转。

② 不得改变林地所有权的性质和林地的林业用途。森林、林木、林地的流转必须有利于保护、发展和合理利用森林资源，不得损害国家、集体、个人利益和社会公共利益，但依法征用、占用林地的除外。

③ 流转的期限不得超过法定的或者林地承包期规定的剩余期限。

④ 受让方须有林业经营能力。

⑤ 在同等条件下，农村集体经济组织成员享有优先权。

二、森林、林木、林地流转的程序

（1）国有森林、林木、林地流转的一般程序

① 拟订方案并报经同意

国有森林、林木和林地的流转，一般由县级林业行政主管部门提出可行性研究和实施方案，由上一级林业行政主管部门签署意见后，报省林业行政主管部门的同意。

实施方案的主要内容包括：拟流转的林地类型、坐落位置、面积、四至界线地形图、林种、树种、林龄、蓄积量，以及受让人的资质情况等。

② 资产评估

根据国家关于国有资产监督管理的法律规定，国有森林、林木、林地作为国有资产的组成部分，在其流转前必须依法进行评估。评估工作由依法取得评估资质的机构依照法定程序进行，并如实出具资产评估价值报告。未经资产评估的国有森林、林木、林地的流转行为，依法无效。

③ 签订流转合同

国有森林、林木和林地流转合同的订立过程，应当依法采用拍卖、招标的方式，并在依法设立的产权交易机构中依照《拍卖法》《招标投标法》的规定程序公开进行。国有森林、林木和林地流转合同的标的额，应当以资产评估价值为基准。国有森林、林木和林地流转的对象有林木（活立木）的所有权和林地使用权。二者既可以分别转让，也可以同时转让。

此外，将森林、林木、林地使用权有偿转让或者作为合资、合作的条件的，转让方或者出资方已经取得的林木采伐许可证仍然具有法律效力，可以同时转让。

④ 申请和批准

流转者应向县级以上林业行政主管部门提出流转申请，并提供下列材料：申请书；转让合同或协议；林权证明；林地、林种现状及林木资源状况；其他相关材料。国有森林资源流转合同由县级以上林业行政主管部门审核，并报同级人民政府国有资产管理部门批准。

⑤ 流转权属登记

森林、林木和林地流转合同的当事人应当根据《森林法》《森林法实施条例》和《林木和林地权属登记管理办法》等有关规定，申请办理林权初始登记。

（2）集体森林、林木、林地流转的一般程序

① 公示并经本集体经济组织成员同意

依法抵押的，未经抵押权人同意不得流转；采伐迹地在未完成更新造林任务或者未明确更新造林责任前不得流转；集体统一经营的山林和宜林荒山荒地，在明晰产权、承包到户前，原则上不得流转，确需流转的，应当进行森林资源资产评估，流转方案须在本集体经济组织内提前公示，经村民会议三分之二以上成员同意或者三分之二以上村民代表同意后，报乡镇人民政府批准，并采取招标、拍卖或公开协商等方式流转，在同等条件下，本集体经济组织成员在林权流转时享有优先权。流转共有林权的，应

征得林权共有权利人同意。国有单位或乡镇林场经营的集体林地，其林权转让应当征得集体经济组织村民会议和该单位主管部门的同意。

合资经营、合作经营或者权属共有的森林资源流转，应当依法征求合资方、合作方或者权属共有方的意见。

② 确定流转基准价

集体所有的森林、林木、林地采取家庭承包方式流转的，是否进行森林资源资产评估，由本集体经济组织成员的村民会议或者村民代表会议讨论决定；集体森林、林木、林地使用权采取拍卖、招标、协议或者其他方式流转的，可以参照国有森林资源资产评估程序进行评估。评估价作为森林、林木、林地使用权流转的保留价。

③ 采取拍卖、招标、协议或者其他方式流转并订立流转合同或协议

采用拍卖、招标的方式的，依照《拍卖法》《招标投标法》的规定程序公开进行。集体所有的森林、林木、林地采取协议方式流转的，应当接受村务监督小组的监督，其流转价款不得低于森林资源资产评估价。

④ 办理林权变更登记

森林资源流转后，流转双方应向森林资源所在地县级以上地方人民政府林业行政主管部门申请办理林权变更登记的，应当提交林权证、流转双方依法签订的流转合同和法律、法规规定的其他材料。

（3）农村村民承包林地使用权流转的程序规定

① 已经承包到户的山林，农民依法享有经营自主权和处置权，禁止任何组织或个人采取强迫、欺诈等不正当手段迫使农民流转林权，更不得迫使农民低价流转山林。

② 采取转包、出租、互换、转让或者其他方式流转的，当事人双方应当签订书面合同。

③ 采取转让方式流转的，应当经发包方同意；采取转包、出租、互换或者其他方式流转的，应当报发包方备案。

④ 采取互换、转让方式流转且当事人要求流转登记的，应当向县级以上地方人民政府申请登记。未经登记，不得对抗善意第三人。进行了林权流转登记并取得林权证的权利人，优先于未进行林权登记的受让人取得林地的使用权和林木的所有权。受让在先而未进行林权登记的林权流转合同为债权，而依法不能以债权去对抗受让在后且经林权登记的物权人，受让在先而未进行林权登记的林权流转合同的债权人，依法只能请求转让方承担违约责任，依法不能取得先受让的林权。

⑤ 承包方依法采取转包、出租、入股等方式将林地承包经营权部分或者全部流转的，承包方与发包方的承包关系不变，双方享有的权利和承担的义务不变。

⑥ 通过招标、拍卖和公开协商等方式承包荒山、荒沟、荒丘、荒滩等农村土地，经依法登记取得林权证的，可以采取转让、出租、入股、抵押或者其他方式流转。依法出租、转包、入股的，承包方与发包方的承包关系不变，林权权利人也不变，不能重新确权或重复发给林权证。

三、森林、林木、林地流转的管理

（1）森林、林木、林地流转合同管理

森林、林木、林地使用权流转合同，是指森林、林木所有权人或者林地使用权人将其森林、林木的所有权或使用权和林地的使用权依法全部或部分转移给他人所订立的协议。这类协议通常包括以下主要条款：流转双方的姓名或名称和住所；流转的森林、林木和林地的状况（流转林地的名称、坐落、面积、质量等级；森林和林木的林种、树种、林龄、地点、面积、四至、蓄积量或者株数等）；流转的期限和起止日期；流转价款、付款方式和付款时间；双方当事人的权利和义务；违约责任；纠纷的解决方式。省级林业主管部门应当统一制定本辖区内林权流转合同示范文本。县级林业主管部门或乡镇林地承包经营管理部门应当及时向达成流转意向的双方提供统一文本格式的流转合同，认真指导流转双方签订流转合同，并对林权流转合同及有关文件、文本、资料等进行归档，妥善保管。

上述森林、林木、林地使用权流转的期限为 30～50 年，一般不超过 70 年，再流转的期限不得超过原流转的剩余期限。

国务院林业行政主管部门依照国务院规定的职责，负责全国农村林地承包及承包合同管理的指导。县级以上地方人民政府林业等行政主管部门分别依照各自职责，负责本行政区域内林地承包及承包合同管理。乡（镇）人民政府负责本行政区域内林地承包及承包合同管理。国家机关及其工作人员不得利用职权干涉林地流转或者变更、解除流转合同。

（2）林权变更登记管理

森林、林木、林地使用权流转后，流转双方向森林资源所在地县级以上地方人民政府林业主管部门申请办理林权变更登记的，由县级以上地方人民政府依法进行变更登记。不符合条件的，县级以上地方人民政府林业主管部门应当向申请人说明理由。颁发林权证等证书，除按规定收取证书工本费外，不得收取其他费用。

（3）与流转合同相关的林木采伐和迹地更新造林管理

受让林木的采伐按有关法律法规的规定管理，采伐量应当纳入所在地森林采伐限额。流转合同规定的更新造林责任方在林木采伐后，应当于当年或者次年内完成迹地更新造林，并通过所在地县级人民政府组织的造林质量验收。

（4）林地使用权管理

依法确定给单位或者个人使用的国有林地，有下列情形之一的，应当由县级以上林业主管部门报本级人民政府批准后，收回林地使用权：连续两年闲置、荒芜的；擅自用于非林业生产的；造成林地严重破坏，且不采取补救措施的。

集体林区划界定为公益林的林地、林木，暂不能进行转让；但在不改变公益林性质的前提下，允许以转包、出租、入股等方式流转，用于发展林下种养业或森林旅游业。对未明晰产权、未勘界发证、权属不清或者存在争议的林权不得流转；集体林权不得流转给没有林业经营能力的单位和个人；流转后不得改变林地用途。

第三节　林权纠纷处理

一、林权纠纷概述

（1）林权纠纷的概念

林权纠纷，也称林权争议，是森林、林木、林地的所有者或使用者就如何占有、使用、收益和处分森林、林木、林地问题所发生的争执或纠纷。

林权纠纷有广义和狭义之分。广义的林权纠纷不但包括林木所有权或使用权的纠纷，还包括林地所有权或使用权的纠纷。狭义的林权纠纷仅指林木所有权或使用权的纠纷。一般所说的林权纠纷，多是指广义的林权纠纷。

（2）林权纠纷的性质

林权纠纷是人们就如何占有、使用、收益和处分森林、林木、林地而产生的纠纷，其性质属于财产权益争议的民事纠纷范畴，因此，解决林权纠纷应当用说服教育的方法和按照法律规定的程序。林权纠纷产生的原因是多方面的，有历史遗留的，也有经营管理过程中产生的，还有技术上的原因以及工作粗糙、协议书规定不明确等原因。

（3）调处林权纠纷的原则

调处林权纠纷，必须以事实为依据，以法律为准绳，考虑历史和现实状况，积极疏导，充分协商，遵循有利于安定团结、生产生活和经营管理的原则。

二、调处林权纠纷的依据和凭证

（1）调处林权纠纷的依据

林权纠纷的调处，以当事人提出的已经依法确定权属时的有效法律、法规、规章的规定为依据；当时的法律、法规、规章未作规定的，以当时的有关政策规定为依据；当时的法律、法规、规章和政策均未作规定的，以调处时有效的法律、法规、规章为依据。

（2）权属凭证

根据有关法规、规章的规定，下列证据可以作为调处林权纠纷、确定权属的证据材料（简称权属凭证）：依据《土地改革法》及有关规定取得的土地房产所有证或者发证时的档案清册；土地改革时期《土地改革法》规定不发证的林木、林地等所属的土地清册；合作化时期或者实行劳力、土地、耕畜、农具四固定时，确定土地、林地权属归农民集体所有或者归农民个人使用的决议、决定和其他文件材料；土地改革以后各级人民政府在职权范围内做出的处理决定或者依法生效的调解协议；《森林法》和《土地管理法》实施后县级以上人民政府依法核发的山林、土地权属证书；土地改革以后当事人依法达成的协议；土地改革后营造的林木，按照"谁造林、谁管护、权属归谁所有"的原则确定其权属，但明知林地权属有纠纷而抢造的林木或者法律、法规另有规定的除外；依法没收、征收、征购、征用土地和依法批准使用、划拨土地（林地）的文件及其附图，依法出让、转让土地使用权的出让、转让合同；国有林场设立时经依法批准的确定经营管理范围的总体设计书、规划书、说明书及其附图；1966年前划定的国家建设用地，按照省级人民政府规定不再办理征用手续，用地单位取得土地使用权的文件、资料；人民法院对林权纠纷做出的生效的判决书、裁定书、调解书；法律、法规、规章规定可以作为调处林权纠纷、确定权属的凭证材料和其他证据。

（3）权属参考凭证

下列证据，可以作为调处林权纠纷、确定权属的参考凭证材料（简称权属参考凭证）：依法形成的土地利用现状调查、城镇地籍调查、森林资源清查有关成果资料；当事人管理使用（包括投资）纠纷的土地、山林的事实资料和有关凭证；依法划定的行政区域界线及其边界地图；县级以上人民政府及其主管部门依法批准征用、使用、划拨、出让土地（林地）时有关的说明书、补偿协议书、补偿清单和交付有关价款的凭证；规划行政主管部门批准规划用地的文件及其附图；法律、法规、规章规定可以作为调处权属纠纷、确定权属参考的其他证据。

（4）不能作为权属凭证或者权属参考凭证的文件、资料

下列文件、资料不能作为调处林权纠纷的权属凭证或者权属参考凭证：土地改革以前的权属凭证；依法划定行政区域界线前测绘行政主管部门绘制的各类地图和军用地图标明的行政区域界线；涂改、伪造的权属凭证；以欺诈、胁迫或者恶意串通等手段取得的文件、资料；法律、法规、规章规定不能作为调处林权纠纷、确定权属的权属凭证或者权属参考凭证的其他文件、资料。

（5）关于凭证的有关规定

① 对同一起林权纠纷有数次处理决定的，以最后一次处理决定为准，但最后一次处理决定确有错误的除外。

② 对同一起林权纠纷有数次协议的，以经过公证的协议为准，没有公证的，以最后一次协议为准，但协议违反法律、法规、规章的除外。

③ 权属凭证记载东、西、南、北四至方位范围清楚的，以四至为准；四至记载不清楚，而该权属凭证记载的面积清楚的，以面积为准；权属凭证面积记载、四至方位不清又无附图的，根据权属参考凭证也不能确定具体位置的，由人民政府按照调处林权纠纷的原则确定权属。

④ 当事人对同一起林权纠纷都能够出具合法凭证的，应当协商解决；经协商不能解决的，由当事人共同的人民政府按照双方各半的原则，并结合实际情况确定其权属。双方当事人都出具有相应的权属凭证，但按照有关法律、法规、规章的规定，不能作为确定权属凭证的，由人民政府按照调处林权纠纷的原则确定权属。

⑤ 对森林、山岭、荒地、滩涂等所有权纠纷，依法不能证明属于农民集体所有的，属于国家所有，人民政府按照调处林权纠纷的原则确定使用权。

三、林权纠纷调处的管辖

根据《森林法》等法律、法规的规定，林权纠纷实行属地管辖、分级调处。

① 同一乡（镇）内发生的个人之间、个人与单位之间的林权纠纷，由乡（镇）人民政府调处。

② 同一乡（镇）内发生的单位之间的林权纠纷，由乡（镇）人民政府调解，经调解达不成协议的，由县级人民政府作出处理决定。

③ 同一县（县级市、市辖区）内跨乡（镇）行政区域发生的林权纠纷，由县级人民政府林业主管部门调解，经调解达不成协议的，由县级人民政府作出处理决定。

④ 设区的市内跨县级行政区域的林权纠纷，由设区的市人民政府林业主管部门调

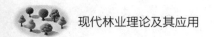

解，经调解达不成协议的，由设区的市人民政府作出处理决定。

⑤ 跨设区的市行政区域的权属纠纷，由省级人民政府林业主管部门调解，经调解达不成协议的，由省级人民政府作出处理决定。

⑥ 因案件重大、案情复杂，经调解后达不成协议又不便作出处理决定的，有处理权的人民政府可以提出处理意见，报上一级人民政府处理。上级人民政府认为有必要的，可以直接处理下级人民政府有权处理的权属纠纷。

四、调处林权纠纷的方法和程序

1. 双方当事人协商解决

林权纠纷发生后，纠纷双方当事人应当按照平等互让的原则，积极进行协商决定。协商解决的方法既有利于纠纷的解决，又不影响当事人之间的团结，也便于执行，是解决纠纷最好的方法。当事人之间协商解决林权纠纷，一般有以下几个工作步骤：当事人一方向对方提出解决纠纷的建议；当事人之间进行协商和实地调查；签订协议。一般情况下，无论纠纷是否得到解决，都应签订有关协议，以便备案。如果纠纷的实质问题在协商中得到解决，依法达成协议的，当事人应当在协议书及附图上签字或者盖章，并报所在地林权纠纷处理机构备案，由县级以上人民政府办理确认权属的登记手续；经协商不能达成协议的，当事人可以按照有关规定向林权纠纷处理机构申请处理。

2. 行政解决

林权纠纷的行政解决，是指人民政府依法调处林权纠纷。人民政府调处林权纠纷的程序如下。

（1）当事人申请

当事人经协商未达成协议或不愿协商解决的，任何一方都可以向有处理权的人民政府林权纠纷处理机构申请处理。

① 递交申请书。当事人申请调处权属纠纷，应当递交申请书，并按照对方当事人的数量提交申请书副本。申请书应当包含下列事项：纠纷当事人的姓名、年龄、住所，单位名称、住所和法定代表人或者主要负责人的姓名、职务；权属纠纷区域的四至范围、面积；对林木、林地权属的请求和所根据的事实、理由；证据及其来源，证人姓名和住所。当事人书写申请书确有困难的，可以口头申请，由受理申请的人民政府或者林业主管部门记入笔录。《林权纠纷调处申请书》由省、自治区、直辖市人民政府林权争议处理机构统一印制。

②　提供有关资料。申请调处林权纠纷时应当提供下列资料：能够证明林木、林地所有权或者使用权归属的有关权属凭证；权属纠纷区域图和地上附着物分布情况；请求确定权属的林地界线范围图。

（2）立案

①　受理林权纠纷调处申请的条件。申请人与权属纠纷有直接利害关系；有具体的权属请求和事实根据；有明确的对方当事人；纠纷的林木、林地的所有权或者使用权未经依法确定权属，或者虽经依法确定权属，但有证据证明已经确定的权属确有错误的。

②　受理。乡（镇）人民政府或者县级以上林业主管部门在接到林权纠纷调处申请之日起 7 个工作日内（当事人对登记核发的林权证有异议，提出重新处理申请的，审查受理的期限为一个月），经审查，对符合申请规定条件且属于本级人民政府调处权限范围的，应当受理，并书面通知申请的当事人；不符合申请规定条件的，应当书面通知申请的当事人不予受理并说明理由。符合申请规定条件但不属于本级人民政府调处权限范围的，应当自接到林权纠纷调处申请之日起 3 个工作日内，转送有权调处的人民政府林业主管部门受理，并告知申请的当事人。乡（镇）人民政府或者县级以上林业主管部门应当自林权纠纷调处申请受理之日起 5 个工作日内，将申请书副本或者申请笔录复印件送达另一方当事人。另一方当事人应当自收到申请书副本或者申请笔录复印件之日起 20 日内，向乡（镇）人民政府或者县级以上林业主管部门提出答辩意见，并提供有关林权纠纷的证据材料。

另一方当事人提出答辩意见的，乡（镇）人民政府或者县级以上林业主管部门应当将答辩意见告知申请的当事人。另一方当事人未提交答辩意见和有关权属纠纷证据材料的，不影响调处程序的进行。

当事人有权委托代理人代为参加林权纠纷调处活动，有权查阅对方当事人提出或者调处机关收集的证据材料，但涉及国家秘密、商业秘密或者个人隐私的除外。

申请的当事人可以放弃或者变更权属请求，对方当事人可以承认或者反驳权属请求，也可以提出自己的权属请求。当事人对自己提出的权属请求，应当在受理林权纠纷调处的人民政府或者县级以上林业主管部门规定的期限内，提供有关证据材料。

（3）现场勘验和调查取证

乡（镇）人民政府或者县级以上林业主管部门受理权属纠纷调处申请后，应当到林权纠纷现场勘验，并邀请当地基层组织代表参加，通知当事人到场。勘验的情况和结果应当制作笔录，并绘制权属纠纷区域图，由勘验人、当事人和基层组织代表签名或者盖章。调处机构的工作人员与林权纠纷的标的或者当事人有利害关系的，应当依法回避。

乡（镇）人民政府或者县级以上林业主管部门应当向有关单位和个人调查取证。调查的情况应当制作调查笔录，由调查人和被调查单位、个人签名或者盖章。

乡（镇）人民政府或者县级以上林业主管部门对专门性问题认为需要鉴定的，应当交由法定的鉴定机构鉴定。鉴定机构和鉴定人员应当提出书面鉴定结论，并在鉴定书上签名或者盖章。对当事人提供的证据材料，应当进行调查核实，方可作为认定事实的根据。省级人民政府、设区的市人民政府林业主管部门受理的林权纠纷调处申请，需要调查、勘验的，可以委托下级人民政府林业主管部门进行调查、勘验。

（4）组织调解、协商

乡（镇）人民政府或者县级以上林业主管部门做好调查、取证和核实材料等工作，在事实清楚的基础上，应当根据当事人自愿的原则，依法组织双方当事人协商并进行调解，促使双方达成协议。调解工作应当遵守以下原则和纪律：依据法律、法规、规章和政策进行调解；在双方当事人自愿平等的基础上进行调解；不得对当事人进行压制、打击报复；不得接受当事人吃请收礼；要公开、公正、不徇私情。组织调解、协商必须有 2 名及以上办案人员参加，并制作调解笔录；达成协议的，应当及时制作调解协议书；调解协议书应当有双方当事人和调解人员的签名，并加盖组织调解单位的印章。

省级人民政府、设区的市人民政府林业主管部门受理的林权纠纷调处申请，可以责成双方当事人所在地县级人民政府组织林业主管部门对林权纠纷进行调解；经调解达不成协议的，逐级报送上一级人民政府进行调解。调解时，可以邀请村民委员会、居民委员会等基层组织协助。调解协议，必须由双方当事人自愿达成，不得强迫。调解协议的内容不得违反有关法律、法规、规章和政策。调解达成协议的，应当制作调解协议书和权属界线图。调解协议书和权属界线图由当事人和调解人员签名，并加盖主持调解的乡（镇）人民政府或者县级以上林业主管部门的印章。

（5）人民政府作出处理决定

乡（镇）人民政府对本乡（镇）内发生的个人之间、个人与单位之间的林权纠纷，经调解达不成协议的，应当自受理纠纷调处申请之日起 4 个月内作出处理决定。因案件重大、案情复杂，不能在规定期限内作出处理决定的，经上一级人民政府批准，可以适当延长，但延长期限最多不得超过 2 个月。除乡（镇）内个人之间、个人与单位之间的林权纠纷之外的其他林权纠纷，经调解达不成协议的，乡（镇）人民政府或者林业主管部门应当自受理纠纷调处申请之日起 6 个月内提出处理意见，报有管辖权的人民政府作出处理决定；因案件重大、案情复杂，不能在规定期限内提出处理意见的，经有管辖权的人民政府批准，可以适当延长，但延长期限最多不得超过 2 个月。

有管辖权的人民政府应当自接到处理意见之日起 1 个月内作出处理决定；因案件重大、案情复杂，不能在规定期限内作出处理决定的，经上一级人民政府批准，可以适当延长，但延长期限最多不得超过 1 个月。有管辖权的人民政府对林权纠纷作出处理决定，应当制作处理决定书。处理决定书应当包含下列事项：当事人的姓名、性别、年龄、职业、工作单位和住所，单位的名称、住所和法定代表人或者主要负责人的姓名、职务；案由、当事人纠纷的事实、理由和权属请求；处理决定认定的事实、理由和适用的法律、法规、规章或者政策；处理结果；不服处理决定，申请行政复议的途径和期限；处理决定生效后，履行处理决定的限期；作出处理决定的人民政府的名称和作出处理决定的日期，以及其他需要载明的事项。原核发的林权证书或者作出的处理决定确有错误的，作出处理决定时应当决定予以撤销。处理决定书应当附确定的权属界线图。作出处理决定的人民政府应当在处理决定书和所附权属界线图上盖章。

（6）送达

人民政府作出处理决定后，应当制作送达书，处理决定书送达后，应有送达回证，受送达人应在送达回证上签名或者盖章并记明收到日期。受送达人在送达回证上签收的日期为送达日期。受送达人拒绝接收处理决定书的，送达人应当邀请有关基层组织或者受送达人所在单位代表到场见证，说明情况，在送达回证上记明拒收理由和日期，由送达人、见证人签名或者盖章后，把处理决定书留在受送达人的住所，即视为送达。

（7）颁发林权证书

县级以上人民政府应当根据生效的调解协议书、处理决定书，及时依法办理权属登记，核发林权证书。

（8）执行处理决定

各级人民政府对林权纠纷案件作出的处理决定发生法律效力后，同级林业主管部门、下级人民政府及其林业主管部门必须执行，并及时对纠纷双方单位及法人代表，进行有关政策法律的宣传和耐心细致的思想工作，使双方都执行处理决定。

3. 仲裁解决

根据《农村土地承包法》第 51 条、第 52 条的规定，因林地承包经营发生纠纷的，双方当事人可以通过协商解决，也可以请求村民委员会、乡（镇）人民政府等调解解决。根据《农村土地承包经营纠纷调解仲裁法》的规定，当事人不愿协商、调解或者协商、调解不成的，可以向农村土地承包仲裁委员会申请仲裁，也可以直接向人民法院起诉。

农村土地承包仲裁委员会，根据解决农村土地承包经营纠纷的实际需要设立。农村土地承包仲裁委员会可以在县和不设区的市设立，也可以在设区的市或者其市辖区设立。农村土地承包仲裁委员会在当地人民政府指导下设立。设立农村土地承包仲裁委员会的，其日常工作由当地农村土地承包管理部门承担。

农村土地承包经营纠纷申请仲裁的时效期间为 2 年，自当事人知道或者应当知道其权利被侵害之日起计算。

农村土地承包经营纠纷仲裁的申请人、被申请人为当事人。家庭承包的，可以由农户代表人参加仲裁。当事人一方人数众多的，可以推选代表人参加仲裁。与案件处理结果有利害关系的，可以申请作为第三人参加仲裁，或者由农村土地承包仲裁委员会通知其参加仲裁。当事人、第三人可以委托代理人参加仲裁。

当事人申请仲裁，应当向纠纷涉及的土地所在地的农村土地承包仲裁委员会递交仲裁申请书。仲裁申请书应当载明申请人和被申请人的基本情况，仲裁请求和所根据的事实、理由，并提供相应的证据和证据来源。书面申请确有困难的，可以口头申请，由农村土地承包仲裁委员会记入笔录，经申请人核实后由其签名、盖章或者按指印。

农村土地承包仲裁委员会决定受理的，应当自收到仲裁申请之日起 5 个工作日内，将受理通知书、仲裁规则和仲裁员名册送达申请人；决定不予受理或者终止仲裁程序的，应当自收到仲裁申请或者发现终止仲裁程序情形之日起 5 个工作日内书面通知申请人，并说明理由。农村土地承包仲裁委员会应当自受理仲裁申请之日起 5 个工作日内，将受理通知书、仲裁申请书副本、仲裁规则和仲裁员名册送达被申请人。

被申请人应当自收到仲裁申请书副本之日起 10 日内向农村土地承包仲裁委员会提交答辩书；书面答辩确有困难的，可以口头答辩，由农村土地承包仲裁委员会记入笔录，经被申请人核实后由其签名、盖章或者按指印。农村土地承包仲裁委员会应当自收到答辩书之日起 5 个工作日内将答辩书副本送达申请人。被申请人未答辩的，不影响仲裁程序的进行。

仲裁农村土地承包经营纠纷，应当自受理仲裁申请之日起 60 日内结束；案情复杂需要延长的，经农村土地承包仲裁委员会主任批准可以延长，并书面通知当事人，但延长期限不得超过 30 日。当事人对农村土地承包仲裁机构的仲裁裁决不服的，可以在收到裁决书之日起 30 日内向人民法院起诉。逾期不起诉的，裁决书即发生法律效力。

4. 诉讼解决

先由有关人民政府对林权纠纷作出处理决定，是诉讼程序解决林权纠纷的法定必经程序。只有对人民政府作出的处理决定不服的，当事人才可以向有关人民法院提起诉讼。有关当事人对林权纠纷既不可以协议选择人民法院直接处理，也不可以直接向人民法院提起诉讼。林权纠纷当事人一方或者双方因不服人民政府作出的处理决定而向人民法院提起诉讼的，有关人民法院应当受理。人民法院把这类案件作为行政诉讼案件，适用《行政诉讼法》的规定进行审理和作出裁判。林权纠纷经人民法院依法审理完毕，由县级以上人民政府根据人民法院的生效判决或者裁定登记造册，核发证书，确认权属，予以保护。林权纠纷不论是采取当事人协商解决、人民政府处理或者诉讼程序解决，在解决以前，任何一方都不得砍伐有纠纷的林木。有纠纷的林木、林地在纠纷处理过程中，应当保持原状。此外，如果发生以林权纠纷为借口，实施侵权行为或者破坏森林资源行为的，必须依法予以处罚。

第四节　占用征用林地管理

一、占用征用林地概述

在保证国家建设用地需要的同时，为了避免非法侵占、破坏林地，法律对占用征用林地作了严格的规定，进行勘查、开采矿藏和各项建设工程（以下简称"建设项目"），应当不占或者少占林地。必须占用或者征用林地的，应当经林业主管部门审核同意后，依照有关土地管理的法律、行政法规办理建设用地审批手续。

占用林地，是指国有企业事业单位、机关、团体、部队等单位因建设项目的需要，依法使用国家所有的林地。林地被占用后，林地的所有权没有改变，仍归国家所有；林地的使用权发生改变，归依法占用林地的单位享有。

征用林地，是指国有企业事业单位、机关、团体、部队等单位因建设项目的需要，依法使用集体所有的林地。林地被征用后，林地的所有权发生改变，由集体所有改变为国家所有；同时，林地使用权也依法归征用林地的单位享有。征用林地和占用林地都产生林地用途被改变的法律后果。

二、建设项目占用征用林地的条件和范围

根据《森林法》《森林法实施条例》，以及国家林业和草原局（原国家林业局）《占

用征用林地审核审批管理办法》《占用征用林地审核审批管理规范》等规定，确需占用或者征用林地的建设项目条件和范围如下。

① 国务院批准或者同意的建设项目，国家和省级重点建设项目，国务院有关部门、国家计划单列企业、省级人民政府批准的国防、交通、能源、水利、农业、林业、矿山、科技、教育、通信、广播电视、公检法、城镇等基础设施（以下简称"基础设施"）建设项目，原则上可以占用征用（含临时占用）各类林地。

② 国务院有关部门、国家计划单列企业、省级人民政府批准的非基础设施建设项目，省级人民政府有关部门批准的基础设施建设项目，原则上可以占用征用除国家级自然保护区核心区和缓冲区、国家级森林公园和风景名胜区范围以外的林地。

③ 省级人民政府有关部门批准的非基础设施建设项目，省级以下（不含省级）、县级以上（含县级）人民政府及其有关部门批准的基础设施建设项目，原则上可以占用征用除国家级自然保护区、省级自然保护区核心区和缓冲区、国家和省级森林公园和风景名胜区范围以外的林地。

④ 省级以下（不含省级）、县级以上（含县级）人民政府及其有关部门批准的非基础设施建设项目，原则上可以占用征用除国家和省级自然保护区、森林公园、风景名胜区（以下简称"保护区"）范围以外的用材林林地、经济林林地、薪炭林林地和农田防护林、护路林林地，以及县级以上人民政府规划的宜林地。

⑤ 经批准的乡镇企业、乡（镇）村公共设施、公益事业、农村村民住宅等乡（镇）村建设，原则上可以使用除自然保护区范围以外的农民集体所有的用材林林地、经济林林地、薪炭林林地和农田防护林、护路林林地，以及县级以上人民政府规划的宜林地。

⑥ 地方人民政府及其有关部门批准的采石、采沙、取土、基本农田建设等，原则上可以占用征用县级以上人民政府规划的宜林地；因对石质、沙质、土质有特殊要求的，原则上可以占用征用除保护区范围以外的用材林林地、经济林林地、薪炭林林地和农田防护林、护路林林地，以及县级以上人民政府规划的宜林地。

⑦ 其他特殊项目确需占用征用林地的，应将具体情况报国家林业和草原局审查同意后，按规定权限办理占用征用林地审核审批手续。

三、占用征用林地的审核审批程序

1. 建设单位向县级以上林业主管部门提出申请

占用征用非国家重点林区林地的，建设单位向被占用征用林地所在地的县级林业主管部门申请；跨县级行政区的，分别向各县级林业主管部门申请。占用国家重点林区林地的，建设单位向被占用林地所在地的国有林业局申请；跨国有林业局经营区的，分别向各国有林业局申请。

申请用地的建设单位应当提交以下申请材料。

（1）占用征用林地的建设单位法人证明

建设单位或其法人代表变更的，要有变更证明。

（2）建设项目的批准文件

① 大中型建设项目，要有可行性研究报告批复和初步设计批复。水电建设项目，按有关规定将可行性研究报告和初步设计两阶段合并的，要有可行性研究报告批复。② 小型建设项目，要有选址和用地规模的批准文件。③ 勘查、开采矿藏项目，要有勘查许可证、采矿许可证和其他相关批准文件。④ 因建设项目勘测设计需要临时占用林地的，要有建设项目可行性研究报告的批复。⑤ 森林经营单位在所经营的林地范围内修筑直接为林业生产服务的工程设施占用林地的，要有县级以上林业（森工）主管部门的批准文件。

根据建设项目批准文件，一个项目占用征用的全部林地，建设单位应当一次申请，不得分为若干段或若干个子项目进行申请。

（3）林地权属证明

申请占用征用的林地，已发放林权证的，要提交林权证复印件；未发放林权证的，要提交县级以上人民政府出具的权属清楚的证明；有林权纠纷的，要提交县级以上人民政府依法处理的决定。

（4）补偿协议

建设单位与被占用征用林地单位或个人签订的林地补偿、林木补偿和安置补助协议。由县级以上地方人民政府统一制定补偿、补助方案的，要有该人民政府制订的方案。

（5）项目使用林地可行性报告

作出项目使用林地可行性报告的应是符合国家林业和草原局《使用林地可行性报告编写规范》（林资发〔2002〕237号）中规定的资质条件的设计单位。

（6）其他证明材料

① 占用征用保护区范围内林地的，要提交有关保护区行政主管部门同意项目建设的证明材料。其中，占用征用国家级自然保护区、森林公园、风景名胜区林地的，要有提交国务院有关行政主管部门同意的意见；占用征用省级自然保护区、森林公园、

风景名胜区林地的，要有提交省级有关行政主管部门同意的意见。② 西部地区除关系国民经济全局和长远发展、对国家安全有重要影响的重大项目或有特殊规定的项目外，企业利用自有资金或国内银行贷款投资于国家非限制类产业的项目，需要政府平衡建设、经营条件的，要有项目建议书批复和符合本条对项目规定的证明材料。

2. 林业主管部门受理申请和提出审查意见

（1）审核申请材料

建设单位向县级林业主管部门或重点林区国有林业局申请后，县级林业主管部门或重点林区国有林业局应当严格核对申请材料的复印件与原件，凡二者一致的，在复印件上加盖县级林业主管部门或重点林区国有林业局印章后退回原件；不一致的，将申请材料退回；申请材料不齐全的，告知建设单位重新申请。

（2）制定恢复森林植被措施

县级林业主管部门或重点林区国有林业局确认申请材料齐全、合格的，应当组织制定在当年或次年内恢复不少于被占用征用林地面积的森林植被措施（包括造林地点、面积、树种、林种、作业设计、造林及管护经费预算，以及森林资源保护管理措施等）。被占用征用林地所在地的林业主管部门或重点林区国有林业局不能按时按量恢复森林植被的，必须将不能按时按量恢复森林植被的说明材料与申请材料一同上报上级林业主管部门，由上级林业主管部门组织落实。国务院林业主管部门委托的单位和县级林业主管部门对建设项目类型、林地地类、面积、权属、树种、林种和补偿标准进行初步审查同意后，应当在 10 个工作日内制定植树造林、恢复森林植被的措施。

（3）组织有资质的设计单位进行现场查验并提交《使用林地现场查验表》

占用征用非国家重点林区林地的，地方林业主管部门要组织力量对申请占用征用的林地进行现场查验，其中，① 占用征用林地面积 2 hm² 以下的，由县级林业主管部门组织不少于 2 名有资质的工作人员进行现场查验。② 占用征用林地面积 2 hm² 以上 70 hm² 以下且未跨县级行政区的，由县级林业主管部门组织具有丙级以上资质的林业调查规划设计单位进行现场查验；占用征用林地跨行政区的，由所在地共同的林业主管部门组织乙级以上资质的林业调查规划设计单位进行现场查验。占用重点林区林地，在一个国有林业局经营区内的，由所在地国有林业局组织具有丙级以上资质的林业调查规划设计单位进行现场查验；在两个以上国有林业局经营区的，由所在地共同的林业（森工）主管部门组织具有乙级以上资质的林业调查规划设计单位到现场查验。③ 占用征用林地面积 70 hm² 以上的，由省级林业主管部门组织乙级以上资质的林业调查规划设计单位到现场查验。承担现场查验的人员或单位，查验后要按照规定向有关林业主管部门提交《使用林地现场查验表》。现场查验意见中要说明占用征用林地的面积、位置、地貌等基本情况，地类、权属、林分起源、林种、林木蓄积或竹林株数等森林资源现状，是否在保护区范围内，是否在实施森林生态效益补偿的防护林林地、特种用途林林地和实施天然林保护工程的范围内，是否有国家重点保护的野生动植物资源和古树名木，是否存在先占地后办手续或者擅自改变林地用途的行为。查验人员或单位必须对查验表的真实性负责。

（4）提出审查意见

林业主管部门应从受理占用征用林地的申请之日起 15 个工作日内在《使用林地申请表》上签署具体明确的审查意见，留存一套申请材料后，报上一级林业主管部门审核。需组织制定恢复森林植被措施或现场查验的，林业主管部门应在 25 个工作日内将具体明确的审查意见与恢复森林植被措施和现场查验报告一并报上一级林业主管部门。占用征用林地应由国家林业和草原局审核的，省级林业主管部门的审查意见要用正式文件上报，并附具一套申请材料和恢复森林植被措施、现场查验报告。

一个项目的全部占用征用林地，应当一次审核审批，不得分为若干段或若干个子项目进行。国务院批准或同意的建设项目，国家和省级重点建设项目，国务院有关部门、国家计划单列企业、省级人民政府及其有关部门批准的基础设施建设项目中控制工期的单体工程，如公路、铁路的桥梁、隧道，水利（电）枢纽的导流（渠）洞、进场道路和输电设施等，其占用征用林地申请材料齐全的，省级林业主管部门或国家林业和草原局依据规定权限可以先行审核单体工程。整体项目申请时，附单体工程的批件，一次办理审核手续。

占用征用实施森林生态效益补偿的防护林林地、特种用途林林地和实施天然林保护工程的天然林林地的，有审核权的林业主管部门应将审核同意书抄送相关部门。

县级以上人民政府林业主管部门对用地单位提出的申请，经审核不予同意或者不予批准的，应当在《使用林地申请表》中明确记载不同意的理由，并将申请材料退还申请用地单位。

3. 建设单位预交森林植被恢复费

根据《森林法》和《森林法实施条例》的规定，对审核同意的占用征用林地项目，申请用地的建设单位必须依照国家规定的标准预交森林植被恢复费。

（1）森林植被恢复费的具体征收标准

根据财政部、国家林业和草原局《森林植被恢复费征收使用管理暂行办法》的规定，森林植被恢复费的具体征收标准是：① 用材林林地、经济林林地、薪炭林林地、苗圃地，每平方米收取 6 元；② 未成林造林地，每平方米收取 4 元；③ 防护林和特种用途林林地，每平方米收取 8 元；④ 国家重点防护林和特种用途林林地，每平方米收取 10 元；⑤ 疏林地、灌木林地，每平方米收取 3 元；⑥ 宜林地、采伐迹地、火烧迹地，每平方米收取 2 元。

（2）森林植被恢复费的收取、管理与使用

占用或者征用非国家重点林区林地的，由省、自治区、直辖市林业主管部门负责预收。占用国家重点林区林地的，由国务院林业主管部门或其委托的单位负责预收。森林植被恢复费属于政府性基金，纳入财政预算管理，实行就地缴库办法。县级以上林业主管部门收取森林植被恢复费后，在规定的时间内就地缴入同级国库。森林植被恢复费实行专款专用，专项用于林业主管部门组织的植树造林，恢复森林植被，包括调查规划设计、整地、造林、抚育、病虫害防治和森林资源管护等开支。森林植被恢复费的征收、使用和管理接受财政、审计部门和上级林业主管部门的监督检查。

4. 核发《使用林地审核同意书》

各级林业主管部门对占用、征用林地的审核权限。① 占用或者征用防护林林地或特种用途林林地面积 10 hm² 以上的，用材林、经济林、薪炭林林地及其采伐迹地面积 35 hm² 以上的，其他林地面积 70 hm² 以上的，由国务院林业主管部门审核。② 占用或者征用林地面积低于上述数量的，由省级人民政府林业主管部门审核。③ 占用或者征用国家重点林区的林地的，由国务院林业主管部门审核。《森林法实施条例》规定，占用或者征用林地未经林业主管部门审核同意的，土地行政主管部门不得受理建设用地申请。

县级以上人民政府林业主管部门按照规定审核同意占用征用林地申请，并按照规定预收森林植被恢复费后，向用地申请单位发放《使用林地审核同意书》，同时将签署意见的《使用林地申请表》等材料移交被占用征用林地所在地的林业主管部门或者国务院林业主管部门委托的单位存档。

5. 用地单位凭《使用林地审核同意书》依法办理建设用地审批手续

（1）林地转为建设用地的批准权限

根据《土地管理法》的规定，林地转为建设用地的批准权限如下。

① 省、自治区、直辖市人民政府批准的道路、管线工程和大型基础设施建设项目、国务院批准的建设项目，占用征用林地的，由国务院批准。

② 在土地利用总体规划确定的城市和村庄、集镇建设用地规模范围内，为实施该

规划需要占用征用林地的，按土地利用年度计划分批次由原批准土地利用总体规划的机关批准，在已批准的林地转用范围内，具体建设项目用地可以由市、县人民政府批准。

③ 其他的建设项目占用征用林地，由省、自治区、直辖市人民政府批准。

（2）建设用地审批

用地单位取得有关林业主管部门核发的《使用林地审核同意书》后，依照国家土地管理的有关法律、行政法规办理建设用地审批手续。

（3）其他有关规定

① 如果占用征用林地未被法定的人民政府批准，有关林业主管部门应当自接到不予批准通知之日起7日内将收取的森林植被恢复费如数退还。

② 用地单位依照有关规定取得建设用地的批准并兑现补偿、补助费后，林业主管部门才能依法办理林地移交和变更林权登记手续。

③ 需要采伐林木的，应当依法办理林木采伐许可手续。

6. **占用征用林地的补偿制度**

占用或者征用林地的用地单位应当按规定支付林地补偿费、林木补偿费和安置补助费。林地补偿费、林木补偿费和安置补助费的具体征收办法和标准按照各省、自治区、直辖市的具体规定执行。所收取的各项补偿费用，除按规定付给个人的部分以外，应纳入森林经营单位的造林营林资金，用于造林营林。

四、临时占用林地

临时占用林地，是指建设项目占用林地的期限不超过2年，而且不在林地上修筑永久性建筑物的情形。占用期满后，用地单位必须恢复林业生产条件。

（1）临时占用林地的申请

根据《森林法实施条例》和国家林业局《占用征用林地审核审批管理办法》的规定，用地单位需要临时占用林地的，应当向县级人民政府林业主管部门提出申请，填写《使用林地申请表》，同时提供下列材料：项目批准文件；临时占用林地的权属证明材料；由有资质的设计单位作出的项目使用林地可行性报告；与被临时占用林地的单位签订的林地、林木补偿费协议。

（2）临时占用林地的审批

需要临时占用林地的，应当经县级以上人民政府林业主管部门批准。各级林业主管部门对临时占用林地的审批权限是：① 临时占用防护林或者特种用途林地面积

5 hm² 以上，其他林地面积 20 hm² 以上的，由国务院林业主管部门审批；② 临时占用防护林或者特种用途林林地面积 5 hm² 以下，其他林地面积 10 hm² 以上 20 hm² 以下的，由省、自治区、直辖市人民政府林业主管部门审批；③ 临时占用除防护林和特种用途林以外的其他林地面积 2 hm² 以上 10 hm² 以下的，由设区的市和自治州人民政府林业主管部门审批；④ 临时占用除防护林和特种用途林以外的其他林地面积 2 hm² 以下的，由县级人民政府林业主管部门审批。

（3）预收森林植被恢复费

临时占用国家重点林区林地的，由国务院林业主管部门或其委托的单位负责预收森林植被恢复费。临时占用国家重点林区以外林地的，由县、地（州、市）、省（自治区、直辖市）林业主管部门按照国家林业和草原局《占用征用林地审核审批管理办法》规定的审批权限负责预收森林植被恢复费，其中属于国家林业和草原局审批的，由省、自治区、直辖市林业主管部门负责预收。

五、森林经营单位在所经营的范围内修筑工程设施占用林地

（1）森林经营单位在所经营范围内修筑直接为林业生产服务的工程设施占用林地

① 直接为林业生产服务的工程设施的具体范围

森林经营单位占用林地修筑直接为林业生产服务的工程设施，是指森林经营单位在所经营的林地范围内占用林地，修筑以下工程设施：培育、生产种子、苗木的设施；贮存种子、苗木、木材的设施；集材道、运材道；林业科研、试验、示范基地；野生动植物保护、护林、森林病虫害防治、森林防火、木材检疫的设施；供水、供电、供热、供气、通讯基础设施。

② 森林经营单位修筑直接为林业生产服务的工程设施占用林地的申请

森林经营单位在所经营的林地范围内修筑直接为林业生产服务的工程设施占用林地的，应当向有关林业主管部门提出申请，并提供下列材料：项目批准文件，被占用或者征用林地的权属证明材料。

③ 森林经营单位修筑直接为林业生产服务的工程设施占用林地审批

国有森林经营单位需要占用林地的，由省、自治区、直辖市人民政府林业主管部门批准，其中国家重点林区内国有森林经营单位需要占用林地的，由国务院林业主管部门或其委托的单位批准；其他森林经营单位需要占用林地的，由县级人民政府林业主管部门批准。

国务院林业主管部门委托的单位和县级以上地方人民政府林业主管部门对用地单

位提出的申请，应当在收到申请或上报材料后，在 15 个工作日内提出审核或者审批意见。县级以上人民政府林业主管部门按照规定予以批准的，应当用文件形式批准。

　　森林经营单位经县级以上林业主管部门批准，在所经营的林地范围内修筑直接为林业生产服务的工程设施的，可不缴纳林地补偿费、林木补偿费、林地安置补助费和森林植被恢复费。

　　（2）森林经营单位在所经营的林地范围内修筑其他工程设施占用林地

　　森林经营单位在所经营的林地范围内修筑不是直接为林业生产服务的其他工程设施，必须依法办理建设用地的审批手续。

第六章　森林价值与绿色国民经济核算

在支撑当今经济社会可持续发展的物质、文化和生态三大类产品中，生态产品已成为社会最短缺、最急需和大力发展的产品，提高生态产品的供给能力已成为林业部门极为重要、艰巨和迫切的任务。因此，必须及时开展森林价值及绿色国民经济核算研究，客观地评价林业为国民经济发展和人民生活提高所做出的贡献，准确地反映森林资源的变化和经济发展对森林资源的影响，反映森林资源对可持续发展的支撑力，为国家制定促进森林资源可持续发展的政策提供科学依据。

第一节　核算理论与方法

一、森林的功能与价值界定

（一）生态系统服务

生态系统功能是生态系统中生物与环境之间相互作用形成的，实现生态系统的生产、分解、交换及其自身的生长发育的复杂生态过程，主要包括了能量流动和物质循环过程。从生态学意义上理解，生态系统功能侧重于反映生态系统的自然属性。生态系统服务是指生态系统与其生态过程所形成及维持的人类赖以生存的自然环境条件与效用，它为人类提供直接的和间接的、有形的和无形的效益，其来源既包括自然生态系统，也包括人类改造的生态系统，反映了人类对生态系统功能的利用。

（二）森林生态系统服务

森林是地球上系统结构最复杂、物种最丰富、功能与效益最多样的陆地生态系统类型，是陆地生态系统的主体。森林生态系统通过与土壤、大气、水体在多界面、多层次、多尺度上进行物质与能量交换，对维系地球生命保障系统和经济社会的可持续发展起着至关重要的作用。

森林生态系统服务体现在森林对人类生产生活与生存发展产生的直接或间接的影响，包括生态、经济、社会等诸多方面：一是为人类提供食物、工农业原料、药品等具有商品化的功能；二是提供涵养水源、保育土壤、固碳释氧、改善气候、净化空气、森林防护、保护生物多样性、景观游憩等生态服务；三是提供健康、精神、宗教和科学等方面的文化服务。其中，森林在生态与社会等方面服务功能远比物质产品服务更重要。因此，森林生态与文化服务核算是森林资源核算及纳入国民经济核算体系不可或缺的部分，对正确处理经济社会发展与生态环境保护之间的关系具有至关重要的作用。

（三）森林生态系统服务分类体系

迄今为止，全世界尚无统一的森林生态系统服务的分类和评价指标体系，各国使用的体系都有一定差异。综合国内外研究成果，森林生态系统服务主要体现在 3 个方面：（1）物质生产，指森林为人类所需的实物价值（林地、木材及林副产品等），即直接经济效益；（2）森林的多种生态服务（调节气候、涵养水源、保育土壤、固碳释氧、净化大气环境、保护生物多样性、防风固沙、景观游憩等）的价值；（3）森林的社会和文化服务（森林提供自然环境的美学、精神和文化等）的价值。

森林产品和服务的形成与实现有两条途径：第一是通过人类对森林资源的开发活动实现的，如采伐树木、采摘森林果实等；第二是通过森林的自然机能传递实现的，绝大部分森林服务都是通过这样的途径传递。在一个市场经济体系中，相当大一部分森林产品生产属于市场经济活动，通过市场实现产品供应与需求间的对接，但也存在大量不通过市场、属于自产自用的森林产品生产活动。森林服务，则是另一番景象，只有一小部分提供的服务实现了市场化，比如森林旅游中的森林游憩服务，而绝大多数森林服务都属于公共产品。

从核算角度看，传统经济核算主要着眼于森林产品，尤其是被市场化的那部分森林产品。要进行全面的森林核算，森林产出的核算范围无疑需要扩展，不仅包括森林产品，也要包括森林服务；不仅包括通过市场实现的部分，还应该尝试核算那些具有公共物品特性的非市场产出。但是，具体能够扩展到何种程度，很大程度上要取决于关于森林产品和服务认可的程度以及核算计量手段的具备程度。

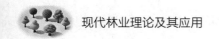

二、国际国内森林核算研究动态

鉴于森林在资源环境生态功能方面的重要性及其对可持续发展的重要意义，国际上关于森林核算已经进行了多方面的探索实践，并已经形成了一些阶段性理论和方法指导文献。具有代表性的最新文献包括：联合国统计署等单位编写的《综合环境经济核算》（SEEA-2003）、欧盟统计局编写的《欧洲森林环境与经济核算框架》（IEEAF-2002）、联合国粮食与农业组织编写的《林业环境与经济核算指南》（FAO-2004）。这些文献为中国开展森林核算提供了基本理论和方法依据。其中，SEEA-2003 是关于绿色国民经济核算理论与方法的指导文献，虽然不是专门针对森林核算的文本，但其所阐述的环境与经济核算原理为搭建一个森林核算框架奠定了基础；IEEAF-2002 是针对森林核算提出的第一个版本，作为国民经济核算的森林卫星账户，为森林核算构造了一个相对完整的框架；FAO-2004 指南在一定程度上可视为欧盟版本的进一步修订，其理论方法的基本思路更加明确，并且特别强调将森林核算体系作为一个跨部门政策分析工具予以开发，为森林核算结果的应用提供了指导。

通过分析总结国际文献，可以看到有许多国家的研究机构对森林核算进行了不同程度的尝试。总体来看，森林核算在发达国家要更加普遍，欧盟统计局自 1995 年起就开始在其成员国中开展森林核算项目，许多成员国所开展的核算内容已经比较广泛，不仅涉及较多的森林核算内容，还在相当大程度上覆盖了与森林相关的其他内容的核算。另外，所有开展森林核算的国家都无一例外地包括了林木资产实物和价值核算，尽管所包括的林木范围可能有所不同，比如有些发展中国家可能仅限于人工林甚至其中的商品用材林的核算；林产品和服务价值也是得到普遍核算的内容。在关于非木材产品与服务的核算中，得到比较广泛认可的是固碳，尤其在发达国家，普遍进行了核算。

通过对各国森林核算实践的观察分析，可以得到目前各国实际开展的森林核算，在框架上有一定的趋同性，但在具体包括的内容和侧重上也存在很大差别。差别可能来自驱动进行森林核算的动机，也可能受制于核算所具备的资料基础。这些反过来给我们的基本启示是：一个国家要开展森林核算，首先应该遵循森林核算的基本框架和方法规范，但同时应该根据本国森林的特点和管理目标做具体设计，并要考虑基础数据资料的可得性。

伴随中国经济快速发展所带来的资源与环境压力，处理好经济发展与资源环境保护之间的关系，成为科学发展观中的重要内容。如何将资源环境因素纳入传统国民经济核算体系，实现绿色国民经济核算，受到国内各界广泛关注。来自政府部门、专业研究机构的众多研究者积极投入该项研究工作中，翻译介绍国外文献，开展国际合作和跨部门合作，取得了有益的成果。在此过程中，国内森林核算研究开展较早，一方面是与环境污染、矿产资源、水资源等主题核算研究形成了互动；同时，将森林资源清查、林业统计和森林资源评估理论与方法有机地结合起来，为全国范围内的森林核算提供了重要经验。

三、森林核算的理论框架

进行森林核算的目标，是要将作为资源和环境资产的森林及相关活动纳入国民经济核算体系之中，建立全面的森林资源与环境经济核算体系。为实现此目标，该项目借鉴了国际、国内已有的研究成果，构建了中国森林核算的内容框架。通过其森林核算的框架内容可以看到，尽管森林核算只是绿色国民经济核算的一个专题，但相关核算内容会从森林的林地和林木出发，延伸到森林产品与服务、林业投入产出、森林保护与管理，并最终涉及对传统经济总量的调整。因此，在总体上，森林核算的框架基本体现了绿色国民经济核算的内容。

将森林纳入国民经济核算体系，构造中国森林核算体系，需要体现以下不同方面的内容。

第一，从核算内容考虑，森林核算应该包括存量核算和流量核算两个方面。一方面要对森林存量及其变化进行核算。另一方面要关注森林与经济活动之间的流量，既包括经济过程对森林的利用，也包括经济过程对森林的维护。显然，森林存量变化取决于森林与经济之间的流量关系。

第二，从核算手段考虑，森林核算应该包括实物量核算和价值量核算两个层次。实物量核算是森林核算的第一步，可以充分利用现有森林统计数据，使其与经济核算数据相匹配，直观地显示森林与经济之间的关系。价值量核算则是在实物核算基础上通过估价进行的综合性核算，可以使森林和经济按照同一计量单位合为一体，获得相应的总量指标，对发展过程和结果做出综合性的评价。显然，实物量核算是价值量核算的基础。

第三，关于森林流量核算部分，需要考虑围绕森林发生的多种活动以及森林与经济之间的多层次联系。一是森林产品的供应使用，反映森林转化为产品后的物质流动过程。二是森林产业的投入产出，反映森林产业的生产状况。三是在必要情况下要考虑森林产业的废弃物排放情况。四是森林管理与保护活动，反映为保护资源而花费的

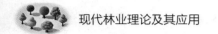

支出。五是关于资源耗减价值以及 GDP 总量调整的核算。

考虑上述各个方面，参照中国绿色国民经济核算体系和中国资源核算体系的基本构造，结合森林的特点以及中国森林管理的目标，中国森林核算的内容主要由以下 5 部分组成。

（1）森林资源存量核算。主要是对林地和林木总拥有量及其变化进行核算，先是实物量核算，进而通过估价实现林地林木价值核算。

（2）森林产出核算。主要针对当期从森林获得的林产品、生态服务进行核算。其中，森林产品核算着眼于森林提供的实物产品，包括木质林产品、非木质林产品。先是实物量核算，进而是价值核算。森林生态服务核算则主要着眼森林具有的生态服务功能，按照当期提供的服务流量进行核算，包括涵养水源、保护生物多样性、固碳释氧、固土保肥、防风固沙、净化空气和景观游憩等，反映其为人类和经济体系所提供的服务价值。

（3）森林资源经营管理与生态保护支出核算。主要针对经济体系为森林管理和生态保护所投入的经济资源进行核算，以反映为森林维护所付出的经济代价。具体包括森林资源管理支出核算和生态保护支出核算两个部分。

（4）林业投入产出核算。主要针对森林产品采集、森林培育和保护、林产品加工等生产过程中的投入与产出关系进行核算。其中，产出用各种产品表示，投入则区分为中间投入和增加值（最初投入）两个部分。

（5）森林资源综合核算。主要目的是要将上述核算结果与传统国民经济核算的相关总量指标联系起来，体现将森林资源纳入国民经济核算的总体结果。具体包括：林地林木存量及变动价值与国民财富的联系、森林产出价值与国内生产总值的联系。

总体来看，林地林木存量核算和森林产品服务流量核算是森林核算的基础部分，进而延伸到森林管理与保护支出核算和林业投入产出核算，最终这些核算结果将导致对宏观经济总量指标的调整。需要说明的是，限于资料基础以及其他条件，目前中国森林核算暂时没有涵盖森林资源管理与生态保护支出核算和林业投入产出核算部分，在各个具体部分核算中，也有一些内容没有纳入核算范围，比如森林资源存量中的其他资产（如灌木）。整体来看，由于森林管理与生态保护支出核算和林业投入产出核算这两个部分具有相对独立性，并不属于森林核算的核心内容，因此，这两部分的暂时缺失并不影响我们实现森林核算的总体目标。

四、森林核算的资料基础与估价方法

（一）数据资料来源

森林核算涉及森林和国民经济两个领域，实施核算要依赖于多方面的基础数据。结合中国实际情况，核算资料来源包括以下几点。

（1）全国森林资源清查。提供林地林木的实物存量及变动数据，是森林存量核算的最基本资料来源。

（2）全国林业统计及相关专项调查。提供木质林产品、非木质林产品和服务方面的实物量数据，是进行森林产品核算的基本数据来源。

（3）生态监测。提供森林生态服务的物理量数据，是进行森林生态服务核算的基本资料来源。

（4）营造林和木材生产的技术经济指标，为森林资源估价提供了基础资料。

（5）经济核算和相关经济统计，提供国民经济总量数据以及有关林业经济活动的数据，用于各个部分的核算以及综合核算过程中的比较。

上述数据是实现森林核算的基础，但这并不意味着可以直接套用于森林核算。事实上，上述不同数据来源原本具有各自的目标，并不是专门为森林核算所设计，不同来源的数据其获取方法具有根本性差别，不同数据之间在空间分类、时间所属、范围和内容定义方面都不尽一致甚至有很大差别。比如，传统林业统计的对象主要集中在被市场化的木质林产品方面，强调年度统计，对于非木质和非市场化的林产品和服务，则需要通过专门调查、森林资源评估、森林监测等途径获得数据，其数据的搜集周期、完备性可能会低于木质林产品，可能更多地要依赖于从点到面的推算。又如森林清查、监测数据主要侧重于根据地区、林种等对森林进行分类，国民经济核算则要求考虑森林的形成起源——天然林或人工林，以便区分培育资产、非培育资产，以此与其资产分类对接起来。这就要求在森林核算过程中，要对来自不同方面的数据进行具体甄别研究，按照森林核算的范围、定义实现数据对接，最终形成系统的森林核算结果。

（二）估价方法

要实现森林价值核算离不开价格。鉴于森林的许多功能尚未在市场上实现，难以找到相应的市场价格，为此需要针对具体核算对象确定估价方法。

森林既具有资源功能又具有生态环境功能，而对这两种功能其估价方法是有差别的，一般来说，资源具有实物量基础，更加接近于市场，比生态环境功能更易于估价。森林价值核算既涉及存量估价又涉及流量估价，一般来说，林地林木价值核算属于存量核算，森林产品价值和森林资源耗减价值核算属于流量核算，二者之间具有一定的对应关系，在估价方法上也具有一定联系，但森林生态服务价值核算属于流量核算，却不存在对应的环境生态存量价值核算。以下区分林地林木存量、森林产品、森林生态服务 3 个类别，简述其估价方法的基本思路。

1. 林地林木存量价值与林木耗减价值、林木生长价值

林地林木存量价值与林木耗减价值、林木生长价值具有比较明确的数量特征，比较接近于市场，因此，其估价的基本思路是要以市场交易价格为基础寻求估价方法，以估算森林资源的经济价值。在无法直接获得市场交易价格情况下，替代的思路是按照森林的未来收益确定其价值。对市场化的林地林木，其收益表现为当期的市场价格；对非市场化的林地林木，其收益则有不同的表现形式：或者隐含在所转化形成的森林产品之中，或者体现为必须花费的恢复或重置成本。由此形成了关于林地林木价值估算的立木价值法、消费价值法、净现值法。

2. 森林产品（林木生长量除外）价值

包括收获的各种木质林产品和非木质林产品，还可以将已经市场化的生态服务（比如森林旅游）包括在内。它们也都具有比较明确的数量特征，比较接近于市场，因此其估价主要以市场交易价格为基础，在无法直接获得产品市场交易价格情况下，可以采用同类产品市场价格、近似产品市场价格以及生产成本作为估价基础。

3. 生态服务价值和森林生态环境退化价值

生态服务价值和森林生态环境退化价值体现了森林环境功能正反两个方面。与森林的资源功能不同，其环境功能一般无法与市场相关联，除非已经通过市场实现（比如森林旅游中的景观），因此无法直接采用市场交易价格进行估价，只能借助于其他各种替代市场价值估算方法。其中可能包括以下思路：如果存在针对森林生态功能的税费或许可证交易，即可以此作为这些森林生态服务的价格；如果这些森林生态功能可以与某些行为引起的商品或服务市场相联系，即可估算这些商品与服务的市场价值作为森林生态服务价值的估算基础，比如旅行费用法等，这属于一般所谓"显示偏好方法"；如果可以通过调查让被调查者选择接受某项森林生态功能的价值，即可以此出资水平作为该项生态功能的价值，比如条件价值法（又称或有估价法），这属于一般所谓"陈述偏好方法"。

五、我国森林核算所取得的成果及面临的问题

（一）已取得的成果

森林核算是一个尚处于探索中的研究领域，我国森林核算项目基于国际国内研究与实践并结合我国森林资源管理实践，初步形成了一套比较系统的森林核算方法，在理论方法上取得了较大的突破。

（1）突破了森林资源价值评估的既定内容和思路。不是孤立地就森林价值而评估，而是力图与国民经济核算体系建立联系，形成一套从存量到流量、从森林利用到森林保护、从森林经济功能到森林生态功能的系统核算体系，为全面衡量森林与经济社会发展的关系和贡献提供依据。

（2）突破了国民经济核算及林业统计的传统思路。不是简单地按照一般经济活动进行林业产出核算，而是要突出森林产品和森林功能特点，全面衡量森林的存量和带来的产出，其中最大的突破就是确认了森林生态服务产出。

（3）丰富和完善了已有关于森林核算的内容和方法，比较系统地提出了森林核算体系框架和具体核算方法，为这一国际研究领域增添了来自中国的经验。

（二）面临的问题

同样由于森林核算研究探索性，目前所实现的中国森林核算还是一个初步的结果，要实现全面的、更加规范的森林核算还有赖于基础条件的不断改善。总结起来，中国森林核算所面临的问题包括以下方面。

（1）资料基础比较薄弱，相关统计和监测体系尚难以提供全面的数据支持。有些是没有对应的数据来源，有些虽然有数据但数据不完整，分类不详细，或者质量不甚可靠。

（2）关于森林生态功能的划分和界定还有待于进一步的科学论证。如何保证对森林生态功能核算的不重复、不遗漏，并与其他资源（比如水资源）功能具有兼容性，还需要相关学科给予科学论证。

第二节 林地林木存量核算

林地林木存量核算是森林核算的重要组成部分，是进行森林核算的起点。核算的

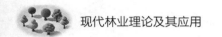

目的就是通过国民经济核算的方法和手段，反映森林这种可再生资源资产在一个核算期内的存量和变动情况，对发生变动的原因进行量化分析。

一、核算范围及分类

（一）核算对象及范围

林地，包括郁闭度 0.2 以上的乔木林地，以及竹林地、疏林地、灌木林地、采伐迹地、火烧迹地、未成林造林地、苗圃地和县级以上人民政府规划的宜林地。

林木，包括树木（木本植物的总称，包括乔木、灌木和木质藤本）和竹子。

根据目前已经掌握和可以调查获得的数据，中国森林核算项目核算的对象为除香港特别行政区、澳门特别行政区和台湾外，中国主权领土范围内的所有林地及林木中的乔木（不包括灌木和木质藤本）和竹子。

（二）森林资源资产分类

现行森林资源统计和管理中，森林资源（包括林地和林木）按照起源、用途和林龄不同，进一步细分为以下类别。

按地上附着物的特征，分为：（1）有林地（林木），包括乔木林地和竹林地（含疏林地和苗圃地）；（2）其他林地（林木），包括未成林造林地、灌木林地和无林地，林木中包括散生木、四旁树和枯倒木。

按林木起源，分为天然林和人工林。

按林种，分为用材林、薪炭林、防护林、特用林和经济林。

按林龄，分为幼龄林、中龄林、近熟林、成熟林和过熟林。

在森林核算中，根据综合环境经济核算的定义，把森林分为资源资产和环境资产两个部分。森林资源资产是指以提供木材和林产品为主要功能的林地（包括用材林、薪炭林、竹林、经济林、苗圃地）和林木（包括用材林、薪炭林、竹林和经济林）；森林环境资产是指以提供生态服务为主要功能的林地和林木，包括防护林和特用林。根据培育方式或起源，资源资产和环境资产进一步分为培育资产和非培育资产。培育资产是指人工培育为主的森林资产，即人工林；非培育资产是指非人工培育为主的森林资产，即天然林。

森林培育资产又进一步分为固定资产和存货。其中，固定资产是指以提供干鲜果品等林产品为培育目的的林木及所占林地，如人工经济林；存货是指以提供木材产品为培育目的的林木及所占林地，如人工用材林。

（三）存量变动因素分类

引起林地和林木实物量和价值量变动的因素有多种，该项目将主要变动因素分为三大类：经济因素、自然因素及其他因素。经济因素主要是指由于人类活动，如造林、采伐及改变林地用途等活动造成的林木蓄积和林地面积的变化，自然因素主要是指由自然原因，如林地的自然延伸、退化、火灾及病虫害等灾害造成的变化；其他因素为除经济因素和自然因素以外的，包括分类变化等因素造成的林地和林木的增减变化。在价值量存量核算中，还包括由于价格变动所产生的变化。

由于分类变化等其他因素引起的林地、林木的增减很难获得数据，因此，具体核算中仅包括自然和经济因素造成的变化，未包括其他因素影响。

（四）核算内容

首先按照既定的森林资源、资产分类及核算表式，分别核算了期初、期末林地和林木实物量及价值量，同时，核算了期间内由于经济、自然或其他因素造成的林地和林木存量变动情况。其中，实物量核算是对森林实体本身包括林地面积和林木蓄积存量及变动的核算；价值量核算是在实物量核算基础上，根据相应的价格，把不同单位的实物量转换成可相加的价值量。

二、实物量核算

从实物量看，林地存量表现为森林占地面积，林木表现为林木蓄积。所谓森林存量及变化的实物量核算，主要就是分别把这两个部分编制林地面积、林木蓄积存量及其变化表（或称森林资产平衡表），其核算内容可以概括为两个方面：期初和期末时点的拥有量，从期初到期末两个时点间的变动量。通过核算，不仅可以从林地和林木两方面详细描述森林拥有量，还可以借以表示出森林的结构特征及其质量状况，通过对不同变化原因的区分和核算，可以系统显示森林的变动过程，揭示森林与经济过程的关系。

林地是一个特定的土地覆盖类型，林地的变化也就是被林木覆盖的土地面积的变化。按照增加或减少这两个变动方向，林地增加的因素主要是造林和林区自然延伸，减少因素主要是采伐和森林退化。土地分类变化也是引起林地变化的重要因素，当林地和其他土地类型之间发生转化时，林地的变化就发生了。按照与经济，以及人类活动的关系，林地变化可以区分为：经济活动导致的变化，包括森林采伐、造林、恢复、退化，以及人类活动导致的其他变化；自然原因、复合原因及无法解释的原因所导致的变化，包括自然延伸、意外原因（如森林火灾和自然灾害导致的变化）、环境条件（如干旱、污染）以及各种无法解释的原因所导致的变化。

林木蓄积变化的前提是林木本身的存在与否，造成林木存量变化的原因可以归纳为以下类别：林木自然生长、林木砍伐、自然损失（包括灾害）、存量再评估。其中，可以归结为自然原因的主要是林木自然生长，归结为经济原因的主要项目是被采伐的林木，火灾和病虫害也可以引起林木蓄积减少，它们被包括在"其他"类别中。

无论是林地还是林木，以总增加与总减少相抵都可以得到一个净变化数。该净变化数具有重要意义，可以在总体上说明森林管理是否可持续以及可持续的程度。同时，采伐、造林引起的林地林木变化在整个变化核算中具有特殊的意义，二者作为经济活动引起的林地林木减少和增加，反映了森林可持续管理过程中最能动的行动的规模。

从林地林木存量变化核算表的内容，可以提炼出以下三个变量：期初存量，当期变化量（包括增加量和减少量），期末存量。如何处理这三个变量之间的关系，从核算角度看是一个值得讨论的问题。

如果同时掌握这三类变量，相当于提供了进行林地林木存量及变化核算的全部数据，这自然是最理想的。但是，即使如此，必须考虑到，这三个变量的数据可能来自不同的渠道，采取了不同调查方式，尤其是存量数据与变化数据之间。为此，在核算过程中的一项重要工作，就是进行数据核查调整，以保证不同来源数据之间的衔接对应。

更多出现的情况可能是，掌握了任意三项中的两项，即可以推算出第三项，由此形成以下进行林地林木存量核算的两种思路。第一种思路是定期进行林地林木各时点存量的全面调查，保证掌握各重要时点的林地林木存量数据，然后依据相邻两个调查时点的存量数据相减，获得期间内的变化数。第二种思路则是掌握某期初时点存量数据以及期间内的变化数据，由此可以推算出期末时点存量数据。

按照前一种思路，可以进行比较详细的存量核算，但推算得到的期间变化数据只是一个净变化，难以分别增加、减少提供分项数据；按照第二种思路，通过"初期存量加期间变化"模式可以推算出期末存量数据，但一般来说，难以得到像森林清查那样详细的期末存量数据，因为期间变化数据常常是比较粗略的。

中国森林核算主要采取上述第一种思路进行林地林木存量及变化核算，其主要资料基础是每五年一次的森林清查。如上所述，依照这样的思路进行核算，需要进一步了解有关采伐、造林的具体变化数据，否则就只能给出一个净变化数，无法真正体现森林变化与经济活动的关系。

三、价值量核算

从实物量核算到价值量核算，中心问题是林地林木的估价。

理论上说，森林价值估算应该以森林生长周期内所产生的收益流为基础。因此，对森林资产价值进行估价，前提是要把它所提供的所有产品、服务功能价值都包括在内。但是，迄今为止，如何将非市场性林产品和生态服务纳入森林存量价值，仍然是一个尚未解决的问题，因此，森林资产价值一般只包括林地和林木两个要素。

国际经验表明，既可以对林地和林木分别估价，也可以将二者合起来就所谓"森林不动产"进行估价。但是，在中国土地属于国有，只有土地使用权的交易，没有土地本身的交易。因此，林地价值一般总是独立于林木价值，需要分别进行核算。

（一）林地估价方法

关于森林土地，概念上说其价值是指裸林地的市场价值。如果没有相应的市场交易价格数据支持，则可以以土地价值、土地税、土地租金或其他管理性估算数据为基础进行间接估价，也可以将土地价值作为森林不动产价值的一部分，设法确定林地的价值，比如可以采用享乐价格模型方法。中国森林核算项目中，关于林地价值核算采取的估价方法是年金资本化方法，即以土地年租金作为收益转化为土地价格。

（二）林木估价方法

林木价值估算是森林存量估价中最具独立性的部分，其估价的基本思路是净现值方法，即林木价值应该等于未来成熟林立木价格扣除林木成长期间的成本之后的贴现值。其中，立木价格是指采伐者支付给所有者的价格，在缺少市场交易价格的情况下，可以用公认的原木价格扣除采伐和运输成本的方法进行估算，即所谓市场价格倒算法；成长期间的成本主要是在间伐、其他森林管理中的费用支出，以及间伐收入和林地租金支出，对非培育森林来说，管理费用常常很低并有可能为零。

将净现值法应用于森林估价，所涉及的方法比较复杂，对贴现率、未来成本和价格的假设十分敏感，对森林林龄结构和未来采伐时间结构的差异也比较敏感，且需要大量数据。因此，一般认为该方法应用于微观评估比较合适，却难以直接应用于国家层面的环境经济核算。为此，实践中立足净现值法的思路通过改变假设条件开发了比较简单的方法，即简化的净现值法、立木价值法、消费价值法。

简化的净现值法中，其简化主要体现在忽略了中间性间伐收益和管理成本，立木价值只以成熟林木所获得的收益为基础；在数据允许情况下，也可以估算一个平均的管理成本引入计算过程。立木价值法则是一种高度简化的净现值法，它假定贴现率等于森林的自然生长率，这样就无须对未来立木收益进行贴现，也无须考虑立木蓄积在未来的变化，立木价值就是当期立木蓄积量与立木价格的乘积，这种方法在现实中的应用形式就是所谓净价格法。消费价值法由立木价值法发展而来，其基本立意是，不仅针对不同树种分别确定立木价格，还要针对不同树龄和直径分别确定立木价格。比较立木价值法和消费价值法，二者的主要差异在于，立木价值法实际上是以伐倒林木的结构进行立木价格加权的，而消费价值法则以全部林木存量结构作为加权基础。

中国在林木价值量核算中根据不同核算对象分别采用了不同方法，其中包括重置成本法（中、幼龄林）、市场价格倒算法（近熟、成熟、过熟林）、收益现值法（经济林）和年金资本化法（竹林）。

第三节　森林产品与森林服务流量核算

与森林有关的流量包括两个部分。一是上述森林存量核算中的变动量，这是真正意义上的森林流量；二是依托森林所产生的流量，即利用森林、保护森林而发生的森林产品流量，以及森林本身提供的服务流量。森林存量的变化已经在上面森林存量核算中得到核算。因此，本节主要从森林利用角度对森林产品和服务进行流量核算。

一、森林产品与生态服务及其关系

森林产品和森林生态服务分别代表了森林为人类经济体系所提供的两类产出。所谓森林产品，是指森林提供的可用于生产加工和最终消费的产品；森林服务则是指森林作为生态系统所提供的各种服务。二者有一个明确的差别：森林产品是有实物形态的，可以计数（或重量、体积）表现其实物量核算，进一步通过估价可以进行价值量核算，而森林生态服务则常常没有独立的实物形态，它只是一种功能，不一定能够直接用实物量表现其"多少"，通常需要借助于科学计算测定其物理量，因此在核算上主要侧重于价值量核算。

实践中常常从市场实现角度对森林产品和服务进行区分。多数森林产品已经被市场化了，即使没有市场化，产品的生产者和使用者都是明确的，但森林服务则不然，常常作为公共性服务出现，多数情况下难以在市场上实现，到现在为止，只有商业性森林旅游中的游憩价值等少数森林服务可以体现出其市场价值。目前，关于森林产品，已经有相对成熟的核算方法，而对于森林生态服务，其核算方法还有待于进一步探索。

二、森林产品核算

进行森林产品核算，包括实物量核算和价值量核算两个层次。在具体核算之前，首先要确定森林产品的范围和种类。

（一）森林产品的内容和核算范围

理论上说，森林产品应该是指由森林提供的、可用于其他经济活动的产品。照此，木材肯定属于森林产品，而且是最主要的森林产品。除此以外，森林产品还应该包括其他非林木产品，SEEA-2003 曾经列示了各种非林木产品：食物（猎物、浆果、果品、蘑菇、坚果、棕榈油、蜂蜜等），药材，喂养牲畜的牧草/秸秆，产业开采品（栓木、橡胶、树脂、化学品），作为农产品的森林动物（野猪、驯鹿等）。

木质林产品属于森林产品，这没有任何争议，只是林木生长是否能够作为林产品，这种处理不同于以往的认识。对于各种非木质林产品，表中列示的内容要多于传统林产品统计，因为在这样确定的产品类别中，有些是森林自然生长形成经过人工采摘拣拾得到的，还有一些则是利用森林通过人工培植获得的，其中许多培植性的产品常常作为其他产业比如种植业、畜牧业的产出而没有归结为林产品。毫无疑问，这些非林木产品理应包括在森林产品核算之内，但在实践中是否能够对其进行核算，常常受制于数据的可得性，因为这些产品常常是零散的、非市场性的。

（二）森林产品实物量核算

森林产品实物量核算，是要按照对应的实物计量单位，核算在一段时期（一年）内各种森林产品产出实物量。

从形成过程看，森林产品属于林业经济活动的成果。进一步看，现代林业经济活动具有复合性质，森林产品对应着林业的不同职能和不同分支，因此，进行森林产品实物量核算，需要根据所对应的林业内部的不同产业，分组核算各个分支产业对森林产品的贡献。

从效用的实现方式看，大部分森林产品与市场相关联，是商品性产出，但同时还存在着以下两种情况：一是林木生长部分，属于在产品，无法包括在商品性产出中；二是各类森林产品尤其是非木质林产品存在着大量自产自用的情况。森林产品实物量核算有必要分类别提供数据，以反映不同类别林产品的商品化程度。

（三）森林产品价值量核算

在具备森林产品实物量基础上，森林产品价值量核算的关键就是估价问题。森林产品大部分是已经市场化的产品，因此基本估价方法是市场价格法。针对以在产品形式存在的林木生长量，无法得到实际价格，则可以借助于全国平均林木价格进行估价。

三、森林生态服务核算

森林所提供生态服务的重要性已经越来越受到关注，但是，如何衡量森林生态服务价值，在方法上却仍然是一个处于探索中的课题。所涉及的问题依次可以表述为：森林生态服务的定义，森林生态服务的类别，森林生态服务价值的估算方法。

（一）森林生态服务的定义

森林具有生态功能，这是人所共知的事实。但是，在森林核算中讨论森林生态服务，不同于一般意义上讨论的森林作为生态系统所具有的功能，而是要立足森林与经济体系的关系来定义。这里要特别从以下两个方面予以澄清。

所谓森林生态服务，是指森林作为一个自然要素载体，对森林之外的人类和经济体系所提供的功能价值。其中不着意考虑森林作为存在、遗产等所具有的功能，也不包括森林为其自身更新所具有的功能。经过这样的限定，可以避免漫无边际地认定森林生态服务，同时可以保证与经济核算有较好的衔接。比如，森林具有保土育肥的功能，但其中一大部分是针对森林林地所发生，这样保土育肥的功能是发生在森林内部，属于森林内部的"中间服务"，最终将转换为更快的林木生长、更多的林果收获、更好地提供净化空气或者固碳服务等形式表现出来，后者才是提供给人类和经济体系的服务。

森林生态服务是一个流量概念，即森林在一个核算期（比如一年）内向人类和经济体系所提供的生态服务。明确这一点很重要，因为森林本身是一个存量概念，它所具有的生态服务功能有些是持续不断地以流量方式提供的，比如防风固沙，森林每年都在为此提供服务；有些则是以存量方式存在的，比如固碳，林木蓄积中包含了一直以来积蓄的碳。显然，照此定义，进行森林生态服务核算需要区分这两种情况分别对待：以流量方式提供的服务要全部核算，比如每年防风固沙服务价值；与存量方式有关的服务则要按照当期的增加量来计算，比如对应当期新增林木蓄积所产生的固碳服务。

（二）森林生态服务的类别

森林具有哪些方面的生态服务功能，各国认定的范围具有很大差别，归类方式也常常具有不同。IEEAF-2002 将森林的生态功能归纳为：游憩服务和美学价值、环境保护服务功能、吸纳污染物质的服务功能、文化景观，以及精神方面的价值，指出其中关于环境保护、吸纳污染物质服务比较复杂，会涉及土壤、水循环、地下水、小气候、噪音、生物多样性、固碳、各种污染物的吸收和沉淀等许多方面。FAO 指南中使用了类似于生态服务的"森林为非林业部门提供的服务"概念，将其服务类别归纳为：农作物授粉、牲畜放牧（可视为非木质林产品）、森林旅游服务、水土保持服务、固碳、生物多样性保护（除旅游外）、其他服务（如防止海洋风暴、降低噪声、防雪崩、防风、文化美学价值等）。日本曾经对森林的功能进行过详细的分类，确定了包括生物多样性保护功能、地球环境保护功能、减少水土流失（防止泥石流灾害功能/土壤保护功能）、净化空气和减少噪音（营造舒适环境功能）、水源涵养功能、保健休闲功能、文化功能和物质生产 8 项主要功能，进而将这 8 项功能进一步细化分为 55 项子功能，其中前 7 项功能即属于生态服务功能。

在一般功能认定基础上，还需要具体认定作为核算对象的森林生态服务类别。原因在于，第一，正如前面在生态服务定义中所说，可能存在不同功能之间的交叉或者相互提供服务的情况，我们的核算对象不是笼统的森林生态服务，而是森林最终向人类和经济体系提供的生态服务，不应该包括这些森林内部的中间性服务；第二，要从核算的可实现性着眼确定核算范围，许多森林生态服务尽管存在但现阶段难以核算其服务价值，或者在如何核算其服务价值上存在较大争议，因此难以纳入核算范围之中。以日本为例，尽管确定了 7 大类 44 项子功能，但真正纳入核算的生态服务功能则只包括了其中 8 个子功能，即吸收二氧化碳、代替化石燃料、防止土壤侵蚀、防止泥石流、缓和洪水、潴留水资源、净化水质和保健功能。

结合中国对森林生态功能的确认情况以及所具备的资料基础，中国森林核算确定了森林生态服务价值的核算范围。

（1）所覆盖的生态服务大类包括固土保肥、涵养水源、固碳制氧、防风固沙、净化空气、景观游憩和维持生物多样性等方面，其他诸如控制有害生物、为农作物授粉、防止雪崩、卫生保健等方面的作用则没有包括在核算范围之内。

（2）在各个服务类别之中，不是笼统地包括所有有关功能，而是按照核算可操作性、可实现性，确定具体的核算对象。

（三）森林生态服务估价方法

从外在形式上看，森林对人类和经济体系提供的生态服务有两种情况，一种是可以表现为实物量产出的服务，比如森林吸收二氧化碳过程中所固定的碳的重量，以及所释放的氧气的数量；另一种形式则是无法用实物量产出表示的服务，比如森林所提供的景观服务。在后一种情况下，森林存量（林地面积或林木蓄积）可以间接地代表森林所提供生态实物量产出的作用，因此常常作为计算森林生态服务产出的基础。

进一步看（如上面所提到的），有些生态服务是基于森林存量发生的，是整个森林持续每年提供的服务，服务量的大小直接由森林存量多少所决定；有些服务则主要依赖于森林的增量发生，服务量的大小取决于森林增量的多少。因此，无论生态服务是否能够表现为独立的实物量，在核算过程中常常要以森林面积总量/面积变化量、林木蓄积总量/蓄积变化量为基础变量估算森林生态服务价值。与这两种形式相对应，森林生态服务价值的核算也有两种情况，一种是按照森林生态服务数量计算的价值，此时，在价值计算过程中需要解决的是森林服务实物量的估价方法；另一种则是笼统地、依据森林存量或增量直接进行森林生态服务价值的估算。

无论面对哪一种情况，都需要解决价值估算的方法问题。而且，在森林生态服务功能已经得到广泛认可的前提下，可以说，整个森林生态服务核算问题实际上就要归结为价值估算方法的问题。由于多数森林生态服务仍然发生在市场之外，无法直接用市场价格予以体现，无法按照市场交易方法核算生态服务价值数额，因此需要考虑其他间接估价方法。

如何全面体现森林生态服务的价值，森林生态价值评估研究已经提供了不少经验性方法；同时 SEEA-2003 关于环境退化价值估算所归纳的种种方法也可以为进行森林生态服务价值估算提供重要借鉴，因为环境退化价值与环境生态服务价值可以说正是一件事情的两面，结合森林主题看，前者可以说是森林丧失的生态服务，后者则是森林提供的生态服务。以下将首先简述 SEEA-2003 关于环境退化价值的估价方法，然后结合森林不同生态服务类别给出具体估价方法选择。

环境退化价值是无法直接计算的，但却可以依据一些假设按照替代模式进行间接估算。根据 SEEA-2003，替代的思路有二，一是要考虑为防止环境退化需要花费多少价值的投入，借助于此投入价值即可作为环境功能退化的价值；二是考虑由于环境功能退化所带来多大的损失，同样，该损失价值即可作为环境退化价值。

如果把上述环境功能退化换成森林生态服务功能，可以反过来得到间接估算生态服务价值的两种思路：第一是为了获得森林生态服务需要花费的费用，或者是愿意支付的费用；第二是如果失去森林提供生态服务功能会带来的损失，即为了用一个人工场景替代森林生态服务所需要花费的费用。前者大体相当于直接估算森林生态服务价值的方法，比如所谓旅行费用法、支付意愿法等；后者则属于生态服务效应替代的方法，比如影子工程法、替代费用法等。在这样两种思路之下，可以针对不同对象做具体方法选择。

结合中国情况看，森林生态服务价值估算已经具备了一定基础。第一，定期进行的森林清查可以分不同类别提供有关森林林地、林木和各种生物量的存量数据，同时中国森林生态系统定位研究网络（CFERN）分布各林区的生态监测站点可以更经常、更详细地提供森林各种生物监测数据，这些构成了确定森林生态服务实物量的主要资料基础。第二，关于森林生态效益的各种评估方法研究开发已经有了一定基础，各种案例应用为进行森林生态服务估价积累了一定的技术与价格参数。

第四节　森林综合核算

以上是关于森林核算各个部分的具体情况，在此基础上，要将森林核算结果纳入国民经济核算，目的是在传统经济核算中对森林的处理方法加以扩展，对森林及其在经济社会发展中的贡献做更加全面的整体评价。

森林综合核算的内容包括两个部分，第一是要对森林自身的价值进行核算，要将其包含在国民财富之中；第二是要对森林所提供的产品与服务，即森林的产出进行综合核算，并尝试与国内生产总值衔接起来。

一、森林总价值与国民财富

森林是一个国家所拥有自然资源财富的重要组成部分，因此有必要核算森林的总价值即森林的存量价值，并将其纳入国民财富。

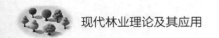

现代林业理论及其应用

（一）森林总价值核算

原则上，森林总价值应该是森林所具有的全部功能的价值，包括提供物质产品的功能价值和提供生态服务的功能价值。但是，从目前核算所能够实现的程度看，森林存量价值主要是指林地和林木价值总和。

（二）森林总价值对国民财富总量的调整

现有国民经济核算中，国民财富的核算对象是各种所有权确定、可以为其所有者在目前以及一定时期内带来经济收益的经济资产，其中包括各时期生产活动产出成果被积累起来形成的生产资产，以及一部分符合经济资产定义的非生产资产；而且，核算中以市场价格作为财富的基本估价原则，核算的是各种资产的市场价值。就森林主题而言，上述基本原则会在两个方面导致无法在国民财富中体现森林的重要性。第一，从内容而言，一般来说，人工林属于生产资产，可以包括在国民财富核算范围内，但天然林却有可能因为不符合经济资产的定义而被排除在国民财富范畴之外，即使包括在其中，也会仅仅作为非生产资产，与作为生产资产的森林割裂开来。第二，从估价方法而言，侧重于经济价值的估价原则无法体现森林的生态功能价值。因此，要在国民财富核算中显示森林的重要性，需要在核算方法上做以下改进：第一，扩展核算范围，使之包括所有森林；第二，将属于生产资产的森林和属于非生产资产的森林合并在一起，创建完整的森林资产概念；第三，延伸经济价值，使之包括森林的生态功能价值。

二、森林产出与国内生产总值

森林功能的实现在于它为人类和经济体系提供了巨大的不可替代的产出，特别是森林生态系统服务。该项目研究创新性地提出并定义了森林产出概念，并尝试将其与反映国民经济最终产出的国内生产总值衔接起来。

（一）森林产出的定义

森林产出是指依托森林和林木形成的产出，主要包括两个组成部分，一是为国民经济提供的森林物质产品，二是为社会提供的森林生态服务。

森林产出没有全部包括在现行国民经济核算的范围之内。按照国民经济核算原理，产出代表经济生产活动成果，一般是指物质产品产出以及通过市场提供给他人使用的服务产出。据此，森林生态服务不能作为经济产出，除非这些生态服务通过市场实现了其服务价值，比如通过森林旅游业实现的森林景观价值；当期林木自然生长也因为无法独立计算其产出量及价值而排除在外，只是笼统地用育林和森林维护活动中的成本投入作为产出替代。

即使是已经包括在其中的部分，森林产出也没有作为林业产出加以核算。在现行的国民经济行业分类中，由于林业与其他部门之间的职能分工，相当一部分依托森林和林木形成的物质产品产出没有作为林业产出看待，而是被归纳到农业、畜牧业以及工业等部门产出统计之中了，比如各种干鲜林果、森林花卉、林间养殖等。

可以说，森林产出是一个突破了现有经济活动产出计量的概念，相当于"大林业"（林业及其他相关产业）计算的初级林产品产出与森林生态服务产出的总计。

（二）将森林产出与国内生产总值衔接

国内生产总值（GDP）是衡量一个时期国民经济生产最终产出成果的指标，在经济管理中发挥着核心指标的作用。由于现行国民经济核算没有全面地反映经济与资源环境之间的关系，国内生产总值在反映现实经济活动成果方面具有很大局限性，绿色国民经济核算的目标之一就是要将资源环境因素纳入核算，实现国内生产总值的调整，得到所谓"绿色 GDP"。

结合森林主题看，所谓 GDP 总量调整应该包括以下两个方面。

（1）将当期对森林资源的耗减价值作为经济活动成本从 GDP 中扣减，得到经济资源耗减价值调整的国内生产总值，这是对 GDP 做"减法"。一般地，作为扣减项的资源耗减价值是指净耗减，即林木资源采伐量与其自然生长量抵减后的净变化，如果该净变化非负，即可认为不存在森林资源耗减，森林发展是可持续的。

（2）将森林提供的、没有被国民经济核算所认可的生态服务产出作为与经济产出并列的组成部分，尝试作为"加项"纳入 GDP。

这些都还是需要在理论方法上加以探讨的调整步骤，在现有核算基础上尚难以实现，比如森林产出中有些已经包括在国内生产总值之中，有些是按照投入价值包括在其中的，而且森林产出还是一个总产出的概念，无法与国内生产总值作为最终产品的概念相衔接等。为此，在现阶段，考虑将国内生产总值作为一个参照指标，用森林生态服务产出与国内生产总值以及现行林业产出进行比较，将森林总产出与国内生产总值进行比较，以便更全面地显示森林以及林业的重要性。

第七章　森林资源及其价值评价

　　森林资源是地球上最重要的资源之一，是生物多样性的基础，森林资源不仅能够为生产、生活提供多种宝贵的木材和原材料，还能够为人类经济生活提供多种食品，更重要的是森林能够调节气候，保持水土，防止和减轻旱涝、风沙、冰雹等自然灾害，净化空气，消除噪音等功能，同时森林还是天然的动物园和植物园，为各种飞禽走兽和林木提供休养生息的场所。认真研究和利用森林资源，有利于其综合价值的提高和资源的可持续发展。

第一节　森林资源及其特征

一、森林资源的含义及分类

1. 森林资源的含义

　　森林资源作为陆地生态的主体，它是自然界中功能最完善的基因库、资源库和蓄水库等，对改善环境、维护生态平衡起着决定性的作用；森林资源因提供木材、非木材林产品，为人类生产生活提供物质基础，发挥着重要的经济功能；同时，森林可以更新，属于可再生的自然资源，是一种潜在的"绿色能源"。

　　《森林法实施条例》规定：森林资源，包括森林、林木、林地，以及依托森林、林木、林地生存的野生动物、植物和微生物。森林，包括乔木林和竹林。林木，包括树木和竹子。林地，包括郁闭度 0.2 以上的乔木林地以及竹林地、灌木林地、疏林地、采伐迹地、火烧迹地、未成林造林地、苗圃地和县级以上人民政府规划的林地。由此可知，森林资源是包括林区野生动物和植物资源在内的一个生物生态系统。随着人们对环境问题的关注，森林生态服务被纳入森林资源的范畴。因此，广义的森林资源被定义为：森林资源是以多年生乔木为主体，包括以森林资源环境为条件的林地及动物、植物、微生物等及其生态服务，具有一定生物结构和地段类型并形成特有的生态环境的总称。从狭义上讲，森林资源仅指以乔木为主体的森林植物的总称。

2．森林资源的分类

（1）按起源划分。根据森林资源的起源不同，可将其分为天然林资源、人工林资源、人工天然林资源、天然次生林资源四类。在数量上，我国森林资源以人工天然林资源、天然次生林资源居多。

（2）按物质结构层次划分。从森林资源的物质结构层次来划分，可把森林资源分为林地资源、林木资源、林区野生植物资源、林区野生动物资源、林区微生物资源和森林环境资源六类。

（3）按经营目的划分。《森林法》第四条规定，森林分为以下五类。

① 防护林：以防护为主要目的的森林、林木和灌木丛，包括水源涵养林，水土保持林，防风固沙林，农田、牧场防护林，护岸林，护路林。

② 用材林：以生产木材为主要目的的森林和林木，包括以生产竹材为主要目的的竹林。

③ 经济林：以生产果品，食用油料、饮料、调料，工业原料和药材等为主要目的的林木。

④ 薪炭林：以生产燃料为主要目的的林木。

⑤ 特种用途林：以国防、环境保护、科学实验等为主要目的的森林和林木，包括国防林、实验林、母树林、环境保护林、风景林，名胜古迹和革命纪念地的林木，自然保护区的森林。

二、林资源的特征

系统地认识森林资源的特征，是研究森林资源理论、促进森林资源监督管理，以及客观评价森林资源的理论基础。森林资源具有以下几个方面的特征。

1．森林资源可构成独立的生态系统

在森林资源内部，森林生物资源之间、森林土地资源之间、森林与环境之间表现出来的既相互依存又相互竞争的关系，彼此形成完整的陆地森林生态系统。例如，在"坡地—草本植物—杜鹃—落叶松森林"的生态系统中，生产者为草本植物、杜鹃、落叶松，消费者为雪兔、驯鹿、啄木鸟、鹰，分解者为细菌，生态环境以雪兔食草，驯鹿以草或下木的嫩叶为食，其排泄物大部分由植物吸收，另一小部分由细菌分解，而其尸体则由细菌分解转换成肥料，由草本植物、杜鹃、落叶松吸收，由此看来它们之间是相互依存，缺一不可的；如果在单位林地上所生产的草、树木的嫩叶不能满足雪兔和驯鹿所食用，则它们之间就会产生生存竞争，优胜劣汰，最终生态系统趋于平衡。因此森林资源可构成独立的生态系统。

2. 森林资源具有可再生性

森林资源与石油、煤矿、天然气，以及其他矿藏资源不同，它是具有生命的资源，通过森林资源内部各个组成部分的物质运动，能量转换以及生物种族的繁衍，森林资源物种不断更新、生物的多样性不断发展、森林资源的面积不断扩大，其质量不断提高，真正实现森林资源的永续利用和可持续发展。由于森林资源内部各个组成部分的性质、结构、生长发育规律不同，其再生周期有很大的差异，形成了长短不一、错落有序的再生周期序列（森林从生长、发育到成熟过程所经历的时间长短，按物种年龄大小进行的排序）。例如林木的再生周期最长，野生动物的再生周期较短，而草本植物和微生物的再生周期更短。而且不同树种、不同地区、不同立地条件、不同气候条件的林木其再生周期也大不相同。例如我国的针叶林比阔叶林的生长周期长，寒温带针叶林区比热带雨林区的生长周期长，立地条件较差比立地条件较好的生长周期长。

3. 森林资源分布广泛

地球这个大系统内部，由于地理位置差异，形成了不同的气候带，经过长期的自然选择，形成了形态各异的自然生态系统。就我国而言，北起大兴安岭，南至海南省；东起台湾地区，西至喜马拉雅山，从低纬度山区到海拔 4 200～4 300 m 高峰均分布着森林资源。形成了具有明显地域特征的东北林区（总面积约 60 万 hm²，占全国土地面积的 6.3%）、西南高山林区（总面积 94 万 hm²），占全国土地面积的 9.8%）、南方低山丘陵林区（总面积 113.5 万 hm²，占全国土地面积的 11.8%）和西北山地林区（总面积 8.77 万 hm²，占全国土地面积的 0.9%）。在这些林区内，生长着从寒带到热带的各种气候带特征性森林资源。

4. 森林资源具有稳定性

任何一个平衡的生态系统内部都在进行有规律的物质运动和能量转换，从而积累了丰富的有机物和无机物，随着食物链能级的转化，生产者、消费者和分解者之间连接成一条互通有无的网络，促使生态系统稳定地发挥正常的生态功能，表现出森林资源的稳定性。

5. 森林资源生产能力较强

森林通过光合作用，其生产力每年每平方米能形成 2～8 克（有机物干重）的有机物质。每年的净生长量（干物质的积累）约占全球的一半。如果从陆地生态系统现存的生物量来看，由于经历上万年的积累，其生物总量约占陆地生物量的 90%。森林每 hm² 的生物量平均为 100～400 t，相当于农田和草原的 20～100 倍。这就说明森林具有较高的生产能力。

6. 森林资源综合效益显著

森林资源效益也称森林效益，是指森林资源的物质生产总量储备以及对周围环境的影响所表现出来的价值，它包括经济效益、生态效益和社会效益三个方面。经济效益是指人类经营森林而获得的产品（含木材和其他林副产品），并纳入现行货币计量体系，可以直接在市场上进行交换而获得的一切利益。例如，林木的树干为社会提供木材和薪炭燃烧的能源；林木的种子用来榨油，还可直接食用，林木的干、枝和叶可提取食用的淀粉、维生素、糖类等；林副产品还可提供食用菌类、野果和木耳等；森林动物可提供肉、皮、毛、骨、蛋、角等；还可提供化工原料和制药原料、进行森林旅游等。生态效益是指人类经营林过程中，对人类生存的环境系统在有序结构维持和动态平衡方面所输出的效益。通过调节和改善森林资源及其周围的环境，可获得促进生物生长发育、繁衍后代的效益。社会效益是指森林资源促进人类身心健康、人类社会结构的发展和人类社会精神文明状态提高的效益。社会效益主要包括：改善水质、净化空气、减弱噪声、美化环境等功能。

第二节　林地资源经济评价

林地资源是国土资源不可分割的组成部分，是森林资源的重要组成部分，更是人类社会赖以生存和发展的宝贵资源。林地的质量及其经济价值的计量将直接影响森林资源系统中其他资源要素的产出和经济评价。

一、林地资源的经济属性

林地是生长林木的物质基础，其经济属性包括以下几个方面。

1. 林地资源的生产性

以林地资源为物质基础，可以生产出人类社会生产、生活所需要的林木产品及各种林副产品。其生产性的表现形式为林地生产力。林地生产力按其性质可分为自然生产力（自然形成的）和劳动生产力（人工施加影响的）两个方面。自然生产力：即林地质量，是林地资源本身的性质。不同质量的林地，其光、热、水、气、营养元素的含量及组合不同，适应于不同的林木生长和形成不同的林木产量。劳动生产力是指人类生产的技术水平对林地限制条件的克服、改造的能力，林地利用的集约程度以及林地地理位置优劣对林业生产的影响。这两个方面的因素共同决定了林地资源的利用水平和利用的经济效果。随着科学技术的进步，林地生产力可以不断提高。

2. 林地资源的有限性

林地资源在平面空间上是有限的。虽然林地生产力和林地市场价格可以成倍提高，但在水平面上林地却不能任意扩张。林地资源数量受地球表面可用于培育林木资源的土地面积所限制，人们不能在这些土地之外创造出新的林地。相反，由于森林资源的不合理利用和生产、建设上的征用、占用林地以及自然灾害等原因，林地资源会日趋减少。林地资源的有限性要求人们要珍惜林地，保护好现有林地资源，充分合理地利用林地，提高林地利用率和林地生产力。

3. 地域性和不可替代性

地域性也称区位的不可移动性，指任何一块林地都有固定的地理位置，不能搬迁，无法移动，各自按照纬度、经度和海拔高度占据着特定的空间位置。林地区位的不同和交通条件的差别，造成了林地位置的优劣，加之林地在肥沃程度上的差异，决定了林地等级，形成了级差林地生产力。

林地资源作为培育林木的生产要素又是不可替代的，其他任何要素都不能代替林地在林业生产中的作用。近年来，随着科技的进步，虽然工厂化育苗替代了一定的林地，但与林地资源相比，可以忽略不计。林地是森林赖以存在的条件，没有林地，就没有森林，也就没有地球表面生物圈的生态平衡和自然界的和谐发展。因此，对于人类社会来说，林地又是不可缺少的资源。

4. 开发利用的可选择性

林地虽有固定的空间位置，人类只能在其所处的地域内加以利用，但对林地的使用是可以选择的，表现为：① 同样的用途可选择不同区位的地块。例如，营造杉木用材林，只要具有适于杉木生长的立地条件和气候条件的地块都是选择对象。这些地块的选择在一定区域内有较大灵活性。② 同一块林地具有用于多种用途的选择。例如，有的林地由于区位的原因不能用于营造落叶松，但却适于马尾松生长；有的林地由于土质原因不适于栽植杉木，但却适于营造其他树种；有的林地适于多种树木生长，这就要求在利用过程中，根据适应性、经营目的和经济效果等因素综合考虑，选择最佳用途。

5. 生产经营的排他性

林地资源有多种用途。但当选择一种用途后，则必须放弃其他用途。例如，一块林地既可用来营造杉木，也可用来营造柏木或马尾松。当这块林地用于营造其中某一种树种时，就意味着放弃了对另外两种树种的营造。这种由于选择某一方案而放弃另一方案所丧失的利益价值称为机会成本。以上面讲的林地为例，假设在相同的经营周期内，投入等量的物化劳动与活劳动，若用于营造杉木林，可生产木材 1 000 m³，价值 70 万元；用于营造柏木林，可产木材 700 m³，价值 50 万元；用于营造马尾松林，可产木材 800 m³，价值 60 万元，则这块林地用于营造柏木林以及生产 700 m³ 柏木商品材的机会成本是 1 000 m³ 杉木或 70 万元，用于营造杉木林以及生产 1 000 m³ 杉木商品材的机会成本是 800 m³ 马尾松或 60 万元，用于营造马尾松林以及生产 800 m³ 马尾松商品材的机会成本是 1 000 m³ 杉木或 70 万元。由于林业生产的周期长，经营风险性大，因此在使用林地资源时，应综合考虑各方面因素，尽量选择适合自己的经营方案进行决策。

6. 使用效益的多样性

与森林资源相似，林地资源的利用，不仅能为社会提供木材、竹材及其他多种林特产品，直接获得经济效益，而且同时还能为社会提供保持水土、涵养水源、防风固沙、净化空气、美化环境、维护生态平衡等多种非物质产品，产生间接的公益效益。研究资料表明，每 hm² 有林地比无林地至少能多蓄水 300 m³，34 hm² 森林所含的水量，相当于一个容量为 100 万 m³ 的小型水库；有林地每 hm² 的泥沙流失量比无林地少 97% 以上；1 hm² 阔叶林在生长季节，每天能吸收 1 t 二氧化碳，放出 730 kg 氧气；1 hm² 云杉每年可阻挡吸附浮尘 32 t；40 m 宽的林带可降低噪声 8～10 dB。林地利用产生的防护效益在一定程度上对农业的稳产高产起到保障作用，如森林防风固沙，可以保护农田免遭风沙的侵袭，林地涵养水源减少地表径流，可以增加农田的灌溉水源和减少洪水对农田的危害。林地利用的美化环境效益，为人们提供了较好的户外娱乐去处和必要的旅游场地。同时，利用林地培育林木资源，还为野生动物提供了生存环境，为其他生物资源的发展和保护提供了有利条件，对保存和繁殖野生物种、保护生物多样性具有重要作用。

林地利用具有多种效益。在经营林地资源时，不能单纯追求某一种效益，而必须高度重视为满足社会的多种需要综合发挥其多种效益。但是公益效益具有外部经济性，林地经营者一般不能直接从受益者那里得到相应的收入，这一特性要求从其他渠道给予林地经营者社会补偿，如国家扶持、社会资助等。在进行林地资源的经济评价时，

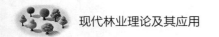

应视其主要用途评定其经济效益，同时兼顾其他多种效益价值。

二、林地资源经济评价的主要理论

林地资源的经济评价就是对某一特定区域内林地资源在某种用途或特定利用方式下的性能进行质量评价。进行林地资源的评价有助于林地资源的合理开发和改良，可以为林业区划提供依据，分析林地利用过程中的投入和产出的效益，以此为依据评估林地利用的优劣等。

1. 级差地租理论

英国古典政治经济学创始人威廉·配第，最先提出级差地租的概念。他看到维持伦敦或某军队所需的谷物，有的是从距离 40 英里①的产地运来，有的是从距离 1 英里的产地运来，后者因少付 39 英里的运输费用，便可使谷物生产者获得高于其自然价格的收入，于是他从土地位置的差别上提出了级差地租的概念。亚当·斯密又从土地肥沃程度的不同，进一步论述了级差地租产生的自然条件。他认为，土地、劳动和资本这三种生产要素是相互依赖不可分开的，这三种要素共同创造了新产品的价值。正因为新产品的价值是三种要素共同作用的结果，因此土地所有者应获得地租，地租即为土地的价值。J.安德森在 1777 年出版的《谷物法本质的研究：关于为苏格兰提出的新谷物法案》一书中，论述了级差地租理论的基本特征，成为级差地租理论的真正创始人。李嘉图依据他的劳动价值原理来研究地租问题，把级差地租理论同劳动价值理论直接地联系起来。马克思对其前人的级差地租理论进行了全面的分析，结合西欧各国，主要是英国 200 年来资本主义制度下级差地租的实际，在批判继承的基础上，科学地全面阐明并确立了资本主义级差地租的理论体系。地租是土地所有权在经济上的实现形式，是土地的使用者为了使用土地本身而支付给土地所有者的超过平均利润以上的那部分价值。地租主要由绝对地租和级差地租两部分构成。级差地租是指经营较优土地所获得的，并归土地所有者占有的那一部分超额利润，级差地租形成的前提是土地资源的有限性。绝对地租是土地因有偿使用而支付的最起码或最低界限的价值牺牲，也是土地使用费的最低限，绝对地租量由劣等土地支付的地租量来确定。

2. 生物量评价模型

林地生产力的高低主要是由影响林地自然生产力的生物环境条件和相对稳定的土壤因素来决定的。可以通过测定林地生物量来对林地生产力进行评价。单位面积林地

---

① 1 英里≈1.609 343 千米。

的生物产品数量一般指林木蓄积或重量（林木产量）。林木产量与林地生产力的影响因子之间存在着必然的、稳定的相关关系，若单位面积上环境条件（气候因子、土壤质地等）优越，林木生长迅速，林木生物产量高，由此评定林地生产力强；反之，则弱。

3. 纯收入评价模型

我国林地资源类型多样，林地用途具有广泛选择性，不同类型的林地，适宜生长的树种各异；同一块林地，可以适于不同种类的林木生长。若用林木产量鉴定林地生产力的高低，那么不同树种之间的林木产量则无法进行比较，也就是说，如评价的林地之间经营的树种不同，即使它们的产量相同，也不能说明它们具有同等的生产力；产量不同，也不能说明它们的生产力就不相等。例如，有环境条件相似和质量等级相同的两块林地，它们的自然生产力基本相等，若甲地种植杉木，乙地种植马尾松，在消耗等量的活劳动和物化劳动情况下，甲地产杉木 380 m^3/hm^2，乙地产马尾松 290 m^3/hm^2。显而易见，不能用这两个产量来说明这两块林地的生产力是不同的。因为不同种类的树木，其生长特性不一样。即使自然生产力相等的林地，经营同一树种，若经营的集约水平不同，即单位面积消耗的劳动量不同，也将会获得不同的林木产量。在实际生产中，常常出现这样的情况，某树种生长快、产量高，但经济价值低，另一树种则相反，生长慢、产量低，而价值高，经营者在进行树种选择时很可能选择后者，而不是前者。因此，进行林地生产力评价，除采用木材产量指标外，还需用单位面积总产值和纯收入指标。

一般来说，任何经营成果都可用货币单位来衡量，货币价值越高，经营成果越大。

一般而言，单位面积纯收入越高，林地生产力就越大。但是，由于影响林木产品价格的因素很多，除其本身的价值外，还有供求关系、国家的经济政策等，因此，确定林地生产力时，要进行综合考虑，特别是在评价、比较不同地区林地的生产力时，要着重考虑地区差价的影响。

第三节 森林资源社会生态效益经济评价

开展森林生态效益评价的研究不仅是为了改变人们对森林生态功能的认识，重视森林生态功能，而且对资源合理配置，为我国产业政策决策提供理论指导，实现林业补偿有着重要的意义。

一、森林资源生态效益的内涵

森林资源生态效益是指森林具有的生态效用性总和，是森林涵养水源、水土保持、防风固沙、固碳持氧、净化大气、消除噪声、减轻水旱灾、保护野生生物、增加旅游效益等方面的价值体现。生态系统给人类提供了各种效益，包括供给功能、调节功能、文化功能，以及支持功能。供给功能是指生态系统为人类提供各种产品如食物、燃料、纤维、洁净水，以及生物遗传资源等的效益；调节功能是指生态系统为人类提供诸如维持空气质量、调节气候、控制侵蚀、控制人类疾病，以及净化水源等调节性效益；文化功能是指通过丰富精神生活、发展认知、休闲娱乐，以及美学欣赏等方式而使人类从生态系统获得的非物质效益；支持功能是指生态系统生产和支撑其他服务功能的基础功能，如初级生产、制造氧气和形成土壤等。

二、森林资源生态效益评价的理论依据

森林资源生态效益的评价是森林效能在特定的社会条件下，可能给社会带来的效益，是一定森林所能产生生态效果的货币表现。森林资源生态效益评价的理论如下。

1. 森林资源协同发展理论

森林资源是生态、经济、社会三个子系统的综合体。系统论科学告诉我们，一个系统某些部分或子系统的最优并不等于系统整体功能的最优，一个生态经济社会系统的三种效益——生态效益、经济效益、社会效益在经营过程中一般不可能同时取得最佳发挥，必须综合平衡，或有所侧重，才有可能达到整体效益的最佳和协调。因此，整个系统的最优化，不是三个系统的分别最优化，也不是三个系统的简单叠加，而是三个系统的耦合。整个系统的协同运行以三个子系统的组合为基础，在不断变化和组合的过程中，每个系统都要从整体优化协调的目标出发，不断调整自身与其他系统的关系。最终实现 CH1＞2 的协同发展思想。

2. 森林资源资产化管理理论

森林资源资产化管理就是指将森林资源转化为资产，对其运营按经济规律进行管理的过程。也就是说将森林资源资产纳入国有资产管理体系，按照科学的原则和经济规律进行产权管理，使国家和其他所有者对森林资源的所有权在经济上真正得以体现，并确保国有森林资源资产的保值增值。只有明确森林资源是资产，并且明确解决森林资源资产产权关系，改变过去那种森林资源无偿占有和无偿使用制度，运用经济手段，才能恢复和发展森林资源产业自身的"造血机能"，才能从根本上建立起抑制森林资源日趋耗竭的内在机制。

3. 森林资源的公共性理论

森林生态资源的公共性又称为非排他性和非竞争性。森林资源的非排他性是指"它

一旦被生产出来，生产者就无法决定谁来得到它"，或者说森林资源作为公共物品一旦被生产出来，生产者就无法排斥那些不为此物品付费的人，或者排他的成本太高以致排他成为不可能的事情。森林资源资产的非竞争性是指森林资源作为公共物品消费的非竞争性，即对森林生态资源"每个人对该产品的消费不会造成其他人消费的减少"。共同而又互不排斥地使用森林资源这种公共物品有时是可能的，但由于"先下手为强"式的使用而不考虑选择的公正性和整个社会的意愿，一些森林生态资源如清洁空气、悦人的景观正在变得日益稀缺。结局可能是所有的人无节制地争夺有限的森林生态资源。英国学者哈丁在 1968 年指出了这种争夺的最终结果：如果一个牧民在他的畜群中增加一头牲畜，在公地上放牧，那么他所得到的全部直接利益实际上要减去由于公地必须负担多一吃口所造成整个放牧质量的损失。但是这个牧民不会感到这种损失，因为这一项负担被使用公地的每一个牧民分担了。由此他受到极大的鼓励一再增加牲畜，公地上的其他牧民也这样做。这样，公地就由于过度放牧、缺乏保护和水土流失而被毁坏掉。毫无疑问，在这件事情上，每个牧民只是考虑自己的最大利益，而他们的整体作用却使全体牧民破了产。每个人追求个人利益最大化的最终结果是不可避免地导致所有人的毁灭——这种合成谬误被哈丁称为"公地的悲剧"。森林资源的公共性理论告诉我们，当人们使用公共物品时，由于产权的不明确性，造成了"无人买单"的后果。

4. 森林资源的外部性理论

所谓外部性，是指某些经济活动能影响他人的福利，而这种影响不能通过市场来买卖。外部性可以分为外部经济（或正外部性）和外部不经济（或称负外部性）。外部经济就是一些人的生产或消费使另一些人受益而又无法向后者收费的现象；外部不经济就是一些人的生产或消费使另一些人受损而前者没有补偿后者的现象。森林资源具有典型的外部性。若不控制，森林资源将被无节制地砍伐，导致环境恶化是负外部效应行为。森林资源的外部性理论解释了引起市场非对称性与市场失灵所导致的环境问题及其通过征税、补贴与明晰产权等消除外部性的对策。

三、森林资源生态效益评价的方法

1. 森林资源状况评价

森林资源状况评价包括对植物资源、动物资源、微生物资源和景观资源的评价。这一部分指标反映的是区域内森林资源的数量、质量、分布、结构等。包括森林覆盖率、人均森林面积及其变化率、森林蓄积量及其变化率、森林灾害面积及其比重等指标。

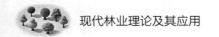

2. 森林生态系统服务功能评价

森林生态系统服务功能评价是诊断由于人类活动和自然因素引起森林生态系统的破坏和退化所造成的森林生态系统的结构紊乱和功能失调，是森林生态系统丧失服务功能和价值的一种评估。

3. 森林结构评价

系统的结构是指系统内各要素的排列次序、相互关系、分布形式及整体协调形式，系统的结构对系统功能的协调及最优影响很大。

（1）龄级结构。龄级结构是反映森林生产功能的保持和提高的指标之一，是指可供木材生产的森林面积与蓄积按龄级的分布格局，反映林分龄级的均衡水平，是森林资源能否实现可持续利用的主要基础指标之一，可初步用中幼龄林与近、成、过熟林的比例来反映。按照可持续利用理论，中幼龄林与近、成、过熟林面积或蓄积比例至少应达到 1:1，才能满足可持续利用的要求。

（2）森林结构。森林结构是反映森林生态系统的健康与活力保持水平的指标之一，是指区域内森林的树种结构或林种结构。森林的树种结构可以用针叶林与阔叶林的比例反映，包括面积比和蓄积比，说明森林树种结构的合理程度。从可持续运营森林资源资产的要求看，合理的树种结构应为 1:1。森林的林种结构可以用商品林、公益林及兼容林的比例反映，包括面积比和蓄积比，说明不同林种森林的合理分布情况。从可持续运营森林资源资产的要求看，合理的林种结构应为 5:3:2。

4. 森林环境评价

森林环境资源的经济价值体系由两部分组成：利用价值和非利用价值，其中非利用价值又包括选择价值和存在价值。如森林中狩猎、钓鱼、野营、野餐、漫步和观光等游憩机会，以及森林涵养水源、保护土壤、增加肥力和改善小气候效能，制造氧气和吸收二氧化碳，生物多样性等属于森林资源环境价值的利用价值，这是当前环境价值计量的范围。选择价值是指森林资源的可供未来用途选择的价值；存在价值是指不必明确森林未来用于何种用途，其存在本身所固有的价值。这两种价值因现有计量方法存在困难，还没有纳入人们的计量研究范围。

四、森林生态效益补偿

由于森林的多功能性，它融生态、经济和社会效益于一体。要实现森林的可持续发展，必须对使用者收取一定的生态使用费。

（一）征收森林生态资源补偿费的理论依据

森林资源是自然资源，也是环境资源，它可以向社会提供以立木资源为主的多种林产品（物质产品），同时也能向社会提供良好的环境服务（非物质产品）。森林资源的物质产品可以通过市场的交换实现其价值，森林资源提供的环境服务（非物质产品）在现阶段应采取征收森林环境资源补偿费的手段实现其价值补偿。

根据《森林法》的有关精神，按照"商品有价，服务收费"和"谁受益，谁负担"的原则，征收森林环境资源补偿费，建立林业生态效益产品补偿机制，确保林业经营顺利进行。

（二）森林生态资源补偿标准

森林资源经济补偿问题实质上是对公益林（生态产品）给予定价的问题。其买方可以表现为政府部门，也可以表现为某一部分的社会组织和个人，前者通过财政拨款的形式给予补偿，后者则类似于商品。其补偿内容如下。

1. 营林直接投入

营林直接投入包括地租、造林、抚育、管护及基本建设（如林道、管护棚、防火线等）的投入，这是营造林过程中直接发生的成本费用，必须得到全额补偿。其地租反映公益林立地和地利状况，应与经营商品林时的地租等额。

2. 间接投入

间接投入包括公益林规划设计、调查、监测、质量管理、工资及其他管理费用等间接投入部分，这也是一项成本费用，应得到补偿。

3. 灾害损失

灾害损失包括病虫害、火灾、洪灾、风灾、崩塌等自然灾害使公益林受到损失而需要恢复生态效能所需的费用，应得到补偿。

4. 利息

使用资金只能用于经营公益林而不能改变用途，投入到赢利性更大的项目中，因此公益林投入资金的利息也应得到补偿，且应按同期商业利率计算额给予补偿。

5. 非商品林经营利益损失

由于经营公益林而限制商品林经营所造成的经济损失。这种损失也应得到合理补偿，使其获得社会平均营林利润。

（三）森林生态资源补偿的措施

1. 对生态公益林进行科学划分

（1）准确界定公益林。《森林法》把森林划分为五种。其中用材林、经济林和薪炭林为商品林，主要发挥经济功能；防护林和特种用途林为公益林，主要发挥生态功能。以此为据确定公益林的范围、面积、权属等。

（2）落实公益林林地权属。对已确认的公益林进行具体区划落实，签订现场界定书，做到权属、地类清楚，事权划分和经营主体明确，同时确定双方责任，使森林环境资源补偿工作落实到实处。

2. 制定科学合理的补偿标准

补偿标准的制定，要在各地自然条件的基础上，结合各地的实际财政承受能力，既要考虑当地公益林的数量又要考虑当地公益林的质量，制定一个按面积和按质量相结合，与各地区相适宜的不同水平的补偿标准，并有相应的森林环境资源效益质量检测系统与之配套，以便最大限度地实现森林环境资源补偿的目的。

3. 拓宽补偿资金筹集渠道

（1）政府。政府直接拨款和征收专门税。可从现有财政支出中安排一定资金，也可征收专门税如森林生态税。

（2）单位和个人。森林生态效益的受益单位或个人直接向政府上缴补偿费或直接投资；破坏森林生态效益的单位和个人，对其造成的损失也应进行补偿，缴纳补偿费。

（3）专项基金。补偿专项基金的发放应通过法治手段进行保障，实行专款专用，补偿渠道应规范化、透明化，提高社会、林地所有者和其他利益相关者对专款发放和使用的监督力度。

4. 建立生态效益监测、评价体系，加强监管机制

通过森林环境资源研究者与经济学家的联合努力，尽可能令人信服地进行定量的森林环境资源生态影响评价，并以此作为补偿机制建立的基础。《森林法》明确规定了森林环境资源补偿基金的使用范围，应严格按照这一规定准确发放补偿金，同时还要严格执行补偿基金的专款专用。

5. 加大对森林环境资源补偿专项研究的力度

加大对森林环境资源补偿的专项研究，开展补偿对象、范围、标准以及征收对象等问题的研究。如森林生态效益具有非排他性和非竞争性，其产权边界和效用边界难以确定以至于受益和征收对象难以确定，必须进行深入研究。

6. 借鉴国外森林环境资源补偿的经验，实现补偿的市场化

国际上许多国家实施碳排放权交易机制，将森林环境资源补偿推向市场。碳排放权交易主要方式是：排放二氧化碳的国家或公司，以资金形式，向本国或外国森林拥有者、经营者支付森林生态效益生产成本，协助他们造林，并可将其造林所吸收的二氧化碳量作为其排放减量成果；森林拥有者、经营者利用其他国家或公司的资金援助进行造林，同时将所吸收的碳汇或抵减量卖给提供资金的国家或公司。在产权明晰条件下，森林生态效益价值可以在市场上实现，政府并不是森林环境资源补偿资金来源的唯一渠道，森林环境资源补偿市场化可以减轻政府的财政压力，解决森林环境资源补偿不足的问题。

第八章　林业经营

第一节　林业经营理论

一、林业经营的概念和内涵

（一）林业经营的概念和特点

1. 林业经营的概念

经营是经营主体通过决策及其实施，运用自己占有、支配和使用的劳动力和生产资料，把各种要素组合起来，以形成现实生产力，实现既定目标的经济活动。林业经营是以森林资源为对象的经济活动。森林资源是林业经营的基础，包括生物资源和非生物资源。生物资源指全部植物、动物、微生物；非生物资源指土地、矿产、水等。

林业的特点，使林业经营具有与其他生产部门不同的经营特点，这对林业所有制和经营形式、林业的组织和管理等诸多方面，均有着特定的要求与影响。

2. 林业经营的特点

从林业生产和林业经济管理的角度分析，林业经营具有以下特点。

（1）从林业生产角度看林业经营的特点。

第一，生产周期的长期性和自然力作用的独立性。这是林业经营的根本特点。森林植物生长周期的长期性，决定了林业生产周期的长期性。在这个长期过程中，自然力始终相伴随并独立发挥作用。自然力可以不消耗任何人的劳动而为人类提供富饶的宝藏，在现代科学技术条件下，更可以为人类的生产经营取得好效果提供源泉。

第二，林业经营效益的多样性。林业经营将森林划分为不同的林种。不同的林种可以用来满足人类社会各种不同的需要。即使是同一林种（如用材林），森林在总的植物自然成熟期内，也可能通过不同类型的成熟期来满足各种生产和生活需要。从生物圈生态平衡角度来看，森林生态系统在其开始形成时就发挥着生态平衡的基础作用，为人类生存和发展创造了必要的条件。

第三，林业经营的公益性。林业经营的影响范围很广，能改造自然、国土保安，促进农业稳产高产，保护环境，提供人类保健娱乐功能等。因此，林业经营的合理性需要在更大地区、全国乃至世界范围内考察。

（2）从林业经济管理角度看林业经营的特点。

第一，天然林与人工林并存。天然林经营往往是从采伐利用开始的，然后才有更新造林，培育新森林。人工林经营则是从采种育苗、整地造林开始的，再经过抚育、管理保护而培育成森林。天然林和人工林起源各异，在对其经营的自然、技术、经济条件及经营管理措施等方面都存有很大差别。因此，在进行林业经营时，必须全面考虑。

第二，人工培育森林生产时间长，资金周转慢。由于人工培育森林生产时间长，资金周转慢，投资回收期长，因而林业经营往往需要国家的经济扶持，也需要开展多种经营以短养长。这就要求，林业经营必须有长期规划而且在规划时还应从空间和时间等多方面通盘考虑，合理安排，遵循可持续发展的原则。

第三，森林资源的可再生性。作为可再生资源，只要做到合理开发利用，森林资源应能实现可持续经营。因此，林业经营必须树立以营林为基础的指导思想，把森林采伐利用、更新和抚育管理视为统一的生产过程，促进林业可持续经营。

第四，可以充分而有效地利用自然力。森林生产率在很大程度上取决于林地、气候、树种生物学特性等自然因素，因此林业经营可以因地制宜、充分而有效地利用自然力。在林地条件适宜、资金缺乏和劳动力不足地区，可采取封山育林等方式，主要靠自然力恢复和扩大森林资源；在经济条件较好的地区，可集约经营，促进森林资源可持续利用。

第五，林业是具有三种产业属性的产业体系。森林的培育、保护和管理即森林培育，具有种植业性质，属第一产业；森林的开发与利用即森林采伐、运输和林产加工，是工业的组成部分，属第二产业；森林提供的生态效益、社会效益，以及森林旅游，林区社会的服务业等，具有服务业的性质，属于第三产业。这三种产业属性均以森林资源为基础，关系密切，融为一体，构成完整的产业体系。

（二）林业经营的内涵

林业经营以森林资源为对象，通过对森林资源的有效经营，实现森林生态系统健

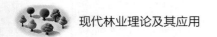

康、林业经营综合效益最大化的目标。这决定了林业经营的内涵是丰富的，主要包括以下四个方面。

1. 繁衍林种、树种及其他动植物等生物物种

林业经营将森林划分为防护林、用材林、经济林、薪炭林和特种用途林五大林种，不同林种有不同的经营目的，可以用来满足人类社会不同的需要。即使是同一林种，也可因树种的不同、成熟期的不同来满足不同的需要。从生物圈生态平衡的角度看，作为大系统中的一个部分的森林生态系统，对生态系统的平衡及环境的调节起着重要的基础作用。不同的生物物种对国计民生和经济社会的发展也具有各自不同的作用，因此，林业经营不能仅拘泥于木材等林产品的经营，而必须把林种、树种及林中各种动植物等生物物种的繁衍作为重要的经营内涵。

2. 扩大面积，增加蓄积和生物质，充分发挥森林的多种效益

森林生态系统是陆地生态系统的最重要的组成部分。林业经营不仅要为国家生产木材及其他林产品，还要为改造自然、调节气候和减缓自然灾害等服务。在我国，根据第八次全国森林资源清查结果，森林面积为 2.08 亿 hm^2，覆盖率为 21.63%，仅相当于世界平均水平 31% 的 70%；人均森林面积 0.132 hm^2，不到世界平均水平 0.6 hm^2 的 1/4；现有宜林地质量好的仅占 10%，质量差的达 54%，且 2/3 分布在西北、西南地区，立地条件差，造林难度越来越大、成本投入越来越高，见效也越来越慢，如期实现森林面积增长目标还要付出艰巨的努力。我国森林质量不高，全国森林单位面积蓄积量只有 89.79 m^3/hm^2，相当于世界平均水平的 82%。人均森林蓄积 11 m^3，不到世界平均水平 75 m^3 的 1/6，提高森林蓄积任重道远。因此，扩大森林面积，增加森林蓄积，充分地发挥森林的多种效益也是我国林业经营的重要内涵。

3. 综合开发和合理利用一切自然资源

除了动植物资源外，森林资源还包括微生物资源和土地、矿产、水等非生物资源。综合开发和合理利用这些自然资源，有利于充分挖掘潜力，丰富林业经营内容，增加林业经营效益，实现"生态建设、生态安全、生态文明"这一重要的"三生态"林业实践，促进我国全面建成小康社会。加强生态建设，保障生态安全，促进生态文明是我国林业经营的重要内容。现代生态文明的最高境界是实现人与自然的和谐发展，这是人类总结、反思人与自然关系史得出的历史经验。森林文化是中华文化的重要内容，"以人为本，天人合一"是森林文化的最高境界。

4. 不断满足社会日益增长的需要，使生态与经济良性循环发展

林业经营既不能忽视生态效益，也不能忽视物质生产，但无论是从宏观还是微观出发，应面对林区各种资源，并以适度利用资源保证可持续经营为前提，大力发展木质和非木质林产品和服务的生产，即林业经营必须扩大视野，从"林""木"之中解脱出来，通过短、中、长结合，获取生态、社会、经济三大效益最佳。

二、世界主要林业经营理论

林业经营理论是林业生产的指南，对林业发展具有极大的影响。纵观人类需求的变化及相应经营思想的发展，不难发现世界不同时期的林业经营理论适应当时的需求和环境。随着社会经济的发展和人们认识水平的提高，林业经营理论有了很大的发展和变化，其中，在林业生产中起主导作用的主要有森林永续利用理论、林业分工论、近自然林业理论和森林可持续经营理论等。

（一）森林永续利用理论

森林永续利用理论始于 17 世纪中叶，德国是森林永续利用理论的鼻祖，在林业经营理论上经历了从木材培育理论、森林建设理论、法正林理论、森林效益永续经营理论等的演变，为现代林业经营奠定了基础。17 世纪中期，德国因制盐、矿冶、玻璃、造船业等工业的发展，对木材的需求量猛增，开始大规模采伐森林。德国虽有严厉的森林条例，但是工业发展对森林的破坏远远超过了数千年农业文明对森林的破坏程度，不论是君主林还是私有林、公有林都出现了过伐。任何森林法规都不能遏止这场破坏，这一时期就是森林利用史上所谓的"采运阶段"。这种对经济利益的追求，给森林带来了前所未有的灾难性破坏，从而导致了 18 世纪初的震动德国的"木材危机"。"木材危机"使人们认识到森林资源也不是取之不尽、用之不竭的，只有在大力培育的基础上适度开发利用，才能使森林资源持续地为人类发展服务。危机的出现，促使林业工作者对过去的森林经营理念和林业发展的自然规律进行了反思和探索。

1713 年，德国森林永续利用理论的创始人汉里希·冯·卡洛维茨首先提出了森林永续利用原则，提出了人工造林思想。这一理论的出现也为近代林业的兴起与发展拉开了帷幕。永续利用最初的定义是生产作业和木材生产收获的不断继续，其最基本的含义是连续、均衡的木材产出。它反对把森林当成采掘性资源。所谓森林永续利用原则，就是森林经营管理应该这样调节森林采伐，通过这种方式而使生产作业和木材收获不断继续，以致世世代代从森林中得到的好处，至少有我们这一代这样多。这种森林经营理念已经突破了盲目开发森林资源的误区，永续的目的是追求最高木材产量的持续性和稳定性。

1826 年，在总结前人经验的基础上，德国林业经济学家洪德斯哈根在其《森林调查》中，创立了法正林学说：基本要求是在一个作业级内，每一林分都符合标准林分要求，要有最高的木材生长量，同时不同年龄的林分，应各占相等的面积和一定的排列顺序，要求永远不断地从森林取得等量的木材。洪德斯哈根主张应以此作为衡量森林经营水平的标准尺度，这标志着森林永续经营理论的形成。

所谓法正林就是理想的森林，也称"标准林""模式林""正规林"，指实现永续利用的一种古典理想森林。这种森林是在各个部分都达到和保持着完美的程度，能完全和连续地满足经营目的。法正林学说经过补充和发展，成为森林永续和均衡利用的经典理论。森林永续利用理论成为欧美国家 100 多年来实施经营同龄林和追求森林资源永续利用的理想森林结构模式，对各国林业的发展产生了巨大的影响。这一时期理论的主要特点是强调为了满足工业日益增长的木材需要而进行的森林资源单纯经济效益利用。保持森林的永不灭绝，是人类的希望，可以满足人类经济与生存两方面的需求，法正林的贡献正是如此。

森林永续利用理论的最大贡献就是认识到森林资源并非取之不尽、用之不竭的，只有在培育的基础上进行适度开发利用，才能使森林持久地为人类的发展服务。实现森林资源的永续利用始终是林业发展的最终目标。但是，永续利用强调单一商品或价值的生产，以单一的木材生产和木材产品的最大产出为中心，把森林生态系统的其他产品和服务放在从属的位置，其目的是通过对森林资源的经营管理，源源不断地、均衡地向社会提供木材和其他林副产品。这一理论主要考虑到的是森林蓄积的永续利用，以木材经营为中心，忽视了森林的其他功能、森林的稳定性和真正的可持续经营。

19 世纪中期，膨胀的工业化对木材的大量需求，致使大面积阔叶林转变为针叶林。处于资本主义上升时期的德国对木材的需求加剧，人本主义思潮猛涨。德国 18 世纪末开始的人工林运动的结果是把 99%的林地变成了非自然的人工林，经历了第二、第三代之后，造成了地力和森林抗灾能力的衰退，改造起来很困难。同时，集约经营人工林见效快、效益高，诱使人们把不多的原始林也砍光改为人工林，使宝贵的原始森林丧失殆尽。1867 年，哈根（A.F.Hagen）提出了闻名于世的林业经典理论——森林多效益永续经营理论，也就是我们现在所知的森林多功能理论。

（二）近自然林业理论

近自然林业理论创立于 19 世纪末。19 世纪末，林学界开始重视在森林经营中起主导作用的自然规律，提出森林经营要符合自然规律。其代表人物盖耶尔（K.Gayer）在

1898 年提出近自然林业理论，强调要尽可能地利用森林生产力，尽可能地保护和维持森林，并尽可能多的收获回归自然的思想，主张利用天然更新经营混交林。近自然林业理论是在对木材培育论反思的基础上提出的。它充分认识到人力的不当干预虽然可以获得木材高产，但对生态环境带来负面影响，消除这种负面影响甚至需要付出更大的代价。近自然林业的兴起不仅是人类林业理论、林业活动实践与科学技术的进步，更体现着林业哲学思想的进步。盖耶尔反对皆伐作业，提倡择伐。

所谓近自然林业，即在经营中使地区群落的主要本源树种得到明显表现，它不是回归到天然的森林类型，而是尽可能使林分建立、抚育和采伐的方式同潜在的天然森林植被的自然关系相接近，使林分能够接近生态的自然发生，达到森林群落的动态平衡，并在人工辅助下使天然物质得到复苏。该理论认为，人工林具有多样性低，稳定性差，虽然速生但地力消耗大的弱点，而近自然林业可避免这些弱点。近自然林业理论认为，森林内的多样化物象是自然发展之规律，而非人力能左右，林业活动应以森林为主体考虑问题，但是为了满足人类对森林的实际需要，可通过促进森林的自发潜力来从事接近自然的林业活动，表达了"森林内部物质的自然和谐"，以及"人应遵循森林的自然发展规律"的哲学观。近自然林业理论倡导"至真、至善、至美"，即天然林为"真"，和谐处理人与自然的关系为"善"，保持森林的天然性以及人的道德、伦理和精神的升华为"美"。近自然林业理论开创了 20 世纪德国林业理论发展的新阶段，已引起许多国家林业专家的关注，成为当代世界林业发展理论的重要组成部分。

近自然林业理论基于利用森林的自然动力。其操作原则是尽量不违背自然的发展。近自然林业理论阐述了两个道理：林分越是接近自然，各树种间的关系就越和谐，与立地也就越适应，产量也就越大。当森林达到一定的发展阶段，即使在纯林中或在树种较少时，许多立地也会呈现出自然现象。近自然林业理论是把森林作为一个生态系统进行了考虑，根据森林生态系统的自然演替规律，使"人类的一切经营活动要使森林内起作用的力量达到和谐"。它强调在进行森林培育时要建设混交林，要尽量接近森林的自然状态；在进行天然林森林资源利用时要多采用择伐，尽量减少人类活动对森林资源的影响；在森林内部不仅存在激烈的竞争，更重要的是存在着和谐的协调和协作。近自然林业理论就是要充分发挥森林的自我恢复和自我调控功能，使森林的三大功能总是处于最佳状态。

近自然林业兼顾了环境、自然保护及其他社会效益，任务是促进发展与森林生态有关的"森林保健"。近自然林业理论是在持续保护森林生态健康的前提下，如何让人类能够获取木材的一种策略。它主张应用顺应自然的林业经营方法，即在服从自然规

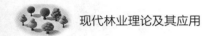

律的前提下为人类的木材利用目的而设计的容许有一点偏离自然的森林建设方法。

（三）林业分工论

20 世纪 70 年代后期，美国林业经济学家 W.海蒂对不同林业经营理论进行了分析，澄清了其实践差异，对分工协同论进一步进行了科学验证，并与 M.克劳森，R.塞乔等人开始进行林业分工论的研究，提出了森林多效益主导利用的经营思想。他们指出，不同林地需要采用不同的经营水平，即经营目标的分工，如优质林地进行集约经营，充分发挥森林生产潜力，可生产出单一化的林产品。他们还提出了《全国林地多向利用方案》等，奠定了林业分工论的基础。主张在国土中划出少量土地发展工业人工林，承担起全国所需的大部分商品材任务，称为"商品林业"；其次划出"公益林业"，包括城市林业、风景林、自然保护区和水土保持林等，用以改善生态环境；再划出"多功能林业"。他们认为，永续利用思想是发挥森林最佳经济效益的枷锁，大大限制了森林生物学的潜力。

20 世纪 80 年代，美国林业分工论的研究向微观和宏观双方向发展。微观研究方向：即通过集约林业——工业人工林的比较经济优势评估，展示出它不仅对世界未来的木材供应，而且对环境改善和自然保护可能发挥的作用。研究表明，人工林的效果和经济效益都不错。优质林地的高产人工林，可年产 15～20 m³/hm² 工业用材，若用占世界林地总面积 3%的优质林地约 1.425 亿 hm² 培育工业人工林，年生长量按 10 m³/hm² 计算，便可达到年产量 14.25 亿 m³，相当于 1978 年世界工业用材总量。

宏观研究方向：把世界林业纳入其研究的范围，对全球森林资源的动态演变和时空调整及林产品国际贸易格局的变化等问题做出具有预测性的回答。强调森林是朝着各种功能不同的专用森林——森林多效益主导利用方向发展，而不是走向森林三大效益一体化。如：澳大利亚、新西兰、智利、南非等国，在森林多效益主导利用的经营体制下，一端是提供环境和游憩的自然保护森林，包括城市林业、风景林、自然保护区、水土保持林等，用以改善生态环境；另一端是集约经营的工业人工林，它承担起全国所需的大部分商品林任务；在这两极之间将有大量的用来提供多种产出的森林。

林业分工论通过专业化分工途径，分类经营森林资源，使一部分森林与加工业有机结合，形成现代林业产业体系，而另一部分森林主要用于保护生态环境，形成林业生态体系。该理论通过局部的分而治之，达到整体上的合而为一，体现了森林多功能主导利用的经营指导思想，使林地资源处于合理配置的状态，发挥最符合人类需求的功效，达到整体效益最优。

美国把森林按用途划分为生产林和非生产林。生产林以木材生产为中心，以获取最大的经济效益为目标、采取集约化经营，很少考虑森林生态效益和社会效益。非生产林主要是自然保护区和国家森林公园，以生物多样性保护为目的，禁止林业生产性活动。法国把国有林划分为木材培育、公益森林和多功能森林三大模块，其特点是采取森林多效益主导利用的发展模式。澳大利亚和新西兰则是对天然林与人工林实行分类管理，即天然林主要是发挥生态和环境方面的作用，而人工林主要是发挥经济效益。

　　我国的林业分工论起始于 1985 年，主张"局部上分而治之，整体上合而为一"，在国土中划出少量土地发展工业人工林，逐步承担全国所需大部分商品木材生产任务，称为"商品林业"。另外，划出一部分为"公益林业"，包括城市林业、风景林、自然保护区、水土保持林等专门解决生态环境问题。余下的为"多功能林业"，是商品林业和公益林业的中间过渡形态。

　　1. 商品林业

　　商品林业是以主要提供社会所需要的各种林产品为基本职能的林业。它主要是充分发挥森林的经济功能，提供经济效益。根据我国的实际情况，在商品林业中，首要的是建立起强大的木材培育产业，以解决我国木材供需这一关键问题。有了木材培育产业，满足了低层次的需求，就为满足高层次需求创造了条件，并为林产品的加工和综合利用提供了可供的原料，包括商业目的的用材林、经济林、薪炭林等。商品林业的建立承担起满足经济需求的重担，为公益林业和兼容性林业的建立、发展和巩固，提供了可能性和可靠性的保证。

　　2. 公益林业

　　公益林业是以担负各种污染防治、生态保护、景观保护和绿化美化等任务作为主体功能的林业。公益林业经营单位要充分发挥森林的生态功能，提高生态效益。公益林业的建立、发展和巩固，需要两个条件：① 卸掉承担满足经济需求，尤其是木材需求的重担；② 要有充足的稳定的投入。从林业内部讲，它的发展要以商品林业的发展为依托，它又为商品林业的发展提供环境条件和生物基因。

　　3. 兼容性林业

　　兼容性林业是除上述两类林业之外的全部林业，主要经营目的是保护和扩大森林生态系统，保护其较长期的稳定，以发挥生态功能，同时也兼顾木材和其他林产品生产。其最大特点是可以根据各地区的具体情况，选择多目标经营，不受某种单一目的的束缚。兼容性林业辅佐商品林业和公益林业，为社会提供经济效益和生态效益，减轻商品林业和公益林业的压力，使两者正常发展。而商品林业和公益林业的发展，也

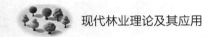

减轻了社会需求对兼容性林业的压力，保证其正常发展。

（四）森林可持续经营理论

进入 20 世纪，针对全球森林资源及其所保护环境遭到严重破坏、生物多样性迅速减少、生命保障系统受到进一步破坏等严峻形势，世界各国普遍认识到，应尽快制定策略和政策来制止森林退化和砍伐，增加森林效益，提高林地生产率，鼓励森林保护、管理和森林的可持续发展，应把林业的三大功能，把当代人的利益和后代人利益及人类与森林的和谐共处全部纳入研究范围。

可持续发展作为一种发展的目标和模式，1992 年在巴西里约热内卢召开的联合国环境与发展大会上第一次被推向行动。这次大会系统地研究了人类面临的重大经济、社会和环境问题，以可持续发展为基本纲领，从保护和发展环境资源满足当代和后代的需要出发，提出了一系列政策目标和行动建议。大会指出，人类社会的可持续发展，只能以生态环境和自然资源的持久、稳定的支撑能力为基础，而环境问题也只有在经济的可持续发展中才能够得到解决。此次大会对全球可持续发展问题经过热烈讨论后取得了共识，认为可持续发展已是当今世界各国经济发展的共同指导思想；并强调指出，森林可持续发展是经济持续发展的重要组成部分，是环境保护的主导，是各部门经济发展和维持所有生活必不可少的资源。森林和林地应采用可持续方式进行经营管理，以满足人类当代和子孙后代在社会、经济、文化和精神方面的需要。

现在，各国林学家都在从不同角度研究森林可持续发展理论。该理论已初步形成，正在逐步完善。虽然学者们对其内涵和定义还莫衷一是，但对其内涵的认识基本达成了共识。森林可持续经营理论主要是指森林生态系统的生产力、物种、遗传多样性及再生能力的持续发展，以保证有丰富的森林资源和健康的环境，满足当代和子孙后代的需要。

它是以当代可持续发展和生态经济理论为基础，结合林业的特点和特殊经营规律形成的林业经营指导思想。目前，世界许多国家都按照这个新的理论研究和制定了本国的 21 世纪议程林业行动计划。各国本着既从本国实际出发，又与国际研究接轨的原则，分别研究各自国家森林可持续经营的标准和指标体系。如新西兰、日本、俄罗斯、加拿大、美国和印度尼西亚等国家先后制定了国家级的标准和指标体系框架。就内容来看，基本上与国际议程中所提出的核心内容类似，反映出了由于各国国情、林情不同所带来的差别。如日本把森林可持续经营的标准分为森林功能的标准和社会基础的标准。

从总体来看，森林可持续经营理论已是世界各国制定 21 世纪林业发展战略的理论基础和基本原则。各国政府虽都承诺森林要可持续地加以经营，然而对这一概念并不存在统一的、精确的解释。一般说来，森林可持续经营意味着在维护森林生态系统健康、活力、生产力、多样性和可持续性的前提下，结合人类的需要和环境的价值，通过生态途径达到科学经营森林的目的。森林可持续经营必须遵循如下几条基本原则：① 保持土地健康（通过恢复和维持土壤、空气、水、生物多样性和生态过程的完整），实现持续的生态系统；② 在土地可持续能力的范围内，满足人们依赖森林生态系统得到食物、燃料、住所、生活和思想经历的需求；③ 对社区、区域、国家乃至全球的社会和经济的健康持续发展做出贡献；④ 寻求人类和森林资源之间和谐的途径，通过平等地跨越地区之间、世代之间和不同利益团体之间的协调，使森林的经营不仅满足当代人对森林产品和服务的需求，而且为后代人满足他们的需求提供保障。

第二节　林业经营形式

一、林业经营形式的影响因素

林业的产权和经营形式是森林资源管理和林业经济发展的基础问题，是一切林业政策规章和经济管理工作的基础。经营形式不同于产权形式。同一种经济成分的产权可以有不同的经营形式，不同经济成分的产权可能有相同或近似的经营形式，二者既有区别又有联系。任何一种经营形式总是在一定产权关系条件下的经营形式，它反映该种经济成分产权关系的性质。林业经营形式是一个复杂的问题，影响因素多，概括起来主要包括以下几方面。

1. 生产力发展水平

林业经营形式必须同生产力发展水平相适应，因为经营形式是生产关系表现形式之一。因此，只有对林业现实的生产力水平进行细微的分析，对不同经营项目采取不同的经营形式，才能使经营者同森林资源紧密结合，才能使其责、权、利清晰明确，从而充分调动经营者的积极性，促进林业经济的发展和森林资源的保护。

2. 林业生产特点

由于自然的、历史的、社会的原因，各地林业无论在资源储量、林分结构、作业环境上，还是在产权关系、生产目标、经营内容上，都存在着差异，只有因地制宜选择适应当地特点的经营形式，以有效地组合各种生产要素，取得最佳的经济效益。因林业生产过程既是连续的，又可分割为相对独立的阶段，完全可以依据不同阶段的特点分别实行不同的经营形式。

3. 森林资源的状况

森林资源是林业经营的物质基础，所以无论选择何种经营形式，都要从有利于森林资源的数量增长，质量提升角度出发。在森林资源数量不断增长、质量不断提升的前提下提高综合效益，针对不同经营目的选择不同的经营形式。

4. 经营特点

林业经营形式的选择要有利于生产的运行和经营目标的实现。林业经营单位功能的多样性、组织的分散性和企业内部的整体性，都会制约林业经营形式的选择。无论选择何种林业经营形式，都应便于经营管理，有利于生产的运行和经营目标的实现。总之，林业经营形式是林业经济管理的重要内容之一，林业经营形式的选择，应综合考虑多种因素，力求合理，切实可行。

二、主要林业经营形式

随着林业改革的深入发展，林业经营形式日趋多样化，主要有承包经营、租赁经营、股份合作制、股份制企业和企业集团等。

（一）承包经营和租赁经营

1. 承包经营

承包经营是国有林场和乡村林场选择统分结合联产承包经营形式。以职工、林农及其家庭分散经营为主，同时保留必要的统一经营。将各项生产任务承包给林业职工家庭或农户经营，把林地和生产工具一起包给职工和林农家庭使用。承包后，林业生产的全过程，从计划制订、资金筹集、生产组织、产品收获与销售等生产经营活动，均由承包户自主进行，经营成果在完成国家、企业和集体任务后，由承包户享有。

2. 租赁经营

租赁经营是出租方把一部分林业生产资料租赁给承租方的经营形式，租期可长可短，一般为一个轮伐期或生产周期，期满将山价或林价的一定比例作为租金支付给出租方。租赁经营不改变国有林业企业产权性质，以国家授权单位为出租方，将企业或企业的一部分有期限地租给承租方经营。承租方按期向出租方交付租金，并依照合同规定对企业实行自主经营。它通常是小型国有企业实行的一种资产经营形式。

3. 承包经营与租赁经营的区别

承包经营与租赁经营在经营权的取得、所应承担的责任、法律关系、利润分配、破产处理等方面存在明显的差异。

（二）股份合作制

林业股份合作制是林业"三定"后，率先在福建三明林业改革试验区实行的林业经营制度，曾一度在南方集体林区推广。其特点是山权不变，林权共有，实行资源、资金、技术的优化组合，流动性强，形式多样。主要形式有村林业股东会、林业联营实体等。近年来，新兴起另一种股份合作制——股份制合作社。

1. 村林业股东会

村林业股东会是按"分股不分山，分利不分林"的原则，对原来集体所拥有的森林资源资产以价值形态折价作股，用股票形式分给应得利益的享有者；而作为森林或林木存在的实物形态，仍保持其生存环境的完整性，实行折股联营、承包经营而兴办的。一般做法是以村为单位，以集体山林权属为基础，以有利保护森林资源和发展林业生产为目标，将本村现有的林木资源蓄积量的禀赋价值，分别不同龄组通过简易的森林资产评估，折算成股份，股份设置为林地股、普通股和投资股，普通股按人口分到户发给股份票证，体现了林木的初始产权分配的公平性，并成立林业股东会，制定股东会章程。在利益分配上，按股分红，一年分红一次，村民按普通股和投资股分得红利，村集体按林地股分得红利。股东会将集体山林，与承包经营户签订经营管护承包合同，确定林业收益分配比例。集体山林经营收益，按照股东会章程由股东会进行承包经营和股份分红的双重分配。上缴到村民委员会的分红，主要用于集体公益事业开支。

村林业股东会政策设计合理，得到了党中央、国务院的充分肯定，也深受人均拥有较多森林资源的山区乡村欢迎，一度成为南方集体林区，尤其是福建三明等地区的主要林业经营形式。但是存在两个问题：① 村民委员会和股东会"政企"不分，村民委员会过多包揽和干预股东会事务；② 没有全面执行股东会章程，林业收益分配与股东分红无法完全兑现。至 20 世纪 90 年代，开展集体林经营体制改革，重新修订股东会章程，以村民小组、自然村为经营单位，使林业股份制在南方重点林区一些县市获得了完善和发展。但随着林权改革的深入，为保障林农的合法权益，提高林农参与林业经营的积极性，这一形式越来越多地被承包经营

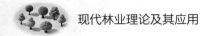

等形式所取代。

2. 多种形式的林业联营实体

林业是一项生产周期长、收益慢、风险大的事业，林业联营实体是按照参股要素联合而成的林业经营实体。参股要素包括资金、技术、劳力、山场、管理等，联营坚持"自愿互利、山权不变、材权共有、收益分成、专业管理"的原则。其主要形式如下。① 市、县林业投资公司与乡、村合作造林。由公司提供资金、技术，乡政府负责管理、协调，村提供山场、进行管护。② 乡林业站参加村股份合作造林。乡林业站或技术承包作为投股参加造林，或既投资金又投技术参加造林。③ 国有木材公司和乡、村、林农股份合作造林。木材公司投资和技术指导，村股东会负责出山场和管理，农民可集资投股，采伐时按 3:4:3 等方式分成。④ 国有用材企业参加股份合作造林。造纸厂等用材企业与乡村联办原料基地，成立股份公司，采取股份合作办法组织造林，共同投资，共建基地。

3. 股份制合作社

在全国完成集体林地确权的大背景下，为解决经营主体分散、户均经营规模小、市场对接困难和林农难以有效维护自身合法权益等难题，林业合作经济组织应运而生。而推进股份合作，引导林农以林权作股份建立的股份合作社，就是其中的典型代表，成为顺应全国深化林业改革，促进林业增效、林农增收、推动新农村建设的重要载体。如成立于 2008 年 12 月 20 日的浙江省安吉县尚林毛竹股份制合作社，按毛竹每度产量折价入股成立，合作社现有基地面积 45 hm²，已有 42 户农户自愿入社，共有股份 114.12股。合作社本着"入社自愿、退社自由"的原则，大家共同推选出合作社中的能人，对 45 hm² 毛竹林进行统一管理、统一经营、统一销售，利益共享、风险共担。让合作社中的剩余劳动力能更安心地去发展其他产业。由于看到了股份制经营的前景，该村许多没入社的林农都向合作社表达了入社的愿望。

（三）林业股份制企业

林业股份制企业是全部注册资本由全体股东共同筹集，并以集股经营的方式自愿结合的林业企业。股东依在林业股份制企业中的股份参加管理、享受权益、承担风险。股份制企业的特征主要是：① 发行股票，作为股东入股的凭证，一方面借以取得股息，另一方面借以参与企业的经营管理；② 建立企业内部组织结构，股东代表大会是股份制企业的最高权力机构，董事会是最高权力机构的常设机构，总经理主持日常的生产经营活动；③ 具有风险承担责任，股份制企业的所有权收益分散化，经营风险也随之由众多的股东共同分担；④ 具有较强的动力机制，众多的股东都从利益上去关心企业资产的运行状况，从而使企业的重大决策趋于优化，使企业发展能够建立在利益机制的基础上。我国的林业股份制企业主要有股份有限公司和有限责任公司两种组织形式。根据 2013 年 12 月 28 日修改并于 2014 年 3 月 1 日起施行的《中华人民共和国公司法》，林业股份制企业包括林业有限责任公司和林业股份有限公司。

1. 林业有限责任公司

林业有限责任公司是指由两个以上股东共同出资，每个股东以其所认缴的资本额对公司承担有限责任，公司以其全部资产对其债务承担责任的林业企业法人。

有限责任公司由五十个以下股东出资设立。设立有限责任公司，应当具备下列条件：股东符合法定人数；有符合公司章程规定的全体股东认缴的出资额；股东共同制定公司章程；有公司名称，建立符合有限责任公司要求的组织机构；有公司住所。新修改的《中华人民共和国公司法》不再要求股东出资达到法定资本最低限额，也不再要求验资，并允许设立一人有限责任公司。为保障中小股东权益，在新修改的《中华人民共和国公司法》中，增加了有限责任公司连续 5 年盈利，并符合分配利润条件，但不向股东分配利润的，对股东会该项决议投反对票的股东可以要求公司以合理价格收购其股权。林业有限责任公司不发行股票。

为明确股东对公司的出资及其在公司全部股东权益中所占份额，有限责任公司成立后，应当向股东签发出资证明书。公司成立后，股东不得抽逃出资，股东之间可以相互转让其全部或者部分股权。股东向股东以外的人转让股权，应当经其他股东过半数同意。股东应就其股权转让事项书面通知其他股东征求同意，其他股东自接到书面通知之日起满三十日未答复的，视为同意转让。其他股东半数以上不同意转让的，不同意的股东应当购买该转让的股权；不购买的，视为同意转让。经股东同意转让的股权，在同等条件下，其他股东有优先购买权。两个以上股东主张行使优先购买权的，协商确定各自的购买比例；协商不成的，按照转让时各自的出资比例行使优先购买权。公司章程对股权转让另有规定的，从其规定。

2. 林业股份有限公司

林业股份有限公司是指全部注册资本由等额股份构成并通过发行股票（或股权证）筹集资本，股东以其认购的股份为限对公司承担责任的林业企业法人。

在我国，林业股份有限公司的发起人必须是法人。股份有限公司按其设立过程中是否向社会公众募集股份可分为发起设立和募集设立。发起设立是指由发起人认购公司应发行的全部股份而设立公司。募集设立，是指由发起人认购公司应发行股份的一部分，其余股份向社会公开募集或者向特定对象募集而设立公司。募集设立包括定向募集设立和社会募集设立两种。定向募集设立指公司发行的股份由发起人认购一部分外，其余股份只向其他法人或本公司内部职工发行。社会募集设立指公司发行的股份除由发起人认购一部分外，其余股份向社会公开发行。

（四）林业企业集团

林业企业集团是一种以大企业为核心，以经济技术或经营联系为基础、实行集权与分权相结合的领导体制，规模巨大、多元化经营的企业联合组织或企业群体组织。其特性是：在结构形式上，表现为以大企业为核心、诸多企业为外围、多层次的组织结构；在联合的纽带上，表现为以经济技术或经营联系为基础、实行资产联合的高级的、深层的、相对稳定的企业联合组织；在内部的管理体制上，表现为企业集团中各成员企业，既保持相对独立的地位，又实行统一领导和分层管理的制度，建立了集权与分权相结合的领导体制；在联合体的规模和经营方式上，表现为规模巨大、实力雄厚，是跨部门、跨地区甚至跨国度多元化经营的企业联合体。

企业集团形式 20 世纪 80 年代初期开始出现。如创办于 1992 年的德华集团，为国家大型企业、中国民营企业 500 强、中国大企业集团竞争力 500 强、国家火炬计划高新技术企业，拥有下属控股、参股企业 7 家，其中控股子公司德华兔宝宝装饰新材股份有限公司为中国贴面板行业首家上市企业，也是行业内产销规模最大企业。德华集团主业为项目投资与资产管理，涉足新型建材、经济林营造、钢琴制造、精细化工、游艇制造、房地产、创业投资等领域。拥有从原木全球采购、速生林栽培到生产环保型装饰贴面板、胶合板、细木工板、实木复合地板、层积材、重组木、工艺木门等木制产品的完整产业链。以浙江为主要产业基地，不断优化配置资源，持续稳健对外扩张，在江苏、江西、湖北、重庆等地已形成一定规模的产业集群。再如中国林业集团公司（以下简称"中林集团"）是以国家林业和草原局原九家直属公司为主体组建的综合性林业企业，于 1996 年成立，2001 年开始正式运营，主要从事国内速生丰产林培育，森林资源的国际化经营与储备，木竹制品、林化产品和林木种苗的生产、加工及进出口，同时提供森林旅游服务并为大型国有林区提供燃油和森林消防装备等配套服务。

中林集团经营业务涵盖了从林业资源培育、开发利用到林产品国内外贸易、流通等环节。中林集团下辖的子公司均成立于 20 世纪 70 年代末至 90 年代，基本上是按照林业产业链中的各个环节和业务领域设立的。在全国拥有并经营 70 多家企业，并在新西兰、俄罗斯、新加坡、缅甸等国建有生产基地和经营网点。

三、新型林业经营主体

新型林业经营主体，是新型农业经营主体在林业领域的延伸。2012 年以前，新型农业经营主体一词仅在理论研究或政策研究的论文中提及，如张义珍（1998）界定，农业经营主体是指直接或间接从事农产品生产、加工、销售和服务的任何个人和组织。中国的农业经营主体已由改革初期相对同质性的家庭经营农户占主导的格局，向现阶段的多类型经营主体并存的格局转变。新型农业经营主体主要包括农户、农业企业、农民专业合作组织以及社区性或行业性的服务组织等，其中农业专业大户、农民专业合作社和农业企业是现阶段农业发展的中坚力量。

2012 年以来，新型农业经营主体逐渐进入中央和地方的文件中。如 2012 年 6 月 27 日，浙江省根据《国务院关于支持农业产业化龙头企业发展的意见》（国发〔2012〕10 号）等文件精神，以浙政办发〔2012〕73 号出台了《关于大力培育新型农业经营主体的意见》。2012 年 11 月 8 日，中共十八大报告提出："促进工业化、信息化、城镇化、农业现代化同步发展……发展多种形式规模经营，构建集约化、专业化、组织化、社会化相结合的新型农业经营体系。"2013 年中央 1 号文件明确提出，创新农业经营体制机制，构建集约化、专业化、组织化、社会化的新型农业经营体系。培育新型农业经营主体是构建新型农业经营体系的关键。新型农业经营主体包括专业大户、家庭农场、农民合作社等。新增农业补贴向新型生产经营主体倾斜，加大新型生产经营主体信贷支持力度。2014 年中央一号文件要求"扶持发展新型农业经营主体"。

新型农业（含林业、渔业，下同）经营主体是指在家庭承包经营制度下，经营规模大、集约化程度高、市场竞争力强的农业经营组织和有文化、懂技术、会经营的职业农民（浙政办发〔2012〕73 号）。以此为依据，可以认为，当前新型林业经营主体主要包括专业种养大户、现代职业林农、家庭林场、合作林场、林农专业合作社、林业龙头企业和林业服务组织等。

（一）专业种养大户和现代职业林农

1. 专业种养大户

林业专业种养大户是指围绕某种商品林进行专业化生产，经营达到一定面积或养殖某种林区动物等达到一定规模的专业大户。2013 年中央一号文件专门指出："继续增加农业补贴资金规模，新增补贴向主产区和优势产区集中，向专业大户、家庭农场、农民合作社等新型生产经营主体倾斜。"各地纷纷出台政策规范标准，但不同区域的标准尚未统一，如浙江省苍南县规定果树经营规模 50 亩及以上，而江西省赣州市则要求种植经营果园面积 100 亩及以上，其他产品的规模标准则参照确定。

2. 现代职业林农

现代职业林农是指将林业作为产业进行经营，并充分利用市场机制和规则来获取报酬，以期实现利润最大化的理性经济人。

2012 年中央一号文件《关于加快推进农业科技创新持续增强农产品供给保障能力的若干意见》中强调，加强教育科技培训，加快培养农业科技人才和大力培训农村实用人才，并提出"大力培育新型职业农民"。这对全面造就新型农业农村人才队伍，振兴发展农业教育，实现农业现代化，具有重要意义。进一步整合农村教育资源，对农业科技、农业技术、农业发展、农业管理、农业生态以及法律政策进行系统培训，培养有文化、懂技术、会经营、善管理、守信用的新型职业农民，是新时期新型职业农民培育的重要方向。如浙江省"十二五"期间加强现代农业经营领军人才培养，鼓励和支持大学毕业生从事现代农业，培育 20 万名以上拥有绿色证书的新型农民。这涵盖了以林业经营为主的现代职业林农。

（二）家庭林场和合作林场

1. 家庭林场

家庭林场是指以家庭成员为主要劳动力，从事林业规模化、集约化、商品化生产经营，并以林业收入为家庭主要收入来源的新型林业经营主体。家庭林场是林农家庭通过租赁、承包或者经营自有土地的农业经营形式，往往是一定规模的种养大户符合家庭林场登记条件，经申领个体工商户或个人独资企业营业执照而形成的。

早在 20 世纪 80 年代中后期，南方集体林区就出现了家庭林场的雏形，出现了林业适度规模经营大户，随着市场经济的不断发展，一些大户自发或在政府部门引导下，进行了工商注册登记成为家庭林场，以期寻求法律的保护和进一步参与市场竞争的机会。2013 年中央 1 号文件强调促进家庭农场的发展。

2. 合作林场

合作林场是指林业生产者或家庭林场（包括国有林业企业职工家庭林场及山区专业户林场）联合起来形成的规模较大，商品化、专业化、社会化程度较高的林业经营形式。往往比家庭林场拥有更大的经营规模和更高的经营水平。

（三）林农专业合作社

林农专业合作社是在山区家庭承包经营基础上，同类林产品的生产经营者或者同类林业生产经营服务的提供者、利用者，自愿联合、民主管理的互助性经济组织。早在 2004 年 11 月 11 日，浙江省出台了《浙江省农民专业合作社条例》以规范合作社发展。《中华人民共和国农民专业合作社法》于 2006 年 10 月 31 日通过，并于 2007 年 7 月 1 日起实施，为规范和扶持合作社发展提供了法律保障。

（四）林业龙头企业

林业龙头企业是各级政府对林产品加工或流通行业中的大型企业的一种等级评定。龙头企业是我国重点扶持的企业，是林业行业中的标杆企业，国家每年的投入资金会相应地进入到这些企业中来。

龙头企业集成利用资本、技术、人才等生产要素，带动林农和林农专业合作社等发展专业化、标准化、规模化、集约化生产，是构建现代农业产业体系的重要主体，是推进农业产业化经营的关键。国家和地方政府不断出台相关政策扶持农（林）业龙头企业发展，如《国务院关于支持农业产业化龙头企业发展的意见》（国发〔2012〕10 号）等。

（五）林业服务组织

林业服务组织是林业社会化服务组织的简称，泛指为林业生产、加工、销售等行业提供物资供应、生产服务、技术服务、信息服务、金融服务、保险服务以及林产品的运输、加工、贮藏、销售等服务的组织。正是由于林业社会化服务涉及的内容十分宽泛，仅依靠林农专业合作社和龙头企业等的服务不能有效解决林业社会化服务需求。因此，还需要发展各种形式的林业服务组织以满足新时期各类林业经营主体林业社会化服务的需求。除林农专业合作社和龙头企业外，林业服务组织还包括：①　政府提供的林业服务组织如林业技术服务站、供销合作社等；②　高校和科研院所提供的林业服务组织；③　集体经济组织构建的服务组织如乡村护林队、"林保姆"等；④　金融部门提供的林业服务组织，如保险、贷款等服务组织；⑤　林业行业协会；⑥　农工商一体化或供产销一条龙的利益共同体等。

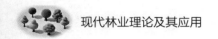

第三节　最佳经济轮伐期的确定

林业上一个关键的经济问题，是确定应该采伐的树木年龄或树木生长周期。这种选择确定了资本从森林资本形态转化为货币资本形态的时间，它还决定了为保持一定生产水平而必须维持的森林蓄积量。要解决这个问题，需要对不同时间森林在生物学上的和经济上的关系进行分析，就如酒的最佳酿造时间一样。这一传统的林业投资分析问题，一个多世纪以来一直是经济学家感兴趣的问题。

林业科技人员和工作者提出了各种确定森林采伐年龄的标准，其中某些标准没有考虑有关经济因素。例如，树木达到最适于制造某种产品大小时的年龄（工艺成熟），森林蓄积量达到最大的年龄（数量成熟）和蓄积增长率最大的年龄等。这些技术标准所确定的采伐年龄，很可能与经济成本和收益上的最佳采伐年龄有相当大的差距。这里要探讨的是在考虑到不同年龄蓄积和森林变化的技术特征及其经济价值之后，找到将产生最大经济收益的年龄，即最佳经济轮伐期。最佳经济轮伐期，是指当森林用于生产木材产品，能获得最大收益时的森林采伐年龄，即边际收益等于边际成本时立木的年龄。轮伐期是指两次皆伐的间隔年限，或森林从种植开始一直到被采伐为止的年龄。

决定最佳经济轮伐期其实是一个投资问题。为从一块森林中获得最大收益，必须考察在不同年龄阶段可获得的价值和生产成本的变化。因为一片森林的成本和收益产生在不同时间，所以两者都必须被贴现到它们现在的相应价值以便能进行比较，从而可以找到净现值最大的年龄。下文讨论如何确定这一经济上的最佳轮伐期以及它是如何随森林的生物生长量和经济特征而变化的。

为使问题简单化，假定森林经营者把森林作为商品林经营，只关心森林的商用木材收益的情况，而在特定环境中非常重要的森林涵养水源、保持水土、防风固沙、固碳释氧、游乐收益、野生动植物、动物饲料和其他非木材价值暂不考虑。

为方便起见，假定当森林达到采伐年龄时，进行皆伐作业是一种合适的经营管理措施，即确定同龄林的轮伐期的问题。

首先讨论最简单的情况，即森林的建立没有成本（如天然更新的森林）；土地只能用来造林；在森林的生长过程中不需要交纳税金，也没有经营成本产生，所有成本和价格在整个生长期内不变。然后取消这些假设以便讨论较切合实际的情况。

第九章　林业企业管理基础

企业是市场经济的微观基础，是国民经济的细胞，是社会经济运行的基层经济组织，也是创造社会财富的经济主体，是社会生产力的主要源泉，是人类物质财富的直接创造者。企业的兴衰，决定着社会物质力量的强弱。

第一节　企业及其特征

一、企业的概念和特征

（一）企业的概念

企业是从事商品生产、流通、服务等经济活动，以营利为目的，依法自主经营，实行独立核算，自负盈亏、自我发展、自我约束，享有民事权利和承担民事义务，并体现一定生产关系的经济实体。企业概念的要点如下。

（1）企业首先要通过一定的方式把生产资料和劳动力结合起来，从事商品生产、流通、服务（劳务）等经营活动。因此，企业与商品生产相联系，是商品生产的产物。

（2）这里的"经济活动"包括物质资料的生产、流通、交换和分配等领域，包括支持、推动上述领域发展的服务、信息产业等。企业必须是以营利为目的，是一个自主经营、自负盈亏、具有自我改造和自我发展能力，有独立经济利益的经济实体，这也是企业与从事非经济活动的学校、医院、政府机关等事业单位的区别。

（3）企业是一定生产关系的体现者。不同社会制度、不同所有制类型的企业，所体现的生产关系内容是不同的。

在市场经济中，作为市场主体的企业，其主要功能是投入与产出的转换功能，其目标是利润最大化。企业一方面通过优化资源配置，消费各种生产要素；另一方面产出可供消费的商品或服务，并在投入与产出的转换中，实现自身经济利益。物质生产部门的企业，投入生产设备、原材料、劳动力及其他辅助生产要素，产出有一定使用价值的物质产品；商业企业的投入与产出的转换是通过对商品购进和销售来实现的；其他服务性行业投入相应的生产要素，产出的是与使用价值有关的服务。在现代市场经济中，企业必须以市场需求为导向，正确安排投入与产出的内容，使企业的产品接受市场检验，在市场竞争中完成商品与货币、使用价值与价值的转换。企业是劳动力和生产资料直接结合并生产出产品或服务的场所。企业的素质和效益是整个国民经济效益的基础；企业通过计划、合同等形式和社会上的组织在科学技术、产品、劳务、信息等方面进行交换是保证社会生产和再生产顺利进行的重要条件；企业职工的最终收入，在很大程度上取决于企业的生产经营成果，企业在"劳动者—企业—国家"这个分配链条中起着中间环节的作用。

（二）企业的特征

在市场经济条件下，企业作为独立的商品生产者和经营者，具备以下基本特征。

1. 营利性

在市场经济体制条件下，企业是一个自负盈亏的经济实体，它要对自己经营活动的盈亏负完全责任，用自己的收入弥补支出，当入不敷出到一定程度后就要破产。企业要想生存发展，就必须通过增加盈利来不断增加投入，通过改进技术、更新设备、提高效率来适应市场竞争的需要。企业生产的目的就是通过商品的买卖交换来实现商品使用价值和价值增值，实现利润最大化，因此，企业具有很强的营利目的。

2. 自主性

由于企业对自己的经营活动具有自负盈亏的责任，因此，企业就必须具有生产经营的充分自主权。它可以根据市场的需要，自主地对生产经营计划、投资安排、资金支配、产品和劳动定价及企业内部的人事、工资、奖金分配等做出决策并组织实施。企业必须按规定缴纳税收和遵守各项法律法规，政府无权干涉其生产经营活动。企业要想在市场竞争中获胜，还应具有自我发展，自我改造的能力。

3. 风险性

在市场经济条件下，企业面临激烈的竞争。市场瞬息万变，科学技术日新月异，不可控因素很多，企业经营者稍有懈怠或不慎，就可能使企业陷入困境，由盈利转为亏损，由兴旺转为衰退，甚至面临破产或倒闭的危险。这种极大的风险性给企业的经营者以很大的压力，从而促使他们加强企业管理，努力改进技术，降低产品成本，提高产品竞争能力。

4. 市场性

在市场经济条件下，社会再生产的全过程都与市场密切联系，各种经济关系都通过市场沟通。企业生产经营活动要以市场为导向，通过市场手段来对企业拥有的资源进行有效配置。企业的生产要素包括劳动力、资金、技术、土地等，主要从市场上获得，企业生产什么、生产多少，要根据市场需求进行安排。市场的销售情况直接决定企业生产经营的好坏，企业要按市场竞争规律优胜劣汰。企业必须学会在市场经济的海洋里游泳，不断提高适应、开发、开拓市场的能力。

（三）现代企业制度的基本特征

1. 市场经济条件下三种基本的企业制度

市场经济在其数百年的孕育和发展过程中，逐步形成了三种基本的企业制度，即业主制企业、合伙制企业和公司（法人）制企业。业主制企业和合伙制企业在法律上属于自然人企业，没有法人资格，企业行为受普通民法的约束；公司制企业则具有法人资格，企业行为遵循公司法的规定。

（1）业主制企业。业主制企业是指业主个人单独出资兴办，由业主自己直接经营的企业。企业的财产，与业主自己家庭的私有财产一样，在法律上无任何差别，业主享有企业的全部经营所得，但如果经营失败，企业破产，业主对企业负债要承担无限的清偿责任。业主制企业一般规模较小，内部管理机构简单。

（2）合伙制企业。合伙制企业是由两人以上共同投资和共同经营的企业。合伙制企业是自然人企业，不具有法人地位。合伙制企业可以由部分合伙人经营，也可以由所有合伙人共同经营。它对债务负连带无限责任，即合伙制企业倒闭时，若合伙资本不足清偿债务，则每一合伙人对于不足数额，都有全部清偿的责任。与业主制企业相比，合伙制企业由一人出资变为多个合伙人共同出资，筹资能力有所提高，能够从事一些资产规模较大的生产经营活动；但与公司制企业相比，合伙制企业一般规模较小，只适合于资本需要量较小、个人信誉有明显重要性的行业，如律师事务所、会计师事务所、以营利为目的医疗诊所等，常常采取这种企业组织形式。

（3）公司制企业。公司制企业是依据公司法规定，由股东出资成立的营利性经济组织。它是现代企业制度的典型形式。与业主制企业和合伙制企业相比，公司制企业的最重要特点就是它是法人。公司制企业一经依法成立，法律就赋予它以人格化的地位，与自然人一样拥有享受权利和承担义务的能力。公司制企业有多种具体形式，但最具代表性的是有限责任公司和股份有限公司两种形式。有限责任公司是由两个以上股东共同出资、每个股东以其认缴的出资额对公司行为承担有限责任，公司以其全部资产对其债务承担责任的企业法人。

股份有限公司是指由一定人数以上的股东所设立的、注册资本由等额股份构成、公司以其全部资产承担有限责任的企业法人。其特点主要有：① 发起人符合法定人数。《中华人民共和国公司法》（2013 年修订）第七十八条规定：设立股份有限公司，应当有 2 人以上 200 人以下为发起人，其中须有半数以上的发起人在中国境内有住所。② 有符合公司章程规定的全体发起人认购的股本总额或者募集的实收股本总额。《中华人民共和国公司法》第八十条规定：股份有限公司采取发起设立方式设立的，注册资本为在公司登记机关登记的全体发起人认购的股本总额。在发起人认购的股份缴足前，不得向他人募集股份。股份有限公司采取募集方式设立的，注册资本为在公司登记机关登记的实收股本总额。法律、行政法规以及国务院决定对股份有限公司注册资本实缴、注册资本最低限额另有规定的，从其规定。③ 公开向社会发行股票，任何愿出资的人都可以成为股东，不受资格限制。股票可依法转让或交易，但不能退股。④ 公司的透明度较高，向社会公开募股的股份有限公司，要定期向社会公布本公司的财务报告，以便使众多的股东了解和放心。

股份有限公司并非都是上市公司，上市公司是指经批准其发行的股票可以在证券交易所上市交易的公司。由于上市公司较其他公司有一定的优越性，各国都对上市公司提出了较高的标准。《中华人民共和国证券法》第五十条规定：股份有限公司申请股票上市，应当符合下列条件：① 股票经国务院证券监督管理机构核准已公开发行；② 公司股本总额不少于人民币 3 000 万元；③ 公开发行的股份达到公司股份总数的 25%以上；公司股本总额超过人民币 4 亿元的，公开发行股份的比例为 10%以上；④ 公司最近 3 年无重大违法行为，财务会计报告无虚假记载。证券交易所可以规定高于前款规定的上市条件，并报国务院证券监督管理机构批准。因此，在股份有限公司中，上市公司是少数。

2. 现代企业制度的基本特征

现代企业制度不是指现代社会中存在的各种企业制度，而是指现代市场经济中的公司（法人）制企业制度。现代企业制度的基本特征，可以概括为以下四个方面。

（1）产权清晰。产权清晰就是要用法律来界定出资者和企业之间的关系，明确各自的权利、义务和责任，也即通常所说的产权关系。在公司制企业中，产权被分割为财产的终极所有权（出资者所有权）和法人财产权。财产的终极所有权属于公司的出资者即股东。公司作为独立的法人，拥有全部法人财产权。

（2）权责明确。权责明确是指合理区分和确定企业所有者、经营者和劳动者各自的权利和责任。所有者、经营者、劳动者在企业中的地位和作用是不同的，因此他们的权利和责任也是不同的。

从权利方面来看，所有者按其出资额，享有资产收益、重大决策和选择管理者的权利，企业破产时则应对企业债务承担相应的有限责任。企业在其存续期间内，对由各个投资者投资形成的企业法人财产拥有占有、使用、处置和收益的权利，并以企业全部法人财产对其债务承担责任。经营者受所有者的委托在一定时期和范围内拥有经营企业资产及其他生产要素并获取相应收益的权利。劳动者按照与企业的合约拥有就业和获取相应收益的权利。

与上述权利相对应的是责任，从严格意义上讲，责任也包含了通常所说的承担风险的内容。要做到"权责明确"，除了明确界定所有者、经营者、劳动者及其他企业利益相关者各自的权利和责任外，还必须使权利和责任相对应或相平衡。此外，在所有者、经营者、劳动者及其他利益相关者之间，应建立起相互依赖又相互制衡的机制，这是因为他们之间是不同的利益主体，既有共同利益的一面，也有不同乃至冲突的一面。相互制衡就要求明确彼此的权利、责任和义务，要求相互监督。

（3）政企分开。其基本含义是政府行政管理职能、宏观和行业管理职能与企业经营职能分开。政府不直接干预企业的生产经营活动，而是通过政策法规和经济手段等宏观措施控制市场，引导企业经营活动。企业自主地组织生产经营活动，在市场竞争中优胜劣汰；企业同时要把承担的社会职能转移出去，分别由政府和社会组织承担。

（4）管理科学。企业建立科学的企业领导体制和组织管理制度，使企业权力机构、决策机构、经营机构和监督机构权责分明、相互制约、团结协作；形成合理的领导体制，科学民主的决策体制，职工参与民主管理的制度；建立健全企业规章，严格内部经济核算体系，使企业运行机制规范化，体现效率优先、兼顾公平的分配制度和公开、公平、竞争的劳动人事制度，调节所有者、经营者和职工之间的关系，形成激励和约束相结合的企业经营机制。要使管理科学，还要学习、创造，引入先进的管理方式。对于管理是否科学，最终还要从管理的经济效益上，即管理成本和管理收益的比较上做出评判。

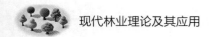

二、林业企业及其任务

1. 林业企业的概念

林业企业是指为适应市场需要，在森林资源再生产的基础上，以满足社会和人民对各种林产品的需求为目标，依法自主经营、自负盈亏、具有法人资格的，从事培育、保护、开发利用森林资源及其相关多种经营活动的经济实体，是法律所确认并保护、相对独立的商品生产者和经营者。

2. 林业企业的任务

在市场经济条件下，林业企业主要有以下几方面任务。

（1）在国家宏观调控下，认真贯彻执行国家的政策、法令，运用企业拥有的生产资料的使用权和经营自主权，积极培育和扩大森林资源，提高林地单位面积产量，为社会提供各种林产品或劳务。

（2）建立起与市场相适应的产业结构和产品结构，充分利用林区资源、场地、厂房、设备以及劳动力等优势，引进技术、资金，发展第一、二、三产业和多种经济成分，以增加适销产品，满足社会需要。

（3）贯彻以营林为基础的方针，积极开展多种经营和综合利用，保护和经营管理好现有森林，改善生产管理，提高劳动生产率，降低生产成本，讲求经济效益，为国家建设积累资金，为企业自身的发展提供更多的积累。

（4）从企业实际情况出发，认真抓好企业内部人事制度、分配制度和劳动用工制度的改革，尽快建立起干部能上能下、工资能高能低、职工能进能出的运行机制，提高企业的人员素质和管理素质；制定企业技术发展规划，开展技术革新和技术革命，提高企业的技术素质，努力在生产技术方面赶上国内或国外先进水平。

第二节　企业管理原理

企业管理原理是指企业管理活动中必须遵循的行动准则和规范，它是企业管理实践经验的概括和总结，是企业管理原则、管理方法、管理经验共性的抽象，反映了企业管理活动的客观规律。现代企业管理的基本原理有着十分丰富的内容，这里主要介绍以下几种。

一、系统原理

（一）系统原理概述

系统原理就是把管理对象作为一个系统，从系统整体性的观点出发，对管理系统及诸要素进行全面研究和系统分析，使其从整体上达到最优化目标。现代管理的每一个基本要素，都不是孤立的，它既在自己的系统之内，又与其他系统发生各种形式的联系。为了达到现代科学管理的优化目的，必须对管理对象进行充分的系统分析，包括：了解组成系统的要素；分析系统内部的组织结构；研究系统内部和外部各方面的联系；把握系统及其要素的功能；弄清系统的产生和发展前景；研究改进系统的方案、措施和进行效果预测。

（二）系统原理的相应原则

1．整分合原则

整分合原则是指在企业管理中，把集中统一领导和分级管理有机地结合起来，在整体规划下明确分工，在分工基础上进行有效的综合。这一原则首先强调整体观念，否则分工就是盲目的。但分工又是关键，没有明确的分工，必然会使管理陷入混乱，导致工作效率的低下。所谓"整"，指管理工作必须立足于管理对象系统这个整体，这是实现有效管理的大前提。只有从整体上把握管理对象系统的特性和规律，才可能制订科学、有效的系统目标。所谓"分"是指在管理对象系统内部依据特定的科学标准进行目标分解，确定职责分工，并建立相应职责规范。这是实现有效管理的关键。社会化生产是在分工协作的基础上进行的，没有科学的分工，有效的协作是不可能的，系统目标也不可能达到。现代社会中进行科学分工的标准大致有以下四类。

（1）按社会功能标准对管理对象系统进行专业化功能分工。如按社会功能分工，一个企业可分成生产部门、行政部门、科研部门、后勤部门等。

（2）以资源分布特点为标准对管理对象系统进行专业化区域分工。如按自然资源分布特点分工，一个林业局可根据地理条件和资源特征，划分成若干林场或经营区等。

（3）以劳动对象的特性及其构成特点为标准对管理对象系统进行专业化生产分工。如按劳动对象的特性及其构成特点分工，一个综合性林业企业可分为营林生产、森林采运、木材加工、人造板、林产化工生产、多种经营等专业生产。

（4）以作业程序为标准对管理对象系统进行专业化作业分工。如按作业程序进行专业化作业分工，木材生产作业程序可分为采伐、集材、装车、运材、造材、归楞等分工。这类分工是在企业系统内各个层次、各个部分所进行的深入细致的分工。

所谓"合"，是指把管理对象系统内部具有相对独立性的各个部分有机地组合起来，协同行动。科学分解并不是目的，它只是有机综合的前提。科学分解的目的就是为了更好地协同一致。因此，整分合原则要求在整体把握、科学分解的基础上将系统的各个部分有机综合起来，将各子系统的分目标与系统的总目标有机联系起来。

2. 相对封闭原则

相对封闭原则是指任何一个管理系统内，其管理机构、管理制度、管理手段之间应具有相互制约的关系，必须构成一个连续封闭的回路，才能形成有效的管理；对于系统外部，任何闭合系统都必须具有开放性，与相关系统有输入输出关系。企业管理封闭原则的要点有如下几点。（1）企业各管理机构要形成相互制约的关系。一个管理系统可分解为指挥中心、执行机构、监督机构和反馈机构。管理的起点是指挥，指挥中心发出的指令一方面通向执行机构，另一方面通向监督机构，接下来是执行指挥的指令，监督执行的情况，然后将执行与检查监督结果输入反馈机构进行信息处理后反馈给指挥中心，指挥中心再根据处理后的反馈信息发出新的指令，这样就形成了管理的封闭回路。管理活动只有在封闭回路中，才能相互推动，不断前进。这里应当注意的是，执行机构不能与指挥中心唱反调，而允许监督机构提出不同意见、挑执行机构的毛病。（2）企业领导体系要实行相对封闭式领导。应使企业不同层次的管理者之间，各管理部门之间以及管理者与被管理者之间形成相互制约的关系，彼此分工协作，相互监督。这样才能减少管理中的失误，避免官僚主义和瞎指挥，充分发挥企业员工的积极性和创造性，提高管理效率。（3）按封闭式管理原则建立各级管理制度。一项管理制度的建立和实施，需要建立相应的其他管理制度来配合；一种管理措施的执行，要对其后果进行评价，并在执行过程中，采取相应的对策加以封闭，才能防止出现偏离目标的情况。没有封闭，管理就会失去活力。但管理的封闭只能是相对的，绝不可使它僵化、凝固。有效的管理要求动态地、连续不断地进行封闭，凡被实践检验证明是正确的措施，都必须进行新的封闭。这种随着管理的运动发展不断打破旧的封闭、进行新的封闭的原则，将使管理保持活力，并日益科学化。

二、人本原理

（一）人本原理概述

人本即"以人为本"，现代管理中的人本原理是指一切管理均应以调动人的积极性、创造性，做好人的工作作为根本，重视人和处理好人与人的关系。人本原理要求管理者在其管理活动中充分重视人的作用，尊重人的价值，并通过促进人的需要的满足来调动人的积极性、主动性和创造性；根据人的不同能力和能力的大小来合理地使用人；要求针对不同人的特点，扬长避短，恰当地使用人；人本原理还要求根据人的品质选拔人才，注意德才兼备，品行高尚。人本原理是针对以往管理中重技术不重人，靠权力不靠人的弊病而提出来的。违反人本原理，不可能做到科学管理。现代管理实践证明，人的能动性发挥的程度与管理效益成正比，人的能动性发挥的程度越高，管理的效益就越大；反之，管理的效益就越低。管理学所讲的管理，主要是指对人与人的关系和对人与财、物的关系的管理，而且首先是指对人与人的关系的管理，也就是以人为本管理。

（1）树立"以人为本"的管理思想，是做好现代管理工作的根本保障。因为，管理工作中的各种客观因素及管理过程的各个环节，都需要由人去掌握和操作；管理活动的各种职能的有效发挥，管理目标的有效实现，都要通过人的活动来实现，离开了人，管理活动就失去了存在的根据和动力。

（2）在管理中以人为本是充分发挥人的主观能动性的前提。人的能动性是指人类积极、主动地去探索、改造客观世界的一种本性。在管理活动的所有要素中，唯有人具有这种能动性，而其他的要素都是被动的，由人支配的。然而，人的能动性常常处于潜在形态，由于受到消极因素的抑制，这种潜在能动性的发挥总是受到限制。因此，如何创造各种积极因素，尽可能充分地调动人的能动性，使人们能主动地，积极地投身管理活动中去，为实现组织目标努力奋斗，就成了企业管理工作的中心任务。

（3）以人为本的管理是一种充分尊重人的权利的管理，它要求管理者与被管理者之间的关系建立在平等、信任和相互尊重的基础上。因此，在管理方式上往往表现为广泛的民主参与，这种民主的管理，能够使每一位职工、每一个组织成员树立起主人意识，这就从根本上保证了他们的积极性、创造性和智慧的充分发挥。

在企业管理中遵循以人为本原理，就是要求管理者把管理工作从以事为中心转移到以人为中心上来，而具体的做法则表现为要求管理者重视人的需要，通过认识和引导人的需要去实施对人的管理，具体来说，就是通过认识人的需要、促进人需要的满足、唤起和促进人的需要的生成去实现对人的管理。

（二）人本原理的相应原则

1. 能级原则

管理中的能量是指干事的能力。对管理系统中的不同能量按大小排列，形同阶梯，

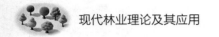

称为能级。

能级原则是指依据管理系统中的不同层次在实现系统目标的过程中发挥作用的大小进行等级划分。即根据各个单位和个人的能量大小来安排其地位和任务，从而充分发挥不同单位和个人的能力。现代管理的任务就是要建立一个合理的能级，使管理的内容动态地处于相应的能级中去。要实现能级原则，应做好三方面工作。

（1）能级管理必须按层次建立稳定的组织形态。现代管理认为，一个稳定的管理结构是一个正三角形的组织结构。在管理三角形中，一般有四个有序的层次：第一层是经营决策层，是方针政策的决策者；第二层是管理层，它运用各种管理技术和手段来实现经营方针；第三层是执行层，它执行管理指令，直接对调动和组织人、财、物等进行管理；第四层是操作层，它从事具体操作，完成各项具体任务。以上四个层次的任务不同，反映它们的能级作用也不同，如果混淆了不同层次的能级，就谈不上科学管理。

（2）对不同能级应赋予不同的权利、物质利益和精神荣誉。只有承认不同能级的差别，才能使各能级负起相应的责任。能级原理不仅要将人或机构按能级合理组织起来，而且还规定了不同能级的不同目标。下一个能级的目标是达到上一能级目标的手段，只有逐级圆满地完成既定任务，才能实现整个系统的目标。能级原理要求管理系统中每个元素都能在其位、谋其政，行其权、尽其责，取其酬、获其荣。

（3）各类能级必须使人才与岗位动态对应。即必须使具有相应才能的人，处于相应能级的岗位上，这就叫做人尽其才、各安其位。各种管理岗位有不同能级，人也有各种不同的才能。现代科学管理必须使具有相应才能的人得以处于相应的能级岗位，这叫人尽其才、才尽其用。同时，人的才能也是在不断变化的，这就需要按才能的变化更换不同能级岗位，实现能级的动态对应，只有这样才可以发挥最佳的管理效能。

2. 动力原则

动力是推动现代管理实现目标的源泉，缺乏动力的管理，是没有生命力的，不可能持久地坚持下去。因此，要使管理活动持续而有效地进行下去，就必须有强大的动力，并正确地运用动力，这就是动力原则。现代管理中有三类基本动力。

（1）物质动力。物质动力是指人们在追求物质利益的过程中产生的动力，是管理活动不断持续的基本动力。它既包括对劳动者个人的物质鼓励，也包括管理给对象系统带来的经济效益。职工由物质鼓励而产生的积极性和对象系统获得的经济效益都对管理活动的持续进行起着重要的推动作用。在现代经济管理中，要把企业经济效益和个人物质利益联系起来，运用物质动力这一杠杆，正确实行按劳分配原则，奖勤罚懒，对于有特殊贡献的给予重奖是非常必要的。但是，物质动力并不是万能的、唯一的动力，运用物质动力必须同时运用精神动力，把两者紧密结合起来，才能形成强大的动力，保持高效的管理水平。

（2）精神动力。精神动力是指人们追求精神满足过程中所产生的动力。管理是人的活动，人是有思想、有感情、有目标、有理想、有精神意识的，因而要有精神动力。精神动力包括信仰（革命理想、集体主义、爱国主义等）、伦理道德和精神鼓励（奖励、荣誉称号等），也包括日常思想工作、成就感、社会尊重等。精神动力不仅可以弥补物质动力的不足，而且其本身就有巨大的威力，在特定条件下，精神动力甚至可以成为决定性的动力。重视精神动力的作用，是社会主义企业的重要标志。管理者必须善于运用精神激励来调动人的积极性，实现企业的目标。

（3）信息动力。信息动力是人们在信息交流过程中产生的动力。从管理角度看，信息作为一种动力，有超越物质和精神的相对独立性。信息动力是企业竞争的基础，准确、及时的信息能使企业耳聪目明、目标准确，在竞争中取胜。在现代化大生产的情况下，没有信息的传递是不能进行科学管理的，掌握信息越多，越有能量。企业管理中的信息动力主要表现在两个方面：① 通过信息交流可以使人们开阔视野，从信息中获得知识，获得力量，认清形势，找出差距，明确方向，催人上进；② 外界信息的输入使新知识、新成果进入企业，可以丰富职工知识，提高职工素质。信息作为动力，是现代管理的生命。管理就是要充分利用信息动力的作用，充分发掘人们的创造潜力。物质动力、精神动力、信息动力是相互联系、相互依存、相互促进的整体，在管理中，要充分发挥各自的能量和作用，推动企业向前发展。

三、责任原理

管理是追求效率和效益的过程。在这个过程中，要挖掘人的潜能，就必须在合理分工的基础上明确规定各个部门和个人必须完成的工作任务及必须承担的与此相应的责任。

1. 明确每个成员的职责

挖掘人的潜能的最好办法是明确每个人的职责。在合理分工的基础上确定每个人的职位，明确规定各职位应担负的任务，这就是职责。所以，职责是整体赋予个体的任务，也是维护整体正常秩序的一种约束力。职责不是抽象的概念，而是在数量、质量、完成时间、效益等方面有严格规定的行动规范。表达职责的形式主要有各种规程、条例、范围、目标、计划等。

一般说来，分工明确，职责也会明确。在分工的基础上，通过适当方式对每个人的职责做出明确规定。首先，职责界限要清楚。其次，职责内容要具体，并做出明文规定。只有这样，才便于执行与检查、考核。再次，职责中要包括横向联系的内容。在规定某个岗位工作职责的同时，必须规定同其他单位、个人协同配合的要求，只有这样，才能提高组织整体的功效。最后，职责一定要落实到每个人，只有这样，才能做到事事有人负责。

2. 职位设计和权限委授要合理

列宁曾说："管理的基本原则是——一定的人对所管的一定的工作完全负责。"而要做到完全负责，基本上取决于以下三个因素。

（1）权限。明确了职责，就要授予相应的权利。只有这样，才可能使下级具备履行职务责任的条件。

（2）利益。权限的合理委授，只是完全负责所需的必要条件之一。完全负责就意味着责任者要承担全部风险。而任何管理者在承担风险时，都自觉不自觉地要对风险与收益进行权衡，然后才决定是否值得去承担这种风险。根据物质利益原则，承担风险就应该获得相应的收益和荣誉，否则，劳动者就会推卸责任，平庸应付。

（3）能力。这是完全负责的关键因素。科学知识、组织才能和实践经验三者构成了人的管理能力。每个人的能力各不相同，因此，每个人所能承担的职责也不一样。只有那些能力与职责相应的人才能承担起相应的责任。综上所述，职责和权限、能力、利益之间存在着对等的关系。

3. 奖惩要分明、公正

及时对每个人的工作表现及其绩效给予公正而及时的奖惩，有助于提高人的积极性，挖掘每个人的潜力，从而不断提高管理成效。只有这样，才能使每个人知道自己干得怎样，干好干坏对自己和组织有什么后果，从而才能及时引导每个人的行为朝向符合组织需要的方向变化。

对每个人进行公正的奖惩，要以科学准确的考核为前提。若考核不细致或不准确，奖惩就难以做到恰如其分。因此，首先要明确工作绩效的考核标准。

有成绩有贡献的人员，要及时予以肯定和奖励，使他们的积极行为维持下去。奖励有物质奖励和精神奖励，二者都是必需的。

及时而公正的惩罚也是必不可缺的，惩罚是利用令人不喜欢的东西或取消某些为人所喜爱的东西，改变人们的工作行为。惩罚可能引致挫折感，从而可能在一定程度上影响人的工作热情，但惩罚的真正意义在于利用人们害怕惩罚的心理，通过惩罚少数人来教育多数人，从而强化管理的权威。惩罚也可以及时制止这些人的不良行为，以免给企业造成更大损失。严格奖惩，使每个人都积极而有效地工作，是有效实施责任原理不可或缺的工具。

四、效益原理

效益原理是指对管理对象系统实施管理的过程中必须以效益为核心，促进系统中各部分的最佳配合，力争取得最好的效益。

效益是指对社会有实际意义的贡献，它包括经济效益和社会效益两个方面。任何企业的管理都是为了获得某种效益，效益的高低直接影响着企业的生存和发展。

效益可以分为经济效益和社会效益。经济效益是人们在社会经济活动中所取得的收益性成果，它是通过提高经济活动的效果而得到的实际经济利益。这也就是说，经济效益包含两层含义：① 要求经济活动产生效果；② 要求造成这一效果的人和社会都能从这个效果中得到实际利益。比如，对于企业来说，不仅要求它的产品质量高，品种数量多，而且要适销对路，符合社会需要；不仅能为企业、职工增加实际利益，而且也能使国家和消费者都获得实际利益；不仅能为企业自身增加利润，而且能够满足社会和消费者的需要。

社会效益是人们的各种活动对社会发展的积极作用或有益的效果，也是指经济效益之外的对社会生活有益的效果。这种社会效益与经济效益的关系在一般情况下是一致的，即经济效益好，社会效益也好；反之，经济效益差，社会效益也不好。但在某些情况下，二者之间的关系又是不一致的。有时候，经济效益好，社会效益并不好。例如，有些企业非法从事假冒伪劣产品的生产销售，虽然本企业获取了可观的经济效益，但社会效益则是极差的。同样，某些企业所生产的产品能在一定程度上满足社会需求，但其在生产中却造成了对环境的破坏，也不能认为其社会效益好。

社会效益与经济效益既有联系，又有区别。讲经济效益是讲社会效益的基础，而追求社会效益又可以成为提高经济效益的重要条件。两者的区别主要表现在，经济效益较社会效益更为直接和显而易见，经济效益可以运用若干个经济指标来计算和考核，而社会效益则难以计量，必须借助于其他形式来间接考核。现代管理在处理经济效益与社会效益的同步增长时，既反对单纯追求经济效益而不顾社会效益的倾向，也反对片面讲求社会效益而不讲经济效益的做法。当经济效益与社会效益发生矛盾时，应当从全局出发协调两者的关系，但是基本的原则是要让经济效益服从社会效益，这是因为社会效益更多地体现了国家、社会、人民群众的整体利益与长远利益，而经济效益在某些情况下则常常体现个人、集体、局部、当前的利益。在这两种利益发生矛盾和冲突时，社会效益就比经济效益显得更为重要和有意义。所以，现代管理者应自觉地在管理中坚持效益原则，处理好经济效益与社会效益、短期效益与长远效益、局部利益与整体利益的关系。而且，从本质上看，社会主义的社会制度和生产方式也决定了管理者完全可以处理好这些关系。

人们之所以在劳动过程中结成协作关系，进行管理活动，也正在于管理能够把各种分散的人、财、物等要素有机地结合起来，形成一个系统整体，产生"整体大于各个部分之和"的功能，为这种活动带来更大的效益。所以，效益的优劣高低便成为衡量管理效果好与不好的基本标准。在社会主义市场经济条件下、管理者必须把树立正确的效益观念作为管理工作的前提，把追求效益作为管理活动的准则。

第三节　企业管理的性质和职能

一、企业管理的概念和性质

1. 企业管理的概念

企业管理属于微观管理范畴，是指在一定的生产方式下，由企业经营者依照一定的规律、原则、程序和方法，对企业所从事的各项生产经营活动进行计划、组织、指挥、协调和控制；通过充分开发和利用企业所拥有的各种资源（包括人力资源和信息资源）来增加生产，满足社会需要，从而达到提高企业的经济效益和社会效益的目的的一系列综合活动。企业管理的主体应该是企业的领导者和全体职工。企业管理的客观对象是企业整个生产经营活动。企业管理的目的是充分利用各种资源以最佳的资源配置保证整个生产经营活动统一协调，以达到提高企业的经济效益和社会效益的根本目的。

2. 企业管理的性质

企业管理的性质是指管理的二重性，管理的二重性是指管理是由协作劳动引起的，它既有同生产力、社会化大生产相联系的自然属性，又有同生产关系、社会制度相联系的社会属性。企业管理的二重性从根本上讲，是由企业劳动过程的二重性决定的。由于生产过程是生产力和生产关系的统一体，要保证生产过程的正常进行，企业管理必须具有两个基本职能：① 合理组织生产力的一般职能；② 维护生产关系的特殊职能。企业管理作为指挥生产的一般要求，执行合理组织生产力的职能，表现为劳动过程的普遍形态，为一切社会化大生产所共有。因此，企业管理中，有关合理组织生产力的一些形式和方法，并不为某种生产方式特有，对于不同社会制度下的企业并没有本质的区别。因此，称为管理的共性或一般职能。企业管理作为实现生产目的手段，执行维护生产关系的基本职能，表现为劳动过程的特殊历史形态。劳动的社会结合方式不同，管理的性质也就不同。因此，在企业管理中，有关维护生产关系的原则、制度和方法，都只是适应某种生产关系的需要，为实际特定的生产目的服务，一般都有历史的暂时性，并不为各种生产方式所共有，因此，称为管理的个性或特殊职能。

管理企业的过程正是这两个基本职能共同结合发生作用的过程。正是这两种职能使生产力得以发挥，生产关系得以维护，企业的生产过程得以进行、生产目的得以实现。

正确认识企业管理的二重性原理，便于我们分清资本主义与社会主义企业管理之间的共性和个性，正确地处理企业管理中批判与继承、学习与独创、吸收外国经验与结合中国实际之间的关系。企业管理二重性中合理组织生产力和维护生产关系两种基本职能属理论上抽象的区别，在企业管理实践中，这两种基本职能总是结合在一起发生作用的。当它们结合作用于生产过程时，又表现为一系列具体职能。这说明企业管理的性质，基本职能和具体职能是互相联系的有机整体，不能孤立地、片面地理解。

二、企业管理的职能

企业管理的职能既包括由劳动社会化产生的属于合理组织社会化大生产的职能，又包括由这一劳动过程的社会性质所决定的属于维护生产关系方面的职能，具体有五个方面，即计划、组织、领导、控制、创新。

1. 计划

计划是企业管理的首要职能。它是为实现已定的决策目标而对各项具体管理活动及其所需人、财、物力做出的设计和具体安排。计划与决策的关系十分密切，决策是计划的灵魂，计划是决策的具体化和落实。决策本质上是人们对将要付诸行动的主观意志的表达。计划作为一种管理职能，具有如下特点。

（1）目的性。任何企业制订计划都是为了有效地达到某种目的。计划的目的是实现企业的目标。计划工作的一个重要功能就是把今后的一切行动都集中于目标上来，预测并确定哪些行动有利于达到目标，哪些行动不利于达到目标或与目标无关，从而指导今后的行动朝着目标的方向前进。

（2）普遍性。计划的普遍性包括两方面的含义：一方面计划是各级管理人员都应履行的一项工作职能，不论是处于哪一层次的管理者和哪个部门的管理者，都需要制订计划，这是普遍的；另一方面计划渗透到各项管理工作之中。在管理活动中，不管是什么工作，都要根据已制定的决策来安排具体的工作计划。计划确定了以后，如何贯彻和执行计划，直接关系到管理工作的绩效。

（3）适应性。计划作为决策的展开与具体化，应该尽可能地保持稳定，这样才有助于计划执行者卓有成效地开展工作，保证决策目标的实现。但是，由于影响客观事物发展变化的因素具有不确定的性质，使计划常常面临着发展变化的多种可能性。因此，在制订计划时要留有充分的余地，使计划能够灵活地适应变化着的客观环境。随着与计划目标有关的一些因素的发展变化，需要不失时机地对计划进行修订和调整，使计划始终保持适应性。

（4）经济性。计划的经济性是指计划要讲究经济效益，计划的经济效益一般用计划的效率来衡量。计划的效率是指实现目标所获得的利益与执行计划过程中所有消耗之和的比例。如果一个计划能够达到目标，但它需要的代价太大，这个计划的效率就很低，因而不是一个好计划。计划的经济性要求计划能够保证以最少的投入获得最大的产出。

2. 组织

组织是指一种根据一定的目的、按照一定的程序，对一些事务进行安排和处理的活动，是把人们的个体力量整合成整体力量，从而有效地实现预定目标的活动。组织是按计划目标，把企业的各要素从时间上、空间上合理组织起来，形成朝着同一目标奋斗的有机整体，从而有效地进行生产经营活动。为了实现生产经营活动的目标，要把企业内生产经营活动的各要素、各部门、各环节、上下左右的相互联系，以及同企业外部其他单位的技术经济联系，在空间上和时间上合理地组织起来，形成一个有机整体，使企业的人、财、物得到最合理的运用，使有限的资源发挥出最大效益。组织职能的执行，要以企业的经济效益为中心，从生产经营情况出发，合理地组织。

3. 领导

领导是指挥、带领、引导和鼓励部下为实现目标而努力的过程。在带领、引导和鼓励部下为实现目标而努力的过程中，领导者要具体发挥指挥、协调和激励等三个方面的作用。

（1）指挥作用。指挥是指为确保既定决策与计划的有效实现，领导者凭借自身的权力和影响力对下属机构和人员进行合理调度，指导他们为实现企业目标而展开的活动。有效的指挥是提高管理效率的重要条件。指挥具有权威性、垂直性、统一性、明确性和强制性等特点。

（2）协调作用。在企业管理活动中，不可避免地会遇到各式各样的矛盾与冲突，这就需要领导者来协调各组织之间、人员之间的关系和活动，建立相互协作和主动配合的良好关系，把大家团结起来，朝着共同的目标前进。协调可以防止、减少管理活动及其过程中客观存在的各式各样的矛盾与冲突，及时消除已经发生的矛盾与冲突，充分利用各种资源，有效地实现企业目标，使企业内部上下左右之间以及对外的工作能保持良好的配合关系。

（3）激励作用。激励是激发人的动机，诱导人的行为，使其发挥内在潜力，为追求欲实现的目标而努力的过程。激励是管理的一个重要手段。特别是现代管理强调以人为中心，如何充分开发和利用人力资源，如何调动企业职工的积极性、主动性和创造性，是至关重要的一个问题。这就要求领导者必须学会在不同的情境中采用不同的激励方法，对拥有不同需要的职工进行有效的激励。激励的形成机制表现为个人需求和它所引起的行为，以及这种行为所期望实现的目标之间的相互作用关系。激励是领导者在组织和率领职工为实现企业目标而努力工作的过程中必须发挥的具体作用。

4. 控制

控制是指由管理人员对当前的实际工作是否符合计划进行测定，并促使企业目标实现的过程。控制主要体现在计划的执行过程中，是一种不断地对照计划来检查现有的作业状况的活动。控制的目的是要保证实际工作与计划一致，管理活动的控制过程也就是管理人员对下属部门或个人的工作进展、实际效果进行衡量，找出偏差并加以纠正的过程。

在企业目标确立之后，管理者总是通过计划来设计出达到目标的手段或行动方案，而一旦计划付诸实施，就会发现许多事先未能预料到的因素在发生作用，像不断变化着的自然与社会环境因素等，是不可能完全被纳入到计划之中的。所以，在计划的实施中，常会出现一些与原来的设想或要求程度不同的偏差，这时，就需要对原计划做出调整。其途径有两个：或者改变行动计划，或者修改原来的方案。因此，在控制中包含着创新的内涵，在这一点上，控制的目的不仅是要使企业按照原定计划，维持其正常活动，以实现既定目标，而且还要力求使企业的活动有所前进，有所创新，以达到新的高度，提出和实现新的目标。

管理的控制职能是与管理的计划职能联系在一起的，计划是控制的前提，而控制是计划的继续，是计划实施的保证。通过控制，才能够纠正计划执行中出现的偏差，把那些不符合要求的管理活动引回到正常轨道上来，使管理系统稳步地实现计划目标。

同样，计划决定着控制，是控制的标准，计划越是全面、明确和严密，对控制的要求也就越高，控制的效果也就越好。控制的最高宗旨是实现企业目标，同时又赋予企业目标以灵活性，使它不至于僵化。可以通过检查、监督的手段及时发现管理系统运行中的问题，采取措施纠正偏差，改进工作，保持正确的工作方向，不断提高工作效率和管理效益。

5. 创新

组织、领导与控制是保证计划目标实现所不可缺少的，它们同属于管理的"维持职能"，其任务是保证系统按预定的方向和规则运行。但仅有维持职能是不够的，还必须不断调整系统活动的内容和目标，以适应环境变化的要求，这就是管理的创新职能。

创新是一切事物向前发展的根本动力，没有创新，企业很难在信息化管理和知识经济时代生存和发展。在现代管理活动中，创新是创造与革新的合称。所谓创造，是指新构想、新观念的产生；而革新则是指新观念、新构想的运用。从这个意义上讲，创造是革新的前导，革新是创造的继续，创造与革新的整个过程及其成果则表现为创新。所以，创新是通过创造与革新达到更高目标的创造性活动，是管理的一项基本职能。

最近几十年，由于科学技术迅猛发展，社会经济活动空前活跃，市场需求瞬息万变，产品更新换代的周期越来越短，企业管理处在不断变化着的动态环境之中，企业活动的内容和目标要适应这种不断变化的环境就必须不断地进行调整。而且，在做出这种调整时，很多情况可能是无先例可循的，日新月异的环境决定了管理活动必须不断地在创新中获得生存和发展的机遇。对于许多成功的管理者来说，成功的秘诀就在于不断地创新。所以，企业管理者应有充分的创新意识，自觉地运用创新思维，并在管理实践中，把目标创新、机制创新、制度创新、管理方法创新、技术创新和产品创新作为自己不懈的追求，才能在激烈的市场竞争中立于不败之地。

企业管理的五个具体职能，是相互联系、相互制约的，不可缺少，也不可偏废。

第四节　林业企业管理的主要内容

一、林业企业管理内容概述

林业企业管理的内容是围绕其管理的目的展开的。管理的目的在于增强企业的功能，最终实现企业的生产经营目标。

实现上述目的的主体活动就是企业的生产经营过程，它包括产品设计、制造和销售服务活动的全过程。对这一过程的组织与控制，是企业管理工作系统的主体。

生产经营过程的进行，必须具备各种必要的条件。最基本的条件是劳动力、劳动手段和劳动对象。这就产生了与生产经营过程相平行的生产技术准备过程和生产服务过程，包括劳动者数量、质量的准备；劳动者的积极性、主动性的发挥；原料、辅助材料等物资的供应；厂房、设备、工具等的准备；生产过程中各项服务工作的组织等。因而，林业企业管理的内容主要有两大方面，即上层建筑方面和组织生产力方面。

属于上层建筑方面的管理内容主要有：企业精神的建设；企业领导体制确立；职工队伍建设；物质利益的分配；经营战略、方针、策略的制定和实施等。属于组织生产力方面的管理内容主要有：生产技术与产品的开发；强化管理基础工作；各项专业管理，包括生产、技术、营销、设备、物资、劳动、财务、安全等活动的管理，形成林业企业管理的完整系统。

企业管理作为一个大系统，它既可以分解，又需要综合。在分工基础上，要按系统内的内在联系建立综合管理，才能把各项管理工作组织起来，成为一个有机整体。具体来说，为了实现生产经营目标，林业企业管理的内容主要是针对以下几个方面最基本的生产经营活动。

1. 制定经营方针和目标。通过调查研究市场需求、市场容量、市场竞争，分析企业的经营环境和自身的条件，确定计划期企业应生产什么产品（产品的品种、规格和质量等）、生产多少、以什么价格销售、成本控制在什么水平等。核心是要确定计划期企业必须实现的利润目标。经营方针和经营目标规定了企业全部生产经营活动的方向和要求。

2. 技术改造和创新为了不断适应发展的社会需求和保持较强的竞争能力，企业需要不断研制开发新产品，进行老产品的更新换代，研究采用新技术、新工艺和对企业进行技术改造等一系列技术改造和创新活动。

3. 供应活动为了生产经营活动的正常进行，企业要开展员工的招聘和培训、原材料采购、能源供应、设备和工具的采购等活动，以保证生产所需的各种生产资料的供应。

4. 生产活动企业把供应活动获得的各种生产资料，通过生产过程转化为既符合社会需要又符合计划规定的品种、规格、质量、数量、交货期和成本要求的各种产品。

5. 销售活动通过各种销售渠道，把生产出来的产品在市场上进行销售，并为用户进行售前售后服务。

6. 财务活动是为确保供应活动、技术活动、生产活动、销售活动所需资金进行筹资，对取得的销售收入和利润进行合理分配等活动。以上林业企业的各项活动是相互依存、相互制约、环环相扣，缺了其中的任何一环，经营目标就无法实现。所以，企业应树立整体观念，认识到以上每一项活动都是企业整体生产经营活动的重要组部分，要在它们的相互联系和相互作用中去认识它们在企业中的地位和作用。

二、林业企业全面综合管理的内容

林业企业的全面综合管理主要有四个方面的内容：以满足社会需要、实现企业经营目的为目标的全面计划管理；以发展品种、提高产品质量为目标的全面质量管理；以提高经济效益、增加国家与企业收益为目标的全面经济核算；以调动职工积极性、开发人才为目标的全面人事与劳动管理。

1. 全面计划管理

全面计划管理就是用计划把企业的各项工作组织起来。企业以生产经营计划为中心，制订各项工作的专业计划，并使其综合平衡，相互衔接，组成一个完整的计划体系，这就是企业的综合计划。

综合计划是一个纲领性的计划，既要有长远规划，又要有短期计划。为了计划的实施，必须将计划细分，以短期计划保证长期计划的实现，以局部计划保证整体计划的实现。

从长远发展规划到细分的具体行动计划，从全企业综合计划到各部门、各岗位以至于个人的行动计划，使企业全部活动都纳入计划，人人按计划办事，这样的计划管理就是全面计划管理。这是企业中具有最大综合性的一项管理，它对社会主义市场经济条件下的林业企业有极其重要的意义。

2. 全面质量管理

产品质量是企业生产经营成果在使用价值上的重要体现，也是企业生产能否满足社会需要的前提。产品质量不仅决定于产品制造过程，而且决定于研究设计过程，以及为生产提供各种必要条件的准备和服务过程。因此，创造更高的使用价值和发展使用价值的作用，实际上和企业各个部门、各个环节的工作都有直接或间接的关系。这就要求企业必须开展全面质量管理，使企业的各个部门都保证自己的工作质量达到规定的标准，并不断改进和提高这些标准来保证产品质量。这是一项全企业性、全员性、全过程性、多学科性的管理，是以创造商品使用价值为对象的一项综合性的管理。

3. 全面经济核算

全面经济核算是针对商品价值的综合性管理。企业生产经营活动的任何一个环节，都必须消耗或占用一定的人力、物力和财力，它直接关系到企业的经济效益。企业既要生产更多、更好的产品以满足社会需要，同时，还要力求取得更大的经济效果，这就要求在企业范围内实行全面的经济核算。

全面经济核算是一项贯穿生产经营全过程、全企业性和全员性的综合管理。企业中任何一个工作环节，都可以而且必须进行经济核算；企业中的全体人员都应当参与经济核算，并且使职工的个人利益和企业的生产经营成果、所在单位的经济效果相联系，使职工从物质利益上来关心企业的经济效益。

4. 全面人事与劳动管理

企业的各项工作都要靠人来进行，人与物相比较，人是主导因素。劳动者作为企业的主人，为社会利益、集体利益，也为个人利益在劳动。这种社会主义生产关系，客观上为劳动者积极性、主动性的发挥奠定了基础。但这种优越性只有通过一定的组织形式才能充分发挥出来。林业企业不仅要生产高质量的产品，而且还要在发展中发现和培养人才，提高劳动者的素质。因而社会主义林业企业就要有一套符合社会主义原则的全面的人事与劳动管理制度，包括人员吸收、工作分配、思想教育、技术和业务培训、劳动组织、工作考核和职务或岗位升迁，以及劳动保护、劳动保险的组织等。

总之，林业企业的各项专业管理要根据企业的性质和规模划分，可粗可细，但都要通过上述四项全面管理的综合，才能构成一个完整的企业管理体系。

三、林业企业生产过程管理

林业生产过程直接担负着企业制造产品的功能，生产过程组织管理的合理与否直接关系到产品成本、劳动生产率的高低和企业的经济效益。林业企业作为商品的生产者和经营者，必须强化生产管理系统，把生产过程中的人力、物力、财力等生产要素有机地结合起来，用最经济的方式，生产出质优价廉的商品，满足市场的需求。因此，生产过程管理是林业企业管理的重要组成部分，是社会化大生产的客观需要。

（一）几个基本概念

1. 生产过程的概念

任何产品的生产都必须经过一定的生产过程。产品生产过程就是指从准备生产、对原材料进行加工直到成品生产出来为止所经历的全部时间和空间过程。广义的林业生产过程应包括从森林培育开始，到成熟林经营利用，木材加工、林产化工等全部生产活动。生产管理就是对生产过程进行计划、组织、指挥、协调、控制和考核等一系

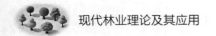

列管理活动的总称。

合理地组织生产过程，使劳动者、劳动工具和劳动对象达到最优组合，对提高企业生经营的经济效益有着十分重要的影响。

2．林业企业的生产组成

林业生产过程管理，就是指对林业生产过程中各生产要素，进行空间和时间上的合理安排，组成一个符合林产品生产特点，能在最短的生产周期内用最小的耗费，生产出满足社会需要的产品。

林业企业由于资源丰富，产品种类繁多，并且不同种类的产品，其生产性质和加工方法也不相同，因此，为便于研究和进行林业生产管理，根据生产过程中劳动对象、生产条件、生产性质的不同，把综合性林业企业的林业生产划分为营林生产、木材采运生产、木材加工及林产化学生产过程。

（1）营林生产。营林生产是指直接从事森林资源的再生产和扩大再生产的生产活动。它是从采种、育苗开始、经过更新造林、幼林抚育等阶段，直到提供可采伐利用或可发挥生态效益的成熟林为止的过程。

（2）木材采运生产。木材采运生产是指直接从森林中通过采伐运输，生产出符合一定规格标准的各种原木的生产活动。

（3）木材机械加工。木材机械加工是指用机械方法改变木材外形尺寸及物理性质，使其成为社会需要的各种产品的活动。其产品主要有制材、胶合板、纤维板、刨花板、家具和其他各种以木材为原料进行机械加工的产品。

（4）林产化学加工。林产化学加工是指直接用化学方法加工木材及林副产品的生产活动。其产品主要包括栲胶、松香、木焦油、木醇、活性炭、药品等。

（5）多种经营。多种经营是指用森林资源以外的其他林区资源从事产品生产或服务的生产活动。包括种植、养殖、食品加工、药材、建材、旅游、服务及其他工农业产品生产等。林业企业充分利用林区资源进行立体开发，减轻林木资源的负担，做到以林为主，多种经营，以短养长，全面发展林区经济。

3．产品生产过程的构成

由于各个企业技术水平、生产规模和生产特点的不同，其生产过程的组成也有差异，即使同一个企业生产过程的组成，也会随着上述因素的变化而变化。企业的生产过程是由生产技术准备过程、基本生产过程、辅助生产过程、生产服务过程和附属生产过程组成的。

（1）生产技术准备过程。生产技术准备过程是指为进行产品生产所做的技术方面的准备工作。如营林中的造林设计、造林地及种苗准备；木材生产中的伐区工艺设计；各种加工产品生产的产品设计、工艺设计、新产品试制等。

（2）基本生产过程。基本生产过程是指直接把劳动对象变为企业的基本产品的加工制作过程。如森林培育中的造林、抚育等过程；森林采运中的伐木、打枝、集材、运材、归楞等过程；纤维板生产中的削片、蒸煮、成形等过程。这一过程是企业生产的主要活动，代表着企业的基本特征与生产技术水平。

（3）辅助生产过程。辅助生产过程是为保证基本生产过程顺利实现而进行的一系列辅助性生产活动，如各种林机设备的维修等。

（4）生产服务过程。生产服务过程是指为基本生产过程和辅助生产过程的正常进行所提供的各种生产服务活动，如原材料的采购、保管等。

（5）附属生产过程。附属生产过程是指根据市场的需求和企业自身的条件而生产的，不为本企业服务的各类产品的生产过程，如企业利用废渣废液生产的产品。生产过程的五个组成部分密切相关，其中基本生产过程是核心；生产技术准备过程是前提；辅助生产过程和生产服务过程围绕基本生产过程进行；而附属生产过程是基本生产过程的拓展。

4. 合理组织生产过程的要求

科学地、合理地组织生产过程，使生产过程始终处于最佳状态，是保证企业进行正常经营活动、获得良好经济效益的重要条件。科学地、合理地组织生产过程，是指把生产过程从时间上和空间上很好地结合起来，使成品以最短的路线、最佳的工艺流程、最快的速度通过生产过程的各个环节，并且使企业的人、财、物得到最充分的利用，达到高产、优质、低耗的目的。但林业生产由于其产品众多、生产性质复杂，因此，其生产过程的组织既要符合工业产品生产的一般要求，也要符合林业生产的特殊要求，既要有利于森林更新，有利于综合利用，有利于环境保护，又要适应季节变化，减少中间环节，尽可能将工序从山上移到山下，以改善劳动条件等。关于组织生产过程的一般要求，具体有以下几点。

（1）生产过程的连续性。生产过程的连续性是指产品在生产过程各阶段、各工序之间的流动，在时间上是紧密衔接的、连续的，也就是产品在生产过程中始终处于运动状态，不发生或很少发生不必要的停顿和等待时间。生产过程的连续进行，可以缩短生产周期，减少在制品积压，从而可以节省流动资金，同时还可以充分提高机器利用率和厂房面积，产品质量也可以得到改善。

（2）生产过程的比例性（协调性）。生产过程的比例性（协调性）是指生产过程各阶段、各工序、各环节之间在生产能力上要保持适当的比例关系，即各个生产环节的工人人数、机器设备、生产面积、物资供应和生产能力等都必须相互协调、相互适应，保持一定的比例关系。保持生产过程的比例性，可以避免或减少半成品或设备在生产过程中的停顿等待现象，从而可以提高设备利用率和劳动生产率。

（3）生产过程的平行性。生产过程的平行性包括两方面的含义：① 指一个产品的各个零部件尽可能地平行生产，即尽可能同时生产或同时完工；② 指一批相同零件，同时在各个工艺阶段上加工，即零件在工序间采用平行移动方式。平行性的好处在于可以缩短生产周期，并为生产过程的连续性创造条件。这项要求只适用于那些可以组织平行作业的工业加工产品生产过程。

（4）生产过程的均衡性（节奏性）。生产过程的均衡性（节奏性）是指生产过程的各个工艺阶段、各个工序，在相同的间隔时间内所生产的产品数量大致相等或均匀递增。保持生产过程的节奏性，可以消除生产脱节或前松后紧、时松时紧的现象，保证按时、按质、按量完成生产任务，从而避免半成品或设备的停顿等待现象。

要保持生产过程的节奏性，就必须明确规定各生产单位的生产任务和进度，并做好生产技术和物资供应工作。

（5）生产过程的适应性。生产过程的适应性是指生产过程的组织形式要灵活，当市场变化需要改变产品品种时，能以最少的投资和最短的时间适应市场的变化。随着社会主义市场经济的发展，人民生活水平的提高和外贸出口的扩大，用户对产品的需求越来越多样化，产品寿命周期越来越短。因此，企业生产过程的组织必须适应多品种、小批量的市场需求特点。

要提高生产过程的适应性，企业可组织多条生产线，有的生产线固定生产大宗产品，有的生产线专门安排多品种、小批量生产。这样，企业生产过程既能适应市场的变化，又能保持生产过程的专业化程度。

5. 生产阶段和工序

为了合理组织和管理生产的需要，可根据工艺特点和生产手段的不同，将生产过程分成若干生产阶段。每个生产阶段又由若干生产工序组成。

（1）生产阶段。生产阶段是指在产品生产过程中，根据其工艺特点和生产手段的不同而划分的局部生产过程，它往往是由时间和空间联系比较密切而形成比较完整的局部生产过程的若干工序组成。如营林生产过程可分为育苗、造林、幼林抚育、成林抚育、成熟林经营等生产阶段。

（2）生产工序。生产工序是指一个或一组工人在同一个工作地上、在不变更劳动工具的情况下，对同一个劳动对象进行连续加工的生产活动。工作地是指工人用工具对劳动对象进行加工活动的地点。如伐木工序是伐木工人使用油锯或其他伐木机械在同一伐区采伐树木的生产活动。

工序是组成生产过程的基本环节，同时，也是进行技术检验、编制计划、作业统计、制订定额、计算劳动报酬的基本单位。按照工序在生产过程中的作用不同，又可分为基本工序和辅助工序。

（二）林业企业管理的特点

由于林业产业的特殊性，其生产过程表现出与其他产品生产过程所不同的特点。正确认识林业生产过程的特点，是有效管理林业生产过程的基础。归纳起来，林业生产过程主要有以下几个特点。

1. 林业生产过程的多样性

在林业生产过程中，各阶段产品是不同的，而且各阶段在生产条件、组织方式等各方面都存在着很大的差异，因此，林业生产过程是多种多样的，既有农业性质的营林生产过程，又有工业性质的木材采运以及林产工业生产过程。各个生产过程在产品性质、生产组成、操作要求等方面都存在明显的区别，因此，其组织管理要求及组织措施也存在着很大差异。

2. 林业各生产过程的周期长短不一

在林业各生产过程中，其产品的生产周期长短不一。林木生长的长期性使营林生产周期比较长，而木材采运、林产工业的生产周期比较短。因此，在组织林业生产过程时，对不同的生产过程，应分别采取不同的组织管理措施。

3. 营林生产时间与劳动时间的不一致性

营林生产时间比较长，但营林生产过程中劳动时间很短暂，而且具有明显的季节性。这为营林生产过程的组织带来了诸多不便。所以，在进行营林生产过程组织时，既要充分合理地发挥自然力的作用，更要充分利用人的干预，合理安排劳动时间、生产内容，增加劳动投入，以缩短营林生产时间。

4. 林业生产过程的地域分散性

在林业生产过程中，营林与木材采运生产都是露天进行的，在很大程度上受自然条件的影响，而且其作业地点分散、生产具有很大的流动性，这就为生产过程的组织管理、生产要素的合理配置增加了困难。因此，应充分利用自然力的作用以及有利季节来组织林业生产过程。

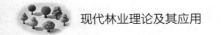

5. 林业生产过程效益的二重性

林业生产过程所生产的产品，既有有形产品，又有无形产品，即生态效益和社会效益。因此，林业生产过程所创造的效益是双重的，在进行生产过程的组织时，不能只注重直接经济效益，而更应注重使综合效益达到最佳。

林业生产所固有的特点对林业企业管理提出了以下几个方面的要求：① 资源的有限性和生产的长期性，要求企业管理树立长远观点；② 林业生产的综合性，要求注意整个生产过程的经济效益和综合效益；③ 林区资源的多样性，要求合理安排企业内的产业结构、注意企业的总体经济效果；④ 森林功能、效益的多样性，要求林业企业与其他相邻部门和企业保持协调，共同为林业生产发展做贡献；⑤ 林业生产的分散性和季节性，要求合理组织其生产过程。

（三）林业企业生产过程的组织管理

1. 营林生产过程的组织管理

（1）营林生产阶段的划分。为便于合理组织营林生产，根据林木生长规律，以及林木生长不同时期所采取的生产技术措施，将营林生产过程划分为种苗生产阶段、整地造林阶段、幼林抚育阶段、成材抚育阶段及成熟林经营阶段。

（2）营林生产过程的组织管理。在整个营林生产的时空过程中，必须按照营林生产的特点，进行生产过程的组织管理，才能达到期望的效果。营林生产组织管理的基本要求就是把劳动过程与自然过程更好地统一起来，使各生产要素在时间与空间上都能协调并充分地发挥作用，从而保证营林生产目标的完成。营林生产过程组织管理的具体要求如下。

第一，营林生产组织必须做到适时、适地、适树。适时，就是要在最有利于林木生长的季节进行作业，并根据林木生长的不同阶段采取适当的生产经营措施，促进自然力的更好发挥。适地适树就是要根据树种的生物学和生态学特性，选择适合它生长的立地条件进行造林，以充分发挥林地的最大生产潜力，促进林木生长。这就要求在造林之前必须做好造林调查设计工作，科学地选择造林地。在科学划分立地条件类型，研究树种的生物学特性特别是对立地条件要求的基础上，根据造林目的，科学地选择造林地和造林树种，并通过整地、灌溉、施肥、改土等人工措施改善林地的不适合部分，使林地和树种在某种程度上达到一致。通过引种驯化、育种的方法，改变树种某些习性以适应造林地的环境条件，从而达到适地、适树的目的。按照适地、适树的要求，在造林时，必须做到良种壮苗，确定合理的造林密度，提高造林机械化水平，加强造林责任制度和检查验收制度，提高造林质量和造林成活率。

第二，为保证林业生产过程的连续性，使生产周期短的木材采运、林产品加工和生产周期长的营林生产过程相衔接，必须搞好营林长远规划，做好更新采伐，使在同一时期内不同林地空间上生长着处于不同发育阶段（幼龄、中龄、渐熟林和成熟林）的立木。根据社会对材种、树种要求的多样性，做到针叶和阔叶及各类树种的合理比例。

第三，营林生产组织的专业化和群众性相结合。目前由于条件限制，大多数林业企业的营林生产还是以手工作业为主。由于营林生产的季节性和作业面大的特点，手工作业往往带有突击性，同一时期要求有很多人参加同一劳动过程，且必须在一定时间内完成。但营林生产中人的劳动过程的间歇性又使林业企业不可能常年保持一支庞大的队伍，故营林生产的劳动组织应是专业化队伍和群众性队伍相结合。这要求国营林业企业不仅要培养造就一支思想好、技术过得硬的营林生产专业队伍，同时要给季节工及周围山区农民传授林业知识和技能，以备营林生产之需。

第四，要正确掌握林木不同阶段的生长特点，在不同的生长阶段合理地施以必要的人为措施，以取得最佳的林木生长效果。加强森林抚育管理工作，是提高林木生长量，缩短生长周期的一项重要措施，是营林生产的关键环节，各林业企业应把森林抚育管理摆到重要位置。应提前进行抚育间伐调查设计，确定抚育间伐方式，严格按抚育间伐规程要求组织生产，并严格检查验收制度。在森林抚育管理过程中，要明确抚育间伐的目的在于提高林分质量，促进林木生长。严禁借抚育之名伐大留小，采优留劣。

第五，加强森林的保护和管理是营林生产组织的重要环节。营林生产过程是一个漫长的过程，在这一过程中，森林资源有可能受到病虫害、火灾及人为的破坏，而且森林的生长基本上是靠自然力进行的。所以森林资源的保护和管理在整个营林生产过程中占有重要的地位。它一方面要求林业企业本身设立专门的管理机构，配备必需的专职人员，采取有效的措施，做好护林防火和森林病虫害防治及资源管理工作；另一方面要求积极做好对周围农村《森林法》的宣传教育，制定林业企业和周围乡、村的联防工作。

2. 木材采运生产过程的组织管理

（1）木材生产的特点。① 劳动对象的可再生性，要求在生产中既要考虑木材的采伐运输，又要考虑为森林资源再生产创造条件。② 生产作业地点的分散性。③ 生产作业的露天性。④ 产品生产的位移性。故木材生产管理的重点在于如何在复杂的自然条件下抓好木材的采、集、运组织。

（2）木材生产过程的组织管理。

第一，木材采运生产过程必须始终坚持采育结合，永续利用的原则。森林达到成熟后，要进行合理采伐，但在采运过程中必须遵守《森林法》和《森林采伐更新规程》的有关规定，贯彻合理采伐、采育结合的方针，保护好幼树和土壤，为森林更新创造有利的条件。

第二，对木材采运生产过程应统筹规划，加强各环节间的密切衔接。木材采运生产工作区域大、作业地点经常转移等特点，决定了在组织木材采运生产时，必须统筹规划，使木材生产的各个阶段（伐区、木材运输和贮木场作业三个阶段）及各个阶段的工序之间木材始终处于搬运过程中，减少停顿、等待时间，加强采伐、集材、运输等各环节间的衔接，选择合理的工艺类型，同时要抓好采伐剩余物的生产组织工作。否则，不仅会造成生产成本的增加，而且也可能增加多余的环节或作业。

第三，要充分利用自然条件，适地适时组织木材采运生产过程。伐区生产在露天进行，受气候和地势环境等自然条件影响大，对使用的机械类型、生产效率等都有明显的影响。因此在组织木材采运生产过程时，要充分利用自然条件，适地适时地组织生产，变不利条件为有利条件。

第四，要利用木材生产的有利季节，充分发挥机械设备的效能。木材产品搬运的繁重性是采运生产的又一特点，而且不同的季节，这种繁重程度和生产费用又是不同的，同时对森林的更新也有着不同的影响。因此，在组织木材采运生产时，必须根据各地的条件，选择有利的季节，以充分发挥机械设备的效能，提高木材生产的劳动生产率。

第五，伐区生产的劳动组织一般应采取采、集一条龙综合作业形式。木材运输应在充分利用国有公路的基础上，修建各种等级的林区公路，尽量深入作业点，以便提高运输效率。并根据木材运输量大小和生产时间，确定合理的运材汽车需要量。

3. 林产工业生产过程的组织管理

木材机械加工和林产化学加工属加工工业性质的林产工业生产，其生产过程以人的劳动为主。虽然在某些生产环节有时也借助于自然力作用，如纤维板的自然冷却、板方材的自然干燥，但它们都是按照人们的意志进行的。因此，它比营林生产、木材生产更能充分利用人、财、物去合理组织生产过程。

（1）生产类型的划分。正确划分生产类型，是合理组织林产工业生产的基础。划分的主要条件有生产规模、品种数量、生产的稳定性和工作地的专业化程度。按上述条件，林产工业生产一般可分为三种类型：大量生产、成批生产和单件生产。应按照企业本身条件，选择合适的生产类型，这是林产工业生产过程组织的一个重要内容。为了便于研究和合理组织生产过程，应根据生产过程的特点来划分生产类型，再根据不同的生产类型采取相应的组织管理方式。

第一，大量流水生产指企业在较长时间内，固定地生产大量同种产品。特点是产品品种少、批量大，工作地上经常重复地进行固定的工作。因此，工作地的专业化程度比较高，劳动生产率高，生产周期短，产品的成本较低。

第二，成批生产指企业在一定的时间内，重复轮番地生产多种产品。特点是产品品种比较多，每种产品的批量比较小，工作地上先后负担几种不同的工作，并且这些工作是按照一定的顺序轮换进行的。因此，工作地的专业化程度比大量生产低。根据产品批量的大小，成批生产又可分为大批生产、中批生产和小批生产三种类型。在成批生产中，应尽量扩大生产批量以利于提高劳动生产率，缩短生产周期，加速资金周转，降低产品成本。

第三，单件小批生产，指企业在一定生产期内很少重复生产同种产品，每种产品只生产一件或少数几件；单件小批生产的特点是产品品种多而且批量很小，工作地负担工序多，专业化程度低。单件生产的劳动生产率较低，生产周期较长，对加速资金周转和降低产品成本很不利。

（2）生产过程的空间组织。企业的生产过程，是在一定空间里通过许多相互联系的生产单位来实现的，这就要求正确确定产品生产过程的空间运动形式，即生产过程的各阶段、各道工序在空间的分布和原材料、半成品的运输路线，应合理设置生产单位，并使各个生产单位和设施在空间布局上形成一个有机整体，且各个生产单位内部的设备、运输装置、运输路线等需要合理安排。这就是生产过程的空间组织所要解决的问题。生产单位是指生产车间、工段和班组。合理地设置生产单位，对保证完成生产过程各阶段的任务和提高企业的经济效益具有重要作用。

（3）生产过程的时间组织。合理组织生产过程，不仅要求生产单位在空间上要合理配置，而且要求在时间上也要紧密衔接，在充分利用现有设备和节约工时消耗的前提下，尽量缩短生产周期。

生产周期是指从原材料投入加工开始到制成产品为止所经历的全部时间。生产周期的长短对企业的经济效益有直接影响。生产过程的时间组织，主要是解决产品在生产过程中的停顿等待时间。企业采取各种措施缩短生产周期，就应缩短产品在生产过程中的停顿等待时间。

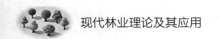

四、林业企业创新管理

知识经济时代是主动创新的时代，知识成了企业经营的第一要素。持续不断的知识创新才是企业持续发展的原动力。正如一位美国管理学家所说："不创新，则死亡。"因此，不论是营林生产企业、木材采运企业、林产工业企业和综合性林业企业，在知识经济时代都应增强创新意识，才能在市场经济的竞争中立于不败之地。

（一）创新概述

美籍奥地利经济学家约瑟夫·阿洛伊斯·熊彼特认为，创新就是"企业家实行对生产要素的新的结合"。这里所指的企业家必须具有创新思想、冒险精神和先见之明，也就是企业家精神。

创新具有特定的经济学内涵，不同于发现和发明。发现是知识的新的增加，是发明和创新的重要知识来源；一项发明则是一个新的人造装置或工序。发明可以申请专利，但不一定就能为经济和社会带来利益；而创新是创造和执行一种新方案，以达到更高的社会效果。创新与发现和发明的不同之处就在于它是一种具有经济和社会目标导向的行为。

知识创新可以极大地提高未来企业的竞争力，促进企业进行有效的管理，推动企业发展。只有不断地进行知识创新，企业才能不断地提高自己所拥有的知识的数量和质量，才能在激烈的竞争中立于不败之地。

一个企业要取得先进的知识有两个途径：引进和创新。引进知识当然不失为一种快捷的方法，无须花费大量人力、物力、财力去研究、开发，直接引进便可。这种方法曾经是一些发展中国家和企业实现赶超的根本途径。但这样永远也无法真正赶超先进国家和先进企业，而且有些技术、知识由于对方为了获得竞争中的绝对优势而保守秘密。因此，要使企业真正强大起来，进行自主创新才是立足之本。

（二）林业企业创新的主要内容

1. 文化创新

现代管理发展到企业文化阶段，已达到了其顶峰。企业文化通过员工价值观与企业价值观的高度统一，通过企业独特的管理制度体系和行为规范的建立，使管理效率得以提高，企业得以卓越发展。

（1）企业文化创新是企业创新的源泉。企业文化创新主要包括价值观念创新和行为规范创新。

价值观念是企业文化的根本特征，知识经济时代的文化创新应是以企业家精神为核心的，执着追求开拓、变革、高效和卓越的文化。创新是与企业家精神密不可分的。我国内地与沿海地区的经济差距拉大，一个重要的方面就是观念的落后。对于一个企业来说，只有进行观念创新，使观念跟上或领先于时代潮流，才能使企业不断地改进，立于不败之地。行为规范是文化的基本特征。文化创新在行为规范方面表现为社会和企业、企业家和员工、组织和个人对创新活动的重视、理解、陶醉、参与和支持上。开拓精神、创业精神、冒险精神、团队精神等几乎都是创新的同义词，也正是文化创新的行为特征。亨利·福特为了让每个美国人都买得起汽车而提出大规模生产的思想，并发明了现代流水线，由此开创了当代世界的一种新型生产方式。行为规范的创新为企业的创新和发展提供了支持。

（2）文化创新是现代企业创新的动力。如果文化创新已成为企业文化的根本特征，那么，创新价值观就得到了企业全体员工的认同，行为规范就会得以建立和完善，企业创新动力机制和运行机制就会形成并高效运转。因此，文化创新是现代企业创新的根本动力。

正如企业文化是企业管理效率与效益的源泉一样，创新文化也是企业创新活动效率和效益的源泉。创新价值观将从事技术创新活动的人的价值观统一起来，并指明了共同努力的方向，这将保证技术创新活动以最大的动力去实现目标，创新制度体系保证了技术创新活动良好的运行环境，从而可以实现创新资源的合理配置，创新行为规范则使技术创新活动能保持步调一致并具有特色，从而可以保证创新活动的效率。

2. 制度创新

制度创新是知识创新的前提，具有完善的企业制度创新机制，才能保证技术创新和管理创新的有效进行。企业制度创新就是实现企业制度的变革，通过调整和优化企业所有者、经营者和劳动者三者的关系，使各个方面的权利和利益得到充分的体现；不断调整企业的组织结构和修正完善企业内部的各项规章制度，使企业内部各种要素合理配置，并发挥最大限度的效能。

制度创新是企业发展的基础，是企业整体创新的前提，同时也是实现一个企业不断创新的保障。没有一个创新的企业制度，企业的其他创新活动就不会有效和持久。突出表现如下。

（1）适时的制度创新能够使企业站在发展的前沿。企业的外部环境总处于不断发展变化之中，随着世界经济一体化、国际化、区域化和网络化格局的形成和加深，企

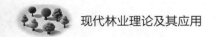

业比任何时候都更为开放，企业只有不断创新，和外界保持良好的关系，才能经久不衰，站在发展的前沿。

（2）制度创新是搞好企业各种管理的基础。企业制度从广义上讲就是管理的制度化，管理本身便是强制性与艺术性的统一。为了使管理不断创新，必须首先从体制、制度上为其开道。

（3）制度创新是技术创新、市场创新、产品创新的基础。在激烈的市场竞争中，谁胜谁负关键在于创新，创新已成为企业的生存之本。企业必须在经历了生产管理型向经营管理型的转型后，适时转向创新管理型，形成有效的创新机制，将创新体现于企业制度当中，更好地发挥投资者、经营者、生产者甚至消费者创新的积极性。

（4）知识经济时代，竞争的关键是人才的竞争，而发挥人才积极性的关键在于制度创新。在知识经济时代，智力资源作为经济发展中的第一战略资源，其作用比任何时代更为突出。知识经济致力于通过智力资源开发来创造新财富，逐步代替工业经济的命脉和已经短缺的自然资源。发挥智力人才的积极性、主动性、创造性归根结底要通过制度创新。制度创新是一个动态概念。需要企业在改革中创新，在创新中再改革，不断调整企业的组织结构、权责结构、运行规则、管理规章等制度要素，使企业制度满足企业内部一系列创新的要求，适应知识经济时代外部环境多变性的要求。

3．管理创新

管理创新是企业进行知识创新的重要保障。管理创新在知识创新中占有非常重要的地位。其他任何形式的创新，都需要经过企业管理职能逐步实施，都需要经过管理的各个层次具体执行，管理创新在企业创新中处于综合统筹、指导协调的地位。企业的管理创新除了需要一个宽松和谐的外部和内部环境外，还需要以下几个条件。

（1）领导者的开阔视野。了解和掌握国内外管理信息和动态并善于借鉴国内外先进的管理思想、管理行为和管理方式。

（2）领导者的超前意识。大多数企业管理的不断创新，关键在于企业领导者对创新的积极参与，营造出一种适合于创新的氛围，激活了企业上下的创新意识。

（3）合理的激励机制。在大多数情况下，创新行为是由个人来推动的，具有冒险、冲动和不规范的一面。创新的启动者往往要付出巨大劳动，并承担一定风险，因此，企业应该设计出一个合理、明确和及时的激励机制，以鼓励创新的行为。

4．技术创新

技术创新是以其构思新颖和成功商业实现为特征的有意义的非连续事件。简言之，技术创新就是技术变为商品并在市场上得以销售实现其价值，从而获得经济效益的过程和行为。

技术创新包括产品创新和工艺创新。产品创新，即在技术变化基础上的产品商业化，既可以是全新技术，是全新产品商业化，也可以是现有技术发现后现有产品的改进。工艺创新（过程创新），是指商品生产技术上的重大变革，包括新工艺、新设备及新的经营管理和组织方法的创新。产品创新侧重于劳动对象，而工艺创新则侧重于劳动手段和相应的组织管理方法。两者相辅相成，缺一不可，共同维系着企业技术创新的成长。产品创新是目标，工艺创新是手段。工艺创新的最终目的是实现产品创新。技术创新的实现就是指它被引入市场（产品创新）或应用于生产工艺（工艺创新）。

（1）技术创新包括的主要内容。在知识经济时代，每个企业都要善于针对竞争对手情况，制定产品技术发展战略和主要目标，建立有效的技术创新机制，不断提高企业技术创新的能力。企业应注意从以下几个方面加快企业技术创新的步伐。

第一，企业技术改造要立足于创新，技术改造、引进要与自主开发相结合。

第二，加快企业与科研院所的结合。

第三，技术创新与创新市场相结合。

第四，技术创新要与实现企业内部技术、组织的创新相结合。

对于各类企业，只有根据自身情况，注意以上四个方面的问题，才能保证技术创新项目的科学性、合理性、有效性，使技术创新真正成为企业适应市场变化，提高竞争能力，增强发展后劲，增加效益的根本保证，成为企业兴旺发达的不竭动力。企业在激烈的市场竞争中赖以获胜的基础是具有强大的技术创新能力。企业的技术创新能力主要包括两个方面的内容。

第一，发现新的生产要素或原有生产要素的新用途，以大规模地提高劳动生产率，降低生产成本。

第二，提高原有生产要素的使用效率，同样达到提高劳动生产率、降低生产成本的目的。

企业的技术创新能力具体体现在企业不但能够不断推出新的产品、新的服务，满足市场的消费需求，而且能够主动培植市场的消费热点，积极引导社会公众的消费潮流。

（2）完善企业技术创新体系和运行机制。技术创新对于企业的重要意义是显而易见的。企业技术创新应以自主技术创新为主，技术引进为辅。技术引进可以作为企业自主技术创新能力的有益补充，但绝不能代替。企业不能完全依赖技术引进，而应把重点放在自主技术创新上。企业自主技术创新能力是企业生存与发展的基础，企业要发展必须首先立足于自身技术创新能力的提高和强化。

企业要进行技术创新，必须建立和完善企业的技术创新体系，要求企业各个与创新相关的部门联成一个整体运行。这是企业技术创新能否持续进行的关键。目前许多企业研究开发部门、生产制造部门及市场营销部门自身的体系还不健全，相互之间还不能按照市场需要协调运作。往往市场需要的产品没有技术储备；完成中试的产品工艺装备跟不上，不能及时投产；已投产的新产品市场部门没有重点推出，市场信息不能给创新决策提供依据。因此，企业应当尽快推行以市场为导向，以提高市场占有率为目标的产品开发、生产制造、市场开拓的同步工程和集成管理。在开发新产品时把有关部门组织起来，共同进行市场调查，共同进行设计研究，共同进行试制生产、开拓市场，然后共同进行用户跟踪，了解产品使用情况，不断改进和提高质量、稳定生产工艺；并且实行"生产、销售、研究开发一体化"考核办法，使各个环节加强联系、主动配合，以缩短创新产品的商品化周期。

（3）新产品创新过程。

第一，阶段性创新模式。产品创新活动的高风险性的客观存在，促使企业在产品创新活动过程的始终都必须遵循步步为营、循序渐进的开发思想，对这一过程中的每一个环节都必须加以深入的研究。

上述不同的环节存在着前后相连的逻辑联系，共同组成产品创新活动系统。其中任何一个环节的失败，都会导致整个创新活动的失败。随着市场竞争的愈演愈烈和市场需求变化等市场环境的特征的日益明确，这种分工明确、循序渐进的阶段性开发模式的缺点也日益明显，具体表现为开发周期过长，难以适应快节奏的现代社会对产品开发的新需求。

第二，同步开发模式。对同步开发模式的简要解释就是打破创新过程的不同环节的前后逻辑关联，各环节可以并行作业，不同的专业人员（包括设计人员、工艺制造、销售维修、市场营销人员等）组成一个多专业开发组协同工作，在同一个计算机环境下，还可实现异地设计。信息的流动是双向的或多向的，而不只是单向流动，从而使创新过程犹如一个纵横交错的网络，这样可以保证产品设计阶段尽可能消除不必要的重复工作，大大缩短开发周期，并可以大大提高创新效率。同步开发模式的另一个优势体现在通过信息的多向流动，不同专业间可以密切合作，这有利于产生新的思想和概念。但同时，对不同环节的开发设计人员（包括工程技术人员、财务分析与控制人员以及营销策划人员等）的沟通与合作的要求也会大大提高，需要一种高度的团队协作精神，更需要一个强有力的管理与协调组织，这个组织的管理者必须具有迅速决策能力和协调能力。在重大产品创新活动中，甚至有必要对企业的整个结构乃至员工的工作方式均加以重点改变。但是，在市场竞争日益激烈的今天，这种同步开发模式也逐步暴露出了一些缺陷，其中最致命的缺陷就是因同步协作而必须投入大量的人、财、物等资源，从而使企业的创新成本大大提高，最终又会形成产品竞争的价格劣势。高投入的同时加大了创新的市场风险，因为在需求越来越多样化、细分化的市场环境中，市场对于新产品开发的目标要求已不只是开发周期的缩短，在销量分散、需求多样的市场中，企业之间的产品竞争，不仅有开发速度的竞争，还有开发成本的竞争，这就需要企业不仅要注重开发周期，还要注重开发的投入回收，而这恰恰又是同步开发模式的不足所在。

因此，面对现代产品开发的多重目标要求，企业必须注重对产品创新过程的研究，既要了解市场环境因素的变化动态，也要及时了解和尽快跟随开发技术的发展趋势。目前，国内很多企业已广泛采用计算机辅助设计（CAD）、计算机辅助工艺规划（CAPP）、计算机辅助工程（CAE）等计算机辅助设计技术，这些技术的使用，为企业在新的市场环境和技术环境中寻找新的、能够满足减少创新投入、降低创新风险同时又可缩短开发周期等多重目标的产品开发模式，提供了有力的技术支持。

（4）工艺创新。作为企业技术创新的另一个重要构成方面，工艺创新与提高产品质量、降低消耗和提高生产效率有着密切的联系。从广义的角度来界定工艺创新，应包括这样三个层面：① 对生产装备的更新，所谓"工欲善其事，必先利其器"，生产装备的先进程度如何，是企业技术基础的重要组成部分；② 对生产过程的重组，这是更高一个层次的工艺创新活动，是新的生产技术的运用，是对提高生产效率所做的根本性的创新活动；③ 最高层次的工艺创新活动，既有对生产装备的更新，又包括对整个生产过程的重组，这一层面的工艺创新活动，代表着企业生产方式的革命。

实际上，产品创新与工艺创新，是企业技术发展历程中必须经历的两种创新活动。企业所要做的，是找到这两种创新类型间的平衡点，在企业发展的不同阶段有所侧重。此外，从提高技术水平，促进技术进步的角度讲，工艺创新带动的是企业技术基础水平的提高，达到相当程度的工艺创新活动，还会导致企业生产方式的重大变革。

第十章　现代林业的发展与实践

第一节　气候变化与现代林业

一、气候变化下林业发展面临的挑战与机遇

（一）气候变化对林业的影响与适应性评估

气候变化会对森林和林业产生重要影响，特别是高纬度的寒温带森林，如改变森林结构、功能和生产力，特别是对退化的森林生态系统，在气候变化背景下的恢复和重建将面临严峻的挑战。气候变化下极端气候事件（高温、热浪、干旱、洪涝、飓风、霜冻等）发生的强度和频率增加，会增加森林火灾、病虫害等森林灾害发生的频率和强度，危及森林的安全，同时进一步增加陆地温室气体排放。

1. 气候变化对森林生态系统的影响

（1）森林物候

随着全球气候的变化，各种植物的发芽、展叶、开花、叶变色、落叶等生物学特性，以及初霜、终霜、结冰、消融、初雪、终雪等水文现象也发生改变。气候变暖使中高纬度北部地区 20 世纪后半叶以来的春季提前到来，而秋季则延迟到来，植物的生长期延长了近 2 个星期。欧洲、北美以及日本过去 30～50 年植物春季和夏季的展叶、开花平均提前了 1～3 天。1981—1999 年欧亚大陆北部和北美洲北部的植被活力显著增长，生长期延长。20 世纪 80 年代以来，中国东北、华北及长江下游地区春季平均温度上升，物候期提前；渭河平原及河南西部春季平均温度变化不明显，物候期也无明显变化趋势；西南地区东部、长江中游地区及华南地区春季平均温度下降，物候期推迟。

（2）森林生产力

气候变化后植物生长期延长，加上大气二氧化碳浓度升高形成的"施肥效应"，使得森林生态系统的生产力增加。Nemani 等通过卫星植被指数数据分析表明，气候变暖使得 1982—1999 年间全球森林净第一生产力（NPP）增长了约 6%。Fang 等认为，中国森林 NPP 的增加，部分原因是全国范围内生长期延长的结果。气温升高使寒带或亚高山森林生态系统 NPP 增加，但同时也提高了分解速率，从而降低了森林生态系统净生态系统生产力（NEP）。

不过也有研究结果显示，气候变化导致一些地区森林 NPP 呈下降趋势，这可能主要是由于温度升高加速了夜间呼吸作用，或降雨量减少所致。卫星影像显示，1982—2003 年北美洲北部地区部分森林出现退化，很可能就与气候变暖、夏季延长有关。极端事件（如温度升高导致夏季干旱，因干旱引发火灾等）的发生，也会使森林生态系统 NPP 下降、NEP 降低、净生物群区生产力（NBP）出现负增长。

未来气候变化通过改变森林的地理位置分布、提高生长速率，尤其是大气二氧化碳浓度升高所带来的正面效益，从而增加全球范围内的森林生产力。Sohngen 等预测未来气候变化条件下，由于 NPP 增加和森林向极地迁移，大多数森林群落的生产力均会增加。Mendelsohn 认为，到 2020 年左右，气候变化会提高美国加利福尼亚州森林的生产力；而随后生产力水平则会开始下降。未来全球气候变化后，中国森林 NPP 地理分布格局不会发生显著变化，但森林生产力和产量会呈现出不同程度的增加。在热带、亚热带地区，森林生产力将增加 1%～2%，暖温带将增加 2%左右，温带将增加 5%～6%，寒温带将增加 10%。尽管森林 NPP 可能会增加，但由于气候变化后病虫害的爆发和范围的扩大、森林火灾的频繁发生，森林固定生物量却不一定增加。

（3）森林的结构、组成和分布

过去数十年里，许多植物的分布都有向极地扩张的现象，而这很可能就是气温升高的结果。一些极地和苔原冻土带的植物都受到气候变化的影响，而且正在逐渐被树木和低矮灌木所取代。北半球一些山地生态系统的森林林线明显向更高海拔区域迁移。气候变化后的条件还有可能更适合于区域物种的入侵，从而导致森林生态系统的结构发生变化。在欧洲西北部、南美墨西哥等地区的森林，都发现有喜温植物入侵而原有物种逐步退化的现象。

受气候变化影响，在过去的几十年内，中国森林的分布也发生了较大变化。如祁连山山地森林区森林面积减少 16.5%、林带下限由 1 900 m 上升到 2 300 m，森林覆盖度减少 10%。刘丹等探讨了黑龙江省 1961—2003 年间气候变化对生态地理区域界限及当地森林主要树种分布的影响。结果研究表明，在气温升高的背景下，分布在大兴安岭的兴安落叶松和小兴安岭及东部山地的云杉、冷杉和红杉等树种的可能分布范围和最适分布范围均发生了北移。

未来气候有可能向暖湿变化，造成从南向北分布的各种类型森林带向北推进，水平分布范围扩展，山地森林垂直带谱向上移动。为了适应未来气温升高的变化，一些森林物种分布会向更高海拔的区域移动。但是气候变暖与森林分布范围的扩大并不同步，后者具有长达几十年的滞后期。未来中国东部森林带北移，温带常绿阔叶林面积扩大，较南的森林类型取代较北的类型，森林总面积增加。未来气候变化可能导致我国森林植被带的北移，尤其是落叶针叶林的面积减少很大，甚至可能移出我国境内。

（4）森林碳库

过去几十年大气二氧化碳浓度和气温升高导致森林生长期延长，加上氮沉降和营林措施的改变等因素，使森林年均固碳能力呈稳定增长趋势，森林固碳能力明显。气候变暖可能是促进森林生物量碳储量增长的主要因子。气候变化对全球陆地生态系统碳库的影响，会进一步对大气二氧化碳浓度水平产生压力。在二氧化碳浓度升高条件下，土壤有机碳库在短期内是增加的，整个土壤碳库储量会趋于饱和。

不过，森林碳储量净变化，是年间降雨量、温度、扰动格局等变量因素综合干扰的结果。由于极端天气事件和其他扰动事件的不断增加，土壤有机碳库及其稳定性存在较大的不确定性。在气候变化条件下，气候变率也会随之增加，从而增大区域碳吸收的年间变率。例如，TEM 模型的短期模拟结果显示，在厄尔尼诺发生的高温干旱年份，亚马孙盆地森林是一个净碳源，而在其他年份则是一个净碳汇。

Smith 等预测未来气候变化条件下，欧洲人类管理的土地碳库总体呈现增加趋势，其中也会有因土地利用变化导致的小范围碳库降低。Scholze 等估计，未来气温升高 3℃将使全球陆地植被变成一个净的碳源，超过 1/5 的生态系统面积将缩小。

2. 气候变化对森林火灾的影响

生态系统对气候变暖的敏感度不同，气候变化对森林可燃物和林火动态有显著影响。气候变化引起了动植物种群变化和植被组成或树种分布区域的变化，从而影响林火发生频率和火烧强度，林火动态的变化又会促进动植物种群改变。火烧对植被的影响取决于火烧频率和强度，严重火烧能引起灌木或草地替代树木群落，引起生态系统结构和功能的显著变化。虽然目前林火探测和扑救技术明显提高，但伴随着区域明显增温，北方林年均火烧面积呈增加趋势。极端干旱事件常常引起森林火灾大爆发，如2003 年欧洲的森林大火。火烧频率增加可能抑制树木更新，有利于耐火树种和植被类型的发展。

温度升高和降水模式改变将增加干旱区的火险，火烧频度加大。气候变化还影响人类的活动区域，并影响到火源的分布。林火管理有多种方式，但完全排除火烧的森林防火战略在降低火险方面好像相对作用不大。火烧的驱动力、生态系统生产力、可燃物积累和环境火险条件都受气候变化的影响。积极的火灾扑救促进碳沉降，特别是腐殖质层和土壤，这对全球的碳沉降是非常重要的。

气候变化将增加一些极端天气事件与灾害的发生频率和量级。未来气候变化特点是气温升高、极端天气/气候事件增加和气候变率增大。天气变暖会引起雷击和雷击火的发生次数增加，防火期将延长。温度升高和降水模式的改变，提高了干旱性升高区域的火险。在气候变化情景下，美国大部分地区季节性火险升高 10%。气候变化会引起火循环周期缩短，火灾频度的增加导致了灌木占主导地位的景观。最近的一些研究是通过气候模式与森林火险预测模型的耦合，预测未来气候变化情景下的森林火险变化。

降水和其他因素共同影响干旱期延长和植被类型变化，因为对未来降水模式的变化的了解有限，与气候变化和林火相关的研究还存在很大不确定性。气候变化可能导致火烧频度增加，特别是降水量不增加或减少的地区。降水量的普遍适度增加会带来生产力的增加，也有利于产生更多的易燃细小可燃物。变化的温度和极端天气事件将影响火发生频率和模式，北方林对气候变化最为敏感。火烧频率、大小、强度、季节性、类型和严重性影响森林组成和生产力。

3. 气候变化对森林病虫害的影响

对 40 多年来我国的有关研究资料分析显示，气候变暖使我国森林植被和森林病虫害分布区系向北扩大，森林病虫害发生期提前，世代数增加，发生周期缩短，发生范围和危害程度加大。年平均温度，尤其是冬季温度的上升促进了森林病虫害的大发生。如油松毛虫已向北、向西水平扩展。白蚁原是热带和亚热带所特有的害虫，但由于近几十年气候变暖，白蚁危害正由南向北逐渐蔓延。属南方型的大袋蛾随着温暖带地区大规模泡桐人工林扩大曾在黄淮地区造成严重问题。东南丘陵松树上常见的松瘤象、松褐天牛、横坑切梢小蠹、纵坑切梢小蠹已在辽宁、吉林危害严重。

随着气候变暖，连续多年的暖冬，以及异常气温频繁出现，森林生态系统和生物相对均衡局面常发生变动，我国森林病虫害种类增多，种群变动频繁发生，周期相应缩短，发生危害面积一直居高不下。气温对病虫害的影响主要是在高纬度地区。同时气候变化也加重了病虫害的发生程度，一些次要的病虫或相对无害的昆虫相继成灾，促进了海拔较高地区的森林，尤其是人工林病虫害的大发生。过去很少发生病虫害的云贵高原近年来病虫害频发，云南迪应地区海拔 3 800～4 000 m 高山上冷杉林内的高山小毛虫常猖獗成灾。

气候变化引起的极端气温天气逐渐增加，严重影响苗木生长和保存率，林木抗病能力下降，高海拔人工林表现得尤为明显，增加了森林病虫害突发成灾的频率。全球气候变化对森林病虫害发生的可能影响主要体现在以下几个方面。

（1）使病虫害发育速度增加，繁殖代数增加。

（2）改变病虫害的分布和危害范围，使害虫越冬代北移，越冬基地增加，迁飞范围增加，对分布范围广的种影响较小。

（3）使外来入侵的病虫害更容易建立种群。

（4）对昆虫的行为发生变化。

（5）改变寄主—害虫—天敌之间的相互关系。

（6）导致森林植被分布格局改变，使一些气候带边缘的树种生长力和抗性减弱，导致病虫害发生。

4. 气候变化对林业区划的影响

林业区划是促进林业发展和合理布局的一项重要基础性工作。林业生产的主体——森林，受外界自然条件的制约，特别是气候、地貌、水文、土壤等自然条件对森林生长具有决定性意义。由于不同地区具有不同的自然环境条件，导致森林分布具有明显的地域差异性。林业区划的任务是根据林业分布的地域差异，划分林业的适宜区。其中以自然条件的异同为划分林业区界的基本依据。中国全国林业区划以气候带、大地貌单元和森林植被类型或大树种为主要标志；省级林业区划以地貌、水热条件和大林种为主要标志；县级林业区划以代表性林种和树种为主要标志。

未来气候增暖后，中国温度带的界线北移，寒温带的大部分地区可能达到中温带温度状况，中温带面积的 1/2 可能达到暖温带温度状况，暖温带的绝大部分地区可能达到北亚热带温度状况，而北亚热带可能达到中亚热带温度状况，中亚热带可能达到南亚热带温度状况，南亚热带可能达到边缘热带温度状况，边缘热带的大部分地区可能达到中热带温度状况，中热带的海南岛南端可能达到赤道带温度状况。

全球变暖后，中国干湿地区的划分仍为湿润至干旱 4 种区域，干湿区范围有所变化。总体来看，干湿区分布较气候变暖前的分布差异减小，分布趋于平缓，从而缓和了自东向西水分急剧减少的状况。

未来气候变化可能导致中国森林植被带北移，尤其是落叶针叶林的面积减少很大，甚至可能移出中国境内；温带落叶阔叶林面积扩大，较南的森林类型取代较北的类型；华北地区和东北辽河流域未来可能草原化；西部的沙漠和草原可能略有退缩，被草原和灌丛取代；高寒草甸的分布可能略有缩小，将被热带稀树草原和常绿针叶林取代。

中国目前极端干旱区、干旱区的总面积，占国土面积的 38.3%，且干旱和半干旱趋势十分严峻。温度上升 4 ℃时，中国干旱区范围扩大，而湿润区范围缩小，中国北方趋于干旱化。随着温室气体浓度的增加，各气候类型区的面积基本上均呈增加的趋势，其中以极端干旱区和亚湿润干旱区增加的幅度最大，半干旱区次之，持续变干必将加大沙漠化程度。

5. 气候变化对林业重大工程的影响

气候增暖和干暖化，将对中国六大林业工程的建设产生重要影响，主要表现在植被恢复中的植被种类选择和技术措施、森林灾害控制、重要野生动植物和典型生态系统的保护措施等。中国天然林资源主要分布在长江、黄河源头地区或偏远地区，森林灾害预防和控制的基础设施薄弱，因此面临的林火和病虫灾害威胁可能增大。根据用 PRECIS 对中国未来气候情景的推测，气候变暖使中国现在的气候带在 2020 年、2050 年和 21 世纪末，分别向北移动 100 km、200 km 和 350 km 左右，这将对中国野生动植物生境和生态系统带来很大影响。未来中国气温升高，特别是部分地区干暖化，将使现在退耕还林工程区内的宜林荒地和退耕地逐步转化为非宜林地和非宜林退耕地，部分荒山造林和退耕还林形成的森林植被有可能退化，形成功能低下的"小老树"林。三北和长江中下游地区等重点防护林建设工程的许多地区，属干旱半干旱气候区，水土流失严重，土层浅薄，土壤水分缺乏，历来是中国造林最困难的地区。未来气候增暖及干暖化趋势，将使这些地区的立地环境变得更为恶劣，造林更为困难。一些现在的宜林地可能需以灌草植被建设取代，特别是在森林—草原过渡区。

6. 林业对气候变化的适应性评估

"适应性"是指系统在气候变化条件下的调整能力，从而缓解潜在危害，利用有利机会。森林生态系统的适应性包括两个方面：一是生态系统和自然界本身的自身调节和恢复能力；二是人为的作用，特别是社会经济的基础条件、人为的调控和影响等。

在自发适应方面，我国针对人工林已经采取了多种适应措施，如管理密度、硬阔/软阔混交、区域内和区域间木材生长与采伐模式、轮伐期、新气候条件下树木品种和栽培面积改变、调整木材尺寸及质量、调整火灾控制系统等。评价自发适应的途径，主要是利用气候变化影响评价模型，预测短期、即时或者自发性适应措施的有效性。

自发适应对策的评估，与气候变化影响的评估直接相关。目前大部分气候变化影响和适应对策评价研究方法，主要由以下几个方面组成：明确研究区域、研究内容，选择敏感的部门等；选择适合大多数问题的评价方法；选择测试方法，进行敏感性分析；选择和应用气候变化情景；评价对生物、自然和社会经济系统的影响；评价自发的调整措施；评价适应对策。

在人为调节适应方面，决策者首先必须明确气候变化确实存在而且将产生持续的影响，尤其是未来气候变化对其所在行业的影响。这需要制定相关政策，坚持气候观测与信息交流，支持相关技术、能力和区域网络研究，发展新的基层组织、政策和公共机构，在发展规划中强调气候变化的位置，建设持续调整和适应能力，分析确定各适应措施的可行性和原因分析等。我国已采取的措施包括：制定和实施各种与保护森林生态系统相关的法律和法规。

如《森林法》《土地管理法》《退耕还林条例》等，以控制和制止毁林，建立自然保护区和森林公园，对现存森林实施保护，大力开展林业生态工程建设等。

当前的林火管理包括许多方式与手段，充分发挥林火对生态系统的有益作用，并防止其破坏性。通过林火与气候变化的研究，改变林火管理策略，适应变化的气候情境。但林火管理涉及许多社会问题，特别是城市郊区的火灾常常影响到居民生命与财产安全，在扑救这些区域火灾时，就不会考虑经济成本。目前对林火管理的经济成本研究还局限于某一地区或某一方面，林火管理政策中也存在一些争议。如林火管理者常常采用计划烧除清理可燃物或预防森林大火的发生，但火烧常常引起空气污染。火后森林的恢复过程取决于火烧程度。在没有受到外界干扰的热带原始森林，森林预计可以在几年内充分恢复。

（二）林业减缓气候变化的作用

森林作为陆地生态系统的主体，以其巨大的生物量储存着大量碳，是陆地上最大的碳贮库和最经济的吸碳器。树木主要由碳水化合物组成，树木生物体中的碳含量约占其干重（生物量）的 50%。树木的生长过程就是通过光合作用，从大气中吸收二氧化碳，将二氧化碳转化为碳水化合物贮存在森林生物量中。因此，森林生长对大气中二氧化碳的吸收（固碳作用）能为减缓全球变暖的速率做出贡献。同时森林破坏是大气二氧化碳的重要排放源，保护森林植被是全球温室气体减排的重要措施之一。林业生物质能源作为"零排放"能源，大力发展林业生物质能源，从而减少化石燃料燃烧，是减少温室气体排放的重要措施。

1. 维持陆地生态系统碳库

森林作为陆地生态系统的主体，以其巨大的生物量储存着大量的碳，森林植物中的碳含量约占生物量干重的50%。全球森林生物量碳储量达282.7 Gt C，平均每公顷森林的生物量碳储量71.5 t C，如果加上土壤、粗木质残体和枯落物中的碳，每公顷森林碳储量达161.1 t C。据IPCC估计，全球陆地生态系统碳储量约2 477 Gt C，其中植被碳储量约占20%，土壤碳约占80%。占全球土地面积约30%的森林，其森林植被的碳储量约占全球植被的77%，森林土壤的碳储量约占全球土壤的39%。单位面积森林生态系统碳储量（碳密度）是农地的1.9～5倍。可见，森林生态系统是陆地生态系统中最大的碳库，其增加或减少都将对大气二氧化碳产生重要影响。

2. 增加大气二氧化碳吸收汇

森林植物在其生长过程中通过同化作用，吸收大气中的二氧化碳，将其固定在森林生物量中。森林每生长1 m³木材，约需要吸收1.83 t二氧化碳。在全球每年近60 Gt C的净初级生产量中，热带森林占20.1 Gt C，温带森林占7.4 Gt C，北方森林占2.4 Gt C。

在自然状态下，随着森林的生长和成熟，森林吸收二氧化碳的能力降低，同时森林自养和异养呼吸增加，使森林生态系统与大气的净碳交换逐渐减小，系统趋于碳平衡状态，或生态系统碳贮量趋于饱和，如一些热带和寒温带的原始林。但达到饱和状态无疑是一个十分漫长的过程，可能需要上百年甚至更长的时间。即便如此，仍可通过增加森林面积来增强陆地碳贮存。而且如上所述，一些研究测定发现原始林仍有碳的净吸收。森林被自然或人为扰动后，其平衡将被打破，并向新的平衡方向发展，达到新平衡所需的时间取决于目前的碳储量水平、潜在碳贮量和植被与土壤碳累积速率。对于可持续管理的森林，成熟森林被采伐后可以通过再生长达到原来的碳贮量，而收获的木材或木产品一方面可以作为工业或能源的代用品，从而减少工业或能源部门的温室气体源排放；另一方面，耐用木产品可以长期保存，部分可以永久保存，从而减缓大气二氧化碳浓度的升高。

增强碳吸收汇的林业活动包括造林、再造林、退化生态系统恢复、建立农林复合系统、加强森林可持续管理以提高林地生产力等能够增加陆地植被和土壤碳贮量的措施。通过造林、再造林和森林管理活动增强碳吸收汇已得到国际社会广泛认同，并允许发达国家使用这些活动产生的碳汇用于抵消其承诺的温室气体减限排指标。造林碳吸收因造林树种、立地条件和管理措施而异。

有研究表明，由于中国大规模的造林和再造林活动，到2050年，中国森林年净碳吸收能力将会大幅度的增加。

3. 增强碳替代

碳替代措施包括以耐用木质林产品替代能源密集型材料、生物能源（如能源人工林）、采伐剩余物的回收利用（如用作燃料）。由于水泥、钢材、塑料、砖瓦等属于能源密集型材料，且生产这些材料消耗的能源以化石燃料为主，而化石燃料是不可再生的。如果以耐用木质林产品替代这些材料，不但可增加陆地碳贮存，还可减少生产这些材料的过程中化石燃料燃烧引起的温室气体排放。虽然部分木质林产品中的碳最终将通过分解作用返回大气，但由于森林的可再生特性，森林的再生长可将这部分碳吸收回来，避免由于化石燃料燃烧引起的净排放。

据研究，用木材替代水泥、砖瓦等建筑材料，1 m^3 木材可减排约 0.8 t 二氧化碳当量。在欧洲，一座木结构房屋平均碳贮量达 150 t 二氧化碳，与砖结构比较，可减排 10 t 二氧化碳当量；而在澳大利亚，建造一座木结构房屋可减少排放 10 t 二氧化碳当量。当然，木结构房屋需消耗更多的能量用于取暖或降温。

同样，与化石燃料燃烧不同，生物质燃料不会产生向大气的净二氧化碳排放，因为生物质燃料燃烧排放的二氧化碳可通过植物的重新生长从大气中吸收回来，而化石燃料的燃烧则产生向大气的净碳排放，因此用生物能源替代化石燃料可降低人类活动碳排放量。

二、应对气候变化的林业实践

（一）清洁发展机制与造林再造林

清洁发展机制（CDM）是《京都议定书》第 12 条确立的、发达国家与发展中国家之间的合作机制。其目的是帮助发展中国家实现可持续发展，同时帮助国家（主要是发达国家）实现其在《京都议定书》第 3.1 条款下的减限排承诺。在该机制下，发达国家通过以技术和资金投入的方式与发展中国家合作，实施具有温室气体减排的项目，项目实现的可证实的温室气体减排量［核证减排量（CER）］，可用于缔约方承诺的温室气体减限排义务。CDM 被普遍认为是一种"双赢"机制。一方面，发展中国家缺少经济发展所需的资金和先进技术，经济发展常常以牺牲环境为代价，而通过这种项目级的合作，发展中国家可从发达国家获得资金和先进的技术，同时通过减少温室气体排放，降低经济发展对环境带来的不利影响，最终促进国内社会经济的可持续发展。另一方面，发达国家在本国实施温室气体减排的成本较高，对经济发展有很大的负面影响，而在发展中国家的减排成本要低得多，因此通过该机制，发达国家可以以远低于其国内所需的成本实现其减限排承诺，节约大量的资金，并减轻减限排对国内经济发展的压力，甚至还可将技术、产品甚至观念输入到发展中国家。

CDM 起源于巴西提出的关于发达国家承担温室气体排放义务案文中的"清洁发展基金"。根据该提案，发达国家如果没有完成应该完成的承诺，应该受到罚款，用其所提交的罚金建立"清洁发展基金"，按照发展中国家温室气体排放的比例资助发展中国家开展清洁生产领域的项目。在谈判过程中，发达国家将"基金"改为"机制"，将"罚款"变成了"出资"。

CDM 可分为减排项目和汇项目。减排项目指通过项目活动有益于减少温室气体排放的项目，主要是在工业、能源等部门，通过提高能源利用效率、采用替代性或可更新能源来减少温室气体排放。提高能源利用效率包括如高效的清洁燃煤技术、热电联产高耗能工业的工艺技术、工艺流程的节能改造、高效率低损耗电力输配系统、工业及民用燃煤锅炉窑炉、水泥工业过程减排二氧化碳的技术改造、工业终端通用节能技术等项目。替代性能源或可更新能源包括诸如水力发电、煤矿煤层甲烷气的回收利用、垃圾填埋沼气回收利用、废弃能源的回收利用、生物质能的高效转化系统、集中供热和供气、大容量风力发电、太阳能发电等。由于这些减排项目通常技术含量高、成本也较高，属技术和资金密集型项目，对于技术落后、资金缺乏的发展中国家，不但可引入境外资金，而且由于发达国家和发展中国家能源技术上的巨大差距，从而可通过 CDM 项目大大提高本国的技术能力。在这方面对我国尤其有利，这也是 CDM 减排项目在我国受到普遍欢迎并被列入优先考虑的项目的原因。

汇项目指能够通过土地利用、土地利用变化和林业（LULUCF）项目活动增加陆地碳贮量的项目，如造林、再造林、森林管理、植被恢复、农地管理、牧地管理等。

根据项目规模，CDM 项目可分为常规 CDM 项目和小规模 CDM 项目。小规模 A/RCDM 项目是指预期的人为净温室气体汇清除低于 8 000 t 二氧化碳每年、由所在国确定的低收入社区或个人开发或实施的 CDM 造林或再造林（A/RCDM）项目活动。如果小规模 A/RCDM 项目活动引起的人为净温室气体汇清除量大于每年 8 000 t 二氧化碳，超出部分汇清除将不予发放 tCER 或 1CER。为降低交易成本，对小规模 CDM 项目活动，在项目设计书、基线方法学、监测方法学、审定、核查、核证和注册方面，其方式和程序得以大大简化，要求也降低。

CDM 项目特别是 A/RCDM 项目涉及一系列复杂的技术和方法学问题，为此，缔约方会议和 CDM 执行理事会相继制定了一系列的国际规则（方式和程序），而且还在不断推出新的规则。对 A/RCDM 项目活动参与条件、合格性要求、DOE、审定和注册等相关规定和要求进行了概述，其他有关项目设计书、监测、核查和核证等相关规则不在此阐述。

CDM 是发达国家和发展中国家之间有关温室气体减排的合作机制，但参与双方都属自愿性质，而且参与 CDM 的每一方都应指定一个 CDM 国家主管机构。我国 CDM 国家主管机构是国家发展和改革委员会。在发展中国家中，只有《京都议定书》的缔约方才能够参加 CDM 项目活动。我国政府于 2002 年 8 月 30 日核准了《京都议定书》，是《京都议定书》的缔约方，因此有资格成为 CDM 的参与方。发展中国家开展的 A/RCDM 项目活动，还必须确定其对森林的定义满足以下标准。

（1）最低林木冠层覆盖度为 10%～30%。

（2）最小面积为 0.05～1.0 hm^2。

（3）最低树高为 2～5 m。

森林定义一旦确定，其在第一承诺期结束前注册的所有 A/RCDM 项目活动所采用的森林定义不变，并通过指定的 CDM 国家主管部门向 CDM 执行理事会报告。我国确定并向 CDM 执行理事会报告的森林定义标准为：最低林木冠层覆盖度为 20%，最小面积为 0.067 hm^2，最低树高为 2 m。

发达国家参与方必须满足《京都议定书》缔约方会议第 17/CP.7 号决议第 31～32 款的合格性要求，才能将 CDM 项目所产生的 CERs 用于其在《京都议定书》3.1 条款中的承诺。但是，如果发达国家不将 CDM 用于 3.1 条款的承诺，在不满足第 17/CP.7 号决议第 31～32 款合格性要求的情况下，也可以参与 CDM 项目。

（二）非京都市场

为推动减排和碳汇活动的有效开展，近年来许多国家、地区和多边国际金融机构（世界银行）相继成立了碳基金。这些基金来自于那些在《京都议定书》规定的国家中有温室气体排放的企业或者一些具有社会责任感的企业，由碳基金组织实施减排或增汇项目。在国际碳基金的资助下，通过发达国家内部、发达国家之间或者发达国家和发展中国家之间合作开展了减排和增汇项目。通过互相买卖碳信用指标，形成了碳交易市场。目前除了按照《京都议定书》规定实施的项目以外，非京都规则的碳交易市场也十分活跃。这个市场被称为志愿市场。

志愿市场是指不为实现《京都议定书》规定目标而购买碳信用额度的市场主体（公司、政府、非政府组织、个人）之间进行的碳交易。这类项目并非寻求清洁发展机制的注册，项目所产生的碳信用额成为确认减排量（VER）。购买者可以自愿购买清洁发展机制或非清洁发展机制项目的信用额。此外，国际碳汇市场还有被称为零售市场的交易活动。所谓零售市场，就是那些投资于碳信用项目的公司或组织，以较高的价格小批量出售减排量（碳信用指标）。当然零售商经营的也有清洁发展机制的项目即经核证的减排量（CER）或减排单位（ERU）。但是目前零售商向志愿市场出售的大部分仍未确定减排量。

作为发展中国家，虽然中国目前不承担减排义务，但是作为温室气体第二大排放国，建设资源节约型、环境友好型和低排放型社会，是中国展示负责任大国形象的具体行动，也符合中国长远的发展战略。因此，根据《联合国气候变化框架公约》和《京都议定书》的基本精神，中国政府正在致力于为减少温室气体排放、缓解全球气候变暖进行不懈努力。这些努力既涉及节能降耗、发展新能源和可再生能源，也包括大力推进植树造林、保护森林和改善生态环境的一系列行动。企业参与减缓气候变化的行动，既可以通过实施降低能耗，提高能效，使用可再生能源等工业项目，又可以通过植树造林、保护森林的活动来实现。

而目前通过造林减排是最容易，成本最低的方法。因此政府应出面创建一个平台，帮助企业以较低的成本来减排。同时这个平台也是企业志愿减排、体现企业社会责任的窗口。这个窗口的功能需要建立一个基金来实现。于是参照国际碳基金的运作模式和国际志愿市场实践经验，在中国建立了一个林业碳汇基金，命名为"中国绿色碳基金"（简称绿色碳基金）。这是一个以营造林为主、专门生产林业碳汇的基金。该基金的建立，有望促进国内碳交易志愿市场的形成，进而推动中国乃至亚洲的碳汇贸易的发展。为方便运行，目前中国绿色碳基金作为一个专项设在中国绿化基金会。绿色碳基金由国家林业和草原局、中国绿化基金会及相关出资企业和机构组成中国绿色碳基金执行理事会，共同商议绿色碳基金的使用和管理；基金的具体管理由中国绿化基金会负责。国家林业和草原局负责组织碳汇造林项目的规划、实施以及碳汇计量、监测并登记在相关企业的账户上，由国家林业和草原局定期发布。

（三）碳贸易实践

为了促进中国森林生态效益价值化，培育中国林业碳汇市场，争取更多的国际资金投入中国林业生态建设，同时了解实施清洁发展机制林业碳汇项目的全过程，培养中国的林业碳汇专家，2004 年国家林业局碳汇管理办公室在广西、内蒙古、云南、四川、辽宁等省（自治区）启动了林业碳汇试点项目。其中，在广西和内蒙古最早按照京都规则实施了清洁发展机制的林业碳汇项目。

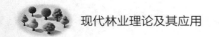

　　1. 广西珠江流域治理再造林项目

　　"广西珠江流域治理再造林项目"是世界银行贷款"广西综合林业发展和保护项目（GIFDCP）"的一部分，在珠江流域的苍梧县和环江县实施。建设内容包括 4 个部分：① 营造人工商品用材林 18.94 万 hm²；② 生态林管护 11.8 万 hm²，其中营造多功能防护林 1.8 万 hm²，封山育林 10.0 万 hm²；③ 石灰岩地区生物多样性保护（涉及 5 个自然保护区）；④ 机构能力建设。而清洁发展机制林业碳汇项目"广西珠江流域治理再造林项目"是总项目框架下营造多功能防护林的一部分，于 2004 年 12 月 30 日完成了包括碳融资文件（CFD）及环境和社会评价报告内容的项目可行性研究报告，并提交世界银行基金委员会（FMC）和供资方审查。2005 年 2 月中旬，可行性研究报告获得了批准。

　　根据碳汇项目要求，需要首先报批方法学。以中国林业科学研究院张小全研究员为主，制定了清洁发展机制下退化土地造林再造林项目的基线和监测方法学。2005 年 11 月 25 日，方法学获得 CDM 执行理事会批准，成为全球第一个被批准的 CDM 再造林碳汇项目方法学。2006 年 2～4 月，按照中国《清洁发展机制项目运行管理办法》，正式向国家申报该项目设计书，同时接受 CDM 执行理事会授权的指定经营实体的审定。2006 年 11 月，CDM 执行理事会批准了该项目，此后该项目正式开始实施。

　　（1）项目建设目标

　　通过再造林活动并计量碳汇，研究和探索清洁发展机制林业碳汇项目相关技术和方法，为我国开展清洁发展机制造林再造林项目摸索经验，并促进当地农民增收和保护生物多样性。

　　（2）项目内容

　　本项目共营造 4 000 hm² 多功能防护林，其中苍梧县和环江县各 2 000 hm²。通过项目执行，积累再造林碳汇项目活动经验，并监测评价项目的环境、社会和经济影响效果，探索退化土地恢复的碳融资机制。同时通过项目培训，加强当地能力建设。

　　项目设计造林树种包括大叶栎、马尾松、荷木、枫香、杉木、桉树，共 6 个树种，5 种不同造林模式。

　　（3）项目实施主体和经营形式

　　实施主体：项目的实施主体有苍梧县康源林场、苍梧县富源林场、环江县绿环林业开发有限公司、环江县兴环林业开发有限公司和 18 个农户小组、12 个农户。

　　经营形式：项目的经营形式有以下 3 种。

　　① 单个农户造林：即当地有经济实力的农户，自己筹措资金，承包当地村民小组

集体拥有经营权的土地，开展项目造林活动，林业产品和碳汇的销售收入全部归农户和提供土地的村民小组集体所有。农户和提供土地的村集体的收益分配比例按双方签订的合同执行。

②　农户小组造林：即几个或几个以上的农户自愿组合起来，筹措资金，承包当地村民小组集体拥有经营权的土地，开展项目造林活动，林产品和碳汇销售收入全部归农民小组和提供土地的村民小组集体所有。农户联合体和提供土地的村集体的收益分配比例按双方签订的合同执行。

③　农民（村集体）与林场（公司）股份合作造林：即农民（村集体）提供土地，林场（公司）投资造林，提供技术、管理林分并承担自然和投资风险。农民（村集体）与林场（公司）签订合同，以明确造林管理责任、投入和收益分成。收益分成比例为：林产品净收入的 40%、碳汇销售收入的 60% 归当地农民或村集体，林产品收入的 60%、碳汇销售收入的 40% 归当地林场（公司）。另外，林场（公司）将优先雇用当地农民参与整地、造林和管护等活动，并支付农民的劳动报酬。这种经营形式再造林 3 565.9 hm²，受益农民 4 815 人，其中土地承包经营权为村民小组集体所有的为 2 467.5 hm²，土地承包经营权为农户所有的为 1 098.4 hm²。

（4）项目实施期限及工艺流程

项目的实施包括建设期和运行管理期。项目建设期为 2006—2009 年，包括整地、育苗、造林、施肥、除草、抚育等。造林分两年完成，2006 年 1 660 hm²，2007 年 2 340 hm²。造林后连续抚育 3 年。运行管理期（计入期）30 年（2006—2035 年），包括森林病虫害防治、防火、护林、采伐、更新造林、管理、减排量监测等。

（5）项目总投资和筹资情况

清洁发展机制碳汇项目的总成本为 2 270 万美元，其中建设投资 302 万元，运营成本 1 968 万元。

（6）项目预期减排总量

在 2006—2035 年的计入期间，预期获得超过 773 000 t 二氧化碳的人为净温室气体减排量。

（7）项目效益

社会经济效益：经济收入。大约 5 000 个农户将受益。总收入估计可达 2 110 万美元，包括约 1 560 万美元的就业收入，350 万美元的木材和非木质林产品的销售收入，200 万美元的碳汇销售收入。与 2004 年相比，人均年净收入将增加 34 美元。

CDM 项目活动将提供大量就业机会。项目计入期内还将产生 40 个长期工作岗位。

项目同时可以提供可持续的薪柴使用，提高社会凝聚力，提供技术培训示范，并在项目边界外产生效益。

环境效益：增强生物多样性保护和促进自然生态系统的稳定。

改善环境服务：调节水流状况，减轻旱灾风险，减少洪水风险；促进提高土壤养分循环；有助于当地气候的稳定。

2. 内蒙古自治区敖汉旗防治荒漠化造林项目

为落实《京都议定书》，国家林业和草原局与意大利环境与自然资源部根据清洁发展机制造林再造林碳汇项目相关规定签订了"中国东北部敖汉旗防治荒漠化青年造林项目"。于 2004 年开始项目准备。基于该项目起草的"以灌木为辅助的退化土地造林再造林方法学"于 2006 年 2 月获得清洁发展机制执行理事会的批准，成为全球第六个获得正式批准的清洁发展机制造林再造林方法学。该项目拟在今后 5 年内，由意大利政府投资 135 万美元，当地配套 18 万美元，共 153 万美元，在内蒙古自治区敖汉旗荒沙地造林 3 000 hm²。中方项目管理单位是《联合国防治荒漠化公约》中国履约秘书处，即国家林业和草原局防沙治沙办公室。项目具体实施由内蒙古自治区赤峰市敖汉旗林业局。中国林业科学研究院、赤峰市林业科学研究所负责技术支撑，承担碳汇计量、监测任务。

（1）项目建设目标

结合敖汉旗当地防沙治沙的主要任务和本着因地制宜的原则，项目将种植杨树、柠条、樟子松、山杏等乡土树种，开展林业碳汇和治沙相结合的造林活动，共同探索在中国干旱、半干旱地区开展清洁发展机制林业碳汇项目的技术和能力。意大利方面一是希望获得一定量的碳汇来抵减其第一承诺期的排放量，二是了解在中国开展林业碳汇项目的可行性以及中国林业政策和林权改革的情况，了解当地农民的生态保护意识。同时，期望项目活动对防治荒漠化和土地退化、恢复和保护当地生物多样性有积极作用。在吸收二氧化碳、减缓气候变化的同时，为社区群众创造工作机会，改善社会经济状况，提高社区群众尤其是青年的环保意识。

（2）项目实施区域

项目地点为内蒙古自治区敖汉旗，属沙源区荒地。造林活动将在敖汉旗所属的汉林、治沙、古鲁板蒿、陈家湾子、小河子、木头营子、马头山、三义井及新惠 9 个国有林场开展。

项目区总人口为 2 311 人，705 户。农业人口为 2 201 人，占总人口的 95.24%；技术人员和管理人员为 110 人，占总人口的 4.76%。2006 年 1 月，项目完成了 4.5 万亩的造林任务。

（3）项目的预期收益

共有 2 500 名当地农民从中受益，其中 2 311 人直接受益，大多数是妇女。他们将参加 5 年项目的全过程。其余的人也将获得环境教育、植树、管理以及碳汇知识等方面的培训，增强环境意识。一些城市志愿者（青年和妇女）也将参与到项目中来。项目可为当地主要是青年提供新的工作机会和收入。同时，项目活动直接创造的农业效益是：间种高产饲草可以收获草种，为畜牧提供大量的饲草；树木成材后，获得木材、种子和薪柴。项目建成后将逐步降低当地风蚀引起的沙化和荒漠化。此外，由于项目处在沙尘暴盛行地区，地表几乎没有其他植被，项目的实施将有助于减缓沙尘暴的影响。到 2012 年，项目产生的经核证的二氧化碳减排量预计为 24 万 t。

3．云南腾冲小规模再造林景观恢复项目

项目活动在保护国际（CI）、大自然保护协会（TNC）和云南省林业厅合作的 FCCB 项目框架下实施，并成立云南省林业厅碳汇办公室和县碳汇办公室。

（1）项目建设目标

清洁发展机制小规模再造林项目活动将在云南省腾冲市营造 467.7 hm^2 的混交林，其中 37.6 hm^2 直接与高黎贡山自然保护区相连，78.2 hm^2 与保护区毗邻。项目所选的造林树种都是原生的乡土树种，主要有：秃杉、光皮桦、云南松、桤木。项目将在 2007—2036 年的 30 年的计入期内产生 150 966 t 二氧化碳的 tCER（年均 5 032 t 二氧化碳）。

根据 6/CMP.1 号决议："京都议定书第一承诺期下清洁发展机制小规模造林再造林项目活动的简化项目的方式和程序"，本项目属于农地和草地转化为林地的小规模再造林项目。

（2）项目实施区域和实施方式

项目涉及腾冲县北部的 3 个乡，5 个村和 1 个国有林场，433 户共计 2 108 名村民。其中 264.7 hm^2 地块属于当地村民或村民小组集体所有。25.2 hm^2 再造林地块在 2001 年 1 月 1 日起承包给当地村民，承包期限为 30 年。30 年到期之后如果农民愿意延期的话将根据中国《土地承包合同法》续签合同，延期另外 30～50 年。当地村民自主决定如何使用土地，并拥有土地上生产的资源。90.6 hm^2 再造林土地仍然由当地村民经营。此外，112.4 hm^2 为国有土地，归苏江国有林场经营。在本项目活动的规定下，当地农民/社区和所涉及的林场/公司有权使用这些土地。社区和农户拥有木材和林下非木材林产品，而且有法定权力收获并销售这些产品。但是砍伐木材必须要有采伐许可证，木材采伐指标由当地政府审批。林场获得项目产生的碳汇收益。

项目采用 30 年计入期，第一个计入期从 2007 年 6 月 1 日开始。项目活动的实施期为 30 年。在所选的计入期内（2007 年 6 月 1 日—2037 年 5 月 31 日），由本项目活动产生的人为净温室气体汇清除在 150 966 t 的二氧化碳以上。

项目建设成本将来自当地商业银行的贷款、当地政府的配套资金和项目参与方自筹。运行成本采用商业银行的长期或者短期贷款，当地政府的配套资金和项目参与方自筹。没有导致官方发展援助和 UNFCCC 资金义务分流的公共资金。

本项目采用 CDM 小规模造林再造林项目方法学（AR-AMS0001/Version04.1）作为项目开发指南。本项目活动引起的温室气体排放包括由于车辆使用燃烧化石燃料引起的排放和施肥引起的氧化二氮排放。根据初步估算以及所采用的方法学，施肥引起的氧化二氮排放可忽略不计（<10%）。同时，根据所采用的方法学，小规模造林再造林 CDM 项目只考虑项目施肥活动引起的温室气体排放。因此，本项目不考虑温室气体排放。

（3）项目效益

农业仍然是项目区当地社区的主要收入来源。但是产量很低，项目区中人均 GDP 为 217 美元，其中项目区的傈僳族村寨的人均 GDP 甚至低于 100 美元。为了最大限度地增加社会经济效益，再造林的设计过程采用了参与式的流程。参与式农村评估方（PRA）法通过访问和咨询项目区的农户，了解当地农民的喜好、意愿和关心的问题，以便于项目将来对他们的要求做出回应并改善他们的生计。当地农户决定其最乐意接受的当地农民/社区与林场股份安排。预计将有 3 个乡，5 个村，433 户，2 108 名村民将会从本项目中受益。项目主要的社会经济效益包括以下几方面。

① 增加收入：根据林场与当地农户达成的协议，农户将从提供土地所获的木材产品和非木材产品中受益，其次还可以通过再造林过程中出工的报酬。大约 433 户计 2 108 名农民会从项目中受益。

② 可持续的薪材供给：当地居民对薪柴有一定程度的依赖，尤其是当地的少数民族社区。本项目可以给当地社区提供更多可持续的薪材资源。

③ 增强社会凝聚力：单个农户/社区的操作由于投入、产出方面显得羸弱，尤其是获益时间比农产品周期长的木材产品和非木制产品。此外，缺少组织机构，阻碍他们克服技术障碍。总之，本项目将在个人、社区、林场、当地政府之间形成紧密互动关系，强化他们，尤其是与少数民族社区之间的沟通并形成社会和生产服务的网络。

④ 技术培训与示范：社区调查的结果显示社区农户往往在获得高质量的种源和培育高成活率的幼苗以及防治火灾、森林病虫害方面缺乏一定的技能。这也是当地社区

农户营林的一个重要的障碍。本项目中，当地林业系统和林场将组织培训，帮助他们了解评估值项目活动中遇到的问题，比如苗木选择、苗圃管理、整地、再造林模式和病虫害综合治理等。

第二节　荒漠化防治与现代林业

一、我国的荒漠化及防治现状

中国是世界上荒漠化和沙化面积大、分布广、危害重的国家之一，荒漠化不仅造成生态环境恶化和自然灾害，直接破坏人类的生存空间，而且造成巨大的经济损失，全国每年因荒漠化造成的直接经济损失高达 640 多亿元，严重的土地荒漠化、沙化威胁我国生态安全和经济社会的可持续发展，威胁中华民族的生存和发展。

（一）中国的荒漠化状况

2015 年公布的第五次全国荒漠化和沙化监测结果表明，截至 2014 年，全国荒漠化土地总面积 261.16 万 km^2，占国土总面积的 27.20%，沙化土地面积 172.12 万 km^2，占国土面积的 17.93%；有明显沙化趋势的土地面积 30.03 万 km^2，占国土面积的 3.12%。实际有效治理的沙化土地面积 20.37 万 km^2，占沙化土地面积的 11.8%。荒漠化土地集中分布于新疆、内蒙古、西藏、甘肃、青海 5 省（自治区），占全国荒漠化总面积的 95.64%。沙化土地分布在除上海、中国台湾、中国香港和中国澳门的 30 个省（自治区、直辖市）的 920 个县（旗、区），其中 96%分布在新疆、内蒙古、西藏、青海、甘肃、河北、陕西、宁夏 8 省（自治区）。

（二）我国荒漠化发展趋势

中国在防治荒漠化和沙化方面取得了显著的成就。目前，中国荒漠化和沙化状况总体上有了明显改善，与第四次全国荒漠化和沙化监测结果相比，全国荒漠化土地面积减少了 121.20 万 hm^2，沙化土地减少 99.02 万 hm^2。荒漠化和沙化整体扩展的趋势得到了有效的遏制。

我国荒漠化防治所取得的成绩是初步的和阶段性的。治理形成的植被刚进入恢复阶段，一年生草本植物比例还较大，植物群落的稳定性还比较差，生态状况还很脆弱，植物群落恢复到稳定状态还需要较长时间。沙化土地治理难度越来越大。沙区边治理边破坏的现象相当突出。研究表明，全球气候变化对我国荒漠化产生重要影响，我国未来荒漠化生物气候类型区的面积仍会以相当大的比例扩展，区域内的干旱化程度也会进一步加剧。

二、我国荒漠化治理分区

我国地域辽阔，生态系统类型多样，社会经济状况差异大，根据实际情况，将全国荒漠化地区划分为 5 个典型治理区域。

（一）风沙灾害综合防治区

本区包括东北西部、华北北部及西北大部干旱、半干旱地区。这一地区沙化土地面积大。由于自然条件恶劣，干旱多风，植被稀少，草地沙化严重，生态环境十分脆弱；农村燃料、饲料、肥料、木料缺乏，严重影响当地人民的生产和生活。生态环境建设的主攻方向是：在沙漠边缘地区、沙化草原、农牧交错带、沙化耕地、沙地及其他沙化土地，采取综合措施，保护和增加沙区林草植被，控制荒漠化扩大趋势。以三北风沙线为主干，以大中城市、厂矿、工程项目周围为重点，因地制宜兴修各种水利设施，推广旱作节水技术，禁止毁林毁草开荒，采取植物固沙、沙障固沙等各种有效措施，减轻风沙危害。对于沙化草原、农牧交错带的沙化耕地、条件较好的沙地及其他沙化土地，通过封沙育林育草、飞播造林种草、人工造林种草、退耕还林还草等措施，进行积极治理。因地制宜，积极发展沙产业。鉴于中国沙化土地分布的多样性和广泛性，可细分为 3 个亚区。

（1）干旱沙漠边缘及绿洲治理类型区：该区主体位于贺兰山以西，祁连山和阿尔金山、昆仑山以北，行政范围包括新疆大部、内蒙古西部及甘肃河西走廊等地区。区内分布塔克拉玛干、古尔班通古特、库姆塔格、巴丹吉林、腾格里、乌兰布和、库布齐 7 大沙漠。本区干旱少雨，风大沙多，植被稀少，年降水量多在 200 mm 以下，沙漠浩瀚，戈壁广布，生态环境极为脆弱，天然植被破坏后难以恢复，人工植被必须在灌溉条件下才有可能成活。依水分布的小面积绿洲是人民赖以生存、发展的场所。目前存在的主要问题是沙漠扩展剧烈，绿洲受到流沙的严重威胁；过牧、樵采、乱垦、挖掘，使天然荒漠植被大量减少；不合理地开发利用水资源，挤占了生态用水，导致天然植被衰退死亡，绿洲萎缩。本区以保护和拯救现有天然荒漠植被和绿洲、遏制沙漠侵袭为重点。具体措施：将不具备治理条件和具有特殊生态保护价值的不宜开发利用的连片沙化土地划为封禁保护区；合理调节河流上下游用水，保证生态用水；在沙漠前沿建设乔灌草合理配置的防风阻沙林带，在绿洲外围建立综合防护体系。

（2）半干旱沙地治理类型区：该区位于贺兰山以东、长城沿线以北，以及东北平原西部地区，区内分布有浑善达克、呼伦贝尔、科尔沁和毛乌素 4 大沙地，其行政范围包括北京、天津、内蒙古、河北、山西、辽宁、吉林、黑龙江、陕西和宁夏 10 省（自治区、直辖市）。本区是影响华北及东北地区沙尘天气的沙源尘源区之一。干旱多风，植被稀疏，但地表和地下水资源相对丰富，年降水量在 300～400 mm 之间，沿中蒙边界在 200 mm 以下。本区天然与人工植被均可在自然降水条件下生长和恢复。目前存在的主要问题是过牧、过垦、过樵现象十分突出，植被衰败，草场退化、沙化发生发展活跃。本区以保护、恢复林草植被，减少地表扬沙起尘为重点。具体措施：牧区推行划区轮牧、休牧、围栏禁牧、舍饲圈养，同时沙化严重区实行生态移民，农牧交错区在搞好草畜平衡的同时，通过封沙育林育草、飞播造林（草）、退耕还林还草和水利基本建设等措施，建设乔灌草相结合的防风阻沙林带，治理沙化土地，遏制风沙危害。

（3）亚温润沙地治理类型区：该区主要包括太行山以东、燕山以南、淮河以北的黄淮海平原地区，沙化土地主要由河流改道或河流泛滥形成，其中以黄河故道及黄泛区的沙化土地分布面积最大。行政范围涉及北京、天津、河北、山东、河南等省（直辖市）。该区自然条件较为优越，光照和水热资源丰富，年降水量 450～800 mm。地下水丰富，埋藏较浅，开垦历史悠久，天然植被仅分布于残丘、沙荒、河滩、洼地、湖区等，是我国粮棉重点产区之一，人口密度大，劳动力资源丰富。目前存在的主要问题是局部地区风沙活动仍强烈，冬春季节风沙危害仍很严重。本区以田、渠、路林网和林粮间作建设为重点，全面治理沙化土地。主要治理措施：在沙地的前沿大力营造防风固沙林带，结合渠、沟、路建设，加强农田防护林、护路林建设，保护农田和河道，并在沙化面积较大的地块大力发展速生丰产用材林。

（二）黄土高原重点水土流失治理区

本区域包括陕西北部、山西西北部、内蒙古中南部、甘肃东部、青海东部及宁夏南部黄土丘陵区。总面积 30 多万 km^2，是世界上面积最大的黄土覆盖地区，气候干旱，植被稀疏，水土流失十分严重，水土流失面积约占总面积的 70%，是黄河泥沙的主要来源地。这一地区土地和光热资源丰富，但水资源缺乏，农业生产结构单一，广种薄收，产量长期低而不稳，群众生活困难，贫困人口量多面广。加快这一区域生态环境治理，不仅可以解决农村贫困问题，改善生存和发展环境，而且对治理黄河至关重要。生态环境建设的主攻方向是：以小流域为治理单元，以县为基本单位，以修建水平梯田和沟坝地等基本农田为突破口，综合运用工程措施、生物措施和耕作措施治理水土流失，尽可能做到泥不出沟。陡坡地退耕还草还林，实行草、灌木、乔木结合，恢复和增加植被。在对黄河危害最大的砒砂岩地区大力营造沙棘水土保持林，减少粗沙流失危害。大力发展雨水集流节水灌溉，推广普及旱作农业技术，提高农产品产量，稳定解决温饱问题。积极发展林果业、畜牧业和农副产品加工业，帮助农民脱贫致富。

（三）北方退化天然草原恢复治理区

我国草原分布广阔，总面积约 270 万 km^2，占国土面积的 1/4 以上，主要分布在内蒙古、新疆、青海、四川、甘肃、西藏等地区，是我国生态环境的重要屏障。长期以来，受人口增长、气候干旱和鼠虫灾害的影响，特别是超载过牧和滥垦乱挖，使江河水系源头和上中游地区的草地退化加剧，有些地方已无草可用、无牧可放。生态环境建设的主攻方向是：保护好现有林草植被，大力开展人工种草和改良草场（种），配套建设水利设施和草地防护林网，加强草原鼠虫灾防治，提高草场的载畜能力。禁止草原开荒种地。实行围栏、封育和轮牧，建设"草库伦"，搞好草畜产品加工配套。

（四）青藏高原荒漠化防治区

本区域面积约 176 万 km^2，该区域绝大部分是海拔 3 000 m 以上的高寒地带，土壤侵蚀以冻融侵蚀为主。人口稀少，牧场广阔，其东部及东南部有大片林区，自然生态系统保存较为完整，但天然植被一旦破坏将难以恢复。生态环境建设的主攻方向是：以保护现有的自然生态系统为主，加强天然草场，长江、黄河源头水源涵养林和原始森林的保护，防止不合理开发。其中分为两个亚区，即：高寒冻融封禁保护区和高寒沙化土地治理区。

（五）西南岩溶地区石漠化治理区

主要以金沙江、嘉陵江流域上游干热河谷和岷江上游干旱河谷，川西地区、三峡库区、乌江石灰岩地区、黔桂滇岩溶地区热带与亚热带石漠化治理为重点，加大生态保护和建设力度。

三、荒漠化防治对策

荒漠化防治是一项长期艰巨的国土整治和生态环境建设工作，需要从制度、政策、机制、法律、科技、监督等方面采取有效措施，处理好资源、人口、环境之间的关系，促进荒漠化防治工作的健康发展。认真实施《全国防沙治沙规划》，落实规划任务，制定年度目标，定期监督检查，确保取得实效。抓好防沙治沙重点工程，落实工程建设责任制，健全标准体系，狠抓工程质量，严格资金管理，搞好检查验收，加强成果管护，确保工程稳步推进。创新体制机制。实行轻税薄费的税赋政策，权属明确的土地使用政策，谁投资、谁治理、谁受益的利益分配政策，调动全社会的积极性。强化依法治沙，加大执法力度，提高执法水平，推行禁垦、禁牧、禁樵措施，制止边治理、边破坏现象，建立沙化土地封禁保护区。依靠科技进步，推广和应用防沙治沙实用技术和模式，加强技术培训和示范工作，增加科技含量，提高建设质量。建设防沙治沙综合示范区，探索防沙治沙政策措施、技术模式和管理体制，以点带片，以片促面，构建防沙治沙从点状拉动到组团式发展的新格局。健全荒漠化监测和预警体系，加强监测机构和队伍建设，健全和完善荒漠化监测体系，实施重点工程跟踪监测，科学评价建设效果。发挥各相关部门的作用，齐抓共管，共同推进防沙治沙工作。

（一）加大荒漠化防治科技支撑力度

科学规划，周密设计。科学地确定林种和草种结构，宜乔则乔，宜灌则灌，宜草则草，乔灌草合理配置，生物措施、工程措施和农艺措施有机结合。大力推广和应用先进科技成果和实用技术。根据不同类型区的特点有针对性地对科技成果进行组装配套，着重推广应用抗逆性强的植物良种、先进实用的综合防治技术和模式，逐步建立起一批高水平的科学防治示范基地，辐射和带动现有科技成果的推广和应用，促进科技成果的转化。

加强荒漠化防治的科技攻关研究。荒漠化防治周期长，难度大，还存在着一系列亟待研究和解决的重大科技课题。如荒漠化控制与治理、沙化退化地区植被恢复与重建等关键技术；森林生态群落的稳定性规律；培育适宜荒漠化地区生长、抗逆性强的树木良种，加快我国林木良种更新，提高林木良种使用率，荒漠化地区水资源合理利用问题，保证生态系统的水分平衡等。

大力推广和应用先进科技成果和实用技术。在长期的防治荒漠化实践中，我国广大科技工作者已经探索、研究出了上百项实用技术和治理模式，如节水保水技术、风沙区造林技术、沙区飞播造林种草技术、封沙育林育草技术、防护林体系建设与结构模式配置技术、草场改良技术、病虫害防治技术、沙障加生物固沙技术、公路铁路防沙技术、小流域综合治理技术和盐碱地改良技术等，这些技术在我国荒漠化防治中已被广泛采用，并在实践中被证明是科学可行的。

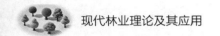

（二）建立荒漠化监测和工程效益评价体系

荒漠化监测与效益评价是工程管理的一个重要环节，也是加强工程管理的重要手段，是编制规划、兑现政策、宏观决策的基础，是落实地方行政领导防沙治沙责任考核奖惩的主要依据。为了及时、准确、全面地了解和掌握荒漠化现状及治理成就及其生态防护效益，为荒漠化管理部门进行科学管理、科学决策提供依据，必须加强和完善荒漠化监测与效益评价体系建设，进一步提高荒漠化监测的灵敏性、科学性和可靠性。

加强全国沙化监测网络体系建设。在 5 次全国荒漠化、沙化监测的基础上，根据《防沙治沙法》的有关要求，要进一步加强和完善全国荒漠化、沙化监测网络体系建设，修订荒漠化监测的有关技术方案，逐步形成以面上宏观监测、敏感地区监测和典型类型区定位监测为内容的，以"3S"技术结合地面调查为技术路线的，适合当前国情的比较完备的荒漠化监测网络体系。

建立沙尘暴灾害评估系统。利用最新的技术手段和方法，预报沙尘暴的发生，评估沙尘暴所造成的损失，为各级政府提供防灾减灾的对策和建议，具有十分重要的意义。近年来，国家林业和草原局在沙化土地监测的基础上，与气象部门合作，开展了沙尘暴灾害损失评估工作。应用遥感信息和地面站点的观测资料，结合沙尘暴影响区域内地表植被、土壤状况、作物面积和物候期、生长期、畜牧业情况及人口等基本情况，通过建立沙尘暴灾害经济损失评估模型，对沙尘暴造成的直接经济损失进行评估。今后，需要进一步修订完善灾害评估模型，以提高灾害评估的准确性和可靠度。

完善工程效益定位监测站（点）网建设。防治土地沙化重点工程，要在工程实施前完成工程区各种生态因子的普查和测定，并随着工程进展连续进行效益定位监测和评价。国家林业和草原局拟在各典型区建立工程效益监测站，利用"3S"技术，点面监测结合，对工程实施实时、动态监测，掌握工程进展情况，评价防沙治沙工程效益。工程监测与效益评价结果应分区、分级进行，在国家级的监测站下面，根据实际情况分级设立各级监测网点。

（三）完善管理体制、创新治理机制

我国北方的土地退化经过近半个世纪的研究和治理，荒漠化和沙化整体扩展的趋势得到初步遏制，但局部地区仍在扩展。基于我国的国情和沙情，我国土地荒漠化和沙化的总体形势仍然严峻，防沙治沙的任务仍然非常艰巨。我国荒漠化治理过多地依

赖政府行为,忽视了人力资本的开发和技术成果的推广与转化。制度安排的不合理是影响我国沙漠化治理成效的重要原因之一。要走出现实的困境,就必须完成制度安排的正向变迁,在产权得到保护和补偿制度建立的前提下,通过一系列的制度保证,将荒漠的公益性治理的运作机制转变为利益性治理,建立符合经济主体理性的激励相容机制,鼓励农牧民和企业参与治沙,从根本上解决荒漠化的贫困根源,使荒漠化地区经济、社会得到良性发展,实现社会、经济、环境三重效益的整体最大化。

1. 设立生态特区和封禁保护区

在我国北方共计有 7 400 多 km 的边境风沙线,既是国家的边防线,又是近 50 个少数民族的生命线。另外西部航天城、军事基地,卫星、导弹发射基地,驻扎在国境线上的无数边防哨卡等,直接关系到国防安全和国家安全。荒漠化地区的许多国有林场(包括苗圃、治沙站)和科研院所是防治荒漠化的主力军,但科学研究因缺乏经费不能开展,许多关键问题如节水技术、优良品种选育、病虫害防治等得不到解决,很多种、苗基地处于瘫痪、半瘫痪状态,职工工资没有保障,工程建设缺乏技术支撑和持续发展后劲。

有鉴于此,建议将沙区现有的军事战略基地(军事基地、航天基地、边防哨所、营地等)和科研基地(长期定位观测站、治沙试验站、新技术新品种试验区等)划为生态特区。

沙化土地封禁保护区是指在规划期内不具备治理条件的以及因保护生态的需要不宜开发利用的连片沙化土地。据测算,按照沙化土地封禁保护区划定的基本条件,我国适合封禁保护的沙化土地总面积约 60 万 km²,主要分布在西北荒漠和半荒漠地区以及青藏高原高寒荒漠地区,区内分布有塔克拉玛干、古尔班通古特、库姆塔格、巴丹吉林、腾格里、柴达木、亚玛雷克、巴音温都尔等沙漠。行政范围涉及新疆、内蒙古、西藏、甘肃、宁夏、青海 6 个省(自治区),114 个县(旗、区)。这些地区是我国沙尘暴频繁活动的中心区域或风沙移动的路径区,对周边区域的生态环境有明显的影响。因此,加快对这些地区实施封禁保护,促进沙区生态环境的自然修复,减轻沙尘暴的危害,改善区域生态环境,是当前防沙治沙工作所面临的一项十分紧迫的任务。

主要采取的保护措施包括:一是停止一切导致这部分区域生态功能退化的开发活动和其他人为破坏活动;二是停止一切产生严重环境污染的工程项目建设;三是严格控制人口增长,区内人口已超过承载能力的应采取必要的移民措施;四是改变粗放生产经营方式,走生态经济型发展的道路,对已经破坏的重要生态系统,要结合生态环境建设措施,认真组织重建,尽快遏制生态环境恶化趋势;五是进行重大工程建设要经国务院指定的部门批准。沙化土地封禁保护区建设是一项新事物，目前仍处于起步阶段。特别是封禁保护的区域多位于边远地区、贫困地区和少数民族地区，如何妥善处理好封禁保护与地方经济社会发展的关系，保证其健康有序地推进，还没有可以借鉴的成熟模式和经验，还需要在实践过程中不断地探索和总结。封禁保护区建设涉及农、林、国土等不同的行业和部门，建设项目包括封禁保护区居民转移安置、配套设施建设、管理和管护队伍建设、宣传教育等，是一项工作难度大、综合性较强的系统工程。因此，研究制定切实可行的措施与保障机制，对于保证封禁保护区建设成效具有重要意义。

2. 创办专业化治沙生态林场

目前，荒漠化地区"林场变农场，苗圃变农田，职工变农民"的现象比较普遍。近几年在西北地区爆发的黄斑天牛、光肩星天牛虫害使多年来营造的大面积防护林毁于一旦，给农业生产带来严重损失，宁夏平原地区因天牛危害砍掉防护林使农业减产20%～30%，这种本可避免的损失与上述困境有直接的关系。

为了保证荒漠化治理工程建设的质量和投资效益，建议在国家、省、地、县组建生态工程承包公司，由农村股份合作林场、治沙站、国有林场，以及下岗人员参与国家和地方政府的荒漠化治理工程投标。所有生态工程建设项目实行招标制审批，合同制管理，公司制承包，股份制经营，滚动式发展机制，自主经营，自负盈亏，独立核算。

3. 出台荒漠化治理的优惠政策

我国先后颁布和制定过多项防沙治沙优惠政策（如发放贴息贷款、沙地无偿使用、减免税收等），但大多数已不能适应新的形势发展。为了鼓励对荒漠化土地的治理与开发，新的优惠政策应包括四个方面。一是资金扶持。由于荒漠化地区治理、开发投资大，除工程建设投资和贴息贷款外，建议将中央农、林、牧、水、能源等各产业部门、扶贫、农业综合开发等资金捆在一起，统一使用，以加大治理和开发的力度和规模。二是贷款优惠。改进现行贴息办法，实行定向、定期、定额贴息。根据工程建设内容的不同实行不同的还贷期限，如投资周期长的林果业，还贷期限以延长至8～15年为宜。简化贷款手续，改革现行贷款抵押办法，放宽贷款条件。三是落实权属。鼓励集体、社会团体、个人和外商承包治理和开发荒漠化土地，实行"谁治理、谁开发、谁受益"的政策，50～70年不变，允许继承、转让、拍卖、租赁等。四是税收减免。

4. 完善生态效益补偿制度

防治荒漠化工程的主体是生态工程，需要长期经营和维护，其回报则主要或全部是具有公益性质的生态效益。为了补偿生态公益经营者付出的投入，弥补工程建设经费的不足，合理调节生态公益经营者与社会受益者之间的利益关系，增强全社会的环境意识和责任感，在荒漠化地区应尽快建立和完善生态效益补偿制度。补偿内容包括三个方面：一是向防治荒漠化工程的生态受益单位和个人，征收一定比例的生态效益补偿金；二是使用治理修复的荒漠化土地的单位和个人必须缴纳补偿金；三是破坏生态者不仅要支付罚款和负责恢复生态，还要缴纳补偿金。收取的补偿金专项用于防治荒漠化工程建设，不得挪用，以保证工程建设持续、快速、健康地发展。

第三节　森林及湿地生物多样性保护

生物多样性是人类赖以生存的基本条件，是人类经济社会得以持续发展的基础。森林是"地球之肺"，湿地是"地球之肾"。森林、湿地及其栖居的各种动植物，构成了生物多样性的主体。面对森林与湿地资源不断破坏、森林及湿地生物多样性日益锐减的严峻形势，积极开展森林及湿地生物多样性保护的研究与实践，对于保护好生物多样性、维护自然生态平衡、推动经济社会可持续发展具有巨大作用和重要意义。

当前全球及中国生物多样性研究的重点是从基本概念、岛屿生物地理学、自然保护区建设等方面解决重要理论、方法与技术问题，为认识和了解生物多样性、开展生物多样性保护的研究与实践提供科学依据。

一、生物多样性保护的生态学理论

（一）岛屿生物地理学

人们早就意识到岛屿的面积与物种数量之间存在着一种对应关系。20 世纪 60 年代，MacArthur 和 Wilson 提出了岛屿生物地理学平衡理论（M-W 理论）。他们认为物种存活数目与其生境所占据的面积或空间之间的关系可以用幂函数来表示：$S = cAz$。这里 S 表示物种数目；A 为生境面积或空间大小；c 为常数，表示单位面积（空间）物种数目，随生态域和生物种类不同而有变化；z 为统计常量，反映 S 与 A 各自取对数后彼此线性关系的斜率，即 $\log S = z \log A + \log c$。M-W 理论首次从动态方面阐述了物种丰富度与面积及隔离程度的关系，认为岛屿上存活物种的丰富度取决于新物种的迁入和原来占据岛屿的物种的灭绝，迁入和绝灭过程的消长导致物种丰富度动态变化。物种灭绝率随岛屿面积的减小而增大（面积效应），物种迁入率随着隔离距离的增大而减小（距离效应）。当迁入率和灭绝率相等时，物种丰富度处于动态平衡，即物种的数目相对稳定，但物种的组成却不断变化和更新。这种状态下物种的种类更新的速率在数值上等于当时的迁入率或绝灭率，通常称为种周转率。这就是岛屿生物地理学理论的核心内容。

岛屿生物地理学理论的提出和迅速发展是生物地理学领域的一次革命。这一模型是基于对岛屿物种多样性的深入研究而提出的，但它的应用可以从海洋中真正的岛屿扩展到陆地生态系统，保护区、国家公园和其他斑块状栖息地可看作是被非栖息地"海洋"所包围的生境"岛屿"。对一些生物类群的调查也验证了岛屿生物地理学的理论。大量资料表明，面积和隔离程度确实在许多情况下是决定物种丰富度的最主要因素，也正是在这一时期，人们开始发现许多物种已经绝灭而大量物种正濒临绝灭，人们也开始认识到这些物种绝灭对人类的灾难性。为此，人们建立了大批自然保护区和国家公园以拯救濒危物种，岛屿生物地理学理论的简单性及其适用领域的普遍性使这一理论长期成为物种保护和自然保护区设计的理论基础。岛屿生物地理学就被视为保护区设计的基本理论依据之一，保护区的建立以追求群落物种丰富度的最大化为基本原则。

（二）集合种群生态学

狭义集合种群指局域种群的灭绝和侵占，即重点是局域种群的周转。广义集合种群指相对独立地理区域内各局域种群的集合，并且各局域种群通过一定程度的个体迁移而使之连为一体。

用集合种群的途径研究种群生物学有两个前提：① 局域繁育种群的集合被空间结构化；② 迁移对局部动态有某些影响，如灭绝后，种群重建的可能性。

一个典型的集合种群需要满足 4 个条件。

条件 1：适宜的生境以离散斑块形式存在。这些离散斑块可被局域繁育种群占据。

条件 2：即使是最大的局域种群也有灭绝风险。否则，集合种群将会因最大局域种群的永不灭绝而可以一直存在下去，从而形成大陆—岛屿型集合种群。

条件 3：生境斑块不可过于隔离而阻碍局域种群的重新建立。如果生境斑块过于隔绝，就会形成不断趋于集合种群水平上灭绝的非平衡集合种群。

条件 4：各个局域种群的动态不能完全同步。如果完全同步，那么集合种群不会比灭绝风险最小的局域种群的续存时间更长。这种异步性足以保证在目前环境条件下不会使所有的局域种群同时灭绝。

由于人类活动的干扰，许多栖息地都不再是连续分布，而是被割裂成多个斑块，许多物种就是生活在这样破碎化的栖息地当中，并以集合种群形式存在的，包括一些植物、数种昆虫纲以外的无脊椎动物、部分两栖动物、一些鸟类和部分小型哺乳动物，以及昆虫纲中的很多物种。

集合种群理论对自然保护有以下几个启示。① 集合种群的长期续存需要 10 个以上的生境斑块。② 生境斑块的理想间隔应是一个折中方案。③ 空间现实的集合种群模型可用于对破碎景观中的物种进行实际预测。④ 较高生境质量的空间变异是有益的。⑤ 现代景观中集合种群的生存可能具有欺骗性。

在过去几年中，集合种群动态及其在破碎景观中的续存等概念在种群生物学、保护生物学、生态学中牢固地树立起来。在保护生物学中，由于集合种群理论从物种生存的栖息地的质量及其空间动态的角度探索物种灭绝及物种分化的机制，成功地运用集合种群动态理论，可望从生物多样性演化的生态与进化过程中寻找保护珍稀濒危物种的规律。它很大程度上取代了岛屿生物地理学。

另外，随着景观生态学、恢复生态学的发展，基于景观生态学理论的自然保护区研究与规划，以及基于恢复生态学理论的退化生态系统恢复技术，在生物多样性保护方面也正发挥着越来越重要的作用。

二、生物多样性保护技术

（一）一般途径

1. 就地保护

就地保护是保护生物多样性最为有效的措施。就地保护是指为了保护生物多样性，把包含保护对象在内的一定面积的陆地或水体划分出来，进行保护和管理。就地保护的对象主要包括有代表性的自然生态系统和珍稀濒危动植物的天然集中分布区等。就地保护主要是建立自然保护区。自然保护区的建立需要大量的人力物力，因此，保护区的数量终究有限。同时，某些濒危物种、特殊生态系统类型、栽培和家养动物的亲缘种不一定都生活在保护区内，还应从多方面采取措施，如建设设立保护点等。在林业上，应采取有利生物多样性保护的林业经营措施，特别应禁止采伐残存的原生天然林及保护残存的片段化的天然植被，如灌丛、草丛，禁止开垦草地、湿地等。

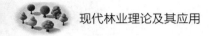

2. 迁地保护

迁地保护是就地保护的补充。迁地保护是指为了保护生物多样性，把由于生存条件不复存在，物种数量极少或难以找到配偶等原因，而生存和繁衍受到严重威胁的物种迁出原地，通过建立动物园、植物园、树木园、野生动物园、种子库、精子库、基因库、水族馆、海洋馆等不同形式的保护设施，对那些比较珍贵的、具有较高价值的物种进行的保护。这种保护在很大程度上是挽救式的，它可能保护了物种的基因，但长久以后，可能保护的是生物多样性的活标本。因为迁地保护是利用人工模拟环境，自然生存能力、自然竞争等在这里无法形成。珍稀濒危物种的迁地保护一定要考虑种群的数量，特别对稀有和濒危物种引种时要考虑引种的个体数量，因为保持一个物种必须以种群最小存活数量为依据。对某一个种仅引种几个个体对保存物种的意义有限，而且一个物种种群最好来自不同地区，以丰富物种遗传多样性。迁地保护为趋于灭绝的生物提供了生存的最后机会。

3. 离体保护

离体保护是指通过建立种子库、精子库、基因库等对物种和遗传物质进行的保护。这种方法利用空间小、保存量大、易于管理，但该方法在许多技术上有待突破，对于一些不易储藏、储存后发芽率低等"难对付"的种质材料，目前还很难实施离体保护。

（二）自然保护区建设

自然保护区在保护生态系统的天然本底资源、维持生态平衡等多方面都有着极其重要的作用。在生物多样性保护方面，由于自然保护区很好地保护了各种生物及其赖以生存的森林、湿地等各种类型生态系统，为生态系统的健康发展以及各种生物的生存与繁衍提供了保证。自然保护区是各种生态系统以及物种的天然储存库，是生物多样性保护最为重要的途径和手段。

1. 自然保护区地址的选择

保护地址的选择，首先必须明确其保护的对象与目标要求。一般来说需考虑以下因素。（1）典型性。应选择有地带性植被的地域，应有本地区原始的"顶极群落"，即保护区为本区气候带最有代表性的生态系统。（2）多样性。即多样性程度越高，越有保护价值。（3）稀有性。即保护那些稀有的物种及其群体。（4）脆弱性。脆弱的生态系统对极易受环境的改变而发生变化，保护价值较高。另外还要考虑面积因素、天然性、感染力、潜在的保护价值以及科研价值等方面。

2. 自然保护区设计理论

由于受到人类活动干扰的影响，许多自然保护区已经或正在成为生境岛屿。岛屿生物地理学理论为研究保护区内物种数目的变化和保护的目标物种的种群动态变化提供了重要的理论方法，成为自然保护区设计的理论依据。但在一个大保护区好还是几个小保护区好等问题上，一直仍有争议，因此岛屿生物地理学理论在自然保护区设计方面的应用值得进一步研究与认识。

3. 自然保护区的形状与大小

保护区的形状对于物种的保存与迁移起着重要作用。Wilson 和 Willis 认为，当保护区的面积与其周长比率最大时，物种的动态平衡效果最佳，即圆形是最佳形状，它比狭长形具有较小的边缘效应。

对于保护区面积的大小，目前尚无准确的标准。主要应根据保护对象和目的，应基于物种—面积关系、生态系统的物种多样性与稳定性等加以确定。

4. 自然保护区的内部功能分区

自然保护区的结构一般由核心区、缓冲区和实验区组成，不同的区域具有不同的功能。

核心区是自然保护区的精华所在，是被保护物种和环境的核心，需要加以绝对严格保护。核心区具有以下特点：（1）自然环境保存完好；（2）生态系统内部结构稳定，演替过程能够自然进行；（3）集中了本自然保护区特殊的、稀有的野生生物物种。

核心区的面积一般不得小于自然保护区总面积的1/3。在核心区内可允许进行科学观测，在科学研究中起对照作用。不得在核心区采取人为的干预措施，更不允许修建人工设施和进入机动车辆。应禁止参观和游览的人员进入。

缓冲区是指在核心区外围为保护、防止和减缓外界对核心区造成影响和干扰所划出的区域，它有两方面的作用：（1）进一步保护和减缓核心区不受侵害；（2）可允许进行经过管理机构批准的非破坏性科学研究活动。

实验区是指自然保护区内可进行多种科学实验的地区。实验区内在保护好物种资源和自然景观的原则下，可进行以下活动和实验：（1）栽培、驯化、繁殖本地所特有的植物和动物资源；（2）建立科学研究观测站从事科学试验；（3）进行大专院校的教学实习；（4）具有旅游资源和景点的自然保护区，可划出一定的范围，开展生态旅游。

景观生态学的理论和方法在保护区功能区的边界确定及其空间格局等方面的应用越来越引起人们的关注。

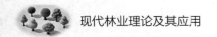

5. 自然保护区之间的生境廊道建设

生境廊道既为生物提供了居住的生境，也为动植物的迁移扩散提供了通道。自然保护区之间的生境廊道建设，有利于不同保护区之间以及保护区与外界之间进行物质、能量、信息的交流。在生境破碎，或是单个小保护区内不能维持其种群存活时，廊道为物种的安全迁移以及扩大生存空间提供了可能。

三、我国生物多样性保护重大行动

（一）全国野生动植物保护及自然保护区建设工程总体规划

1. 总体目标

通过实施全国野生动植物保护及自然保护区工程建设总体规划（规划期为 2001—2050 年），拯救一批国家重点保护野生动植物，扩大、完善和新建一批国家级自然保护区、禁猎区和种源基地及珍稀植物培育基地，恢复和发展珍稀物种资源。到建设期末，使我国自然保护区数量达到 2 500 个（林业自然保护区数量为 2 000 个），总面积 1.728 亿 hm²，占国土面积的 18%（林业自然保护区总面积占国土面积的 16%）。形成一个以自然保护区、重要湿地为主体，布局合理、类型齐全、设施先进、管理高效、具有国际重要影响的自然保护网络。加强科学研究、资源监测、管理机构、法律法规和市场流通体系建设和能力建设，基本实现野生动植物资源的可持续利用和发展。

2. 工程区分类与布局

根据国家重点保护野生动植物的分布特点，将野生动植物及其栖息地保护总体规划在地域上划分为东北山地平原区、蒙新高原荒漠区、华北平原黄土高原区、青藏高原高寒区、西南高山峡谷区、中南西部山地丘陵区、华东丘陵平原区和华南低山丘陵区共 8 个建设区域。

3. 建设重点

（1）国家重点野生动植物保护

具体开展大熊猫、朱鹮、老虎（即东北虎、华南虎、孟加拉虎和印支虎）、金丝猴、藏羚羊、扬子鳄、大象、长臂猿、麝、普氏原羚、野生鹿、鹤类、野生雉类、兰科植物、苏铁保护 15 个重点野生动植物保护项目建设。

（2）国家重点生态系统类型自然保护区建设

森林生态系统保护和自然保护区建设：① 热带森林生态系统保护。加强 12 处 58

万 hm² 已建国家级自然保护区的建设，新建保护区 8 处，面积 30 万 hm²。② 亚热带森林生态系统保护。重点加强现有 33 个国家级自然保护区建设，新建 34 个国家级自然保护区，增加面积 280 万 hm²。③ 温带森林生态系统保护。重点建设现有 27 处国家级自然保护区，新建 16 个自然保护区，面积 120 万 hm²。

荒漠生态系统保护和自然保护区建设：加强 30 处面积 3 860 万 hm² 重点荒漠自然保护区的建设，新建 28 处总面积为 2 000 万 hm² 的荒漠自然保护区，重点保护荒漠地区的灌丛植被和生物多样性。

（二）全国湿地保护工程实施规划

湿地为全球三大生态系统之一，"地球之肾"。湿地是陆地（各种陆地类型）与水域（各种水域类型）之间的相对稳定的过渡区或复合区、生态交错区，是自然界陆、水、气过程平衡的产物，形成了各种特殊的、单纯陆地类型和单纯深阔水域类型所不具有的复杂性质（特殊的界面系统、特殊的复合结构、特殊的景观、特殊的物质流通和能量转化途径和通道、特殊的生物类群、特殊的生物地球化学过程等），是地球表面系统水循环、物质循环的平衡器、缓冲器和调节器，具有极其重要的功能。具体表现为生命与文明的摇篮；提供水源，补充地下水；调节流量，控制洪水；保护堤岸，抵御自然灾害；净化污染；保留营养物质；维持自然生态系统的过程；提供可利用的资源；调节气候；航运；旅游休闲；教育和科研等。作为水陆过渡区，湿地孕育了十分丰富而又独特的生物资源，是重要的基因库。

1. 长期目标

根据《全国湿地保护工程规划（2002—2030 年）》建设目标，湿地保护工程建设的长期目标是：通过湿地及其生物多样性的保护与管理，湿地自然保护区建设等措施，全面维护湿地生态系统的生态特性和基本功能，使我国自然湿地的下降趋势得到遏制。通过补充湿地生态用水、污染控制以及对退化湿地的全面恢复和治理，使丧失的湿地面积得到较大恢复，使湿地生态系统进入一种良性状态。同时，通过湿地资源可持续利用示范以及加强湿地资源监测、宣教培训、科学研究、管理体系等方面的能力建设，全面提高我国湿地保护、管理和合理利用水平，从而使我国的湿地保护和合理利用进入良性循环，保持和最大限度地发挥湿地生态系统的各种功能和效益，实现湿地资源的可持续利用，使其造福当代、惠及子孙。

2. 建设布局

根据我国湿地分布的特点，全国湿地保护工程的建设布局为东北湿地区、黄河中

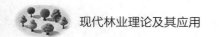

下游湿地区、长江中下游湿地区、滨海湿地区、东南和南部湿地区、云贵高原湿地区、西北干旱半干旱湿地区、青藏高寒湿地区。

3．建设内容

湿地保护工程涉及湿地保护、恢复、合理利用和能力建设四个环节的建设内容，它们相辅相成，缺一不可。考虑到我国保护现状和建设内容的轻重缓急，2005—2010年，优先开展湿地的保护和恢复、合理利用的示范项目以及必需的能力建设。

（1）湿地保护工程

对目前湿地生态环境保持较好、人为干扰不是很严重的湿地，主要以保护为主，以避免生态进一步恶化。

自然保护区建设。我国现有湿地类型自然保护区 473 个，已投资建设了 30 多处。规划期内投资建设 222 个。其中，现有国家级自然保护区、国家重要湿地范围内的地方级及少量新建自然保护区共 139 个。

保护小区建设。为了抢救性保护我国湿地区域内的野生稻基因，需要在全国范围内建设 13 个野生稻保护小区。

对 4 个人为干扰特别严重的国家级湿地自然保护区的核心区实施移民。

（2）湿地恢复工程

对一些生态恶化、湿地面积和生态功能严重丧失的重要湿地，目前正在受到破坏亟须采取抢救性保护的湿地，要针对具体情况，有选择性开展湿地恢复项目。2005—2010 年共恢复各类湿地 58.8 万 hm^2。

湿地生态补水。2005—2010 年规划在吉林向海、黑龙江扎龙等 12 处重要湿地实施生态补水示范工程。

湿地污染控制。规划选择污染严重生态价值又大的江苏阳澄湖、溱湖、新疆博斯腾湖、内蒙古乌梁素海 4 处开展富营养化湖泊湿地生物控制示范，选择大庆、辽河和大港油田进行开发湿地的保护示范。

湿地生态恢复和综合整治工程。对列入国际和国家重要湿地名录，以及位于自然保护区内的自然湿地，已被开垦占用或其他方式改变用途的，规划采取各种补救措施，努力恢复湿地的自然特性和生态特征。2005—2010 年湿地生态恢复和综合整治工程包括退耕（养）还泽（滩）、植被恢复、栖息地恢复和红树林恢复 4 项工程。其中退耕（养）还泽（滩）示范工程 4 处，总面积 11 万 hm^2；湿地植被恢复工程 7 处 31.6 万 hm^2；栖息地恢复工程 13 处，总面积 24.3 万 hm^2，红树林恢复 1.8 万 hm^2。

（三）国家林木种质资源平台建设项目

1. 总体目标

全面系统地收集保存林木种质资源，基本保存库、区域保存库、扩展保存库与原地保存库等林木种质资源得到有效整理、整合，建立健全林木种质资源平台网站与节点，实现种质资源的标准化、数字化、网络化，提高保存与管理效率，实现种质资源的安全保存与共享，为林木遗传改良和林业发展提供种质材料，最终达到科学利用，造福人类。

2. 建设内容

（1）基本保存库

简称 A 库。针对不同气候带、保存对象等开展林木种质资源的系统收集。全国建立亚热带（江西）针阔树种种质资源保存库、南亚热带（广西）针阔树种种质资源保存库等 18 个保存库，其中已建成 11 个库，正建与待建的库 7 个。

A 库保存种质资源的计划与设计由 NFGRP 项目组统一设计，兼有收集、保存、测定、评价、利用和信息管理，以及示范等多种功能。

（2）区域保存库

简称 B 库。在各省级林木良种繁育基地中选建的保存库体系，包括全国 34 个省级单位。已建的 B 库 14 个省（自治区、直辖市）林木种苗站，分管林木良种繁育中心（基地）。

B 库将保存与利用密切结合，实现林木种质资源数字化管理。

（3）扩展研究保存库

简称 C 库。是在 A 库、B 库建立基础上，强化林木种质资源保存功能，增加保存技术研究等而扩展的保存库亚体系，是全国林木种质资源保存体系的重要组成部分。目前 C 库包括国际竹藤网络中心、花卉中心与花卉协会、亚林所、热林所、资昆所、经济林中心、沙林中心等。

C 库是 A 库的扩展与完善，兼有研究、保存、测定、评价、利用、信息管理及示范等功能。

（4）全国林木种质资源原地保存库

简称 D 库。是特指自然保护区内、外原地保存林的统称。是各个树种种质资源系统保存需要与保护区生态植被区系保护需要相结合的林木种质资源原地（原位、原境）保存体系。

D 库是物种全分布区遗传多样性保存的天然资源的保存方式。在已有自然保护区中建立保存林并定位定量观测、评价，具有保存、测定、评价、信息管理与利用的功能。

（5）特色种质与重点区域性保存库

简称 E 库。涵盖高等林业院校重点区域性质保存库、地域性典型物种种质资源保存库。兼有保存、展示、研究、利用等多重功能。E 库体系为新建，目前包括华南农业大学等。

E 库是 A、B、C、D 库体系的补充与扩展，实现多功能配置，建立各具特色（特点）与有效信息管理的保存库。

（6）国家濒危珍稀树种种质资源保存库

简称 F 库。在以上 A、B、C、D 库保存国家特有、濒危珍稀树种种质资源的同时，根据需要重点建立抢救、保存与利用相结合的特色 F 库体系。

简称 F 库。以特色地带濒危珍稀树种或树种组为单元，以小型规模为主。序号编制按地域、基地规模、存量与增量资源等拟定并相对稳定。F 库保存将遏制基因丢失、开发利用与信息管理相结合。

（7）重点引种成功外来树种种质资源库

简称 G 库。立足于保存对我国有用、有效的引进种质资源，并非是引种试验。经过严格引种评价，具有安全性的引种成功树种，譬如 1～2 个生育周期的多地点试验，按照种内群体（含种源、林分）、家系（全同胞、半同胞）、个体或无性系进行种质资源分类保存、信息管理与推荐应用等。

（8）其他

简称 L 库。不归属于 A、B、C、D、E、F、G 库的其他库类，需要说明存量与增量的属性及相应的资源编号特征。

（四）工程（项目）建设技术

1. 保护技术

（1）应用景观生态学等理论对保护区进行科学的规划设计。

（2）合理扩大保护区范围。

（3）实施封禁、封育措施，或适当加以人工辅助。

（4）建设保护设施，如隔离围栏、保护区界碑（桩）、野生动植物救护设施设备等，建设宣教工程，如宣传牌、宣传栏、宣传材料制作，以及加强监察巡防等。

2. 恢复技术

（1）基于生态关键种理论，确定生态关键种，实施促进生态关键种生存、生长与繁育更新的恢复技术。

（2）基于外来物种与原有物种竞争关系及其入侵机制的认识，实施原有物种的培育更新并结合其他物理或化学措施，有效控制生物入侵、恢复自然植被群落。

（3）基于群落演替规律和动态模拟为基础，选择应用地带性植被，并对群落结构进行优化调控、改造更新与恢复技术。

（4）基于岛屿生物地理学、景观生态学等理论，扩展保护区及其斑块的面积，丰富生境异质性，合理构建生境廊道，实施退田还湖、退耕还林等措施，有效恢复生物的栖息地。

（5）对于水资源缺乏而退化的湿地，根据湿地区域生态需水量及季节需求，模拟湿地自然进水季节与自然进水过程，应用生态补水技术，实施湿地生态补水工程。

（6）对于污染的湿地，针对污染的类型与强度，选择适宜的材料和设计，实施植物净化修复、"人工浮岛"去污、缓冲带构建，以及湿地基底改造等污染修复技术。

（7）对于珍稀濒危物种，研究实施物种的繁殖、培育、野生驯化技术，以有效增加珍稀濒危物种的种群数量。

（8）对于林木种质遗传多样性保存，研究确定核心种质、有效群体大小、遗传多样性分析等方面的技术方法，研究采用科学的异地保存、离体保存等保存技术体系，以全面保存种质遗传多样性。

第四节　现代林业的生物资源与利用

一、林业生物质材料

林业生物质材料是以木本植物、禾本植物和藤本植物等天然植物类可再生资源及其加工剩余物、废弃物和内含物为原材料，通过物理、化学和生物学等高科技手段，加工制造的性能优异，环境友好，具有现代新技术特点的一类新型材料。其应用范围超过传统木材和制品以及林产品的使用范畴，是一种能够适应未来市场需求、应用前景广阔、能有效节约或替代不可再生矿物资源的新材料。

（一）发展林业生物质材料的意义

1. 节约资源、保护环境和实现经济社会可持续发展的需要

现今全世界都在谋求以循环经济、生态经济为指导，坚持可持续发展战略，从保护人类自然资源、生态环境出发，充分有效利用可再生的、巨大的生物质资源，加工制造生物质材料，以节约或替代日益枯竭、不可再生的矿物质资源材料。因此，世界发达国家都大力利用林业生物质资源，发展林业生物质产业，加工制造林业生物质材料，以保障经济社会发展对材料的需求。

近些年，我国经济的快速增长，在相当程度上是依赖资金、劳动力和自然资源等生产要素的粗放投入实现的。例如，2003 年我国消耗的各类国内资源和进口资源约 50 亿 t，其中原油、原煤、铁矿石、钢材、氧化铝和水泥的消耗量分别约为世界消耗量的 7.4%、31%、30%、25% 和 40%，而创造的 GDP 只相当于世界总量的大约 4%，表明我国经济快速增长中付出了高资源消耗强度的代价。近年来我国矿产资源紧缺矛盾日益突出，石油、煤炭、铜、铁、锰、铬储量持续下降，缺口及短缺进一步加大，面临资源难以为继的严峻局面。据有关最新资料统计，中国 45 种主要矿产的现有储量，能保证 2010 年需求的只有 24 种，能保证 2020 年需求的只有 6 种。由此可见，在我国大力发展林业生物质材料产业，生产林业生物质材料，以节约或替代矿物资源材料更是迫在眉睫，刻不容缓。随着国家生物经济的发展和建设创新型国家战略的实施，我国林业生物质材料产业的快速发展必将在国家经济和社会可持续发展中保障材料供给发挥越来越重要的作用。

2. 我国实现林农增收和建设社会主义新农村的需要

我国是一个多山的国家，山区面积占国土总面积的 69%，山区人口占全国总人口的 56%。近年来，国家林业和草原局十分重视林业生物质资源的开发，特别是在天然林资源保护工程实施以后，通过加强林业废弃物、砍伐加工剩余物以及非木质森林资源的资源化加工利用，取得显著成效，大大地带动了山区经济的振兴和林农的脱贫致富。全国每年可带动 4 500 万林农就业，相当于农村剩余劳动力的 37.5%。毫无疑问，通过生物质材料学会，沟通和组织全国科研院所，研究和开发出生物质材料成套技术，培育出生物质材料新兴产业，实现对我国丰富林业生物质资源的延伸加工，调整林业产业结构，拓展林农就业空间，增加林农就业机会，提高林农收入，改善生态环境和建设社会主义新农村具有重大战略意义。

3. 实现与国际接轨和参加国际竞争的需要

当前，人类已经面临着矿物质资源的枯竭。因此，如何以生物经济为指导，合理开发和利用林业生物质材料所具有的可再生性和生态环境友好性双重性质，以再生生物质资源节约或代替金属和其他源于矿物质资源化工材料的研究，已引起国际上广泛的重视。为此，世界各国纷纷将生物质材料研究列为科技重点，并成立相应的研究组织，或将科研院所或高等院校的"木材科学与技术"机构更名或扩大为"生物质材料科学"机构，准备在这一研究领域展开源头创新竞争，率先领导一场新的产业革命。如美国众议院通过一项农业法案，批准在 2003—2007 年每年拨款 1 400 万美元，以资助生物质材料研究；美国明尼苏达大学将"木材和纸张科学学院"更名为"生物基产品学院"，新组建的澳大利亚科学院—新西兰林科院联合体（ENSIS）设有"生物质材料研究中心"；日本东京大学研究生院将"木材科学专业"更名为"生物质材料专业"。我国最近颁布的《国家中长期科学和技术发展规划纲要（2006—2020 年）》已将农林生物质综合开发利用列为重点领域农业领域的优先主题加以研究。因此，完善我国生物质材料研究和开发体系，有利于进行国际学术交流和参加国际竞争，提高我国生物质材料科学研究水平。

（二）林业生物质材料发展基础和潜力

1. 发展林业生物质材料产业有稳定持续的资源供给

太阳能或者转化为矿物能积存于固态（煤炭）、液态（石油）和气态（天然气）中；或者与水结合，通过光合作用积存于植物体中。对转化和积累太阳能而言，植物特别是林木资源具有明显的优势。森林是陆地生态系统的主体，蕴藏着丰富的可再生资源，是世界上最大的可加以利用的生物质资源库，是人类赖以生存发展的基础资源。森林资源的可再生性、生物多样性、对环境的友好性和对人类的亲和性，决定了以现代科学技术为依托的林业生物产业在推进国家未来经济发展和社会进步中具有重大作用，不仅显示出巨大的发展潜力，而且顺应了国家生物经济发展的潮流。近年实施的六大林业重点工程，已营造了大量的速生丰产林，目前资源培育力度还在进一步加大。此外，丰富的沙生灌木和非木质森林资源以及大量的林业废弃物和加工剩余物也将为林业生物质材料的利用提供重要资源渠道，这些都将为生物质材料的发展提供资源保证。

2. 发展林业生物质材料研究和产业具有坚实的基础

长期以来，我国学者在林业生物质材料领域，围绕天然生物质材料、复合生物质材料，以及合成生物质材料方面做了广泛的科学研究工作，研究了天然林木材和人工林木材及竹、藤材的生物学、物理学、化学与力学和材料学特征以及加工利用技术，研究了木质重组材料、木基复合材料、竹藤材料及秸秆纤维复合/重组材料等各种生物质材料的设计与制造及应用，研究了利用纤维素质原料粉碎冲击成型而制造一次性可降解餐具，利用淀粉加工可降解塑料，利用木粉的液化产物制备环保型酚醛胶黏剂等，基本形成学科方向齐全、设备先进、研究阵容强大，成果丰硕的木材科学与技术体系，打下了扎实的创新基础。近几年来，我国林业生物质材料产业已经呈现出稳步跨越、快速发展的态势，正经历着从劳动密集型到劳动与技术、资金密集型转变，从跟踪仿制到自主创新的转变，从实验室探索到产业化的转变，从单项技术突破到整体协调发展的转变，产业规模不断扩大，产业结构不断优化，产品质量明显提高，经济效益持续攀升。

我国学者围绕天然生物质材料、复合生物质材料以及合成生物质材料方面做了广泛的科学研究工作，研究了天然林木材和人工林木材的生物学、物理学、化学与力学和材料学特征以及加工利用技术，研究了木质重组材料、木基复合材料、竹藤材料及秸秆纤维复合/重组材料等各种生物质材料的设计与制造及应用研究。

3. 发展林业生物质材料适应未来的需要

材料工业方向必将发生巨大变化，发展林业生物质材料适应未来工业目标。生物质材料是未来工业的重点材料。生物质材料产业开发利用已初见端倪，逐步在商业和工业上取得成功，在汽车材料、航空材料、运输材料等方面占据了一定的地位。随着林木培育、采集、储运、加工、利用技术的日趋成形和完善，随着生物质材料产业体系的形成和建立，相对于矿物质资源材料来说，随着矿物质材料价格的不可遏制地高涨，生物质材料从根本上平衡和协调了经济增长与环境容量之间的相互关系，是一种清洁的可持续利用的材料。生物质材料将实现规模化快速发展，并将逐渐占据重要地位。

4. 发展林业生物质材料产业将促进林业产业的发展，有益于新农村建设

中国宜林地资源较丰富，特别是中国有较充裕廉价的劳动力资源，可以通过培育林木生物质资源，实现资源优势和人力资源优势向经济优势的转化，利于国家、惠及农村、富在农民。

发展林业生物质材料产业将促动我国林产工业跨越性发展。我国正处在传统产业向现代产业转变的加速期，对现代产业化技术装备需求迫切。林业生物质材料技术基础将先进的适应资源特点的技术和高性能产品为特征的高新技术相结合，适应了我国现阶段对现代化技术的需求。

5. 发展林业生物质材料产业需改善管理体制上的不确定性

不可忽视的是目前生物质材料产业还缺乏系统规划和持续开发能力。林业生物质材料产业的资源属林业部门管理，而产品分别归属农业、轻工、建材、能源、医药、外贸等部门管理，作为一个产品类型分支庞大而各产品相对弱小的产业，系统的发展规划尚未列入各管理部门的规划重点，导致在应用方面资金投入、人才投入较弱。

此外在管理和规划上需重点关注的问题有以下几点。

（1）随着林业生物质材料产业的壮大，逐渐完善或建立相应的资源供给、环境控制、收益回报等政策途径。

（2）在实践的基础上，在产品和地区的水平上建立林业生物质材料产业可持续发展示范点。

（3）以基因技术和生物技术为主的技术突破来促进生产力的提高。

（4）按各产品分类，从采集、运输和产品产出上降低成本，提高市场竞争力。

（5）重点发展环境友好型工程材料和化工材料等，开拓林业生物质材料在建筑、装饰、交通等方面的应用。

（6）重点开展新型产品在不同领域的应用性研究，示范并推动林业生物质材料产业的发展。

从长远战略规划出发，进一步开展生物质材料产出与效率评估、生物质材料及产品生命循环研究。

（三）林业生物质材料发展重点领域与方向

1. 主要研发基础与方向

具体产业领域发展途径是以生物质资源为原料，采用相应的化学加工方法，以获取能替代石油产品的化学资源，采用现代制造理论与技术，对生物质材料进行改性、重组、复合等，在满足传统市场需求的同时，发展被赋予新功能的新材料；拓展生物质材料应用范围，替代矿物源材料（如塑料、金属等）在建筑、交通、日用化工等领域上的使用；相应地按照材料科学学科的研究方法和基本理念，林业生物质材料学科研发基础与方向由以下 9 个研究领域组成。

（1）生物质材料结构、成分与性能

主要开展木本植物、禾本植物、藤本植物等生物质材料及其衍生新材料的内部组织与结构形成规律、物理、力学和化学特性，包括生物质材料解剖学与超微结构、生物质材料物理学与流体关系学、生物质材料化学、生物质材料力学与生物质材料工程

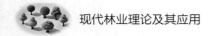

学等研究，为生物质材料定向培育和优化利用提供科学依据。

（2）生物质材料生物学形成及其对材料性能的影响

主要开展木本植物、禾本植物、藤本植物等生物质材料在物质形成过程中与营林培育的关系，以及后续加工过程中对加工质量和产品性能的影响研究。在研究生物质材料基本性质及其变异规律的基础上，一方面研究生物质材料性质与营林培育的关系，另一方面研究生物质材料性质与加工利用的关系，实现生物质资源的定向培育和高效合理利用。

（3）生物质材料理化改良

主要开展应用物理的、化学的、生物的方法与手段对生物质材料进行加工处理的技术，克服生物质材料自身的缺陷，改善材料性能，拓宽应用领域，延长生物质材料使用寿命，提高产品附加值。

（4）生物质材料的化学资源化

主要开展木本植物、禾本植物、藤本植物等生物质材料及其废弃物的化学资源转换技术研究开发，以获取能替代石油基化学产品的新材料。

（5）生物质材料生物技术

主要通过酶工程和发酵工程等生物技术手段，开展生物质材料生物降解、酶工程处理生物质原料制造环保型生物质材料、生物质材料生物漂白和生物染色、生物质材料病虫害生物防治、生物质废弃物资源生物转化利用等领域的基础研究技术开发。

（6）生物质重组材料设计与制备

主要开展以木本植物、禾本植物和藤本植物等生物质材料为基本单元进行重组的技术，研究开发范围包括木质人造板和非木质人造板的设计与制备，制成具有高强度、高模量和优异性能的生物质结构（工程）材料、功能材料和环境材料。

（7）生物质基复合材料设计与制备

主要开展以木本植物、禾本植物和藤本植物等生物质材料为基体组元，与其他有机高聚物材料或无机非金属材料或金属材料为增强体组元或功能体单元进行组合的技术研究，研究开发范围包括生物质基金属复合材料、生物质基无机非金属复合材料、生物质基有机高分子复合材料的设计与制备，满足经济社会发展对新材料的需求。

（8）生物质材料先进制造技术

主要以现代电子技术、计算机技术、自动控制理论为手段，研究生物质材料的现代设计理论和方法，生物质材料的先进加工制造技术，以及先进生产资源管理模式，以提升传统生物质材料产业，实现快速、灵活、高效、清洁的生产模式。

（9）生物质材料标准化研究

主要开展木材、竹材、藤材及其衍生复合材料等生物质材料产品的标准化基础研究、关键技术指标研究、标准制定与修订等，为规范生物质材料产业的发展提供技术支撑。

2. 重点产业领域进展

林产工业正逐步转变传统产业的内涵，采用现代技术及观念，利用林业低质原料和废弃原料，发展具有广泛意义的生物质材料的重点主题有三方面：一是原料劣化下如何开发和生产高等级产品，以及环境友好型产品；二是重视环境保护与协调，节约能源降低排出，提高经济效益；三是利用现代技术，如何拓展应用领域，创新性地推动传统产业进步。林业生物质材料已逐渐发展成 4 类。

（1）化学资源化生物质材料

包括木基塑料（木塑挤出型材、木塑重组人造板、木塑复合卷材、合成纤维素基塑料）、纤维素生物质基复合功能高分子材料、木质素基功能高分子复合材料、木材液化树脂、松香松节油基生物质复合功能高分子材料等。

（2）功能性改良生物质材料

包括陶瓷化复合木材、热处理木材、密实化压缩增强木材、木基/无机复合材料、功能性（如净化、保水、导电、抗菌）木基材料、防虫防腐型木材等。

陶瓷化复合木材通过国家"攀登计划""863"计划等课题的资助，我国已逐步积累和形成了此项拥有自主知识产权的制造技术，在理论和实践上均有创新，目前处于生产性实验阶段；目前热处理木材和密实化压缩增强木材相关产品和技术在国内建有10 多家小型示范生产线，产品应用在室外材料和特种增强领域。

（3）生物质结构工程材料

包括木结构用规格材、大跨度木（竹）结构材料及构件、特殊承载木基复合材料、最优组态工程人造板、植物纤维基工程塑料等。

中国木基结构工程材料在建筑领域应用已达到 50 万 m^2 以上，主要采用的是进口材料。目前国内正在构建木结构用规格材和大跨度木（竹）结构材料及构件相关标准架构，建成和再建示范性建筑约 2 000 m^2，大跨度竹结构房屋已应用在云南屏边县希望小学；大型风力发电用竹结构风叶进入产业化阶段；微米长纤维轻质与高密度车用模压材料取得突破性进展等。

（4）特种生物质复合材料

快速绿化用生物质复合卷材、高附加值层积装饰塑料、多彩植物纤维复合装饰吸

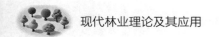

音材料、陶瓷化单板层积材、三维纹理与高等级仿真木基材料、木质碳材料等。

特种生物质复合材料基本上处于技术开发与产业推广阶段，木基模压汽车内衬件广泛用于汽车业，总量不超过 1 万 m³；高附加值层积装饰塑料已应用于特种增强和装饰方面，如奥运用比赛用枪、刀具装饰性柄、纽扣等；植物纤维复合装饰吸音材料已用于高档内装修，以及公路隔音板等。

二、林业生物质能源

生物质能一直与太阳能、风能以及潮汐能一起作为新能源的代表，由于林业生物质资源量丰富且可以再生，其含硫量和灰分都比煤炭低，而含氢量较高，现在受关注的程度直线上升。

（一）林业生物质能源发展现状与趋势

1. 能源林培育

目前，世界上许多国家都通过引种栽培，建立新的能源基地，如"石油植物园""能源农场"。美国已筛选了 200 多种专门的能源作物——快速生长的草本植物和树木；法国、瑞典等国家利用优良树种无性系营造短轮伐期能源林，并且提出"能源林业"的新概念，把 1/6 现有林用作能源林。最有发展前途能源作物是短期轮作能源矮林和禾本科类植物，选择利用的能源树种主要是柳树、杨树、桉树、刺槐、巨杉、梧桐等。围绕培育速生、高产、高收获物的能源林发展目标，在不同类型能源林树种选育、良种繁育、集约栽培技术、收获技术等方面取得了一系列卓有成效的研究成果。

欧洲柳树能源林研究与商业化应用早于北美，1976 年瑞典率先发起能源林业工程，并一直在寻找产量大、热值高的生物质材料，目前已经选择用于实际生产的高热值速生树种如柳树与杨树作为主要能源树种以提供生物燃料，占到瑞典能源的 15%。目前瑞典柳树能源林商业化种植干物质产量是 4～5 t·hm²/年，在施肥清除杂草的措施下可达 10 t·hm²/年。

我国有经营薪炭林的悠久历史，但研究系统性不高、技术含量低、规模较小。1949年后，开始搞一些小规模的薪炭林，但大都是天然林、残次生林和过量樵采的人工残林，人工营造的薪炭林为数不多，规模较小，经营管理技术不规范，发展速度缓慢，具有明显的局部性、自发性、低产性等特点。全国薪炭林试点建设阶段大体在"六五"试点起步，随后有了一定的发展。但近些年，薪炭林的建设逐年滑坡，造林面积逐年减少。根据第六次全国森林资源清查结果，薪炭林面积 303.44 万 hm²，占森林总面积的 1.7%；蓄积 5 627.00 万 m^3，占森林总蓄积的 0.45%；分别较第五次森林资源清查结果相比均减少了 50%。说明我国薪炭林严重缺乏，亟须要发展，以增加面积和蓄积，缓解对煤炭、其他用途林种消耗的压力。并且，日益增长的对生物质能源的需求，如生物发电厂、固体燃料等，更加大了对能源林的需求。

在木本油料植物方面，我国幅员辽阔，地域跨度广，水热资源分布差异大，含油植物种类丰富，分布范围广，共有 151 个科 1 553 种，其中种子含油量在 40%以上的植物为 154 个种，但是可用作建立规模化生物质燃料油原料基地乔灌木种不足 30 种，分布集中成片可建做原料基地，并能利用荒山、沙地等宜林地进行造林建立起规模化的良种供应基地的生物质燃料油植物仅 10 种左右，其中包括麻疯树、油桐、乌桕、黄连木、文冠果等。从世界范围来看，真正被用于生物柴油生产的木本油料优良品种选育工作才刚刚开始。

2. 能源产品转化利用

（1）液体生物质燃料

生物质资源是唯一能够直接转化为液体燃料的可再生能源，以其产量巨大、可储存和碳循环等优点已引起全球的广泛关注。目前液体生物质燃料主要被用于替代化石燃油作为运输燃料。开发生物质液体燃料是国际生物质能源产业发展最重要的方向，已开始大规模推广使用的主要液体燃料产品有燃料乙醇、生物柴油等。

① 燃料乙醇

燃料乙醇是近年来最受关注的石油替代燃料之一，以巴西和美国最为突出。美国生产燃料乙醇采用的技术路线为纤维素原料稀酸水解——戊糖己糖联合发酵工艺。欧盟采用以植物纤维为原料，通过稀酸水解技术，将其中的半纤维素转化为绿色平台化合物糠醛；再将水解残渣（纤维素和木质素）进行真空干燥，并进行纤维素的浓酸水解，从而大幅度提高水解糖得率（大于 70%），为木质纤维素制备燃料乙醇的经济可行性提供了较好的思路。

我国自 20 世纪 50 年代起，先后开展了稀酸常压、稀酸加压、浓酸大液比水解，纤维素酶水解法的研究并建成了南岔水解示范厂，主要利用原料为木材加工剩余物，制取目标为酒精和饲料酵母。与国外先进水平相比，存在着技术落后，设备老化，消耗高，效益低，成本居高不下。但这些研究目前在我国尚处于起步阶段，水解技术与国外相比仍有相当差距，而且很不经济。

从战略角度看，世界各国都将各类植物纤维素，作为可供使用生产燃料酒精丰富而廉价的原料来源，其中利用木质纤维素制取燃料酒精是解决原料来源和降低成本的主要途径之一。而纤维素生产酒精产业化的主要瓶颈是纤维素原料的预处理以及降解纤维素为葡萄糖的纤维素酶的生产成本过高。因此，该领域将以提高转化效率和降低生产成本的目标展开相关研究，如高效纤维素原料预处理和催化水解技术，用基因技术改造出能同时转化多种单糖或直接发酵纤维素原料为乙醇的超级微生物和能生产高活性纤维素酶的特种微生物，植物纤维资源制取乙醇关键技术的整合与集成等。

② 生物柴油

生物柴油是化石液体燃料理想的替代燃料油，是无污染的可再生绿色能源，被认为是继燃料乙醇之后第二个可望得到大规模推广应用的生物液体能源产品。目前，生产生物柴油的主要原料有：菜籽油（德国）、葵花籽油（意大利、法国）、大豆油（美国）、棕榈油（马来西亚）、亚麻油和橄榄油（西班牙）、棉籽油（希腊）、动物油脂（爱尔兰）、废弃煎炸油（澳大利亚）。生产方法可以分为 3 大类：化学法、生物法和 FT 合成技术。化学法包括裂解法、酯交换法、酯化法；生物法主要是指生物酶催化制备生物柴油技术。

③ 生物质油

生物质油是生物质热解生成的液体燃料，被称为生物质裂解油，与固体燃料相比，生物质油易于贮存和运输，其热值为传统燃料用油的一半以上，并可作为化工原料生产特殊化工产品。目前，生物质油有 2 种具有开发价值的用途：a. 代替化石燃料；b. 提取某些化学物质。国外热解实验装置归纳为 5 种类型：携带床反应器、多层真空热解磨、流化床反应器、润旋反应器、旋转维壳反应器。Twente 所得产液率最高为 70%。闪速热解液化可使液体产量最高达到 80%。闪速热解在相对较低的温度下进行，较高的加热速率（1 000～10 000 ℃/s），较短的停留时间，一般为 1 秒，所以对设备的要求较高。在各种反应装置中，旋转锥式热解反应器具有较高的生物质油产率，以锯屑为原料经热解其生物质油产率为 60%。

我国的山东理工大学、广州能源所、沈阳农业大学、浙江大学、华东理工大学等在热解液化方面做了一系列的理论和实验研究工作。将来的研究工作主要集中在热解原料特性数据的搜集、检测，快速热解液化机理的研究，热解工艺过程的实验研究和液体产物处理等几个方面。

（2）气体生物质燃料

林业生物质气体燃料主要有生物质气化可燃气、生物质氢气，以及燃烧产生的电能和热能。

① 生物质气化

生物质气化是以生物质为原料，以氧气（空气、富氧或纯氧）、水蒸气或氢气等作为气化介质，在高温条件下通过热化学反应将生物质中可燃部分转化为可燃气的过程，生物质气化时产生的气体有效成分为一氧化碳、氢气和甲烷等，称为生物质燃气。对于生物质气化过程的分类有多种形式。如果按照制取燃气热值的不同可分为：制取低热值燃气方法（燃气热值低于 8 MJ/m³），制取中热值燃气方法（燃气热值为 16～33 MJ/m³），制取高热值燃气方法（燃气热值高于 33 MJ/m³）；如果按照设备的运行方式的不同，可以将其分为固定床、流化床和旋转床。如果按照气化剂的不同，可以将其分为干馏气化、空气气化、氧气气化、水蒸气气化、水蒸气—空气气化和氢气气化等。生物质气化炉是气化反应的关键设备。在气化炉中，生物质完成了气化反应过程并转化为生物质燃气。目前主要应用的生物质气化设备有热解气化炉、固定床气化炉以及流化床气化炉等几种形式。

生物质气化发电技术是把生物质转化为可燃气，再利用可燃气推动燃气发电设备进行发电。它既能解决生物质难于燃用而且分布分散的缺点，又可以充分发挥燃气发电技术设备紧凑而且污染少的优点，所以气化发电是生物质能最有效、最洁净的利用方法之一。气化发电系统主要包括 3 个方面：一是生物质气化，在气化炉中把固体生物质转化为气体燃料；二是气体净化，气化出来的燃气都含有一定的杂质，包括灰分、焦炭和焦油等，需经过净化系统把杂质除去，以保证燃气发电设备的正常运行；三是燃气发电，利用燃气轮机或燃气内燃机进行发电，有的工艺为了提高发电效率，发电过程可以增加余热锅炉和蒸汽轮机。

生物质气化及发电技术在发达国家已受到广泛重视，生物质能在总能源消耗中所占的比例增加相当迅速。美国在利用生物质能发电方面处于世界领先地位。美国建立的 Battelle 生物质气化发电示范工程代表生物质能利用的世界先进水平，可生产中热值气体。据报道，美国有 350 多座生物质发电站，主要分布在纸浆、纸产品加工厂和其他林产品加工厂，这些工厂大都位于郊区。发电装机总容量达 7 000 MW，提供了大约 6.6 万个工作岗位。到 2010 年，生物质发电将达到 13 000 MW 装机容量，届时有 16.2 万 hm² 的能源农作物和生物质剩余物作为气化发电的原料，同时可安排约 17 万名就业人员。美国能源部生物质发电计划的目标是到 2020 年实现生物质发电的装机容量为 45 000 MW，年发电 2 250 亿～3 000 亿 kW·h。

欧洲也在生物质发电方面进行了很多研究，也建立了许多示范工程。促进生物质为基础的电力通过绿色电力发展，在 2010 年从现在的可再生能源发电的 14%上升到

22%。奥地利成功地推行了建立燃烧木材剩余物的区域供电站的计划，生物质能在总能耗中的比例由原来的 3%增到目前的 25%，已拥有装机容量为 1 M～2 MW 的区域供热站 90 座。瑞典和丹麦正在实施利用生物质进行热电联产的计划，使生物质能在转换为高品位电能的同时满足供热的需求，以大大提高其转换效率。1999 年，瑞典地区供热和热电联产所消耗的能源中，26%是生物质能。芬兰是世界上利用林业废料/造纸废弃物等生物质发电最成功的国家之一，其技术与设备为国际领先水平。福斯特威勒公司是芬兰最大的能源公司，也是制造具有世界先进水平的燃烧生物质的循环流化床锅炉公司，最大发电量为 30 万 kW。该公司生产的发电设备主要利用木材加工业、造纸业的废弃物为燃料，废弃物的最高含水量可达 60%，排烟温度为 140℃，热电效率达 88%。

我国生物质气化供气，作为家庭生活的气体燃料，已经推广应用了 400 多套小型的气化系统，主要应用在农村，规模一般在可供 200～400 户家庭用气，供气户数 4 万余户。用于木材和农副产品烘干的有 800 多台。生物质气化发电技术也得到了应用，第一套应用稻糠发电的小型气化机组是在 1981 年，1 MW 级生物质气化发电系统已推广应用 20 多套。气化得到的气体热值为 4 M～10 MJ/m³，气化的热效率一般为 70%左右，发电的热效率比较低，小型的气化系统只有 12%左右，MW 级的发电效率也不到 18%。

提高气化效率、改善燃气质量、提高发电效率是未来生物质气化发电技术开发的重要目标，采用大型生物质气化联合循环发电（BIGCC）技术有可能成为生物质能转化的主导技术之一，效率可达 40%以上；同时，开发新型高效率的气化工艺也是重要发展方向之一。

② 生物质制氢

氢能是一种新型的洁净能源，是新能源研究中的热点，在 21 世纪有可能在世界能源舞台上成为一种举足轻重的二次能源。国际上氢能研究从 20 世纪 90 年代以来受到特别重视。美国早在 1990 年就通过了 Spark M.Matsunaga 氢能研究与发展、示范法案，启动了一系列氢能研究项目。日本通产省于 1993 年启动了世界能源网络项目，到 2020 年计划投入 30 亿美元开发氢能系统的关键技术。目前制氢的方法很多，主要有水电解法、热化学法、太阳能法、生物法等。生物质制氢技术是制氢的重要发展方向，主要集中在生物法和热化学转换法。意大利开发了生物质直接气化制氢技术，过程简单，产氢速度快，成本显著低于电解制氢、乙醇制氢等，欧洲正在积极推进这项技术的开发。

生物质资源丰富、可再生，其自身是氢的载体，通过生物法和热化学转换法可以制得富氢气体。随着"氢经济社会"的到来，无污染、低成本的生物质制氢技术将有一个广阔的应用前景。

3. 固体生物质燃料

固体生物质燃料是指不经液化或气化处理的固态生物质，通过改善物理性状和燃烧条件以提高其热利用效率和便于产品的运输使用。固体生物质燃料适合于利用林地抚育更新和林产加工剩余物，以及农区燃料用作物秸秆。由于处理和加工过程比较简单，投能和成本低，能量的产投比高，是原料富集地区的一种现实选择，欧洲和北美多用于供热发电。固体生物质燃料有成型、直燃和混合燃烧 3 种燃烧方式和技术。

（1）生物质成型燃料

生物质燃料致密成型技术（BBDF）是将农林废弃物经粉碎、干燥、高压成型为各种几何形状的固体燃料，具有密度高、形状和性质均一、燃烧性能好、热值高、便于运输和装卸等特点，是一种极具竞争力的燃料。从成型方式上来看，生物质成型技术主要有加热成型和常温成型两种方式。生物质成型燃料生产的关键是成型装备，按照成型燃料的物理形状分为颗粒成型燃料、棒状成型燃料和块状燃料成型燃料等形式。

我国在生物质成型燃料的研究和开发方面开始于 20 世纪 70 年代，主要有颗粒燃料和棒状燃料两种，以加热生物质中的木质素到软化状态产生胶黏作用而成型，在实际应用过程中存在能耗相对较高、成型部件易磨损以及原料的含水率不能过高等不足。近几年在借鉴国外技术的基础上，开发出的"生物质常温成型"新技术大大降低了生物质成型的能耗，并开展了产业化示范。

（2）生物质直接燃烧技术

直接燃烧是一项传统的技术，具有低成本、低风险等优越性，但热利用效率相对较低。锅炉燃烧发电技术适用于大规模利用生物质。生物质直接燃烧发电与常规化石燃料发电的不同点主要在于原料预处理和生物质锅炉，锅炉对原料适用性和锅炉的稳定运行是技术关键。

林业生物质直接燃烧发电主要集中在美国、芬兰和瑞典等国家，其中美国是世界上林业废物直接燃烧发电规模最大的国家，拥有超过 500 座以林业生物质为原料的电厂，大部分分布在纸浆、纸制品和其他木材加工厂的周围，美国生物质直接燃烧发电占可再生能源发电量的 70%，生物质发电装机容量已达 1 050 万 kW，预计到 2015 年装机容量将达 1 630 万 kW。芬兰燃用林业生物质的流化床锅炉技术国际领先。瑞典在林业生物质收集技术方面居世界领先地位，生物质热电厂也多采用循环流化床锅炉。过去，林业生物质直燃发电大多采用中温中压层燃炉，以降低锅炉结渣和腐蚀的风险。

随着技术的发展，高温高压流化床锅炉发电也越来越多地采用；装机容量一般大于 20 MW，高的可以达到 100 MW 以上，芬兰和瑞典也在尝试在较小的生物质发电项目中利用循环流化床锅炉。

生物质直接燃烧发电的关键是生物质锅炉。我国已有锅炉生产企业曾生产过木柴（木屑）锅炉、蔗渣锅炉，品种较全，应用广泛，锅炉容量、蒸汽压力和温度范围大。但是由于国内生物质燃料供应不足，国内市场应用多为中小容量产品，大型设备主要是出口到国外生物质燃料供应量大集中的国际市场。常州综研加热炉有限公司与日本合资开发了一种燃烧木材加工剩余物的大型锅炉，用于木材加工企业在生产过程中所需要供热系统的加热，以降低木材产品生产的成本。

（3）生物质混燃技术

混燃是最近 10 年来许多工业化国家采用的技术之一，有许多稻草共燃的实验和示范工程。混合燃烧发电包括：直接混合燃烧发电、间接混合燃烧发电和并联混合燃烧发电 3 种方式。直接混合燃烧发电是指生物质燃料与化石燃料在同一锅炉内混合燃烧产生蒸汽，带动蒸汽轮机发电，是生物质混合燃烧发电的主要方式，技术关键为锅炉对燃料的适应性、积灰和结渣的防治、避免受热面的高温腐蚀和粉煤灰的工业利用。

国内很多研究机构和发电企业开始自主进行燃煤锅炉直接混燃生物质发电的研究和实践，清华大学热能工程系和秦皇岛福电集团在 75 t/h 燃煤循环流化床锅炉上进行直接混燃发电试验。研究表明：在入炉生物质的量占入炉总热值的 20%以下，只需要增加一套生物质预处理设备，燃煤锅炉几乎不需要进行任何改变，锅炉即可稳定运行，甚至还可以改进燃烧性能。

生物质混合燃烧发电技术具有良好的经济性，但是，由于目前一般混燃项目还不能得到电价补贴政策的优惠，生物质混合燃烧发电技术在我国推广应用，还需要在财税政策方面的改进，才可能有大的发展。

（二）林业生物质能源发展的重点领域

1. 专用能源林资源培育技术平台

生物质资源是开展生物质转化的物质基础，对于发展生物产业和直接带动现代农业的发展息息相关。该方向应重点开展能源植物种质资源与高能植物选育及栽培。针对目前能源林单产低、生长期长、抗逆性弱、缺乏规模化种植基地等问题，结合林业生态建设和速生丰产林建设，加速能源植物品种的遗传改良，加快培育高热值、高生物量、高含油量、高淀粉产量优质能源专用树种，开发低质地上专用能源植物栽培技术，并在不同类型宜林地、边际性土地上进行能源树种定向培育和能源林基地建设，为生物质能源持续发展奠定资源基础。能源林主要包括纤维类能源林、木本油料能源林和木本淀粉类能源林 3 大类。

（1）木质纤维类能源林

以利用林木木质纤维直燃（混燃）发电或将其转化为固体、液体、气体燃料为目标，重点培育具有大生物量、抗病虫害的柳树、杨树、桉树、栎类和竹类等速生短轮伐期能源树种，建立配套的栽培及经营措施；解决现有低产低效能源林改造恢复技术，优质高产高效能源林可持续经营技术，绿色生长调节剂和配方施肥技术，病虫害检疫和预警技术。加强沙生灌木等可在边际性土地上种植的能源植物新品种的选育，优化资源经营模式，提高沙柳、柠条等灌木资源利用率，建立沙生灌木资源培育和能源化利用示范区。

（2）木本油料能源林

以黄连木、油桐、麻风树、文冠果等主要木本燃料油植物为对象，大力进行良种化，解决现有低产低效林改造技术和丰产栽培技术；加快培育高含油量、抗逆性强且能在低质地生长的木本油料能源专用新树种，突破立地选择、密度控制、配方施肥等综合培育技术。以公司加农户等多种方式，建立木本油料植物规模化基地。

（3）木本淀粉类能源林

以提制淀粉用于制备燃料乙醇为目的，进行非食用性木本淀粉类能源植物资源调查和利用研究，大力选择、培育具有高淀粉含量的木本淀粉类能源树种，在不同生态类型区开展资源培育技术研究和高效利用技术研究。富含淀粉的木本植物主要是壳斗科、禾本科、豆科、蕨类等，主要是利用果实、种子以及根等。重点研究不同种类木本淀粉植物的产能率，开展树种良种化选育，建立木本淀粉类能源林培育利用模式和产业化基地，加强高效利用关键技术研究。

2. 林业生物质热化学转化技术平台

热化学平台研究和开发目标是将生物质通过热化学转化成生物油、合成气和固体碳。尤其是液体产品，主要作为燃料直接应用或升级生产精制燃料或者化学品，替代现有的原油、汽油、柴油、天然气和高纯氢的燃油等产品。另外，由于生物油中含有许多常规化工合成路线难以得到的有价值成分，它还是用途广泛的化工原料和精细日化原料，如可用生物原油为原料生产高质量的黏合剂和化妆品；也可用它来生产柴油、汽油的降排放添加剂。热化学转化平台主要包括热解、液化、气化和直接燃烧等技术。

3. 林业生物质糖转化技术平台

糖平台的技术目标是要开发使用木质纤维素生物质来生产便宜的，能够用于燃料、化学制品和材料生产的糖稀。降低适合发酵成酒精的混合糖与稀释糖的成本。美国西北太平洋国家实验室（PNNL）和国家再生能源实验室（NREL）已对可由戊糖和己糖生产的 300 种化合物，根据其生产和进一步加工高附加值化合物的可行性进行了评估和筛选，提出了 30 种候选平台化合物。并从中又筛选出 12 种最有价值的平台化合物。但是，制约该平台的纤维素原料的预处理以及降解纤维素为葡萄糖的纤维素酶的生产成本过高、戊糖/己糖共发酵菌种等瓶颈问题尚未突破。

4. 林业生物质衍生产品的制备技术平台

（1）生物基材料转化

在进行生物质能源转化的同时，开展生物基材料的研究开发亦是国内外研究热点。应加强生物塑料（包括淀粉基高分子材料、聚乳酸、PHA、PTT、PBS）、生物基功能高分子材料、木基材料等生物基材料制备、应用和性能评价技术等方面的研究，重点在现有可生物降解高分子材料基础上，集成淀粉的低成本和聚乳酸等生物可降解树脂的高性能优势，开发全降解生物基塑料（亦称淀粉塑料）和地膜产品，开发连续发酵乳酸和从发酵液中直接聚合乳酸技术，降低可生物降解高分子树脂的成本，保证生物质材料的经济性；形成完整的生产全降解生物质材料技术、装备体系。

（2）生物基化学品转化

利用可再生的生物质原料生产生物基化学品同样具有广阔的前景。应加快生物乙烯、乳酸、1，3-丙二醇、丁二酸、糠醛、木糖醇等乙醇和生物柴油的下游及共生化工产品的研究，重点开展生物质绿色平台化合物制备技术，包括葡萄糖、乳酸、乙醇、糠醛、羟甲基糠醛、木糖醇、乙酰丙酸、环氧乙烷等制备技术。加强以糠醛为原料生产各种新型有机化合物、新材料的研究和开发。

（三）林业生物质能源主要研究方向

1. 能源林培育

重点培育适合能源林的柳树、杨树和桉树等速生短轮伐期品种，建立配套的栽培及经营措施；在木本燃料油植物树种的良种化和丰产栽培技术方面，以黄连木、油桐、麻风树、文冠果等主要木本燃料油植物为对象，大力进行良种化，解决现有低产低效林改造技术；改进沙生灌木资源培育建设模式，提高沙柳、柠条等灌木资源利用率，建立沙生灌木资源培育和能源化利用示范区。

2. 燃料乙醇

重点加大纤维素原料生产燃料乙醇工艺技术的研究开发力度，攻克植物纤维原料预处理技术、戊糖己糖联合发酵技术，降低酶生产成本，提高水解糖得率，使植物纤维基燃料乙醇生产达到实用化。在华东或东北地区进行以木屑等木质纤维为原料生产燃料乙醇的中试生产；在木本淀粉资源集中的南方省（自治区）形成燃料乙醇规模化生产。

3. 生物柴油

重点突破大规模连续化生物柴油清洁生产技术和副产物的综合利用技术，形成基于木本油料的具有自主知识产权、经济可行的生物柴油生产成套技术；开展生物柴油应用技术及适应性评价研究。在木本油料资源集中区开展林油一体化的生物柴油示范。并根据现有木本油料资源分布以及原料林基地建设规划与布局，形成一定规模的生物柴油产业化基地。

4. 生物质气化发电/供热

主要发展大规模连续化生物质直接燃烧发电技术、生物质与煤混合燃烧发电技术和生物质热电联产技术；针对现有生物质气化发电技术存在燃气热值低、气化过程产生的焦油多的技术瓶颈，研究开发新型高效气化工艺。在林业剩余物集中区建立兆瓦级大规模生物质气化发电/供热示范工程；在柳树、灌木等资源集中区建立生物质直燃/混燃发电示范工程；在三北地区建立以沙生灌木为主要原料，集灌木能源林培育、生物质成型燃料加工、发电/供热一体化的热电联产示范工程。通过示范，形成分布式规模化生物质发电系统。

5. 固体成型燃料

重点以降低生产能耗、降低产品成本、提高模具耐磨性为主攻方向，开发一体化、可移动的颗粒燃料加工技术和装备，开发大规模林木生物质成型燃料设备以及抚育、收割装备；形成固体成型燃料生产、供热燃烧器具、客户服务等完善的市场和技术体系。在产业化示范的基础上，在三北地区建立一定规模的以沙生灌木为原料的生物质固化成型燃料产业化基地；在东北、华南和华东等地建立具有一定规模的以林业剩余物或速生短轮伐期能源林为原料的生物质固化成型燃料产业化基地。

6. 石油基产品替代

重点研究完全可降解、低成本生物质塑料，用生物质塑料取代石油基塑料；开发脂肪酸酯、甘油、乙烯、乙醇下游产品，以增加生物质产业的领域范围和经济效益。

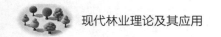

7. 生物质快速热解制备生物质油

重点研究林业生物质原料高温快速裂解、催化裂解液化、高压裂解液化、超临界液化、液化油分离提纯等技术，并开展相关的应用基础研究，在此基础上开发生物质油精制与品位提升的新工艺，提高与化石燃料的竞争力。

8. 林业生物质能源相关技术和产品标准研究

根据林业生物质能源利用发展的总体要求，重点制定林业生物质能资源调查、评价技术规定和标准，能源林培育、栽培技术规程，生物质发电、成型燃料等产品标准，以及相应的生产技术规程。实现产地环境、生产原料投入监控、产品质量、包装贮运等方面的标准基本配套，建立起具有国际水准的绿色环保的林业生物质能源利用的标准体系程。实现产地环境、生产原料投入监控、产品质量、包装贮运等方面的标准基本配套，建立起具有国际水准的绿色环保的林业生物质能源利用的标准体系。

第五节　森林文化体系建设

生态文化建设是一个涉及多个管理部门的社会系统工程，需要多部门乃至全社会共同协调与配合。森林文化建设是生态文化体系建设的突破口和着力点。

一、森林文化体系建设现状

我国具有悠久的历史文化传承。丰富的自然人文景观和浓郁的民族、民俗、乡土文化积淀，为现代森林文化建设提供了有益的理论依据和翔实的物质基础。中华人民共和国成立以来，特别是改革开放以来，各级党委和政府高度重视林业发展和森林文化体系建设，并在实践中不断得以丰富、发展与创新，积累了许多宝贵的经验。

（一）我国森林文化文化发展现状与趋势

在全国，由于各地的历史文化、地理区位和民族习俗的不同，森林文化体系建设各具特色，在总体上显示出资源丰富、潜力巨大、前景广阔的特点。

1. 资源丰富

我国历史文化、民族习俗和自然地域的多样性，决定了森林与生态文化发展背景、资源积累、表现形式和内在含义的五彩纷呈与博大精深。在人与人、人与自然、人与社会长期共存、演进的过程中，各地形成了丰富而独具特色的森林生态文化。自然生态资源与历史人文资源融为一体，物质文化形态与非物质文化形态交相辉映，不仅为满足当代人，乃至后代人森林生态文化多样化需求提供了物质载体，而且关注、传播、保护、挖掘、继承和弘扬森林文化，必将成为构建生态文明社会的永恒主题。以山西省为例。该省至今保留数以千计的古树名木，仅入选《山西古稀树木》一书的就有 109 种 1 149 株。享有盛誉的洪洞老槐树，如今已演绎成百姓"寻根问祖"的祭祀文化形式。太原晋祠的周代侧柏、解州关帝庙的古柏群等，堪称树木文化中的瑰宝。在木质建筑文化方面，世界最高、最古老的应县辽代木塔不仅建筑雄伟，而且木雕工艺精美绝伦；平遥古城诸多商号钱庄与祁县乔家大院、灵石王家大院等，既是晋商文化的象征，又是我国北方私家园林造园艺术与木雕艺术的结晶。在园林文化方面，有太原晋祠、解州关帝庙、永济普救寺等。森林公园和风景名胜区方面，则有四大佛教胜地之首的五台山以及北岳恒山、永济五老峰、方山北武当等。再看新疆。新疆拥有独特的天山文化、荒漠文化和林果文化（诸如吐鲁番的葡萄、库尔勒的香梨、阿克苏的大枣、石河子的蟠桃等）。新疆森林以其雄伟、宽广、险峻、奇丽的自然美征服世人，不仅为社会提供精神产品，同时吸引文学家、艺术家以其为题材创作无数脍炙人口的文艺作品。新疆各族人民长期生活在森林、草原与绿洲之中，对绿色情有独钟，祖祖辈辈养成了植绿、护绿、爱绿的良好习俗和自觉的生态意识、生态道德。在新疆，许多反映古老文明兴衰存亡与沧桑变迁的文化遗迹，显现出人与自然共存的历史进程。生态旅游资源方面，新疆拥有乔戈里山、喀纳斯湖、塔克拉玛干沙漠、古尔班通古特沙漠、乌尔禾雅丹地貌、天山库车大峡谷、天山托木尔冰川、天山雪岭云杉林、轮台胡杨林、巴音布鲁克湿地、喀纳斯湖畔的图瓦村、伊犁草原等，它们以其独特的文化底蕴与绮丽的自然魅力，吸引和征服着国内外游客。此外，甘肃的伏羲文化、三国文化、大地湾文化、秦国早期文化、敦煌与麦积山石窟文化，云南的茶文化、花文化、蝴蝶文化、民居民俗文化，江南山水文化、园林文化，西部和东北的动物文化（大熊猫、东北虎、金丝猴、野骆驼、野驴、野马、马鹿、藏羚羊等）、湿地文化（天鹅、白鹤、鹳雀、大雁等）和恐龙化石文化等，同样在国内独树一帜。在广袤的中华大地上，到处都可以如数家珍般列举出反映各自生态文化的精品实例。人类在与森林、草原、湿地、沙漠的朝夕相处、共生共荣中，所形成的良好习俗与传统，已深深融入当地的民族文化、宗教文化、民俗文化、乡规民约和图腾崇拜之中。这些宝贵的森林与生态文化资源，为建设繁荣的生态文化体系奠定了良好的基础。

2. 起步良好

进入 21 世纪以来，党中央、国务院做出了《关于加快林业发展的决定》，加快实施林业重点工程，确立了以生态建设为主的林业发展战略，我国林业建设取得了举世瞩目的巨大成就。近年来，各省（自治区、直辖市）立足本地区实际，贯彻生态建设、生态保护的理念，调整经济社会发展战略和林业发展战略，不断加大生态保护和建设力度，以适应经济社会全面协调可持续发展需要。各省不仅先后出台了贯彻《关于加快林业发展的决定》的意见，而且广东、浙江、福建、湖南等省提出了建设生态省的战略构想，开展了现代林业发展战略研究与规划，林业建设取得巨大成就。以海南省为例，海南依托丰富的人文资源，独特的地域文化和民族文化，率先在全国提出建设生态省的发展思路，为生态建设立法。在《海南生态省建设规划纲要》中指出，"生态文化建设是生态省建设的重要组成部分"。森林与生态文化正在成为社会主义先进文化的重要内容，推动生态建设的强大动力，经济社会发展的朝阳产业和建设生态文明社会的重要基础。

3. 需求强劲

随着国民经济的快速发展，生态形势的日趋严峻，全社会对良好生态环境和先进生态文化的需求空前高涨。这种生态文化需求包括精神层面和物质层面。在生态文化需求的精神层面上，研究、传播和培育生态理论、生态立法、生态伦理和生态道德方面显得尤为迫切。文化是一种历史现象，每一社会都有与其相适应的文化，并随着社会物质生产的发展而发展。先进文化为社会发展提供精神动力和智力支持，同先进生产力一起，成为推动社会发展的两只轮子。生态文化是人与自然和谐相处、协同发展的文化，对生态建设和林业发展有很大的推动作用。在生态文化需求的物质层面上，大力发展生态文化产业，既推动了林业产业发展、促进山区繁荣和林农致富，又满足人们生态文化消费的需要。

4. 潜力巨大

森林与生态文化建设和产业发展的潜力巨大，前景广阔。一是生态文化资源开发潜力巨大。我国历史悠久，地域辽阔，蕴藏着极其丰富的自然与人文资源。在这些资源中，有的是世界历史文化的遗产，有的是国家和民族的象征，有的是人类艺术的瑰宝，有的是自然造化的结晶。这些特殊的、珍贵的、不可再生的自然垄断性资源，不仅有着独特的、极其重要的自然生态、历史文化和科教审美价值，而且蕴藏着丰厚的精神财富和潜在的物质财富。其中相当一部分资源还未得到有效的保护、挖掘、开发和利用。二是生态文化科学研究、普及与提高的潜力巨大。党的十七大报告中把"建设生态文明"列为全面建成小康社会的重要目标，这不仅关系到产业结构调整和增长方式、消费模式的重大转变，而且赋予研究和构建生态文化体系以新的使命。这就是通过生动活泼的生态文化活动，增强人们的生态意识、生态责任、生态伦理和生态道德，促进人与自然和谐共存，经济与社会协调发展，全社会生态文明观念牢固树立。三是生态文化产业的市场潜力巨大。据文化和旅游部预测，到 2020 年，我国国内居民出游率将达到 311%，国内旅游人数达到 45 亿人次，旅游业总收入将超过 3.3 万亿元。在我国人均 GDP 达到 3 000 美元后，走进森林、回归自然的户外游憩将成为消费热点，旅游方式也将从"走马观灯"式向探索自然奥秘转变，真正感受生态文化魅力的"知性之旅"。

5. 顺应潮流

建设先进而繁荣的生态文化体系，顺应时代潮流。随着近代工业化进程加快，全球生态环境日趋恶化，引起国际社会的热切关注。20 世纪 80 年代，联合国成立了环境与发展委员会。1987 年，由挪威首相 G.H.布伦特兰夫人主持撰写的《我们共同的未来》报告，全面地阐述了可持续发展的概念。这一概念被 1992 年联合国环境与发展大会所接受，成为指导人类未来发展的共同理论。此后，许多国际知名学者认识到文化对于生态建设的重要性。罗马俱乐部的创始人贝切利指出："人类创造了技术圈，入侵生物圈，进行过多的榨取，从而破坏了人类自己明天的生活基础。因此如果我们想自救的话，只有进行文化价值观念的革命。"美国、德国、日本、澳大利亚等许多发达国家，高度重视森林可持续经营和生态文化体系建设，收到明显效果。在这些国家，全社会的生态伦理意识深入人心，生态制度比较完备，生态环境显著改善，生态文明程度明显提高。世界各国森林经营理念也由传统的永续利用转变为可持续经营，城市森林建设已成为生态化城市的发展方向，传统林业正迅速向现代林业转变。

（二）我国森林文化建设取得的主要经验

1. 政府推动，社会参与

森林生态文化体系建设是一项基础性、政策性、技术性和公众参与性很强的社会公益事业。各级政府积极倡导和组织生态文化体系建设，把生态文化体系建设纳入当地国民经济和社会发展中长期规划，充分发挥政府在统筹规划、宏观指导、政策引导、资源保护与开发中的主体地位和主导作用，通过有效的基础投入和政策扶持，促进市场配置资源，鼓励多元化投入，实现有序开发和实体运作。这既是经验积累，也是发展方向。比如，云南省提出建设绿色经济强省的目标，启动了七彩云南保护行动计划。贵州省实施"生态立省"战略，构筑两江生态屏障，再造贵州秀美山川。四川省把"到 2010 年，建成长江上游生态屏障"作为全省经济社会发展的主要目标之一。这些发展思路，对西南地区生态建设和林业发展产生重大影响。同时，全社会广泛参与是生态文化体系建设的根本动力，大幅度提高社会公众的参与程度，是生态文化体系建设的重要目标。广东、浙江等省把培育和增强民众的生态意识、生态伦理、生态道德和生态责任列为构建生态文明社会的重要标志，将全省范围内的所有城市公园免费向公众开放，让美丽的山水、园林、绿地贴近市民，深入生活，营造氛围，陶冶情操，收到事半功倍的良好效果。

2. 林业主导，工程带动

森林、湿地、沙漠三大陆地生态系统，以及与之相关的森林公园、自然保护区、乡村绿地、城市森林与园林等是构建生态文化体系的主要载体，涉及诸多行业和部门。林业部门是保障国土生态安全，实施林业重大生态工程的主管部门，在生态文化体系建设中发挥着不可替代的主导地位和作用。这是确保林业重点工程与生态文化建设相得益彰，协调发展的基本经验。广州市在创建森林城市活动中，以实施"青山绿水"工程为切入点，林业主导，各业协同，遵循"自然与人文相宜，传统与现代相兼，生态建设与文化建设相结合"的原则，精心打造城市生态体系，不仅提升了城市品位和魅力，而且促进了全市生产方式、生活方式、消费观念和生态意识的变化。新疆阿克苏市柯柯牙绿化工程，五届领导班子一任接着一任干，一张蓝图绘到底。经过20多年的艰苦奋斗，使全市森林覆盖率由增加到30.6%，生态环境得到明显改善。

3. 宣传教育，注重普及

森林生态文化重在传承弘扬，贵在普及提高。各地通过各种渠道开展群众喜闻乐见的生态文化宣传普及和教育活动。一是深入挖掘生态文化的丰富内涵。如云南、贵州省林业厅经常组织著名文学艺术家、画家、摄影家等到林区采风，通过新闻媒体和精美的影视剧、诗歌散文等作品，宣传普及富有当地特色的生态文化，让广大民众和游客更加热爱祖国、热爱家乡、热爱自然。二是以各种纪念与创建活动为契机开展生态文化宣教普及。各地普遍地运用群众，特别是青少年和儿童参与性、兴趣性、知识性较强的植树节、爱鸟周、世界地球日、荒漠化日等纪念日和创建森林城市活动，潜移默化，寓教于乐。三是结合旅游景点开展生态文化宣传教育活动。例如云南省丽江市东巴谷生态民族村，在景区中设置大量与生态文化有关的景点，向游客传播生态知识和生态文化理念。四是建立生态文化科普教育示范基地。各地林业部门与科协、教育、文化部门联合，依托当地的自然保护区、森林公园、植物园，举办知识竞赛，兴办绿色学校，开办生态夏令营，开展青年环保志愿行动和绿色家园创建活动。

4. 丰富载体，创新模式

森林与生态文化基础设施是开展全民生态文化教育的重要载体，也是衡量一个地方生态文明程度的重要标志。截至 2006 年年底，全国已建立各级森林公园 2 067 处，规划总面积 1 569 万 hm²，其中国家级森林公园 660 处，面积 1 125 万 hm²。福建省已建成 31 个省级以上自然保护区，有 25 个自然保护区在开展科普教育活动，普遍建了森林博物馆、观鸟屋、宣教中心等。福州国家森林公园利用自身优势，建成了目前全国唯一规模最大的森林博物馆，已成为生态文化传播基地。地处海口市的海南热带森林博览园，是一个集旅游观光、系统展示与科普教育等多功能于一体的热带滨海城市森林公园。海南省霸王岭自然保护区挖掘树文化的内涵，开辟出多条栈道，为树木挂牌。各地生态文化培育和传播的模式得到不断创新。诸如海南儋州市自 2002 年创立以来创办的生态文化论坛和文明生态村，以及福州旗山国家森林公园推出的"森林人家"已成为闻名全国的森林生态文化旅游品牌，在新农村建设中焕发了青春。

5．产业拉动，兴林富民

森林生态文化产业的发展促进了山区繁荣和农民增收致富。据统计，森林公园通过发展森林旅游已经使 2 700 个乡、12 000 个村、近 2 000 万农民受益，带动森林公园周边 4 654 个村脱贫，直接吸纳农业人口就业数量近 50 万个。农民意识到山川秀美是一笔巨大的财富，农民有了热爱家园的自豪感，自觉珍惜资源、保护环境，变被动保护为主动保护，爱绿、护绿、兴绿成为新风尚。尤其是湖南、福建两省森林旅游业特色鲜明，方兴未艾。不仅带动了茶文化、竹文化、花卉文化等产业的发展，而且对繁荣生态文化，增强当地林农生态保护意识，带动周边乡村经济发展和林农致富起到了显著作用。

同时，由于生态文化体系建设作为现代林业发展的重要内容还刚刚开始，毋庸置疑各地在森林生态文化建设中仍普遍存在一些问题，比较突出的有以下几点。

（1）森林生态文化知识的普及不够，生态文明意识还比较薄弱

具体表现为用科学发展观正确认识和处理人与自然、生态保护与产业开发、生态指标与政绩考核的相互关系上，还存在片面强调眼前而忽视长远，只顾当代人而不顾后代人的不可持续的观点。由于生态文化体系建设提出来的时间比较短，各地对生态文化体系建设的理解还比较模糊，从工作层面上讲，对生态文化体系建设抓什么、怎么抓的问题不十分明确。

（2）森林生态文化体系建设的投入不足，基础设施不够完善

近年来，我国自然保护区、森林公园建设有了长足进步，但总体上仍然资金不足，运转较为艰难。生态文化基础设施跟不上而导致产业开发滞后。生态文化方面的图书资料、音像作品等基本资料相当匮乏，造成有些地方只有资源而没有文化。从国家层

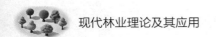

面上至今还没有一个森林博物馆。

（3）森林生态文化体系建设的管理体制不顺，职责不清

生态文化体系和林业生态体系、林业产业体系并称为林业三大体系，是新时期全面推进现代林业建设的主要目标和任务。对于这样一个崭新的课题，各地没有明确的组织机构、相应的人员和经费保证。从管理体制上，林业部门在生态文化体系建设中的主体地位有待强化，协调能力亟待加强。尤其在职责分工、利益分配、责任划分等问题上，由于利益驱动，往往造成自然保护区和森林公园保护的责任由林业部门承担，而旅游开发的收益却不能反哺林业的做法，不利于调动各方的积极性，严重影响了生态文化体系建设。

（4）森林生态文化产品单一，产业不够发达

当前，我国生态文化体系建设还存在思想认识不足、基础设施薄弱、理论研究滞后、服务体系欠缺、品牌效应不高等突出问题。尤其是中西部地区，由于起步较晚，后发优势没有得到充分显现。加上从业人员的综合素质较低，专业技能与基本素质培训的任务还很艰巨。

（5）森林生态文化理论研究滞后，科技支撑不足

森林生态文化体系建设亟须科学的理论来指导。尽管近几年来不少专家学者从不同角度对生态文化进行了研究，但是还没有形成成熟系统的理论体系。对森林生态文化体系建设的科学研究和人才培养投入亟待加大。

二、森林文化建设行动

生态文化建设是一个涉及多个管理部门的整体工程，需要林业、环保、文化、教育、宣传、旅游、建设、财政、税收等多部门的协调与配合。森林文化是生态文化的主体，森林文化建设是生态文化体系建设的突破口和着力点，由林业部门在生态文化建设中承担主导作用。建议国家成立生态文化建设领导小组，协调各个部门在生态文化建设中的各种关系，确保全国生态文化体系建设"一盘棋"。在林业部门内部将生态文化体系建设作为与林业生态体系建设、林业产业体系建设同等重要的任务来抓，加强领导，明确职责，建成强有力的组织体系和健全有效的工作机制，加快推进生态文化体系建设。

（一）森林制度文化建设行动

为使生态文化建设走上有序化、法治化、规范化轨道，必须尽快编制规划，完善

政策法规，构建起生态文化建设的制度体系。

1. 开展战略研究，编制建设规划

开展森林文化发展战略研究，是新形势提出的新任务。战略研究的内容应该包括森林文化建设与发展的各个方面，尤其是从战略的高度，系统深入地研究影响经济社会和现代林业发展全局和长远的森林文化问题，如战略思想、目标、方针、任务、布局、关键技术、政策保障，指导全国的生态文化建设。建议选择对生态文化建设有基础的单位和地区作为试点，然后总结推广。

2. 完善法律法规，强化制度建设

在条件成熟的情况下，逐步出台和完善各项林业法规，如《森林法》《国家森林公园管理条例》《自然保护区法》《古树名木保护条例》《野生动物保护法》等。做到有法可依、有法必依、执法必严、违法必究。提高依法生态建设的水平，为生态文明提供法治保障。在政策、财税制度方面给森林文化建设予以倾斜和支持，特别是基础设施和条件建设方面给予支持。鼓励支持生态文化理论和科学研究的立项，制定有利于生态文化建设的产业政策，鼓励扶持新型生态文化产业发展，尤其要鼓励生态旅游业等新兴文化产业的发展。建立生态文化建设的专项经费保障制度，生态文化基础设施建设投入纳入同级林业基本建设计划，争取在各级政府预算内基本建设投资中统筹安排解决等。逐步建立政府投入、民间融资、金融信贷扶持等多元化投入机制。从而使森林文化的建设成果更好地为发展山区经济、增加农民收入、调整林区产业结构，满足人民文化需求服务。

3. 理顺管理体制，建立管理机构

结合新形势和新任务的实际需要，设立生态文化相关管理机构。加强对管理人员队伍生态文化的业务培训，提高人员素质。加快生态文化体系建设制度化进程。生态文化体系建设需要规范的制度做保障。建立和完善各级林业部门新闻发言人、新闻发布会、突发公共事件新闻报道制度，准确及时地公布我国生态状况，通报森林、湿地、沙漠信息。建立生态文化宣传活动工作制度，及时发布生态文化建设的日常新闻和重要信息。理顺各相关部门在森林文化建设中的利益关系，均衡利益分配，促进森林文化的持续健康发展。

（二）开展森林文化产业行动

大力发展生态文化产业，各地应突出区域特色，挖掘潜力，依托载体，延长林业生态文化产业链，促进传统林业第一产业、第二产业向生态文化产业升级。

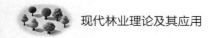

1. 丰富森林文化产品

既要在原有基础上做大做强山水文化、树文化、竹文化、茶文化、花文化、药文化等物质文化产业，也要充分开发生态文化资源，努力发展体现人与自然和谐相处这一核心价值的文艺、影视、音乐、书画等生态文化精品。丰富生态文化的形式和内容。采取文学、影视、戏剧、书画、美术、音乐等丰富多彩的文化形态，努力在全社会形成爱护森林、保护生态，崇尚绿色的良好氛围。大力发展森林旅游、度假、休闲、游憩等森林旅游产品，以及图书、报刊、音像、影视、网络等生态文化产品。

2. 提供森林文化服务

大力发展生态旅游，把生态文化建设与满足人们的游憩需求有机地结合起来，把生态文化成果充实到旅游产品和服务之中。同时，充分挖掘生态文化培训、咨询、网络、传媒等信息文化产业，打造森林氧吧、森林游憩和森林体验等特色品牌。有序开发森林、湿地、沙漠自然景观与人文景观资源，大力发展以生态旅游为主的生态文化产业。鼓励社会投资者开发经营生态文化产业，提高生态文化产品规模化、专业化和市场化水平。

（三）培育森林文化学科与人才行动

中国生态文化体系建设是一个全新的时代命题，也是历史赋予现代林业的一项重大历史使命。最近获悉，"中国生态文化协会"已经民政部批准，即将于2008年10月宣告成立，该协会挂靠国家林业和草原局，协同相关部门开展工作。这将为加强关于生态文化建设的理论与实践研究进一步弘扬生态文化，倡导绿色生活、共建生态文明，提供一个广阔的平台。

1. 培育森林文化学科

建议国家林业和草原局支持设立专项课题，组织相关专家学者，围绕构建人与自然和谐的社会主义核心价值观，加强生态文化学术研究，推动生态文化学科建设。在理论上，对于如何建设中国特色生态文化，如何在新的基础上继承和发展传统的生态文化，丰富、凝练生态价值观，需要进一步开展系统、深入的课题研究。重点加强生态变迁、森林历史、生态哲学、生态伦理、生态价值、生态道德、森林美学、生态文明等方面的研究和学科建设。支持召开一些关于生态文化建设的研讨会，出版一批学术专著，创办学术期刊，宣传生态文化研究成果。在对我国生态文化体系建设情况进行专题调查研究和借鉴学习国外生态文化建设经验的基础上，构建我国生态文化建设的理论体系，形成比较系统的理论框架。

2. 培养森林文化人才

加强生态文化学科建设、科技创新和教育培训，培养生态文化建设的科学研究人才、经营管理人才，打造一支专群结合、素质较高的生态文化体系建设队伍。各相关高等院校、科研院所和学术团体应加强合作，通过合作研究、合作办学等多种形式，加强生态文化领域的人才培养；建立生态文化研究生专业和研究方向，招收硕士、博士研究生，培养生态文化研究专业或方向的高层次人才；通过开展生态文化项目研究，提高理论研究水平，增强业务素质。

3. 推进森林文化国际交流

扩大开放，推进国际生态文化交流。开展生态文化方面的国际学术交流和考察活动，建立与国外同行间的友好联系；推动中国生态文化产业的发展，向国际生态文明接轨，提高全民族的生态文化水平；加强生态文化领域的国际合作研究，促进东西方生态文化的交流与对话；推进生态文化领域的国际化进程，在中国加快建设和谐社会中发挥生态文化应有的作用。

（四）开展森林文化科普及公众参与行动

1. 建设森林文化物质载体

建立以政府投入为主，全社会共同参与的多元化投入机制。在国家林业和草原局的统一领导下，启动一批生态文化载体建设工程。对改造整合现有的生态文化基础设施，完善功能，丰富内涵。切实抓好自然保护区、森林公园、森林植物园、野生动物园、湿地公园、城市森林与园林等生态文化基础设施建设。充分利用现有的公共文化基础设施，积极融入生态文化内容，丰富和完善生态文化教育功能。广泛吸引社会投资，在有典型林区、湿地、荒漠和城市，建设一批规模适当、独具特色的生态文化博物馆、文化馆、科技馆、标本馆、科普教育和生态文化教育示范基地，拓展生态文化展示宣传窗口。保护好旅游风景林、古树名木和各种纪念林，建设森林氧吧、生态休闲保健场所，充分发掘其美学价值、历史价值、游憩价值和教育价值，为人们了解森林、认识生态、探索自然、休闲保健提供场所和条件。

2. 开展形式多样的森林文化普及教育活动

拓宽渠道，扩展平台，加强对生态文化的传播。在采用报纸、杂志、广播、电视等传统传播媒介和手段的基础上，充分利用互联网、手机短信、博客等新兴媒体渠道，广泛传播生态文化；利用生态文化实体性渠道和平台，结合"世界地球日""植树节"等纪念日和"生态文化论坛"等平台，积极开展群众性生态文化传播活动。特别重视生态文化在青少年和儿童中的传播，做到生态文化教育进教材、进课堂、进校园文化、进户外实践。继续做好由政府主导的"国家森林城市""生态文化示范基地"的评选活动，使生态文化理念成为全社会的共识与行动，最终建立健全形式多样、覆盖广泛的生态文化传播体系。

3. 发展森林文化传媒

建设新的传播渠道，发挥好各类森林文化刊物、出版物、网络、广播电视、论坛等传媒的作用，加强森林文化的宣传普及。编辑出版生态文化相关领域的学术期刊、书籍，宣传生态文化研究成果；鉴于《生态文化》已有，建议再创建《森林文化》杂志；开展生态文化期刊发展战略和编辑出版的理论、技术、方法研究；组织期刊开展专题研讨会、报告会等学术交流活动；评选优秀期刊、优秀编辑和优秀论文；开展生态文化期刊编辑咨询工作；向有关部门反映会员的意见和要求，维护其合法权益；宣传贯彻生态文化期刊出版的法令、法规和规范，培训生态文化期刊编辑、出版、编务人员；举办为会员服务的其他非营利性的业务活动。

4. 完善森林文化建设的公众参与机制

把森林文化建设与全民义务植树活动、各种纪念日、纪念林结合起来、鼓励绿地认养、提倡绿色生活和消费。通过推行义务植树活动、志愿者行动、设立公众举报电话、奖励举报人员、建立生态问题公众听证会制度等公众参与活动，培育公众的生态意识和保护生态的行为规范，激励公众保护生态的积极性和自觉性，在全社会形成提倡节约、爱护生态的社会价值观念、生活方式和消费行为。推动"国树、国花、国鸟"的法定程序，尽快确定"国树、国花、国鸟"。各地也可开展"省树、省花、省鸟""市树、市花、市鸟"等活动。

第十一章 现代林业与生态文明建设

第一节 现代林业与生态环境文明

一、现代林业与生态建设

维护国家的生态安全必须大力开展生态建设。国家要求"在生态建设中，要赋予林业以首要地位"，这是一个很重要的命题。这个命题至少说明现代林业在生态建设中占有极其重要的位置—首要位置。

为了深刻理解现代林业与生态建设的关系，必须明确生态建设所包括的主要内容。生态建设（生态文明建设）是中国共产党第十七次全国代表大会提出的实现全面建成小康社会奋斗目标的新要求，是与经济建设、政治建设、文化建设、社会建设相并列的五大建设之一。关于经济建设、政治建设、文化建设、社会建设，在十七大报告中都有专节进行论述，而关于生态（文明）建设并没有专节来论述，相关表述如下："加强能源资源节约和生态环境保护，增强可持续发展能力。坚持节约资源和保护环境的基本国策，关系人民群众切身利益和中华民族生存发展。必须把建设资源节约型、环境友好型社会放在工业化、现代化发展战略的突出位置，落实到每个单位、每个家庭。要完善有利于节约能源资源和保护生态环境的法律和政策，加快形成可持续发展体制机制。落实节能减排工作责任制。开发和推广节约、替代、循环利用和治理污染的先进适用技术，发展清洁能源和可再生能源，保护土地和水资源，建设科学合理的能源资源利用体系，提高能源资源利用效率。发展环保产业。加大节能环保投入，重点加强水、大气、土壤等污染防治，改善城乡人居环境。加强水利、林业、草原建设，加强荒漠化石漠化治理，促进生态修复。加强应对气候变化能力建设，为保护全球气候做出新贡献。"

必须认识现代林业在生态建设中的地位。生态建设的根本目的，是为了提升生态环境的质量，提升人与自然和谐发展、可持续发展的能力。现代林业建设对于实现生态建设的目标起着主体作用，在生态建设中处于首要地位。这是因为，森林是陆地生态系统的主体，在维护生态平衡中起着决定作用。林业承担着建设和保护"三个系统一个多样性"的重要职能，即建设和保护森林生态系统、管理和恢复湿地生态系统、改善和治理荒漠生态系统、维护和发展生物多样性。科学家把森林生态系统喻为"地球之肺"，把湿地生态系统喻为"地球之肾"，把荒漠化喻为"地球的癌症"，把生物多样性喻为"地球的免疫系统"。这"三个系统一个多样性"，对保持陆地生态系统的整体功能起着中枢作用和杠杆作用，无论损害和破坏哪一个系统，都会影响地球的生态平衡，影响地球的健康长寿，危及人类生存的根基。只有建设和保护好这些生态系统，维护和发展好生物多样性，人类才能永远地在地球这一共同的美丽家园里繁衍生息、发展进步。

（一）森林被誉为大自然的总调节器，维持着全球的生态平衡

地球上的自然生态系统可划分为陆地生态系统和海洋生态系统。其中森林生态系统是陆地生态系统中组成最复杂、结构最完整、能量转换和物质循环最旺盛、生物生产力最高、生态效应最强的自然生态系统；是构成陆地生态系统的主体；是维护地球生态安全的重要保障，在地球自然生态系统中占有首要地位。森林在调节生物圈、大气圈、水圈、土壤圈的动态平衡中起着基础性、关键性作用。

森林生态系统是世界上最丰富的生物资源和基因库。仅热带雨林生态系统就有200万～400万种生物。森林的大面积被毁，大大加速了物种消失的速度。近200年来，濒临灭绝的物种就有将近600种鸟类、400余种兽类、200余种两栖类以及2万余种植物，这比自然淘汰的速度快1 000倍。

森林是一个巨大的碳库，是大气中二氧化碳重要的调节者之一。一方面，森林植物通过光合作用，吸收大气中的二氧化碳；另一方面，森林动植物、微生物的呼吸及枯枝落叶的分解氧化等过程，又以二氧化碳、一氧化碳、甲烷的形式向大气中排放碳。

森林对涵养水源、保持水土、减少洪涝灾害具有不可替代的作用。据专家估算，目前我国森林的年水源涵养量达3 474亿t，相当于现有水库总容量（4 600亿t）的75.5%。根据森林生态定位监测，4个气候带54种森林的综合涵蓄降水能力为40.93～165.84 mm，即每公顷森林可以涵蓄降水约1 000 m^3。

（二）森林在生物世界和非生物世界的能量和物质交换中扮演着主要角色

森林作为一个陆地生态系统，具有最完善的营养级体系，即从生产者（森林绿色植物）、消费者（包括草食动物、肉食动物、杂食动物以及寄生和腐生动物）到分解者全过程完整的食物链和典型的生态金字塔。由于森林生态系统面积大，树木形体高大，结构复杂，多层的枝叶分布使叶面积指数大，因此光能利用率和生产力在天然生态系统中是最高的。除了热带农业以外，净生产力最高的就是热带森林，连温带农业也比不上它。以温带地区几个生态系统类型的生产力相比较，森林生态系统的平均值是最高的。从光能利用率来看，热带雨林年平均光能利用率可达 4.5%，落叶阔叶林为 1.6%，北方针叶林为 1.1%，草地为 0.6%，农田为 0.7%。由于森林面积大，光合利用率高，因此森林的生产力和生物量均比其他生态系统类型高。据推算，全球生物量总计为 1 856 亿 t，其中 99.8% 是在陆地上。森林每年每公顷生产的干物质量达 6～8 t，生物总量达 1 664 亿 t，占全球的 90% 左右，而其他生态系统所占的比例很小，如草原生态系统只占 4.0%，苔原和半荒漠生态系统只占 1.1%。

全球森林每年所固定的总能量约为 $13 \times 1\,017$ kJ，占陆地生物每年固定的总能量 $20.5 \times 1\,017$ kJ 的 63.4%。因此，森林是地球上最大的自然能量储存库。

（三）森林对保持全球生态系统的整体功能起着中枢和杠杆作用

在世界范围内，由于森林剧减，引发日益严峻的生态危机。人类历史初期，地球表面约 2/3 被森林覆盖，约有森林 76 亿 hm^2。19 世纪中期减少到 56 亿 hm^2。最近 100 多年，人类对森林利用和破坏的程度进一步加重。到 2005 年，世界森林面积已经下降到 39.59 亿 hm^2，仅占陆地面积的 30.3%。这就是说，地球上的森林已经减少了一半。联合国发布的《2000 年全球环境展望》指出，人类对木材和耕地的需求，使全球森林减少了 50%，30% 的森林变成农业用地；原始森林 80% 遭到破坏，剩下的原始森林不是支离破碎，就是残次退化，而且分布不均，难以支撑人类文明的大厦。

森林减少是由人类长期活动的干扰造成的。在人类文明之初，人少林茂兽多，常用焚烧森林的办法，获得熟食和土地，并借此抵御野兽的侵袭。进入农耕社会之后，人类的建筑、薪材、交通工具和制造工具等，皆需要采伐森林，尤其是农业用地、经济林的种植，皆由原始森林转化而来。工业革命兴起，大面积森林又变成工业原材料。直到今天，城乡建设、毁林开垦、采伐森林，仍然是许多国家经济发展的重要方式。

伴随人类对森林的一次次破坏，接踵而来的是森林对人类的不断报复。巴比伦文明毁灭了，玛雅文明消失了，黄河文明衰退了。水土流失、土地荒漠化、洪涝灾害、干旱缺水、物种灭绝、温室效应，无一不与森林面积减少、质量下降密切相关。

大量的数据资料表明，20 世纪 90 年代全球灾难性的自然灾害比 60 年代多 8 倍。1999 年联合国环境规划署（UNEP）发表的《2008 年全球环境展望》指出：地球将越来越干旱、燥热、缺水，气候的反复无常也会越来越严重。由于水资源匮乏、土地退化、热带雨林毁坏、物种灭绝、过量捕鱼、大型城市空气污染等问题，地球已呈现全面的生态危机。这些自然灾害与厄尔尼诺现象有关，但是人类大肆砍伐森林、破坏环境是导致严重自然灾害的一个重要因素。

我国森林的破坏导致了水患和沙患两大心腹之患。西北高原森林的破坏导致大量泥沙进入黄河，使黄河成为一条悬河。长江流域的森林破坏也是近现代以来长江水灾不断加剧的根本原因。北方几十万平方千米的沙漠化土地和日益肆虐的沙尘暴，也是森林破坏的恶果。人们总是禁不起森林的诱惑，索取物质材料，却总是忘记森林作为大地屏障、江河的保姆、陆地生态的主体，对于人类的生存具有不可替代的整体性和神圣性。恩格斯早就深刻地警告："美索不达米亚、希腊、小亚细亚以及其他各地的居民，为了想得到耕地，把森林都砍光了，但是他们梦想不到，这些地方今天竟因此成为荒芜不毛之地。"美国前副总统阿尔·戈尔在《濒临失衡的地球》一书中这样写道："虽然我们依然需要大量了解森林与雨云之间的共生现象，我们却确实知道森林被毁之后，雨最后也会逐渐减少，湿度也会降低。具有讽刺意味的是，在原是森林的那个地区，还会继续有一个时期的大雨，冲走不再受到林冠荫蔽、不再为树根固定的表土……"

地球上包括人类在内的一切生物都以其生存环境为依托。森林是人类的摇篮、生存的庇护所，它用绿色装点大地，给人类带来生命和活力，带来智慧和文明，也带来资源和财富。森林是陆地生态系统的主体，是自然界物种最丰富、结构最稳定、功能最完善也最强大的资源库、再生库、基因库、碳储库、蓄水库和能源库，除了能提供食品、医药、木材及其他生产生活原料外，还具有调节气候、涵养水源、保持水土、防风固沙、改良土壤、减少污染、保护生物多样性、减灾防洪等多种生态功能，对改善生态、维持生态平衡、保护人类生存发展的自然环境起着基础性、决定性和不可替代的作用。在各种生态系统中，森林生态系统对人类的影响最直接、最重大，也最关键。离开了森林的庇护，人类的生存与发展就会丧失根本和依托。

森林和湿地是陆地最重要的两大生态系统，它们以 70% 以上的程度参与和影响着地球化学循环的过程，在生物界和非生物界的物质交换和能量流动中扮演着主要角色，对保持陆地生态系统的整体功能、维护地球生态平衡、促进经济与生态协调发展发挥着中枢和杠杆作用。林业就是通过保护和增强森林、湿地生态系统的功能来生产出生态产品。这些生态产品主要包括：吸收二氧化碳、释放氧气、涵养水源、保持水土、净化水质、防风固沙、调节气候、清洁空气、减少噪声、吸附粉尘、保护生物多样性等。

二、现代林业与生物安全

（一）生物安全问题

生物安全是生态安全的一个重要领域。目前，国际上普遍认为，威胁国家安全的不只是外敌入侵，诸如外来物种的入侵、转基因生物的蔓延、基因食品的污染、生物多样性的锐减等生物安全问题也危及人类的未来和发展，也直接影响着国家安全。维护生物安全，对于保护和改善生态环境，保障人的身心健康，保障国家安全，促进经济、社会可持续发展，具有重要的意义。在生物安全问题中，与现代林业紧密相关的主要是生物多样性锐减及外来物种入侵。

1. 生物多样性锐减

由于森林的大规模破坏，全球范围内生物多样性显著下降。根据专家测算，由于森林的大量减少和其他种种因素，现在物种的灭绝速度是自然灭绝速度的 1 000 倍。这种消亡还呈惊人的加速之势，20 世纪 70 年代是每周 1 个，80 年代每天 1 个，90 年代几乎每小时 1 个。有许多物种在人类还未认识之前，就携带着它们特有的基因从地球上消失了，而它们对人类的价值很可能是难以估量的。现存绝大多数物种的个体数量也在不断减少，据英国生物学家诺尔曼·迈耶斯估计，自 1900 年以来，人类大概已毁灭了已存物种的 75%。1990—2000 年，每年可能灭绝 1.5 万～5 万个物种。世界自然基金会在《2004 地球生存报告》中说：自 20 世纪 70 年代以后的 30 年中，全球野生动物的数量减少了 35%。我国处于濒危状态的动植物物种数量为总量的 15%～20%，高于世界 10%～15%的平均水平，生物多样性保护的任务十分艰巨。

我国的野生动植物资源十分丰富，在世界上占有重要地位。由于我国独特的地理环境，有大量的特有种类，并保存着许多古老的孑遗动植物属种，如有活化石之称的大熊猫、白鳍豚、水杉、银杉等。但随着生态环境的不断恶化，野生动植物的栖息环境受到破坏，对动植物的生存造成极大危害，使其种群急剧减少，有的已灭绝，有的正面临灭绝的威胁。

据统计，麋鹿、高鼻羚羊、犀牛、野马、白臀叶猴等珍稀动物已在我国灭绝。高鼻羚羊是 20 世纪 50 年代以后在新疆灭绝的。大熊猫、金丝猴、东北虎、华南虎、云豹、丹顶鹤、黄腹角雉、白鳍豚、多种长臂猿等 20 个珍稀物种分布区域已显著缩小，种群数量骤减，正面临灭绝危害。例如，1985 年，在长江口观测到 126 种底栖动物，由于沿江城市的污水排放，目前只剩下 50 余种。联合国《国际濒危物种贸易公约》列出的 640 种世界性濒危物种中，我国占了 156 种，约为其总数的 1/4。1988 年被列为国家重点保护的野生动物已达 258 种。不少过去常见的野生动物也被列入重点保护对象。

我国高等植物中濒危或接近濒危的物种已达 4 000～5 000 种，占高等植物总数的 15%～20%，高于世界平均水平。有的植物已经灭绝，如崖柏、雁荡润楠、喜雨草等。一种植物的灭绝将引起 10～30 种其他生物的丧失。许多曾分布广泛的种类，现在分布区域已明显缩小，且数量锐减。1984 年国家公布重点保护植物 354 种，其中一级重点保护植物 8 种，二级重点保护植物 159 种。据初步统计，公布在名录上的植物已有部分灭绝。

关于生态破坏对微生物造成的危害，在我国尚不十分清楚，但一些野生食用菌和药用菌，由于过度采收造成资源日益枯竭的状况越来越严重。

2. 外来物种大肆入侵

根据世界自然保护联盟（IUCN）的定义，外来物种入侵是指在自然、半自然生态系统或生态环境中，外来物种建立种群并影响和威胁到本地生物多样性的过程。毋庸置疑，正确的外来物种的引进会增加引种地区生物的多样性，也会极大丰富人们的物质生活。相反，不适当的引种则会使得缺乏自然天敌的外来物种迅速繁殖，并抢夺其他生物的生存空间，进而导致生态失衡及其他本地物种的减少和灭绝，严重危及一国的生态安全。从某种意义上说，外来物种引进的结果具有一定程度的不可预见性。这也使得外来物种入侵的防治工作显得更加复杂和困难。在国际层面上，目前已制定有以《生物多样性公约》为首的防治外来物种入侵等多边环境条约以及与之相关的卫生、检疫制度或运输的技术指导文件等。

目前我国的入侵外来物种有 400 多种，其中有 50 余种属于世界自然保护联盟公布的全球 100 种最具威胁的外来物种。据统计，我国每年因外来物种造成的损失已高达 1 198 亿元，占国内生产总值的 1.36%。其中，松材线虫、美国白蛾、紫茎泽兰等 20 多种主要外来农林昆虫和杂草造成的经济损失每年 560 多亿元。最新全国林业有害生物普查结果显示，20 世纪 80 年代以后，林业外来有害生物的入侵速度明显加快，每年给我国造成经济损失数量之大触目惊心。外来生物入侵既与自然因素和生态条件有关，更与国际贸易和经济的迅速发展密切相关，人为传播已成为其迅速扩散蔓延的主要途径。因此，如何有效抵御外来物种入侵是摆在我们面前的一个重要问题。

（二）现代林业对保障生物安全的作用

生物多样性包括遗传多样性、物种多样性和生态系统多样性。森林是一个庞大的生物世界，是数以万计的生物赖以生存的家园。森林中除了各种乔木、灌木、草本植物外，还有苔藓、地衣、蕨类、鸟类、兽类、昆虫等生物及各种微生物。据统计，目前地球上 500 万～5 000 万种生物中，有 50%～70% 在森林中栖息繁衍，因此森林生物多样性在地球上占有首要位置。在世界林业发达国家，保持生物多样性成为其林业发展的核心要求和主要标准，比如在美国密西西比河流域，人们对森林的保护意识就是从猫头鹰的锐减而开始警醒的。

1. 森林与保护生物多样性

森林是以树木和其他木本植物为主体的植被类型，是陆地生态系统中最大的亚系统，是陆地生态系统的主体。森林生态系统是指由以乔木为主体的生物群落（包括植物、动物和微生物）及其非生物环境（光、热、水、气、土壤等）综合组成的动态系统，是生物与环境、生物与生物之间进行物质交换、能量流动的景观单位。森林生态系统不仅分布面积广并且类型众多，超过陆地上的任何其他生态系统，它的立体成分体积大、寿命长、层次多，有着巨大的地上和地下空间及长效的持续周期，是陆地生态系统中面积最大、组成最复杂、结构最稳定的生态系统，对其他陆地生态系统有很大的影响和作用。森林不同于其他陆地生态系统，具有面积大、分布广、树形高大、寿命长、结构复杂、物种丰富、稳定性好、生产力高等特点，是维持陆地生态平衡的重要支柱。

森林拥有最丰富的生物种类。有森林存在的地方，一般环境条件不太严酷，水分和温度条件较好，适于多种生物的生长。而林冠层的存在和森林多层性造成在不同的空间形成了多种小环境，为各种需要特殊环境条件的植物创造了生存的条件。丰富的植物资源又为各种动物和微生物提供了食料和栖息繁衍的场所。因此，在森林中有着极其丰富的生物物种资源。森林中除建群树种外，还有大量的植物包括乔木、亚乔木、灌木、藤本、草本、菌类、苔藓、地衣等。森林动物从兽类、鸟类，到两栖类、爬虫、线虫、昆虫，以及微生物等，不仅种类繁多，而且个体数量大，是森林中最活跃的成分。全世界有 500 万～5 000 万个物种，而人类迄今从生物学上描述或定义的物种（包括动物、植物、微生物）仅有 140 万～170 万种，其中半数以上的物种分布在仅占全球陆地面积 7% 的热带森林里。例如，我国西双版纳的热带雨林 2 500 m^2 内（表现面积）

就有高等植物 130 种，而东北平原的羊草草原 1 000 m² （表现面积）只有 10～15 种，可见森林生态系统的物种明显多于草原生态系统。至于农田生态系统，生物种类更是简单量少。当然，不同的森林生态系统的物种数量也有很大差异，其中热带森林的物种最为丰富，它是物种形成的中心，为其他地区提供来了各种"祖系原种"。例如，地处我国南疆的海南岛，土地面积只占全国土地面积的 0.4%，但却拥有维管束植物 4 000 余种，约为全国维管束植物种数的 1/7；乔木树种近千种，约为全国的 1/3；兽类 77 种，约为全国的 21%；鸟类 344 种，约为全国的 26%。由此可见，热带森林中生物种类的丰富程度。另外，还有许多物种在我们人类尚未发现和利用之前就由于大规模的森林被破坏而灭绝了，这对我们人类来说是一个无法挽回的损失。目前，世界上有 30 余万种植物、4.5 万种脊椎动物和 500 万种非脊椎动物，我国有木本植物 8 000 余种，乔木2 000 余种，是世界上森林树种最丰富的国家之一。

森林组成结构复杂。森林生态系统的植物层次结构比较复杂，一般至少可分为乔木层、亚乔木层、下木层、灌木层、草本层、苔藓地衣层、枯枝落叶层、根系层以及分布于地上部分各个层次的层外植物垂直面和零星斑块、片层等。它们具有不同的耐阴能力和水湿要求，按其生态特点分别分布在相应的林内空间小生境或片层，年龄结构幅度广，季相变化大，因此形成复杂、稳定、壮美的自然景观。乔木层中还可按高度不同划分为若干层次。例如，我国东北红松阔叶林地乔木层常可分为 3 层：第一层由红松组成；第二层由椴树、云杉、裂叶榆和色木等组成；第三层由冷杉、青楷槭等组成。在热带雨林内层次更为复杂，乔木层就可分为 4 或 5 层，有时形成良好的垂直郁闭，各层次间没有明显的界线，很难分层。例如，我国海南岛的一块热带雨林乔木层可分为三层或三层以上。第一层由蝴蝶树、青皮、坡垒细子龙等散生巨树构成，树高可达 40 m；第二层由山荔枝、多种厚壳楮、多种蒲桃、多种柿树，各种樫木和大花第伦桃等组成，这一层有时还可分层，下层乔木有粗毛野桐、几种白颜、白茶和阿芳等。下层乔木下面还有灌木层和草本层，地下根系存在浅根层和深根层。此外还有种类繁多的藤本植物、附生植物分布于各层次。森林生态系统中各种植物和成层分布是植物对林内多种小生态环境的一种适应现象，有利于充分利用营养空间和提高森林的稳定性。由耐阴树种组成的森林系统，年龄结构比较复杂，同一树种不同年龄的植株分布于不同层次形成异龄复层林。如西藏的藓类长苞冷杉林为多代的异龄天然林，年龄从 40 年生至 300 年生以上均有，形成比较复杂的异龄复层林。东北的红松也有不少为多世代并存的异龄林，如带岭的一块蕨类榛子红松林，红松的年龄分配延续 10 个龄级，年龄的差异达 200 年左右。异龄结构的复层林是某些森林生态系统的特有现象，新的幼苗、幼树在林层下不断生长繁衍代替老的一代，因此这一类森林生态系统稳定性较大，常常是顶级群落。

森林分布范围广，形体高大，长寿稳定。森林约占陆地面积的 29.6%。由落叶或常绿，以及具有耐寒、耐旱、耐盐碱或耐水湿等不同特性的树种形成的各种类型的森林（天然林和人工林，分布在寒带、温带、亚热带、热带的山区、丘陵、平地，甚至沼泽、海涂滩地等地方。森林树种是植物界中最高大的植物，由优势乔木构成的林冠层可达十几米、数十米，甚至上百米。我国西藏波密地丽江云杉高达 60～70 m，云南西双版纳地望天树高达 70～80 m。北美红杉和巨杉也都是世界上最高大的树种，能够长到 100 m 以上，而澳大利亚的桉树甚至可高达 150 m。树木的根系发达，深根性树种的主根可深入地下数米至十几米。树木的高大形体在竞争光照条件方面明显占据有利地位，而光照条件在植物种间生存竞争中往往起着决定性作用。因此，在水分、温度条件适于森林生长的地方，乔木在与其他植物的竞争过程中常占优势。此外，由于森林生态系统具有高大的林冠层和较深的根系层，因此它们对林内小气候和土壤条件的影响均大于其他生态系统，并且还明显地影响着森林周围地区的小气候和水文情况。树木为多年生植物，寿命较长。有的树种寿命很长，如我国西藏巨柏其年龄已达 2 200 多年，山西晋祠的周柏和河南嵩山的周柏，据考证已活 3 000 年以上，台湾阿里山的红桧和山东莒县的大银杏也有 3 000 年以上的高龄。北美的红杉寿命更长，已达 7 800 多年。但世界上有记录的寿命最长的树木，要数非洲加纳利群岛上的龙血树，它曾活在世上 8 000 多年。森林树种的长寿性使森林生态系统较为稳定，并对环境产生长期而稳定的影响。

2. 湿地与生物多样性保护

"湿地"一词最早出现在 1956 年，由美国联邦政府开展湿地清查时首先提出。1972 年 2 月，由加拿大、澳大利亚等 36 个国家在伊朗小镇拉姆萨尔签署了《关于特别是作为水禽栖息地的国际重要湿地公约》（《湿地公约》），《湿地公约》把湿地定义为"湿地是指不问其为天然或人工、长久或暂时的沼泽地、泥炭地或水域地带，带有静止或流动的淡水、半咸水或咸水水体，包括低潮时水深不超过 6 m 的水域"。按照这个定义，湿地包括沼泽、泥炭地、湿草甸、湖泊、河流、滞蓄洪区、河口三角洲、滩涂、水库、池塘、水稻田，以及低潮时水深浅于 6 m 的海域地带等。目前，全球湿地面积约有 570 万 km²，约占地球陆地面积的 6%。其中，湖泊占 2%，泥塘占 30%，泥沼占 26%，沼泽占 20%，洪泛平原约占 15%。

湿地覆盖地球表面仅为 6%，却为地球上 20% 已知物种提供了生存环境。湿地复杂多样的植物群落，为野生动物尤其是一些珍稀或濒危野生动物提供了良好的栖息地，是鸟类、两栖类动物的繁殖、栖息、迁徙、越冬的场所。例如，象征吉祥和长寿的濒危鸟类——丹顶鹤，在从俄罗斯远东迁徙至我国江苏盐城国际重要湿地的 2 000 km 的途中，要花费约 1 个月的时间，在沿途 25 块湿地停歇和觅食，如果这些湿地遭受破坏，将给像丹顶鹤这样迁徙的濒危鸟类带来致命的威胁。湿地水草丛生特殊的自然环境，虽不是哺乳动物种群的理想家园，却能为各种鸟类提供丰富的食物来源和营巢、避敌的良好条件。可以说，保存完好的自然湿地，能使许多野生生物能够在不受干扰的情况下生存和繁衍，完成其生命周期，由此保存了许多物种的基因特性。

我国是世界上湿地资源丰富的国家之一，湿地资源占世界总量的 10%，居世界第四位，亚洲第一位。我国 1992 年加入《湿地公约》。《湿地公约》划分的 40 类湿地，我国均有分布，是全球湿地类型最丰富的国家。根据我国湿地资源的现状以及《湿地公约》对湿地的分类系统，我国湿地共分为五大类，即四大类自然湿地和一大类人工湿地。自然湿地包括海滨湿地、河流湿地、湖泊湿地和沼泽湿地，人工湿地包括水稻田、水产池塘、水塘、灌溉地，以及农用洪泛湿地、蓄水区、运河、排水渠、地下输水系统等。我国单块面积大于 100 hm² 的湿地总面积为 3 848 万 hm²（人工湿地只包括库塘湿地）。其中，自然湿地 3 620 万 hm²，占国土面积的 3.77%；人工库塘湿地 228 万 hm²。自然湿地中，沼泽湿地 1 370.03 万 hm²，滨海湿地 594.17 万 hm²，流湿地 820.70 万 hm²，湖泊湿地 835.155 hm²。

3. 外来物种入侵

2003 年全国林业有害生物普查结果显示，外来入侵的林业有害生物 34 种，其中，害虫 23 种，病原微生物类 5 种，有害植物 6 种。在 28 种从国外（或境外）1980 年以后入侵的林业病虫害中，有 10 种是 21 世纪以来传入的。此外，1980 年后有 376 种林业病虫害在我国省际扩散蔓延，其中，害虫 238 种，病害 138 种。

我国每年林业有害生物发生面积 1 067 万 hm² 左右，外来入侵的约 280 万 hm²，占 26%。1980 年后入侵的林业病虫害种类发生 220 多万 hm²，约占外来林业病虫害发生总面积的 80%。此外，外来有害植物中的紫茎泽兰、飞机草、薇甘菊、加拿大一枝黄花在我国发生面积逐年扩大，目前已达 553 多万 hm²。

外来林业有害生物对生态安全构成极大威胁。外来入侵种通过竞争或占据本地物种生态位，排挤本地物种的生存，甚至分泌释放化学物质，抑制其他物种生长，使当地物种的种类和数量减少，不仅造成巨大的经济损失，更对生物多样性、生态安全和林业建设构成了极大威胁。近年来，随着国际和国内贸易频繁，外来入侵生物的扩散蔓延速度加剧。2000 年以来，相继发生刺桐姬小蜂、刺槐叶瘿蚊、红火蚁、西花蓟马、枣实蝇 5 种外来林业有害生物入侵。已入侵的外来林业病虫害正在扩散蔓延。

（三）加强林业生物安全保护的对策

1. 加强保护森林生物多样性

根据森林生态学原理，在充分考虑物种的生存环境的前提下，用人工促进的方法保护森林生物多样性。一是强化林地管理。林地是森林生物多样性的载体，在统筹规划不同土地利用形式的基础上，要确保林业用地不受侵占及毁坏。林地用于绿化造林，采伐后及时更新，保证有林地占林业用地的足够份额。在荒山荒地造林时，贯彻适地适树营造针阔混交林的原则，增加森林的生物多样性。二是科学分类经营。实施可持续林业经营管理对森林实施科学分类经营，按不同森林功能和作用采取不同的经营手段，为森林生物多样性保护提供了新的途径。三是加强自然保护区的建设。对受威胁的森林动植物实施就地保护和迁地保护策略，保护森林生物多样性。建立自然保护区有利于保护生态系统的完整性，从而保护森林生物多样性。目前，还存在保护区面积比例不足，分布不合理，用于保护的经费及技术明显不足等问题。四是建立物种的基因库。这是保护遗传多样性的重要途径，同时信息系统是生物多样性保护的重要组成部分。因此，尽快建立先进的基因数据库，并根据物种存在的规模、生态环境、地理位置建立不同地区适合生物进化、生存和繁衍的基因局域保护网，最终形成全球性基金保护网，实现共同保护的目的。也可建立生境走廊，把相互隔离的不同地区的生境连接起来构成保护网、种子库等。

2. 防控外来有害生物入侵蔓延

一是加快法治进程，实现依法管理。建立完善的法律体系是有效防控外来物种的首要任务。要修正立法目的，制定防控生物入侵的专门性法律，要从国家战略的高度对现有法律法规体系进行全面评估，并在此基础上通过专门性立法来扩大调整范围，对管理的对象、权利与责任等问题做出明确规定。要建立和完善外来物种管理过程中的责任追究机制，做到有权必有责、用权受监督、侵权要赔偿。二是加强机构和体制建设，促进各职能部门行动协调。外来入侵物种的管理是政府一项长期的任务，涉及多个环节和诸多部门，应实行统一监督管理与部门分工负责相结合，中央监管与地方管理相结合，政府监管与公众监督相结合的原则，进一步明确各部门的权限划分和相应的职责，在检验检疫，农、林、牧、渔、海洋、卫生等多部门之间建立合作协调机制，以共同实现对外来入侵物种的有效管理。三是加强检疫封锁。实践证明，检疫制度是抵御生物入侵的重要手段之一，特别是对于无意引进而言，无疑是一道有效的安全屏障。要进一步完善检验检疫配套法规与标准体系及各项工作制度建设，不断加强信息收集、分析有害生物信息网络，强化疫情意识，加大检疫执法力度，严把国门。在科研工作方面，要强化基础建设，建立控制外来物种技术支持基地；加强检验、监测和检疫处理新技术研究，加强有害生物的生物学、生态学、毒理学研究。四是加强引种管理，防止人为传人。要建立外来有害生物入侵风险的评估方法和评估体系。立引种政策，建立经济制约机制，加强引种后的监管。五是加强教育引导，提高公众防范意识。还要加强国际交流与合作。

3. 加强对林业转基因生物的安全监管

随着国内外生物技术的不断创新发展，人们对转基因植物的生物安全性问题也越来越关注。可以说，生物安全和风险评估本身是一个进化过程，随着科学的发展，生物安全的概念、风险评估的内容、风险的大小以及人们所能接受的能力都将发生变化。与此同时，植物转化技术将不断在转化效率和精确度等方面得到改进。因此，在利用转基因技术对树木进行改造的同时，我们要处理好各方面的关系。一方面应该采取积极的态度去开展转基因林木的研究；另一方面要加强转基因林木生态安全性的评价和监控，降低其可能对生态环境造成的风险，使转基因林木扬长避短，开创更广阔的应用前景。

三、现代林业与人居生态质量

（一）现代人居生态环境问题

城市化的发展和生活方式的改变在为人们提供各种便利的同时，也给人类健康带来了新的挑战。在中国的许多城市，各种身体疾病和心理疾病，正在成为人类健康的"隐形杀手"。

1. 空气污染

我们周围空气质量与我们的健康和寿命紧密相关。据统计，中国每年空气污染导致 1 500 万人患支气管病，有 200 万人死于癌症，而重污染地区死于肺癌的人数比空气良好的地区高 4.7～8.8 倍。

2. 土壤、水污染

现在，许多城市郊区的环境污染已经深入到土壤、地下水，达到了即使控制污染源，短期内也难以修复的程度。2005 年的一项调查显示：珠江三角洲几个城市近 40%

的农田菜地土壤重金属污染超标，其中 10% 属严重超标，而汞、镍污染最严重，在这些土壤里生长的蔬菜、大米等作物，重金属残留情况不容忽视。

3. 灰色建筑、光污染

夏季阳光强烈照射时，城市里的玻璃幕墙、釉面砖墙、磨光大理石和各种涂层反射线会干扰视线，损害视力。长期生活在这种视觉空间里，人的生理、心理都会受到很大影响。

4. 紫外线、环境污染

强光照在夏季时会对人体有灼伤作用，而且辐射强烈，使周围环境温度增高，影响人们的户外活动。同时城市空气污染物含量高，对人体皮肤也十分有害。

5. 噪声污染

城市现代化工业生产、交通运输、城市建设造成环境噪声的污染也日趋严重，已成城市环境的一大公害。

6. 心理疾病

很多城市的现代化建筑不断增加，人们工作生活节奏不断加快，而自然的东西越来越少，接触自然成为偶尔为之的奢望，这是造成很多人心理疾病的重要因素城市灾害。城市建筑集中，人口密集，发生地震、火灾等重大灾害时，把人群快速疏散到安全地带，对于减轻灾害造成的人员伤亡非常重要。

（二）人居森林和湿地的功能

1. 城市森林的功能

发展城市森林、推进身边增绿是建设生态文明城市的必然要求，是实现城市经济社会科学发展的基础保障，是提升城市居民生活品质的有效途径，是建设现代林业的重要内容。国内外经验表明，一个城市只有具备良好的森林生态系统，使森林和城市融为一体，高大乔木绿色葱茏，各类建筑错落有致，自然美和人文美交相辉映，人与自然和谐相处，才能称得上是发达的、文明的现代化城市。当前，我国许多城市，特别是工业城市和生态脆弱地区城市，生态承载力低已经成为制约经济社会科学发展的瓶颈。在城市化进程不断加快、城市生态面临巨大压力的今天，通过大力发展城市森林，为城市经济社会科学发展提供更广阔的空间，显得越来越重要、越来越迫切。近年来，许多国家都在开展"人居森林"和"城市林业"的研究和尝试。事实证明，几乎没有一座清洁优美的城市不是靠森林起家的。比如奥地利首都维也纳，市区内外到处是森林和绿地，因此被誉为茫茫绿海中的"岛屿"。此外，日本的东京、法国的巴黎、英国的伦敦，森林覆盖率均为 30%左右。城市森林是城市生态系统中具有自净功能的重要组成部分，在调节生态平衡、改善环境质量以及美化景观等方面具有极其重要的作用。从生态、经济和社会 3 个方面阐述城市森林为人类带来的效益。

净化空气，维持碳氧平衡。城市森林对空气的净化作用，主要表现在能杀灭空气中分布的细菌，吸滞烟灰粉尘，稀释、分解、吸收和固定大气中的有毒有害物质，再通过光合作用形成有机物质。绿色植物能扩大空气负氧离子量，城市林带中空气负氧离子的含量是城市房间里的 200~400 倍。据测定，城市中一般场所的空气负氧离子含量是 1 000~3 000 个/cm³，多的可达 10 000~60 000 个/cm³，在广东鼎湖山自然保护区的飞水潭瀑布右侧面 3 m 的高处，空气负离子含量可高达 105 600 个/cm³；而在城市污染较严重的地方，空气负离子的浓度只有 40~100 个/cm³。研究表明，以乔灌草结构的复层林中空气负离子水平最高，空气质量最佳，空气清洁度等级最高，而草坪的各项指标最低，说明高大乔木对提高空气质量起主导作用。城市森林能有效改善市区内的碳氧平衡。植物通过光合作用吸收二氧化碳，释放氧气，在城市低空范围内从总量上调节和改善城区碳氢平衡状况，缓解或消除局部缺氧，改善局部地区空气质量。国内学者对北京近郊建成区城市森林的研究表明：城市森林日平均吸收二氧化碳 3.3 万 t，释放氧气 22.3 万 t，蒸腾吸热 4.48 亿 J/m²。城市森林具有良好的滞尘功能。1995 年北京市近郊区居住区绿地总滞粉尘量 2 170 t，平均每天滞尘量 5.95 t。

调节和改善城市小气候，增加湿度，减弱噪声。城市近自然森林对整个城市的降水、湿度、气温、气流都有一定的影响，能调节城市小气候。城市地区及其下风侧的年降水总量比农村地区偏高 5%~15%。其中雷暴雨增加 10%~15%；城市年平均相对湿度都比郊区低 5%~10%。林草能缓和阳光的热辐射，使酷热的天气降温、失燥，给人以舒适的感觉。据测定，夏季乔灌草结构的绿地气温比非绿地低 4.8 ℃，空气湿度可以增加 10%~20%。林区同期的 3 种温度的平均值及年较差都低于市区；四季长度比市区的秋、冬季各长 1 候，夏季短 2 候。城市森林对近地层大气有补湿功能。林区的年均蒸发量比市区低 19%，其中，差值以秋季最大（25%），春季最小（16%）；年均降水量则林区略多 4%，又以冬季为最多（10%）。树木增加的空气湿度相当于相同面积水面的 10 倍。植物通过叶片大量蒸腾水分而消耗城市中的辐射热，并通过树木枝叶形成的浓荫阻挡太阳的直接辐射热和来自路面、墙面和相邻物体的反射热产生降温增湿效益，对缓解城市热岛效应具有重要意义。此外，城市森林可减弱噪声。据测定，绿化林带可以吸收声音的 26%，绿化的街道比不绿化的可以降低噪声 8~10 dB。日本的调查表明，40 m 宽的林带可以降低噪声 10~13 dB；高 6~7 m 的立体绿化带平均能降低噪声 10～13 dB。

涵养水源、防风固沙。树木和草地对保持水土有非常显著的功能。据试验，在坡度为 30°、降雨强度为 200 mm/h 的暴雨条件下，当草坪植物的盖度分别为 100%、91%、60% 和 31% 时，土壤的侵蚀分别为 0、11%、49% 和 100%。据北京市园林局测定，1 hm² 树木可蓄水 30 万 t。北京城外平原区与中心区相比，降水减少了 4.6%，但城外地下径流量比城中心增加了 2.5 倍，保水率增加了 36%。伦敦城区降水量比城外增加了 2%，城外地下径流量比城内增加了 3.43 倍，保水率增加了 22%。

维护生物物种的多样性。城市森林的建设可以提高初级生产者（树木）的产量，保持食物链的平衡，同时为兽类、昆虫和鸟类提供栖息场所，使城市中的生物种类和数量增加，保持生态系统的平衡，维护和增加生物物种的多样性。

城市森林带来的社会效益。城市森林社会效益是指森林为人类社会提供的除经济效益和生态效益之外的其他一切效益，包括对人类身心健康的促进、对人类社会结构的改进，以及对人类社会精神文明状态的改进。美国一些研究者认为，森林社会效益的构成因素包括：精神和文化价值、游憩、游戏和教育机会，对森林资源的接近程度，国有林经营和决策中公众的参与，人类健康和安全，文化价值等。城市森林的社会效益表现在美化市容，为居民提供游憩场所。以乔木为主的乔灌木结合的"绿道"系统，能够提供良好的遮阴与湿度适中的小环境，减少酷暑行人暴晒的痛苦。城市森林有助于市民绿色意识的形成。城市森林还具有一定的医疗保健作用。城市森林建设的启动，除了可以提供大量绿化施工岗位外，还可以带动苗木培育、绿化养护等相关产业的发展，为社会提供大量新的就业岗位。河北省森林在促进社会就业上就取得了 18.64 亿元的效益。城市森林为市民带来一定的精神享受，让人们在城市的绿色中减轻或缓解生活的压力，能激发人们的艺术与创作灵感。城市森林能美化市容，提升城市的地位。

2. 湿地在改善人居方面的功能

湿地与人类的生存、繁衍、发展息息相关，是自然界最富生物多样性的生态系统和人类最主要的生存环境之一，它不仅为人类的生产、生活提供多种资源，而且具有巨大的环境功能和效益，在抵御洪水、调节径流、蓄洪防旱、降解污染、调节气候、控制土壤侵蚀、促淤造陆、美化环境等方面有其他系统不可替代的作用。湿地被誉为"地球之肾"和"生命之源"。由于湿地具有独特的生态环境和经济功能，同森林—"地球之肺"有着同等重要的地位和作用，是国家生态安全的重要组成部分，湿地的保护必然成为全国生态建设的重要任务。湿地的生态服务价值居全球各类生态系统之首，不仅能储藏大量淡水（据国家林业和草原局的统计，我国湿地维持着 2.7 万亿 t 淡水，占全国可利用淡水资源总量的 96%,为名副其实的最大淡水储存库),还具有独一无二的净化水质功能,且其成本极其低廉(人工湿地工程基建费用为传统二级生活性污泥法处理工艺的 1/2~1/3);运行成本亦极低,为其他方法的 1/6~1/10。因此,湿地对地球生态环境保护及人类和谐持续发展具有极为重要的作用。

物质生产功能。湿地具有强大的物质生产功能,它蕴藏着丰富的动植物资源。七里海沼泽湿地是天津沿海地区的重要饵料基地和初级生产力来源。据初步调查,七里海在 20 世纪 70 年代以前,水生、湿生植物群落 100 多种,其中具有生态价值的约 40 哺乳动物约 10 种,鱼蟹类 30 余种。芦苇作为七里海湿地最典型的植物,苇地面积达 7 186 hm²,具有很高的经济价值和生态价值,不仅是重要的造纸工业原料,又是农业、盐业、渔业、养殖业、编织业的重要生产资料,还能起到防风抗洪、改善环境、改良土壤、净化水质、防治污染、调节生态平衡的作用。另外,七里海可利用水面达 666.7 hm²,年产河蟹 2 000 t,是著名的七里海河蟹的产地。

大气组分调节功能。湿地内丰富的植物群落能够吸收大量的二氧化碳放出氧气湿地中的一些植物还具有吸收空气中有害气体的功能,能有效调节大气组分。但同时也必须注意到,湿地生境也会排放出甲烷、氨气等温室气体。沼泽有很大的生物生产效能,植物在有机质形成过程中,不断吸收二氧化碳和其他气体,特别是一些有害的气体。沼泽地上的氧气很少消耗于死亡植物残体的分解。沼泽还能吸收空气中的粉尘及携带的各种菌,从而起到净化空气的作用。另外,沼泽堆积物具有很大的吸附能力,污水或含重金属的工业废水,通过沼泽能吸附金属离子和有害成分。

水分调节功能。湿地在时空上可分配不均的降水,通过湿地的吞吐调节,避免水旱灾害。七里海湿地是天津滨海平原重要的蓄滞洪区,安全蓄洪深度 3.5~4 m。沼泽湿地具有湿润气候、净化环境的功能,是生态系统的重要组成部分。其大部分发育在负地貌类型中,长期积水,生长了茂密的植物,其下根茎交织,残体堆积。据实验研究,每公顷的沼泽在生长季节可蒸发掉 7 415 t 水分,可见其调节气候的巨大功能。

净化功能。一些湿地植物能有效地吸收水中的有毒物质,净化水质,如氮、磷、钾及其他一些有机物质,通过复杂的物理、化学变化被生物体储存起来,或者通过生物的转移(如收割植物、捕鱼等)等途径,永久地脱离湿地,参与更大范围的循环。沼泽湿地中有相当一部分的水生植物,包括挺水性、浮水性和沉水性的植物,具有很强的清除毒物的能力,是毒物的克星。正因为如此,人们常常利用湿地植物的这一生态功能来净化污染物中的病毒,有效地清除了污水中的"毒素",达到净化水质的目的。例如,凤眼莲、香蒲和芦苇等被广泛地用来处理污水,用来吸收污水中浓度很高的重金属镉、铜、锌等。在印度的卡尔库塔市，城内设有一座污水处理场，所有生活污水都排入东郊的人工湿地，其污水处理费用相当低，成为世界性的典范。

提供动物栖息地功能。湿地复杂多样的植物群落，为野生动物尤其是一些珍稀或濒危野生动物提供了良好的栖息地，是鸟类、两栖类动物的繁殖、栖息、迁徙、越冬的场所。沼泽湿地特殊的自然环境虽有利于一些植物的生长，却不是哺乳动物种群的理想家园，只是鸟类能在这里获得特殊的享受。因为水草丛生的沼泽环境为各种鸟类提供了丰富的食物来源和营巢、避敌的良好条件。在湿地内常年栖息和出没的鸟类有天鹅、白鹳、鹈鹕、大雁、白鹭、苍鹰、浮鸥、银鸥、燕鸥、苇莺、掠鸟等约200种。

调节城市小气候。湿地水分通过蒸发成为水蒸气，然后又以降水的形式降到周围地区，可以保持当地的湿度和降雨量。

能源与航运。湿地能够提供多种能源，水电在中国电力供应中占有重要地位，水能蕴藏占世界第一位，达6.8亿kW巨大的开发潜力。我国沿海多河口港湾，蕴藏着巨大的潮汐能。从湿地中直接采挖泥炭用于燃烧，湿地中的林草作为薪材，是湿地周边农村中重要的能源来源。另外，湿地有着重要的水运价值，沿海沿江地区经济的快速发展，很大程度上是受惠于此。中国约有10万km内河航道，内陆水运承担了大约30%的货运量。

旅游休闲和美学价值。湿地具有自然观光、旅游、娱乐等美学方面的功能，中国有许多重要的旅游风景区都分布在湿地区域。滨海的沙滩、海水是重要的旅游资源，还有不少湖泊因自然景色壮观秀丽而吸引人们向往，辟为旅游和疗养胜地。滇池、太湖、洱海、杭州西湖等都是著名的风景区，除可创造直接的经济效益外，还具有重要的文化价值。尤其是城市中的水体，在美化环境、调节气候、为居民提供休憩空间方面有着重要的社会效益。湿地生态旅游是在观赏生态环境、领略自然风光的同时，以普及生态、生物及环境知识，保护生态系统及生物多样性为目的的新型旅游，是人与自然的和谐共处，是人对大自然的回归。发展生态湿地旅游能提高公共生态保护意识、促进保护区建设，反过来又能向公众提供赏心悦目的景色，实现保护与开发目标的双赢。

教育和科研价值。复杂的湿地生态系统、丰富的动植物群落、珍贵的濒危物种等，在自然科学教育和研究中都有十分重要的作用，它们为教育和科学研究提供了对象、材料和试验基地。一些湿地中保留着过去和现在的生物、地理等方面演化进程的信息，在研究环境演化、古地理方面有着重要价值。

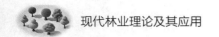

3. 城乡人居森林促进居民健康

科学研究和实践表明，数量充足、配置合理的城乡人居森林可有效促进居民身心健康，并在重大灾害来临时起到保障居民生命安全的重要作用。

清洁空气。有关研究表明，每公顷公园绿地每天能吸收 900 kg 的二氧化碳，并生产 600 kg 的氧气；一棵大树每年可以吸收 500 磅的大气可吸入颗粒物；处于二氧化硫污染区的植物，其体内含硫量可为正常含量的 5～10 倍。

饮食安全。利用树木、森林对城市地域范围内的受污染土地、水体进行修复，是最为有效的土壤清污手段，建设污染隔离带与已污染土壤片林，不仅可以减轻污染源对城市周边环境的污染，也可以使土壤污染物通过植物的富集作用得到清除，恢复土壤的生产与生态功能。

绿色环境。"绿色视率"理论认为，在人的视野中，绿色达到 25% 时，就能消除眼睛和心理的疲劳，使人的精神和心理最舒适。林木繁茂的枝叶、庞大的树冠使光照强度大大减弱，减少了强光对人们的不良影响，营造出绿色视觉环境，也会对人的心理产生多种效应，带来许多积极的影响，使人产生满足感、安逸感、活力感和舒适感。

肌肤健康。医学研究证明：森林、树木形成的绿荫能够降低光照强度，并通过有效地截留太阳辐射，改变光质，对人的神经系统有镇静作用，能使人产生舒适和愉快的情绪，防止直射光产生的色素沉着，还可防止荨麻疹、丘疹、水疱等过敏反应。

维持宁静。森林对声波有散射、吸收功能。在公园外侧、道路和工厂区建立缓冲绿带，都有明显减弱或消除噪声的作用。研究表明，密集和较宽的林带（19～30 m）结合松软的土壤表面，可降低噪声 50% 以上。

自然疗法。森林中含有高浓度的氧气、丰富的空气负离子和植物散发的"芬多精"。到树林中去沐浴"森林浴"，置身于充满植物的环境中，可以放松身心，舒缓压力。研究表明，长期生活在城市环境中的人，在森林自然保护区生活 1 周后，其神经系统、呼吸系统、心血管系统功能都有明显的改善作用，机体非特异免疫能力有所提高，抗病能力增强。

安全绿洲。城市各种绿地对于减轻地震、火灾等重大灾害造成的人员伤亡非常重要，是"安全绿洲"和临时避难场所。1923 年 9 月 1 日日本东京发生 8.3 级大地震，大火烧了 3 天，烧毁房屋 44 万间，有 5.6 万人遇难，后乐园、上野及滨离宫等大面积绿地成为人们避难的"安全岛"。

此外，在家里种养一些绿色植物，可以净化室内受污染的空气。以前，我们只是从观赏和美化的作用来看待家庭种养花卉。现在，科学家通过测试发现，家庭的绿色植物对保护家庭生活环境有重要作用，如龙舌兰可以吸收室内 70%的苯、50%的甲醛等有毒物质。

我们关注生活、关注健康、关注生命，就要关注我们周边生态环境的改善，关注城市森林建设。遥远的地方有森林、有湿地、有蓝天白云、有瀑布流水、有鸟语花香，但对我们居住的城市毕竟遥不可及，亲身体验机会不多。城市森林、树木，以及各种绿色植物对城市污染、对人居环境能够起到不同程度的缓解、改善作用，可以直接为城市所用、为城市居民所用，带给城市居民的是日积月累的好处，与居民的健康息息相关。

第二节　现代林业与生态物质文明

一、现代林业与经济建设

（一）林业推动生态经济发展的理论基础

1. 自然资本理论

自然资本理论为森林对生态经济发展产生巨大作用提供理论根基。生态经济是对200多年来传统发展方式的变革，它的一个重要的前提就是自然资本正在成为人类发展的主要因素，自然资本将越来越受到人类的关注，进而影响经济发展。森林资源作为可再生的资源，是重要的自然生产力，它所提供的各种产品和服务将对经济具有较大的促进作用，同时也将变得越来越稀缺。按照著名经济学家赫尔曼.E.戴利（2001）的观点，用来表明经济系统物质规模大小的最好指标是人类占有光合作用产物的比例，森林作为陆地生态系统中重要的光合作用载体，约占全球光合作用的1/3，森林的利用对于经济发展具有重要的作用。

2. 生态经济理论

生态经济理论为林业作用于生态经济提供发展方向。首先，生态经济要求将自然资本的新的稀缺性作为经济过程的内生变量，要求提高自然资本的生产率以实现自然资本的节约，这给林业发展的启示是要大力提高林业本身的效率，包括森林的利用效率。其次，生态经济强调好的发展应该是在一定的物质规模情况下的社会福利的增加，森林的利用规模不是越大越好，而是具有相对的一个度，林业生产的规模也不是越大越好，关键看是不是能很合适地嵌入到经济的大循环中。最后，在生态经济关注物质规模一定的情况下，物质分布需要从占有多的向占有少的流动，以达到社会的和谐，林业生产将平衡整个经济发展中的资源利用。

3. 环境经济理论

环境经济理论提高了在生态经济中发挥林业作用的可操作性。环境经济学强调当人类活动排放的废弃物超过环境容量时，为保证环境质量必须投入大量的物化劳动和活劳动。这部分劳动已越来越成为社会生产中的必要劳动，发挥林业在生态经济中的作用越来越成为一种社会认同的事情，其社会和经济可实践性大大增加。环境经济学理论还认为为了保障环境资源的永续利用，也必须改变对环境资源无偿使用的状况，对环境资源进行计量，实行有偿使用，使社会不经济性内在化，使经济活动的环境效应能以经济信息的形式反馈到国民经济计划和核算的体系中，保证经济决策既考虑直接的近期效果，又考虑间接的长远效果。环境经济学为林业在生态经济中的作用的发挥提供了方法上的指导，具有较强的实践意义。

4. 循环经济理论

循环经济的"3R"原则为林业发挥作用提供了具体目标。"减量化、再利用和资源化"是循环经济理论的核心原则，具有清晰明了的理论路线，这为林业贯彻生态经济发展方针提供了具体、可行的目标。首先，林业自身是贯彻"3R"原则的主体，林业是传统经济中的重要部门，为国民经济和人民生活提供丰富的木材和非木质林产品，为造纸、建筑和装饰装潢、煤炭、车船制造、化工、食品、医药等行业提供重要的原材料，林业本身要建立循环经济体，贯彻好"3R"原则。其次，林业促进其他产业乃至整个经济系统实现"3R"，森林具有固碳制氧、涵养水源、保持水土、防风固沙等生态功能，为人类的生产生活提供必需的氧气，吸收二氧化碳，净化经济活动中产生的废弃物，在减缓地球温室效应、维护国土生态安全的同时，也为农业、水利、水电、旅游等国民经济部门提供着不可或缺的生态产品和服务，是循环经济发展的重要载体和推动力量，促进了整个生态经济系统实现循环经济。

（二）现代林业促进经济排放减量化

1. 林业自身排放的减量化

林业本身是生态经济体，排放到环境中的废弃物少。以森林资源为经营对象的林业第一产业是典型的生态经济体，木材的采伐剩余物可以留在森林，通过微生物的作用降解为腐殖质，重新参与到生物地球化学循环中。随着生物肥料、生物药剂的使用，初级非木质林产品生产过程中几乎不会产生对环境具有破坏作用的废弃物。林产品加工企业也是减量化排放的实践者，通过技术改革，完全可以实现木竹材的全利用，对林木的全树利用和多功能、多效益的循环高效利用，实现对自然环境排放的最小化。例如，竹材加工中竹竿可进行拉丝，梢头可以用于编织，竹下端可用于烧炭，实现了全竹利用；林浆纸一体化循环发展模式促使原本分离的林、浆、纸 3 个环节整合在一起，让造纸业承担起造林业的责任，自己解决木材原料的问题，发展生态造纸，形成以纸养林，以林促纸的生产格局，促进造纸企业永续经营和造纸工业的可持续发展。

2. 林业促进废弃物的减量化

森林吸收其他经济部门排放的废弃物，使生态环境得到保护。发挥森林对水资源的涵养、调节气候等功能，为水电、水利、旅游等事业发展创造条件，实现森林和水资源的高效循环利用，减少和预防自然灾害，加快生态农业、生态旅游等事业的发展。林区功能型生态经济模式有林草模式、林药模式、林牧模式、林菌模式、林禽模式等。森林本身具有生态效益，对其他产业产生的废气、废水、废弃物具有吸附、净化和降解作用，是天然的过滤器和转化器，能将有害气体转化为新的可利用的物质，如对二氧化硫、碳氢化合物、氟化物，可通过林地微生物、树木的吸收，削减其危害程度。

林业促进其他部门减量化排放。森林替代其他材料的使用，减少了资源的消耗和环境的破坏。森林资源是一种可再生的自然资源，可以持续性地提供木材，木材等森林资源的加工利用能耗小，对环境的污染也较轻，是理想的绿色材料。木材具有可再生、可降解、可循环利用、绿色环保的独特优势，与钢材、水泥和塑料并称四大材料，木材的可降解性减少了对环境的破坏。另外，森林是一种十分重要的生物质能源，就其能源当量而言，是仅次于煤、石油、天然气的第四大能源。森林以其占陆地生物物种 50%以上和生物质总量 70%以上的优势而成为各国新能源开发的重点。我国生物质能资源丰富，现有木本油料林总面积超过 400 万 hm^2，种子含油量在 40%以上的植物有 154 种，每年可用于发展生物质能源的生物量为 3 亿 t 左右，折合标准煤约 2 亿 t。利用现有林地，还可培育能源林 1 333.3 万 hm^2，每年可提供生物柴油 500 多万 t。大力开发利用生物质能源，有利于减少煤炭资源过度开采，对于弥补石油和天然气资源短缺、增能源总量、调整能源结构、缓解能源供应压力、保障能源安全有显著作用。

森林发挥生态效益，在促进能源节约中发挥着显著作用。森林和湿地由于能够降低城市热岛效应，从而能够减少城市在夏季由于空调而产生的电力消耗。由于城市热岛增温效应加剧城市的酷热程度，致使夏季用于降温的空调消耗电能大大增加。例如，美国 10 万人口以上的城市，气温每增加 10 T（约 5.6 ℃），能源消耗按价值计算会增加

$1\%\sim2\%$。几乎 $3\%\sim8\%$ 的电力需求是用于因城市热岛影响而增加的消耗，浓密的树木遮阴能降低夏天空调费用的 $7\%\sim40\%$。据估算，我国森林可以降低夏季能源消耗的 $10\%\sim15\%$，降低冬季取暖能耗 $10\%\sim20\%$，相当于节省了 1.5 亿～3.0 亿 t 煤，约合 750 亿～1 500 亿元。

（三）现代林业促进产品的再利用

1. 森林资源的再利用

森林资源本身可以循环利用。森林是物质循环和能量交换系统，森林可以持续地提供生态服务。森林通过合理的经营，能够源源不断地提供木质和非木质产品。木材采掘业的循环过程为"培育—经营—利用—再培育"，林地资源通过合理的抚育措施，可以保持生产力，经过多个轮伐期后仍然具有较强的地力。关键是确定合理的轮伐期，自法正林理论诞生开始，人类一直在探索循环利用森林，至今我国规定的采伐限额制度也是为了维护森林的可持续利用；在非木质林产品生产上也可以持续产出。森林的旅游效益也可以持续发挥，而且由于森林的林龄增加，旅游价值也持续增加，所蕴含的森林文化也在不断积淀的基础上更新发展，使森林资源成为一个从物质到文化、从生态到经济均可以持续再利用的生态产品。

2. 林产品的再利用

森林资源生产的产品都易于回收和循环利用，大多数的林产品可以持续利用。在现代人类的生产生活中，以森林为主的材料占相当大的比例，主要有原木、锯材、木制品、人造板和家具等以木材为原料的加工品、松香和橡胶及纸浆等林化产品。这些产品在技术可能的情况下都可以实现重复利用，而且重复利用期相对较长，这体现在二手家具市场发展、旧木材的利用、橡胶轮胎的回收利用等。

3. 林业促进其他产品的再利用

森林和湿地促进了其他资源的重复利用。森林具有净化水质的作用，水经过森林的过滤可以再被利用；森林具有净化空气的作用，空气经过净化可以重复变成新鲜空气；森林还具有保持水土的功能，对农田进行有效保护，使农田能够保持生产力；对矿山、河流、道路等也同时存在保护作用，使这些资源能够持续利用。湿地具有强大的降解污染功能，维持着 96% 的可用淡水资源。以其复杂而微妙的物理、化学和生物方式发挥着自然净化器的作用。湿地对所流入的污染物进行过滤、沉积、分解和吸附，实现污水净化，据测算，每公顷湿地每天可净化 400 t 污水，全国湿地可净化水量 154 亿 t，相当于 38.5 万个日处理 4 万 t 级的大型污水处理厂的净化规模。

二、现代林业与粮食安全

（一）林业保障粮食生产的生态条件

森林是农业的生态屏障，林茂才能粮丰。森林通过调节气候、保持水土、增加生物多样性等生态功能，可有效改善农业生态环境，增强农牧业抵御干旱、风沙、干热风、台风、冰雹、霜冻等自然灾害的能力，促进高产稳产。实践证明，加强农田防护林建设，是改善农业生产条件，保护基本农田，巩固和提高农业综合生产能力的基础。在我国，特别是北方地区，自然灾害严重。建立农田防护林体系，包括林网、经济林、四旁绿化和一定数量的生态片林，能有效地保证农业稳产高产。由于林木根系分布在土壤深层，不与地表的农作物争肥，并为农田防风保湿，调节局部气候，加之林中的枯枝落叶及林下微生物的理化作用，能改善土壤结构，促进土壤熟化，从而增强土壤自身的增肥功能和农田持续生产的潜力。据实验观测，农田防护林能使粮食平均增产15%～20%。在山地、丘陵的中上部保留发育良好的生态林，对于山下部的农田增产也会起到促进作用。此外，森林对保护草场、保障畜牧业、渔业发展也有积极影响。

相反，森林毁坏会导致沙漠化，恶化人类粮食生产的生态条件。100多年前，恩格斯在《自然辩证法》中深刻地指出，"我们不要过分陶醉于我们对自然界的胜利。对于每一次这样的胜利，自然界都报复了我们。……美索不达米亚、希腊、小亚细亚以及其他各地的居民为了想得到耕地，把森林都砍完了，但是他们梦想不到，这些地方今天竟因此成为不毛之地，因为他们使这些地方失去了森林，也失去了积聚和贮存水分的中心。阿尔卑斯山的意大利人，在山南坡砍光了在北坡被十分细心保护的松林。他们没有预料到，这样一来他们把他们区域里的高山畜牧业的基础给摧毁了；他们更没有预料到，他们这样做，竟使山泉在一年中的大部分时间内枯竭了，而在雨季又使更加凶猛的洪水倾泻到平原上。"这种因森林破坏而导致粮食安全受到威胁的情况，在中国也一样。由于森林资源的严重破坏，中国西部及黄河中游地区水土流失、洪水、干旱和荒漠化灾害频繁发生，农业发展也受到极大制约。

（二）林业直接提供森林食品和牲畜饲料

林业可以直接生产木本粮油、食用菌等森林食品，还可为畜牧业提供饲料。中国的2.87亿hm²林地可为粮食安全做出直接贡献。经济林中相当一部分属于木本粮油、森林食品，发展经济林大有可为。经济林是我国五大林种之一，也是经济效益和生态效益结合得最好的林种。按《森林法》规定，"经济林是指以生产果品、食用油料、饮料、调料、工业原料和药材等为主要目的的林木"。我国适生的经济林树种繁多，达 1 000 多种，主栽的树种有 30 多个，每个树种的品种多达几十个甚至上百个。经济林已成为我国农村经济中一项短平快、效益高、潜力大的新型主导产业。我国经济林发展速度迅猛。近年来，全国年均营造经济林 133 万 hm^2 以上，占当年人工造林面积的 40% 左右。我国经济林产品年总产量居世界首位，截至 2010 年，达 1.27 亿 t。我国加入 WTO、实施农村产业结构战略性调整、开展退耕还林以及人民生活水平的不断提高，为我国经济林产业的大发展提供了前所未有的机遇和广阔市场前景，我国经济林产业建设将会呈现更加蓬勃发展的强劲势头。

第三节　现代林业与生态精神文明

一、现代林业与生态教育

（一）森林和湿地生态系统的实践教育作用

森林生态系统是陆地上覆盖面积最大、结构最复杂、生物多样性最丰富、功能最强大的自然生态系统，在维护自然生态平衡和国土安全中处于其他任何生态系统都无可替代的主体地位。健康完善的森林生态系统是国家生态安全体系的重要组成部分，也是实现经济与社会可持续发展的物质基础。人类离不开森林，森林本身就是一座内容丰富的知识宝库，是人们充实生态知识、探索动植物王国奥秘、了解人与自然关系的最佳场所。森林文化是人类文明的重要内容，是人类在社会历史过程中用智慧和劳动创造的森林物质财富和精神财富综合的结晶。森林、树木、花草会分泌香气，其景观具有季相变化，还能形成色彩斑斓的奇趣现象，是人们休闲游憩、健身养生、卫生保健、科普教育、文化娱乐的场所，让人们体验"回归自然"的无穷乐趣和美好享受，这就形成了独具特色的森林文化。

湿地是重要的自然资源，具有保持水源、净化水质、蓄洪防旱、调节气候、促游造陆、减少沙尘暴等巨大生态功能，也是生物多样性富集的地区之一，保护了许多珍稀濒危野生动植物物种。湿地不仅仅是我们传统认识上的沼泽、泥炭地、滩涂等，还包括河流、湖泊、水库、稻田，以及退潮时水深不超过 6 m 的海域。湿地不仅为人类提供大量食物、原料和水资源，而且在维持生态平衡、保持生物多样性以及蓄洪防旱、降解污染等方面起到重要作用。我国是世界上湿地生物多样性最丰富的国家之一，共拥有湿地面积 6 590 多万 hm²，约占世界湿地总面积的 10%，居亚洲第一位，世界第四位。我国政府高度重视湿地保护工作，并于 1992 年加入《湿地公约》。

因此，在开展生态文明观教育的过程中，要以森林、湿地生态系统为教材，把森林、野生动植物、湿地和生物多样性保护作为开展生态文明观教育的重点，通过教育让人们感受到自然的美。自然美作为非人类加工和创造的自然事物之美的总和，它给人类提供了美的物质素材。生态美学是一种人与自然和社会达到动态平衡、和谐一致的处于生态审美状态的崭新的生态存在论美学观。这是一种理想的审美的人生，一种"绿色的人生"，是对人类当下"非美的"生存状态的一种批判和警醒，更是对人类永久发展、世代美好生存的深切关怀，也是对人类得以美好生存的自然家园的重建。生态审美教育对于协调人与自然、社会起着重要的作用。

通过这种实实在在的实地教育，会给受教育者带来完全不同于书本学习的感受，加深其对自然的印象，增进与大自然之间的感情，必然会更有效地促进人与自然和谐相处。森林与湿地系统的教育功能至少能给人们的生态价值观、生态平衡观、自然资源观带来全新的概念和内容。

生态价值观要求人类把生态问题作为一个价值问题来思考，不能仅认为自然界对于人类来说只有资源价值、科研价值和审美价值，而且还有重要的生态价值。所谓生态价值是指各种自然物在生态系统中都占有一定的"生态位"，对于生态平衡的形成、发展、维护都具有不可替代的功能作用。它是不以人的意志为转移的，它不依赖人类的评价，不管人类存在不存在，也不管人类的态度和偏好，它都是存在的。毕竟在人类出现之前，自然生态就已存在了。生态价值观要求人类承认自然的生态价值、尊重生态规律，不能以追求自己的利益作为唯一的出发点和动力，不能总认为自然资源是无限的、无价的和无主的，人们可以任意地享用而不对它承担任何责任，而应当视其为人类的最高价值或最重要的价值。人类作为自然生态的管理者，作为自然生态进化的引导者，义不容辞地具有维护、发展、繁荣、更新和美化地球生态系统的责任。它"是从更全面更长远的意义上深化了自然与人关系的理解"。正如马克思曾经说过的，自然环境不再只是人的手段和工具，而是作为人的无机身体成为主体的一部分，成为人的活动的目的性内容本身。应该说，"生态价值"的形成和提出，是人类对自己与自然生态关系认识的一个质的飞跃，是 20 世纪人类极其重要的思想成果之一。

在生态平衡观看来，包括人在内的动物、植物甚至无机物，都是生态系统里平等的一员，它们各自有着平等的生态地位，每一生态成员各自在质上的优劣、在量上的多寡，都对生态平衡起着不可或缺的作用。今天，虽然人类已经具有了无与伦比的力量优势，但在自然之网中，人与自然的关系不是敌对的征服与被征服的关系，而是互惠互利、共生共荣的友善平等关系。自然界的一切对人类社会生活有益的存在物，如山川草木、飞禽走兽、大地河流、空气、物蓄矿产等，都是维护人类"生命圈"的朋友。我们应当从小对中小学生培养具有热爱大自然、以自然为友的生态平衡观，此外也应在最大范围内对全社会进行自然教育，使我国的林业得到更充分的发展与保护。

自然资源观包括永续利用观和资源稀缺观两个方面，充分体现着代内道德和代际道德问题。自然资源的永续利用是当今人类社会很多重大问题的关键所在，对可再生资源，要求人们在开发时，必须使后续时段中资源的数量和质量至少要达到目前的水平，从而理解可再生资源的保护、促进再生、如何充分利用等问题；而对于不可再生资源，永续利用则要求人们在耗尽它们之前，必须能找到替代他们的新资源，否则，我们的子孙后代的发展权利将会就此被剥夺。自然资源稀缺观有 4 个方面。（1）自然资源自然性稀缺。我国主要资源的人均占有量大大低于世界平均水平。（2）低效率性稀缺。资源使用效率低，浪费现象严重，加剧了资源供给的稀缺性。（3）科技与管理落后性稀缺。科技与管理水平低，导致在资源开发中的巨大浪费。（4）发展性稀缺。我国在经济持续高速发展的同时，也付出了资源的高昂代价，加剧了自然资源紧张、短缺的矛盾。

（二）生态基础知识的宣传教育作用

目前，我国已进入全面建成小康社会新的发展阶段。改善生态环境，促进人与自然的协调与和谐，努力开创生产发展、生活富裕和生态良好的文明发展道路，既是中国实现可持续发展的重大使命，也是新时期林业建设的重大使命。中央林业决定明确指出，在可持续发展中要赋予林业以重要地位，在生态建设中要赋予林业以首要地位，在西部大开发中要赋予林业以基础地位。随着国家可持续发展战略和西部大开发战略的实施，我国林业进入了一个可持续发展理论指导的新阶段。凡此种种，无不阐明了现代林业之于和谐社会建设的重要性。有鉴于此，必须做好相关生态知识的科普宣传工作，通过各种渠道的宣传教育，增强民族的生态意识，激发人民的生态热情，更好地促进我国生态文明建设的进展。

生态建设、生态安全、生态文明是建设山川秀美的生态文明社会的核心。生态建设是生态安全的基础，生态安全是生态文明的保障，生态文明是生态建设所追求的最终目标。生态建设，即确立以生态建设为主的林业可持续发展道路，在生态优先的前提下，坚持森林可持续经营的理念，充分发挥林业的生态、经济、社会三大效益，正确认识和处理林业与农业、牧业、水利、气象等国民经济相关部门协调发展的关系，正确认识和处理资源保护与发展、培育与利用的关系，实现可再生资源的多目标经营与可持续利用。生态安全是国家安全的重要组成部分，是维系一个国家经济社会可持续发展的基础。生态文明是可持续发展的重要标志。建立生态文明社会，就是要按照以人为本的发展观、不侵害后代人生存发展权的道德观、人与自然和谐相处的价值观，指导林业建设，弘扬森林文化，改善生态环境，实现山川秀美，推进我国物质文明和精神文明建设，使人们在思想观念、科学教育、文学艺术、人文关怀诸方面都产生新的变化，在生产方式、消费方式、生活方式等各方面构建生态文明的社会形态。

人类只有一个地球，地球生态系统的承受能力是有限的。人与自然不仅具有斗争性，而且具有同一性，必须树立人与自然和谐相处的观念。应该对全社会大力进行生态教育，即要教导全社会尊重与爱护自然，培养公民自觉、自律意识与平等观念，顺应生态规律，倡导可持续发展的生产方式、健康的生活消费方式，建立科学合理的幸福观。幸福的获得离不开良好生态环境，只有在良好生态环境中人们才能生活得幸福，所以要扩大道德的适用范围，把道德诉求扩展至人类与自然生物和自然环境的方方面面，强调生态伦理道德。生态道德教育是提高全民族的生态道德素质、生态道德意识、建设生态文明的精神依托和道德基础。只有大力培养全民族的生态道德意识，使人们对生态环境的保护转为自觉的行动，才能解决生态保护的根本问题，才能为生态文明的发展奠定坚实的基础。在强调可持续发展的今天，对于生态文明教育来说，这个内容是必不可少的。深入推进生态文化体系建设，强化全社会的生态文明观念：一要大力加强宣传教育。深化理论研究，创作一批有影响力的生态文化产品，全面深化对建设生态文明重大意义的认识。要把生态教育作为全民教育、全程教育、终身教育、基础教育的重要内容，尤其要增强领导干部的生态文明观念和未成年人的生态道德教育，使生态文明观深入人心。二要巩固和拓展生态文化阵地。加强生态文化基础设施建设，充分发挥森林公园、湿地公园、自然保护区、各种纪念林、古树名木在生态文明建设中的传播、教育功能，建设一批生态文明教育示范基地。拓展生态文化传播渠道，推进"国树""国花""国鸟"评选工作，大力宣传和评选代表各地特色的树、花、鸟，继续开展"国家森林城市"创建活动。三要发挥示范和引领作用。充分发挥林业在建设生态文明中的先锋和骨干作用。全体林业建设者都要做生态文明建设的引导者、组织者、实践者和推动者，在全社会大力倡导生态价值观、生态道德观、生态责任观、生态消费观和生态政绩观。要通过生态文化体系建设，真正发挥生态文明建设主要承担者的作用，真正为全社会牢固树立生态文明观念做出贡献。

通过生态基础知识的教育，能有效地提高全民的生态意识，激发民众爱林、护林的认同感和积极性，从而为生态文明的建设奠定良好基础。

（三）生态科普教育基地的示范作用

当前我国公民的生态环境意识还较差，特别是各级领导干部的生态环境意识还比较薄弱，考察领导干部的政绩时还没有把保护生态的业绩放在主要政绩上。最近公布的中国公民生态环境意识调查表明，在总分 13 分的测试中，中国公众的人均分为 2.8 分。其中，城市为 4.5 分，农村为 2.4 分。这说明中国公众的生态意识水平还较低。

森林公园、自然保护区、城市动物园、野生动物园、植物园、苗圃和湿地公园等是展示生态建设成就的窗口，也是进行生态科普教育的基地，充分发挥这些园区的教育作用，使其成为开展生态实践的大课堂，对于全民生态环境意识的增强、生态文明观的树立具有突出的作用。森林公园中蕴含着生态保护、生态建设、生态哲学、生态伦理、生态宗教文化等各种生态文化要素，是生态文化体系建设中的精髓。森林蕴含着深厚的文化内涵，森林以其独特的形体美、色彩美、音韵美、结构美，对人们的审美意识起到了潜移默化的作用，形成自然美的主题旋律。森林文化通过森林美学、森林旅游文化、园林文化、花文化、竹文化等展示了其丰富多彩的人文内涵，在给人们增长知识、陶冶情操、丰富精神生活等方面发挥着难以比拟的作用。

《关于进一步加强森林公园生态文化建设的通知》（以下简称为《通知》），《通知》要求各级林业主管部门充分认识森林公园在生态文化建设中的重要作用和巨大潜力，将生态文化建设作为森林公园建设的一项长期的根本性任务抓紧抓实抓好，使森林公园切实担负起建设生态文化的重任，成为发展生态文化的先锋。各地在森林公园规划过程中，要把生态文化建设作为森林公园总体规划的重要内容，根据森林公园的不同特点，明确生态文化建设的主要方向、建设重点和功能布局。同时，森林公园要加强森林（自然）博物馆、标本馆、游客中心、解说步道等生态文化基础设施建设，进一步完善现有生态文化设施的配套设施，不断强化这些设施的科普教育功能，为人们了解森林、认识生态、探索自然提供良好的场所和条件。充分认识、挖掘森林公园内各类自然文化资源的生态、美学、文化、游憩和教育价值。根据资源特点，深入挖掘森林、花、竹、茶、湿地、野生动物、宗教等文化的发展潜力，并将其建设发展为人们乐于接受且富有教育意义的生态文化产品。森林公园可充分利用自身优势，建设一批高标准的生态科普和生态道德教育基地，把森林公园建设成为对未成年人进行生态道德教育的最生动的课堂。

经过不懈努力，以生态科普教育基地（森林公园、自然保护区、城市动物园、野生动物园、植物园、苗圃和湿地公园等）为基础的生态文化建设取得了良好的成效。今后，要进一步完善园区内的科普教育设施，扩大科普教育功能，增加生态建设方面的教育内容，从人们的心理和年龄特点出发，坚持寓教于乐，有针对性地精心组织活动项目，积极开展生动鲜活，知识性、趣味性和参与性强的生态科普教育活动，尤其是要吸引参与植树造林、野外考察、观鸟比赛等活动，或在自然保护区、野生动植物园开展以保护野生动植物为主题的生态实践活动。尤其针对中小学生集体参观要减免门票，有条件的生态园区要免费向青少年开放。

通过对全社会开展生态教育，使全体公民对中国的自然环境、气候条件、动植物资源等基本国情有更深入的了解。一方面，可以激发人们对祖国的热爱之情，树立民族自尊心和自豪感，阐述人与自然和谐相处的道理，认识到国家和地区实施可持续发展战略的重大意义，进一步明确保护生态自然、促进人类与自然和谐发展中所担负的责任，使人们在走向自然的同时，更加热爱自然、热爱生活，进一步培养生态保护意识和科技意识；另一方面，通过展示过度开发和人为破坏所造成的生态危机现状，让人们形成资源枯竭的危机意识，看到差距和不利因素，进而会让人们产生保护生物资源的紧迫感和强烈的社会责任感，自觉遵守和维护国家的相关规定，在全社会形成良好的风气，真正地把生态保护工作落到实处，还社会一片绿色。

二、现代林业与生态文化

（一）森林在生态文化中的重要作用

在生态文化建设中，除了价值观起先导作用外，还有一些重要的方面。森林就是这样一个非常重要的方面。人们把未来的文化称为"绿色文化"或"绿色文明"，未来发展要走一条"绿色道路"，这就生动地表明，森林在人类未来文化发展中是十分重要的。大家知道，森林是把太阳能转变为地球有效能量，以及这种能量流动和物质循环的总枢纽。地球上人和其他生命都靠植物、主要是森林积累的太阳能生存。地球陆地表面原来70%被森林覆盖，有森林76亿 hm^2，这是巨大的生产力。它的存在是人和地球生命的幸运。现在，虽然森林仅存30多亿 hm^2，覆盖率不足30%，但它仍然是陆地生态系统最强大的第一物质生产力。在地球生命系统中，森林虽然只占陆地面积的30%，但它占陆地生物净生产量的 64%。森林、草原和农田生态系统所固定的太阳能总量，按每年每平方米计算，分别为 18.45 kcal、5.4 kcal 和 2.925 kcal；森林每年固定太阳能总量，是草原的 3.5 倍，是农田的 6.3 倍；按平均生物量计算，森林是草原的 17.3 倍，是农田的 95 倍；按总生物量计算，森林是草原的 277 倍，是农田的 1 200 倍。森林是地球生态的调节者，是维护大自然生态平衡的枢纽。地球生态系统的物质循环和能量流动，从森林的光合作用开始，最后复归于森林环境。例如，它被称为"地球之肺"，吸收大气和土壤中的污染物质，是"天然净化器"；每公顷阔叶林每天吸收 1 000 kg 二氧化碳，放出 730 kg 氧气；全球森林每年吸收 4 000 亿 t 二氧化碳，放出 4 000 亿 t 氧气，是"造氧机"和二氧化碳"吸附器"，对于地球大气的碳平衡和氧平衡有重大作用；森林又是"天然储水池"，平均 33 km^2 的森林涵养的水，相当于 100 万 m^3 水库库容的水；它对保护土壤、防风固沙、保持水土、调节气候等有重大作用。这些价值没有替代物，它作为地球生命保障系统的最重要方面，与人类生存和发展有极为密切的关系。对于人类文化建设，森林的价值是多方面的、重要的，包括经济价值、生态价值、科学价值、娱乐价值、美学价值、生物多样性价值。

无论从生态学（生命保障系统）的角度，还是从经济学（国民经济基础）的角度，森林作为地球上人和其他生物的生命线，是人和生命生存不可缺少的，没有任何代替物，具有最高的价值。森林的问题，是关系地球上人和其他生命生存和发展的大问题。在生态文化建设中，我们要热爱森林，重视森林的价值，提高森林在国民经济中的地位，建设森林，保育森林，使中华大地山常绿、水长流，沿着绿色道路走向美好的未来。

（二）现代林业体现生态文化发展内涵

生态文化是探讨和解决人与自然之间复杂关系的文化；是基于生态系统、尊重生态规律的文化；是以实现生态系统的多重价值来满足人的多重需要为目的的文化；是渗透于物质文化、制度文化和精神文化之中，体现人与自然和谐相处的生态价值观的文化。生态文化要以自然价值论为指导，建立起符合生态学原理的价值观念、思维模式、经济法则、生活方式和管理体系，实现人与自然的和谐相处及协同发展。生态文化的核心思想是人与自然和谐。现代林业强调人类与森林的和谐发展，强调以森林的多重价值来满足人类的物质、文化需要。林业的发展充分体现了生态文化发展的内涵和价值体系。

1. 现代林业是传播生态文化和培养生态意识的重要阵地

牢固树立生态文明观是建设生态文明的基本要求。大力弘扬生态文化可以引领全社会普及生态科学知识，认识自然规律，树立人与自然和谐的社会主义核心价值观，促进社会生产方式、生活方式和消费模式的根本转变；可以强化政府部门科学决策的行为，使政府的决策有利于促进人与自然的和谐；可以推动科学技术不断创新发展，提高资源利用效率，促进生态环境的根本改善。生态文化是弘扬生态文明的先进文化，是建设生态文明的文化基础。林业为社会所创造的丰富的生态产品、物质产品和文化产品，为全民所共享。大力传播人与自然和谐相处的价值观，为全社会牢固树立生态文明观、推动生态文明建设发挥了重要作用。

通过自然科学与社会人文科学、自然景观与历史人文景观的有机结合，形成了林业所特有的生态文化体系，它以自然博物馆、森林博览园、野生动物园、森林与湿地国家公园、动植物以及昆虫标本馆等为载体，以强烈的亲和力，丰富的知识性、趣味性和广泛的参与性为特色，寓教于乐、陶冶情操，形成了自然与人文相互交融、历史与现实相得益彰的文化形式。

2. 现代林业发展繁荣生态文化

林业是生态文化的主要源泉，是繁荣生态文化、弘扬生态文明的重要阵地。建设生态文明要求在全社会牢固树立生态文明观。森林是人类文明的摇篮，孕育了灿烂悠久、丰富多样的生态文化，如森林文化、花文化、竹文化、茶文化、湿地文化、野生动物文化和生态旅游文化等。这些文化集中反映了人类热爱自然、与自然和谐相处的共同价值观，是弘扬生态文明的先进文化，是建设生态文明的文化基础。大力发展生态文化，可以引领全社会了解生态知识，认识自然规律，树立人与自然和谐的价值观。林业具有突出的文化功能，在推动全社会牢固树立生态文明观念方面发挥着关键作用。

第十二章　现代林业生态工程建设与管理

第一节　现代林业生态工程的发展

中华人民共和国成立以后，我国林业生态工程进入了真正的发展阶段，在党和国家高度重视下，全国开展了大规模的植树造林活动，取得了巨大的成绩。半个多世纪以来，我国林业生态工程建设大体可以分为四个阶段。

第一阶段：起步阶段（20世纪50年代—60年代中期）。中华人民共和国成立后，在"普遍护林、重点造林"的方针指导下，我国由北而南相继开始营造各种防护林，包括防风固沙林、农田防护林、沿海防护林、水土保持林等。1949年，河北省正定等6县开始营造固沙林。接着，豫东、陕北、辽宁彰武、内蒙古赤峰和磴口、甘肃民勤等县的治沙造林也相继开展起来。1958—1959年，宁夏中卫固沙林场在沙坡头地段铺设方格草沙障，实行草、灌、乔结合，保证了包兰铁路的安全行车。此后，新疆、甘肃、青海、宁夏、陕西、内蒙古、辽宁、吉林、黑龙江等有大片流沙分布的地区普遍开展了固沙造林。虽然这一阶段各地开始营造各种类型的防护林，但是，这时营造的林分树种单一、目标单一，缺乏全国统一规划，范围较小，难以形成整体效果。

第二阶段：停滞阶段（20世纪60年代中期—70年代后期）。"文化大革命"期间，林业建设与各行各业一样，建设速度放慢甚至完全停滞，有些先期已经营造的林分遭到破坏，致使一些地方已经固定的沙丘重新移动，已经治理的盐碱地重新盐碱化。

第三阶段：体系建设阶段（20世纪70年代后期—90年代末期）。改革开放以来，在党中央、国务院的正确领导下，我国林业生态工程建设出现了新的形势，步入了"体系建设"的新阶段，改变了过去单一生产木材的传统思维，采取生态、经济并重的战略方针，在加快林业产业体系建设的同时，狠抓林业生态体系建设。1978年以三北防护林体系建设工程的启动为标志，拉开了我国利用财政资金建设大规模林业生态工程的序幕，随后陆续上马了以遏制水土流失、改善生态环境、扩大森林资源为主要目标的十大林业生态工程，即"三北"、长江中上游、沿海、平原、太行山、防沙治沙、淮河太湖、珠江、辽河、黄河中游防护林体系建设工程。十大林业生态工程规划区总面积 705.6 万 km^2，占国土总面积的 73.5%，覆盖了我国的主要水土流失区，风沙侵蚀区和台风、盐碱危害区等生态环境最为脆弱的地区，构成了我国林业生态工程建设的基本框架。

全国十大重点林业生态工程是依据我国生态环境特点和可持续发展战略的要求，根据各种不同类型的生态脆弱区区划以及国土整治的要求，本着"因害设防、因地制宜、合理布局、突出重点、分期实施、稳步发展"的原则进行布局和组织实施的。经过几十年来的持续奋斗，工程建设取得了显著进展，十大工程累计规划营造林任务 1.2 亿 hm^2，初步形成了我国林业生态体系建设的新格局。

1998 年长江、松花江和嫩江流域的特大洪水又一次给我们敲响了警钟。党中央、国务院高度重视，发出了《中共中央、国务院关于灾后重建、整治江湖、兴修水利的若干意见》，提出了"封山植树、退耕还林"等 32 字灾后重建方针，国务院印发了《全国生态环境建设规划》。国家林业和草原局制定了《全国生态环境建设规划（林业专题）》，将我国林业生态体系建设在地域上划为八大保护与治理区，以保护、恢复和发展森林植被为中心，按不同的主攻方向和治理目标，布局了三北防护林体系建设工程、长江中上游防护林体系建设工程、沿海防护林体系建设工程、淮河（太湖）流域防护林体系工程、珠江流域防护林体系工程、黄河中游防护林体系工程、辽河流域防护林体系工程、治沙工程、太行山绿化工程、平原绿化工程等 17 个林业重点工程。这在当时中国林业技术进步缓慢、优势产业不具规模的情况下，走出了一条以工程为载体推进林业建设的道路。

第四个阶段：大工程带动大发展阶段（20 世纪 90 年代末期以来）。中国林业提出了实现跨越式发展的战略目标，要实现林业跨越式发展，必须继续走以大工程带动大发展的路子，发挥重点工程的带动作用。但由于林业性质变了、定位变了，又实行了分类经营，中国改革开放以来，先后启动的林业重点工程已不能适应新形势变化的需要，暴露出资金投入不足、范围重叠、功能交叉；管理不规范、政策不统一；缺乏连续性，带动性不强等具体问题。为了使林业真正步入持续、快速、健康发展的轨道，按照服务大局、体现特色，强化保护、加快发展，统筹兼顾、突出重点，优化结构、改善布局的原则，国家林业和草原局对原有林业重点工程进行了系统整合，确立了六大林业重点工程，即天然林资源保护工程、退耕还林工程、三北及长江中下游地区等

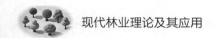

防护林体系建设工程、环北京地区防沙治沙工程、全国野生动植物保护及自然保护区
建设工程、重点地区速生丰产用材林为主的林业产业基地建设工程。这六大林业重点
工程中，前五个工程属于林业生态工程范畴。

第二节　现代林业生态工程的建设方法

一、要以和谐的理念来开展现代林业生态工程建设

（一）如何构建和谐林业生态工程项目

构建和谐项目一定要做好五个结合。一是在指导思想上，项目建设要和林业建设、
经济建设的具体实践结合起来。如果我们的项目不跟当地的生态建设、当地的经济发展
结合起来，就没有生命力。不但没有生命力，而且在未来还可能会成为包袱。二是在内
容上要与林业、生态的自然规律和市场经济规律结合起来，才能有效地发挥项目的作用。
三是在项目的管理上要按照生态优先，生态、经济兼顾的原则，与以人为本的工作方式
结合起来。四是在经营措施上，主要目的树种、优势树种要与生物多样性、健康森林、
稳定群落等有机地结合起来。五是在项目建设环境上要与当地的经济发展，特别是解
决"三农"问题结合起来。这样我们的项目就能成为一个和谐项目，就有生命力。

构建和谐项目，要在具体工作上一项一项地抓落实。一要检查林业外资项目的机
制和体制是不是和谐。二要完善安定有序、民主法治的机制，如林地所有权、经营权、
使用权和产权证的发放。三要检查项目设计、施工是否符合自然规律。四要促进项目
与社会主义市场经济规律相适应。五要建设整个项目的和谐生态体系。六要推动项目
与当地的"三农"问题、社会经济的和谐发展。七要检验项目所定的支付、配套与所
定的产出是不是和谐。总之，要及时检查项目措施是否符合已确定的逻辑框架和目标，
要看项目林分之间、林分和经营（承包）者、经营（承包）者和当地的乡村组及利益
人是不是和谐了。如果这些都能够做到的话，那么我们的林业外资项目就是和谐项目，
就能成为各类林业建设项目的典范。

（二）努力从传统造林绿化理念向现代森林培育理念转变

传统的造林绿化理念是尽快消灭荒山或追求单一的木材、经济产品的生产，容易
造成生态系统不稳定、森林质量不高、生产力低下等问题，难以做到人与自然的和谐。

现代林业要求引入现代森林培育理念，在森林资源培育的全过程中始终贯彻可持续经营理念，从造林规划设计、种苗培育、树种选择、结构配置、造林施工、幼林抚育规划等森林植被恢复各环节采取有效措施，在森林经营方案编制、成林抚育、森林利用、迹地更新等森林经营各环节采取科学措施，确保恢复、培育的森林能够可持续保护森林生物多样性、充分发挥林地生产力，实现森林可持续经营，实现林业可持续发展，实现人与自然的和谐。

在现阶段，林业工作者要实现营造林思想的"三个转变"。首先要实现理念的转变，即从传统的造林绿化理念向现代森林培育理念转变。其次要从原先单一的造林技术向现在符合自然规律和经济规律的先进技术转变。最后要从只重视造林忽视经营向造林经营并举，全面提高经营水平转变。"三分造，七分管"说的就是重视经营，只有这样，才能保护生物多样性，发挥林地生产力，最终实现森林可持续经营。要牢固树立"三大理念"，即健康森林理念、可持续经营理念、循环经济理念。

科学开展森林经营，必须在营林机制、体制上加大改革力度，在政策上给予大力的引导和扶持，在科技上强化支撑的力度。在具体实施过程中，我们可借鉴中德财政合作安徽营造林项目森林经营的经验，抓好"五个落实"，一是森林经营规划和施工设计的落实，各个森林经营小班都要有经过县德援办审批的森林经营规划和施工设计。二是施工质量的落实，严格按照设计施工，实行"目标径级法"（即树木达到设定的径级才可采伐，不一定非采伐不可）进行人工林采伐和经营管理、"目的树种优株培育法"（即只砍除影响目的树种优株生长的竞争木，而保留非竞争木、灌木层和下层植被）进行天然林抚育间伐。三是技术服务的落实，乡镇林业站要为林农做好技术服务，确保操作指南落到实处。四是检查验收的落实，在施工中和施工后都要有技术人员进行严格的检查验收，省项目监测中心要把好最终验收关。五是抚育间伐限额的落实，要实行间伐材总量控制，限额单列，并对所确定的抚育间伐单位的采伐限额进行监控，使其真正落实到抚育间伐山场。

森林经营范围非常广，不仅仅是抚育间伐，而应包括森林生态系统群落的稳定性、种间矛盾的协调、生长量的提高等。例如，安徽省森林经营最薄弱的环节是通过封山而生长起来的大面积的天然次生林，特别是其中的针叶林，要尽快采取人为措施，在林中补植、补播一部分阔叶树，改良土壤，平衡种间和种内矛盾，提高林分生长量。

二、现代林业生态工程建设要与社区发展相协调

现代林业生态工程与社会经济发展是当今世界现代林业生态工程领域的一个热

点，是世界生态环境保护和可持续发展主题在现代林业生态工程领域的具体化。下面通过对现代林业生态工程与社区发展之间存在的矛盾、保护与发展的关系进行概括介绍，揭示其在未来的发展中应注意的问题。

（一）现代林业生态工程与社区发展之间的矛盾

我国是一个发展中的人口大国，社会经济发展对资源和环境的压力正变得越来越大。如何解决好发展与保护的关系，实现资源和环境可持续利用基础上的可持续发展，将是我国在今后所面临的一个世纪性的挑战。

在现实国情条件下，现代林业生态工程必须在发展和保护相协调的范围内寻找存在和发展的空间。在我国，以往在林业生态工程建设中采取的主要措施是应用政策和法律的手段，并通过保护机构，如各级林业主管部门进行强制性保护。不可否认，这种保护模式对现有的生态工程建设区域内的生态环境起到了积极的作用，也是今后应长期采用的一种保护模式。但通过上述保护机构进行强制性保护存在两个较大的问题，一是成本较高。对建设区域国家每年要投入大量的资金，日常的运行和管理费用也需要大量的资金注入。在经济发展水平还较低的情况下，全面实施国家工程管理将受到经济的制约。在这种情况下，应更多地调动社会的力量，特别是广大农村乡镇所在社区对林业的积极参与，只有这样才能使林业生态工程成为一种社会行为，并取得广泛和长期的效果。二是通过行政管理的方式实施林业项目可能会使所在区域与社区发展的矛盾激化，林业工程实施将项目所在的社区作为主要干扰和破坏因素，而社区也视工程为阻碍社区经济发展的主要制约因素，矛盾的焦点就是自然资源的保护与利用。可以说，现代林业生态工程是为了国家乃至人类长远利益的伟大事业，是无可非议的，而社区发展也是社区的正当权利，是无可指责的，但目前的工程管理模式无法协调解决这个保护与发展的基本矛盾。因此，采取有效措施促进社区的可持续发展，对现代林业生态工程的积极参与，并使之受益于保护的成果，使现代林业生态工程与社区发展相互协调将是今后我国现代林业生态工程的主要发展方向，它也是将现代林业生态工程的长期利益与短期利益、局部利益与整体利益有机地结合在一起的最好形式，是现代林业生态工程可持续发展的具体体现。

（二）现代林业生态工程与社区发展的关系

如何协调经济发展与现代林业生态工程的关系已成为可持续发展主题的重要组成部分。社会经济发展与现代林业生态工程之间的矛盾是一个世界性的问题，在我国也不例外，在一些偏远农村这个矛盾表现得尤为突出。这些地方自然资源丰富，但却没有得到合理利用，或利用方式违背自然规律，造成贫穷的原因并没有得到根本的改变。在面临发展危机和财力有限的情况下，大多数地方政府虽然对林业生态工程有一定的认识和各种承诺，但实际投入却很少，这也是造成一些地区生态环境不断退化和资源遭到破坏的一个主要原因，而且这种趋势由于地方经济发展的利益驱动有进一步加剧的可能。从根本上说，保护与发展的矛盾主要体现在经济利益上，因此，分析发展与保护的关系也应主要从经济的角度进行。

从一般意义上说，林业生态工程是一种公益性的社会活动，为了自身的生存和发展，对林业生态工程将给予越来越高的重视。但对于工程区的农民来说，他们为了生存和发展则更重视直接利益。如果不能从中得到一定的收益，他们在自然资源使用及土地使用决策时，对林业生态工程就不会表现出多大的兴趣。事实也正是如此，当地社区在林业生态工程和自然资源持续利用中得到的现实利益往往很少，潜在和长期的效益一般需要较长时间才能被当地人所认识。与此相反，林业生态工程给当地农民带来的发展制约却是十分明显的，特别是在短期内，农民承受着林业生态工程造成的许多不利影响，如资源使用和环境限制，以及退出耕地造林收入减少等，所以他们知道林业生态工程虽是为了整个人类的生存和发展，但在短期内产生的成本却使当地社区牺牲了一些发展的机会，使自身的经济发展和社会发展都受到一定的损失。

从系统论的角度分析，社区包含两个大的子系统，一个是当地的生态环境系统，另一个是当地的社区经济系统，这两个系统不是孤立和封闭的。从生态经济的角度看，这两个系统都以其特有的方式发挥着它们对系统的影响。当地社区的自然资源既是当地林业生态工程的重要组成部分，又是当地社区社会经济发展最基础的物质源泉，这就不可避免地使保护和发展在资源的利益取向上对立起来。只要世界上存在发展和保护的问题，它们之间的矛盾就是一个永恒的主题。

基于上述分析可以得出，如何协调整体和局部利益是解决现代林业生态工程与社区发展之间矛盾的一个关键。在很多地区，由于历史和地域的原因，其发展都是通过对自然资源进行粗放式的、过度的使用来实现的，如要他们放弃这种发展方式，采用更高的发展模式是勉为其难和不现实的。因而，在处理保护与发展的关系时，要公正和客观地认识社区的发展能力和发展需求。具体来说，解决现代林业生态工程与社区发展之间矛盾的可能途径主要有三条：一是通过政府行为，即通过一些特殊和优惠的发展政策来促进所在区域的社会经济发展，以弥补由于实施林业生态工程给当地带来的损失，由于缺乏成功的经验和成本较大等原因，目前采纳这种方式比较困难，但可以预计，政府行为将是在大范围和从根本上解决保护与发展之间矛盾的主要途径。二是在林业生态工程和其他相关发展活动中用经济激励的方法，使当地的农民在林业生态工程和资源持续利用中能获得更多的经济收益，这就是说要寻找一种途径，既能使当地社区从自然资源获得一定的经济利益，又不使资源退化，使保护和发展的利益在一定范围和程度内统一在一起，这是目前比较适合农村现状的途径，其原因是这种方式涉及面小、比较灵活、实效性较强、成本也较低。三是通过综合措施，即将政府行为、经济激励和允许社区对自然资源适度利用等方法结合在一起，使社区既能从林业生态工程中获取一定的直接收益，又能获得外部扶持及政策优惠，这条途径可以说是解决保护与发展矛盾的最佳选择，但它涉及的问题多、难度大，应是今后长期发展的目标。

三、要实行工程项目管理

所谓工程项目管理是指项目管理者为了实现工程项目目标，按照客观规律的要求，运用系统工程的观点、理论和方法，对执行中的工程项目的进展过程中各阶段工作进行计划、组织、控制、沟通和激励，以取得良好效益的各项活动的总称。

一个建设项目从概念的形成、立项申请、进行可行性研究分析、项目评估决策、市场定位、设计、项目的前期准备工作、开工准备、机电设备和主要材料的选型及采购、工程项目的组织实施、计划的制订、工期质量和投资控制、直到竣工验收、交付使用，经历了很多不可缺少的工作环节，其中任何一个环节的成功与否都直接影响工程项目的成败，而工程项目的管理实际是贯穿了工程项目的形成全过程，其管理对象是具体的建设项目，而管理的范围是项目的形成全过程。

建设项目一般都有一个比较明确的目标，但下列目标是共同的：即有效地利用有限的资金和投资，用尽可能少的费用、尽可能快的速度和优良的工程质量建成工程项目，使其实现预定的功能交付使用，并取得预定的经济效益。

（一）工程项目管理的五大过程

（1）启动：批准一个项目或阶段，并且有意向往下进行的过程。

（2）计划：制定并改进项目目标，从各种预备方案中选择最好的方案，以实现所承担项目的目标。

（3）执行：协调人员和其他资源并实施项目计划。

（4）控制：通过定期采集执行情况数据，确定实施情况与计划的差异，便于随时采取相应的纠正措施，保证项目目标的实现。

（5）收尾：对项目的正式接收，达到项目有序的结束。

（二）工程项目管理的工作内容

工程项目管理的工作内容很多，具体讲主要有以下 5 个方面的职能。

1. 计划职能

将工程项目的预期目标进行筹划安排，将工程项目的全过程、全部目标和全部活动统统纳入计划的轨道，用一个动态的可分解的计划系统来协调控制整个项目，以便提前揭露矛盾，使项目在合理的工期内以较低的造价高质量地协调有序地达到预期目标，因此讲工程项目的计划是龙头，同时计划也是管理。

2. 协调职能

对工程项目的不同阶段、不同环节，与之有关的不同部门、不同层次之间，虽然都各有自己的管理内容和管理办法，但他们之间的接合部往往是管理最薄弱的地方，需要有效的沟通和协调，而各种协调之中，人与人之间的协调又最为重要。协调职能使不同的阶段、不同环节、不同部门、不同层次之间通过统一指挥形成目标明确、步调一致的局面，同时通过协调使一些看似矛盾的工期、质量和造价之间的关系，时间、空间和资源利用之间的关系也得到了充分统一，所有这些对于复杂的工程项目管理来说无疑是非常重要的工作。

3. 组织职能

在熟悉工程项目形成过程及发展规律的基础上，通过部门分工、职责划分，明确职权，建立行之有效的规章制度，使工程项目的各阶段各环节各层次都有管理者分工负责，形成一个具有高效率的组织保证体系，以确保工程项目的各项目标的实现。这里特别强调的是可以充分调动起每个管理者的工作热情和积极性，充分发挥每个管理者的工作能力和长处，以每个管理者完美的工作质量换取工程项目的各项目标的全面实现。

4. 控制职能

工程项目的控制主要体现在目标的提出和检查、目标的分解、合同的签订和执行、各种指标、定额和各种标准、规程、规范的贯彻执行，以及实施中的反馈和决策来实现的。

5. 监督职能

监督的主要依据是工程项目的合同、计划、规章制度、规范、规程和各种质量标

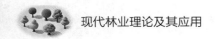

准、工作标准等，有效的监督是实现工程项目各项目标的重要手段。

四、要用参与式方法来实施现代林业生态工程

（一）参与式方法的概念

参与式方法是 20 世纪后期确立和完善起来的一种主要用于与农村社区发展内容有关项目的新的工作方法和手段，其显著特点是强调发展主体积极、全面地介入发展的全过程，使相关利益者充分了解他们所处的真实状况、表达他们的真实意愿，通过对项目全程参与，提高项目效益，增强实施效果。具体到有关生态环境和流域建设等项目，就是要变传统"自上而下"的工作方法为"自下而上"的工作方法，让流域内的社区和农户积极、主动、全面地参与到项目的选择、规划、实施、监测、评价、管理中来，并分享项目成果和收益。参与式方法不仅有利于提高项目规划设计的合理性，同时也更易得到各相关利益群体的理解、支持与合作，从而保证项目实施的效果和质量。目前各国际组织在发展中国家开展援助项目时推荐并引入的一种主要方法。与此同时，通过促进发展主体（如农民）对项目全过程的广泛参与，帮助其学习掌握先进的生产技术和手段，提高可持续发展的能力。

引进参与式方法能够使发展主体所从事的发展项目公开透明，把发展机会平等地赋予目标群体，使人们能够自主地组织起来，分担不同的责任，朝着共同的目标努力工作，在发展项目的制订者、计划者，以及执行者之间形成一种有效、平等的"合伙人关系"。参与式方法的广泛运用，可使项目机构和农民树立参与式发展理念并运用到相关项目中去。

（二）参与式方法的程序

1. 参与式农村评估

参与式农村评估是一种快速收集农村信息资料、资源状况与优势、农民愿望和发展途径的新方法。这种方法可促使当地居民（不同的阶层、民族、宗教、性别）不断加强对自身与社区及其环境条件的理解，通过实地考察、调查、讨论、研究，与技术、决策人员一道制订出行动计划并付诸实施。

在生态工程启动实施前，一般对项目区的社会经济状况进行调查，了解项目区的贫困状况、土地利用现状、现存问题，询问农民的愿望和项目初步设计思想，同政府官员、技术人员和农民一起商量最佳项目措施改善当地生态环境和经济生活条件。

参与式农村评估的方法有半结构性访谈、划分农户贫富类型、制作农村生产活动季节、绘制社区生态剖面、分析影响发展的主要或核心问题、寻找发展机会等。

具体调查步骤是，评估组先与项目县座谈，了解全县情况和项目初步规划以及规划的做法，选择要调查的项目乡镇、村和村民组；再到项目村和村民组调查土地利用情况，让农民根据自己的想法绘制土地利用现状草图、土地资源分布剖面图、农户分布图、农事活动安排图，倾听农民对改善生产生活环境的意见，并调查项目村、组的社会经济状况和项目初步规划情况等；然后根据农民的标准将农户分成 3～5 个等次，在每个等次中走访 1 个农户，询问的主要内容包括人口，劳力，有林地、荒山、水田、旱地面积，农作物种类及产量，详细收入来源和开支情况，对项目的认识和要求等介绍项目内容和支付方法，并让农民重新思考希望自家山场种植的树种和改善生活的想法；最后，隔 1～3 天再回访，收集农民的意见，现场与政府官员、林业技术人员、农民商量，找出大家都认同的初步项目措施，避免在项目实施中出现林业与农业用地、劳力投入与支付、农民意愿与规划设计、项目林管护、利益分配等方面的矛盾，保证项目的成功和可持续发展。

2. 参与式土地利用规划

参与式土地利用规划是以自然村/村民小组为单位，以土地利用者（农民）为中心，在项目规划人员、技术人员、政府机构和外援工作人员的协助下，通过全面系统地分析当地土地利用的潜力和自然、社会、经济等制约因素，共同制订未来土地利用方案及实施的过程。这是一种自下而上的规划，农户是制订和实施规划的最基本单元。参与式土地利用规划的目的是让农民能够充分认识和了解项目的意义、目标、内容、活动与要求，真正参与自主决策，从而调动他们参与项目的积极性，确保项目实施的成功。参与式土地利用规划的参与方有援助方（即国外政府机构、非政府组织和国际社会等）、受援方的政府、目标群体（即农户、村民小组和村民委员会）、项目人员（即承担项目管理与提供技术支持的人员）。

之所以采用参与式土地利用规划是因为过去实施的同类项目普遍存在以下问题。（1）由于农民缺乏积极性和主动性导致造林成活率低及林地管理不善。这是因为他们没有参与项目的规划及决策过程，而只是被动地执行，对于为什么要这样做？这样做会有什么好处也不十分清楚，所以认为项目是政府的而不是自己的，自己参与一些诸如造林等工作只不过是出力拿钱而已，至于项目最终搞成什么样子，与己无关。（2）由于树种选择不符或者种植技术及管理技术不当导致造林成活率和保存率低，林木生长不良。（3）由于放牧或在造林地进行农业活动等导致造林失败。

通过参与式土地利用规划过程，则可以起到以下作用。（1）激发调动农民的积极性，使农民自一开始就认识到本项目是自己的项目，自己是执行项目的主人。（2）分析农村社会经济状况及土地利用布局安排，确定制约造林与营林管护的各种因子。（3）在项目框架条件下根据农民意愿确定最适宜的造林地块、最适宜的树种及管护安排。（4）鼓励农民进行未来经营管理规划。（5）尽量事先确认潜在土地利用冲突，并寻找对策，防患于未然。

参与式土地利用规划（PLUP）并没有严格固定的方法，主要利用一系列具体手段和工具促进目标群体即农民真正参与，确保多数村民参与共同决策并制订可行的规划方案。以下以某地中德合作生态造林项目来对一般方法步骤进行介绍。

第一步：技术培训。由德方咨询专家培训县项目办及乡镇林业站技术人员，使他们了解和掌握 PLUP 操作方法。

第二步：成立项目 PLUP 小组，收集各乡及行政村自然、社会、经济的基本材料，准备项目宣传材料（如"大字报"、传单），准备 1:10 000 地形图、文具纸张、参与项目的申请表、规划设计表、座谈会讨论提纲与记录表等，向乡镇和行政村介绍项目情况。

第三步：项目 PLUP 小组进驻自然村（村民小组）与村民组长、农民代表一起踏查山场，并召开第一次自然村（村民小组）村民会议，向村民组长和村民介绍项目内容及要求、土地利用规划的程序与方法，向村民发放宣传材料、参与项目申请表、造林规划表，了解并确认村民参与项目的意愿和实际能力，了解自然村（村民小组）自然、社会、经济及造林状况和本村及周边地区以往林业发展方面的经验和教训，鼓励村民自己画土地利用现状草图，讨论该自然村（村民小组）的土地利用现状、未来土地利用规划、需要造林或封山育林的地块及相应的模型、树种等。

第四步：农民自己讨论土地利用方案并确定造林地块、选择造林树种和管护方式，农民自己拟定小班并填写造林规划表，村民约定时间与项目人员进行第二次座谈讨论村民自己的规划。在这个阶段，技术人员的规划建议内容应更广，要注意分析市场，防止规模化发展某一树种可能带来的潜在的市场风险。

第五步：召开第二次自然村（村民小组）村民会议，村民派代表或村民组长介绍自己的土地利用规划及各个已规划造林小班状况，项目人员与农民讨论他们自己规划造林小班及小班内容的可行性。农民对树种，尤其是经济林品种信息的了解较少，技术人员在规划建议中应向农民介绍具有市场前景的优良品种供农民参考。

第六步：现地踏查并将相关地理要素和规划确定的小班标注到地形图上，现场论证其技术上的可行性和有无潜在的矛盾和冲突，最终确定项目造林小班。项目人员还应计算小班面积并返还给农民，农民内部确定单个农户的参与项目面积，并重新登记填写项目造林规划表。

第七步：召开第三次村民座谈会（最后一次），制订年度造林计划，讨论农户造林合同的内容，讨论项目造林可能引起的土地利用矛盾与冲突的解决办法，讨论确定项目造林管护的村规民约。

第八步：以乡为单位统计汇总各自然村（村民小组）参与式造林规划的成果，然后由乡政府主持评审并同意盖章上报县林业局项目办，县林业局项目办组织人员对上报的乡进行巡回技术指导和检查，省项目办和监测中心人员到县监测与评估参与式造林规划成果是否符合项目的有关规定，最终经德方 HAJP 咨询专家评估确认后，由县项目办报县政府批准实施。

第九步：签订造林合同，一式三份，县项目办、乡林业站或乡政府和农户各保留一份。

3. 参与式监测与评估

运用参与式进行项目的监测与评价要求利益双方均参与，它是运用参与式方法进行计划、组织、监测和项目实施管理的专业工具和技术，能够促进项目活动的实施得到最积极的响应，能够很迅速地反馈经验、最有效地总结经验教训，提高项目实施效果。

在现代林业生态工程参与式土地利用规划结束时，对项目规划进行参与式监测与评估的目的是：评价参与式土地利用规划方法及程序的使用情况，检查规划完成及质量情况、发现问题并讨论解决方案、提出未来工作改进建议。

参与式监测与评估的方法是：在进行参与式土地利用的规划过程中，乡镇技术人员主动发现和自我纠正问题，监测中心、县项目办人员到现场指导规划工作，并检查规划文件与村民组实际情况的一致性；其间，省项目办、监测中心、国内外专家不定期到实地抽查；当参与式土地利用规划文件准备完成后，县项目办向省项目办提出评估申请；省项目办和项目监测中心派员到项目县进行监测与评估；最后，由国内外专家抽查评价。评估小组至少由两人组成：项目监测中心负责参与式土地利用规划的代表一名和其他县项目办代表一名。他们都是参加过参与式土地利用规划培训的人员。

参与式监测与评估的程序是：评估小组按照省项目办、监测中心和国际国内专家研定的监测内容和打分表，随机检查参与式土地利用规划文件，并抽查 1～3 个村民组进行现场核对，对文件的完整性和正确性打分，如发现问题，与县乡技术人员以及农民讨论存在的困难，寻找解决办法。评估小组在每个乡镇至少要检查 50%的村民组（行政村）规划文件，对每份规划文件给予评价，并提出进一步完善意见，如果该乡镇被查文件的 70%通过了评估，则该乡镇的参与式土地利用规划才算通过了评估。省项目办、监测中心和国际国内专家再抽查评估小组的工作，最后给予总体评价。

第三节　现代林业生态工程的管理机制

林业生态工程管理机制是系统工程，借鉴中德财政合作造林项目的管理机制的成功经验，针对不同阶段、不同问题，我们研究整治出建立国际林业生态工程管理机制应包含组织管理、规划管理、工程管理、资金管理、项目监理、信息管理、激励机制、示范推广、人力资源管理、审计保障十大机制。

（一）组织管理机制

省、市、县、乡（镇）均成立项目领导组和项目管理办公室。项目领导组组长一般由政府主要领导或分管领导担任，林业和相关部门负责人为领导组成员，始终坚持把林业外资项目作为林业工程的重中之重抓紧抓实。项目领导组下设项目管理办公室，作为同级林业部门的内设机构，由林业部门分管负责人兼任项目管理办公室主任，设专职副主任，配备足够的专职和兼职管理人员，负责项目实施与管理工作。同时，项目领导组下设独立的项目监测中心，定期向项目领导组和项目办提供项目监测报告，及时发现施工中出现的问题并分析原因，建立项目数据库和图片资料档案，评价项目效益，提交项目可持续发展建议等。

（二）规划管理机制

按照批准的项目总体计划（执行计划），在参与式土地利用规划的基础上编制年度实施计划。从山场规划、营造的林种树种、技术措施方面尽可能地同农民讨论，并引导农民改变一些传统的不合理习惯，实行自下而上、多方参与的决策机制。参与式土地利用规划中可以根据山场、苗木、资金、劳力等实际情况进行调整，用"开放式"方法制订可操作的年度实施计划。项目技术人员召集村民会议、走访农户、踏查山场等，与农民一起对项目小班、树种、经营管理形式等进行协商，形成详细的图、表、卡等规划文件。

（三）工程管理机制

以县、乡（镇）为单位，实行项目行政负责人、技术负责人和施工负责人责任制，对项目全面推行质量优于数量、以质量考核实绩的质量管理制。为保证质量管理制的实行，上级领导组与下级领导组签订行政责任状，林业主管单位与负责山场地块的技术人员签订技术责任状，保证工程建设进度和质量。项目工程以山脉、水系、交通干线为主线，按区域治理、综合治理、集中治理的要求，合理布局，总体推进。工程建设大力推广和应用林业先进技术，坚持科技兴林，提倡多林种、多树种结合、乔灌草配套，防护林必须营造混交林。项目施工保护原有植被，并采取水土保持措施（坡改梯、谷坊、生物带等），禁止炼山和全垦整地，营建林区步道和防火林带，推广生物防治病虫措施，提高项目建设综合效益。推行合同管理机制，项目基层管理机构与农民签订项目施工合同，明确双方权利和义务，确保项目成功实施和可持续发展。项目的基建工程和车辆设备采购实行国际、国内招标或"三家"报价，项目执行机构成立议标委员会，选择信誉好、质量高、价格低、后期服务优的投标单位中标，签订工程建设或采购合同。

（四）资金管理机制

项目建设资金单设专用账户，实行专户管理、专款专用，县级配套资金进入省项目专户管理，认真落实配套资金，确保项目顺利进展，不打折扣。实行报账制和审计制。项目先预付工程建设费用，然后按照批准的项目工程建设成本，以合同、监测中心验收合格单、领款单、领料单等为依据，向省项目办申请报账。经审计后，省项目办给项目县核拨合格工程建设费用，再向国内外投资机构申请报账。项目接受国内外审计，包括账册、银行记录、项目林地、基建现场、农户领款领料、设备车辆等的审计。项目采用报账制和审计制，保证了项目任务的顺利完成、工程质量的提高和项目资金使用的安全。

（五）监测评估机制

项目监测中心对项目营林工程和非营林工程实行按进度全面跟踪监测制，选派一名技术过硬、态度认真的专职监测人员到每个项目县常年跟踪监测，在监测中使用 GIS 和 GPS 等先进技术。营林工程监测主要监测施工面积和位置、技术措施（整地措施、树种配置、栽植密度）、施工效果（成活率、保存率、抚育及生长情况等）。非营林工

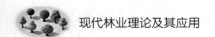

程监测主要由项目监测中心在工程完工时现场验收，检测工程规模、投资和施工质量。监测工作结束后，提交监测报告，包括监测方法、完成的项目内容及工作量、资金用量、主要经验与做法、监测结果分析与评价、问题与建议等，并附上相应的统计表和图纸等。

（六）信息管理机制

项目建立计算机数据库管理系统，连接 GIS 和 GPS，及时准确地掌握项目进展情况和实施成效，科学地进行数据汇总和分析。项目文件、图表卡、照片、录像、光盘等档案实行分级管理，建立项目专门档案室（柜），订立档案管理制度，确定专人负责立卷归档、查阅借还和资料保密等工作。

（七）激励惩戒机制

项目建立激励机制，对在项目规划管理、工程管理、资金管理、项目监测、档案管理中做出突出贡献的项目人员，给予通报表彰、奖金和证书，做到事事有人管、人人愿意做。在项口管理中出现错误的，要求及时纠正；出现重大过错的，视情节予以处分甚至调离项目队伍。

（八）示范推广机制

全面推广林业科学技术成果和成功的项目管理经验。全面总结精炼外资项目的营造林技术、水土保持技术和参与式土地利用规划、合同制、报账制、评估监测，以及审计、数字化管理等经验，应用于林业生产管理中。

（九）人力保障机制

根据林业生产与发展的技术需求，引进一批国外专家和科技成果，加大林业生产的科技含量。组织林业管理、技术人员到国外考察、培训、研修、参加国际会议等，开阔视野，提高人员素质，注重培养国际合作人才，为林业大发展积蓄潜力，扩大林业对外合作的领域，推进多种形式的合资合作，大力推进政府各部门间甚至民间的林业合作与交流。

（十）审计保障机制

省级审计部门按照外资项目规定的审计范围和审计程序，全面审查省及项目县的财务报表、总账和明细账，核对账表余额，抽查会计凭证，重点审查财务收支和财务报表的真实性；并审查项目建设资金的来源及运用，包括审核报账提款原始凭证，资金的入账、利息、兑换和拨付情况；对管理部门内部控制制度进行测试评价；定期向外方出具无保留意见的审计报告。外方根据项目实施进度，于项目中期和竣工期委派国际独立审计公司审计项目，检查省项目办所有资金账目，随机选择项目县全县项目财务收支和管理情况，检查设备采购和基建三家报价程序和文件，并深入项目建设现场和农户家中，进行施工质量检查和劳务费支付检查。

第四节　现代林业生态工程建设领域的新应用

林业是国民经济的基础产业，肩负着优化环境和促进发展的双重使命，不可避免地受到以新技术、新材料、新方法的影响，而且已渗透到林业生产的各个方面，对林业生态建设的发展和功能的发挥起到了巨大的推动作用。林业生态建设的发展，事关经济、社会的可持续发展。林业新技术、新材料、新方法的进步是林业生态建设发展的关键技术支撑。

一、信息技术

信息技术是新技术革命的核心技术与先导技术，代表了新技术革命的主流与方向。由于计算机的发明与电子技术的迅速发展，为整个信息技术的突破性进展开辟了道路。微电子技术、智能机技术、通信技术、光电子技术等重大成就，使得信息技术成为当代高技术最活跃的领域。由于信息技术具有高度的扩展性与渗透性、强大的纽带作用与催化作用、有效地节省资源与节约能源功能，不仅带动了生物技术、新材料技术、新能源技术、空间技术与海洋技术的突飞猛进，而且它自身也开拓出许多新方向、新领域、新用途，推动整个国民经济以至社会生活各个方面的彻底改变，为人类社会带来了最深刻、最广泛的信息革命。信息革命的直接目的和必然结果，是扩展与延长人类的信息功能，特别是智力功能，使人类认识世界和改造世界的能力发生了一个大的飞跃，使人类的劳动方式发生革命性的变化，开创人类智力解放的新时代。

自 21 世纪 50 年代美国率先将计算机引入林业以来，经过半个世纪，它从最初的科学运算工具发展到现在的综合信息管理和决策系统，促进林业的管理技术和研究手段发生了很大的变化。特别是近几年，计算机和数据通信技术的发展，为计算机的应用提供了强大的物质基础，极大地推动了计算机在林业上的应用向深层发展。现在，

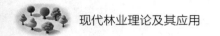

计算机已成为林业科研和生产各个领域的最新且最有力的手段和必备工具。

（一）信息采集和处理

1. 野外数据采集技术

林业上以往传统的野外调查都以纸为记录数据的媒介，它的缺点是易脏、易受损，数据核查困难。近年来，随着微电子技术的发展，一些发达国家市场上出现了一种野外电子数据装置（EDRs），它以直流电池为电源，微处理器控制，液晶屏幕显示，具有携带方便和容易操作的特点。利用 EDRs 在野外调查的同时即可将数据输入临时存储器，回来后，只需通过一根信号线就可将数据输入中心计算机的数据库中。若适当编程，EDRs 还可在野外进行数据检查和预处理。目前，美国、英国和加拿大都生产 EDRs，欧美许多国家都已在林业生产中运用。

2. 数据管理技术

收集的数据需要按一定的格式存放，才能方便管理和使用。因此，随着计算机技术发展起来的数据库技术，一出现就受到林业工作者的青睐，世界各国利用此技术研建了各种各样的林业数据库管理系统。

3. 数据统计分析

数据统计分析是计算机在林业中应用最早也是最普遍的领域。借助计算机结合数学统计方法，可以迅速地完成原始数据的统计分析，如分布特征、回归估计、差异显著性分析和相关分析等，特别是一些复杂的数学运算，如迭代、符号运算等，更能发挥计算机的优势。资料显示，目前世界上发布的统计软件包大约有 70 多种，国外在林业上应用最多的有两种，即 SAS 和 Mathematics。SAS 是美国 SAS 软件研究所研制的，是集数据管理、数据分析和信息处理于一体的应用软件系统。它于 1976 年商品化以来，就以其超凡的功能和可靠的技术支持著称于世。经过多年的发展，它在国际上被誉为数据分析的标准软件。而 Mathematica 是美国 Wolfram 公司研制的。与 SAS 相比，Mathcmaticae 的特点是善于进行各种复杂运算，如符号运算、求近似解、解微分方程等。

（二）决策支持系统技术

决策支持系统（DSS）是多种新技术和方法高度集成化的软件包。它将计算机技术和各种决策方法（如线性规划、动态规划和系统工程等）相结合。针对实际问题，建立决策模型，进行多方案的决策优化。目前国外林业支持系统的研究和应用十分活跃，在苗圃管理、造林规划、天然更新、树木引种、间伐和采伐决策、木材运输和加工等方面都有成果涌现。最近，决策支持系统技术的发展已经有了新的动向，群体 DSS、智能 DSS、分布式的 DSS 已经出现，相信未来的决策支持系统将是一门高度综合的应用技术，将向着集成化、智能化的方向迈进，也将会给林业工作者带来更大的福音。

（三）人工智能技术

人工智能（AI）是处理知识的表达、自动获取及运用的一门新兴科学，它试图通过模仿诸如演绎、推理、语言和视觉辨别等人脑的行为，来使计算机变得更为有用。AI 有很多分支，在林业上应用最多的专家系统（ES）就是其中之一。专家系统是在知识水平上处理非结构化问题的有力工具。它能模仿专门领域里专家求解问题的能力，对复杂问题做专家水平的结论，广泛地总结了不同层面的知识和经验，使专家系统比任何一个人类专家更具权威性。因此，国外林业中专家系统的应用非常广泛。目前，国外开发的林业专家系统主要有林火管理专家系统、昆虫及野生动植物管理专家系统、森林经营规划专家系统、遥感专家系统等。人工智能技术的分支如机器人学、计算机视觉和模式识别、自然语言处理以及神经网络等技术在林业上的应用还处于研究试验阶段。但有倾向表明，随着计算机和信息技术的发展，人工智能将成为计算机应用的最广阔的领域。

（四）3S 技术

3S 是指遥感（RS）、地理信息系统（GIS）和全球定位系统（GPS），它们是随着电子、通信和计算机等尖端科学的发展而迅速崛起的高新技术，三者有着紧密的联系，在林业上应用广泛。

遥感是通过航空或航天传感器来获取信息的技术手段。利用遥感可以快速、廉价地得到地面物体的空间位置和属性数据。近年来，随着各种新型传感器的研制和应用，使得遥感特别是航天遥感有了飞速发展。遥感影像的分辨率大幅度提高，波谱范围不断扩大。特别是星载和机载成像雷达的出现，使遥感具有了多功能、多时相、全天候能力。在林业中遥感技术被用于土地利用和植被分类、森林面积和蓄积估算、土地沙化和侵蚀监测、森林病虫害和火灾监测等。

地理信息系统是以地理坐标为控制点，对空间数据和属性数据进行管理和分析的技术工具。它的特点是可以将空间特性和属性特征紧密地联系起来，进行交互方式的处理，结合各种地理分析模型进行区域分析和评价。林业中地理信息系统能够提供各种基础信息（地形、河流、道路等）和专业信息的空间分布，是安排各种森林作业如采伐抚育、更新造林等有力的决策工具。

全球定位系统是利用地球通信卫星发射的信息进行空中或地面的导航定位。它具有实时、全天候等特点，能及时准确地提供地面或空中目标的位置坐标，定位精度可达 100 m 至几毫米。林业中全球定位系统可用于遥感地面控制、伐区边界测量、森林调查样点的导航定位、森林灾害的评估等诸多方面。

3 个系统各有侧重，互为补充。RS 是 GIS 重要的数据源和数据更新手段，而 GIS 则是 RS 数据分析评价的有力工具；GPS 为 RS 提供地面或空中控制，它的结果又可以直接作为 GIS 的数据源。因此，3S 已经发展成为一门综合的技术，世界上许多国家在森林调查、规划、资源动态监测、森林灾害监测和损失估计、森林生态效益评价等诸多方面应用了 3S 技术，已经形成了一套成熟的技术体系。可以预期，随着计算机软硬件技术水平的不断提高，3S 技术将不断完善，并与决策支持系统、人工智能技术、多媒体等技术相结合，成为一门高度集成的综合技术，开辟更广阔的应用领域。

（五）网络技术

计算机网络是计算机技术与通信技术结合的产物，它区别于其他计算机系统的两大特征是分布处理和资源共享。它不仅改变了人们进行信息交流的方式，实现了资源共享，而且使计算机的应用进入了新的阶段，也将对林业生产管理和研究开发产生深远的影响。

二、生物技术

生物技术是人类最古老的工程技术之一，又是当代的最新技术之一，古今之间有着发展中的联系，又有着质的飞跃和差别。这个突破主要导因是 20 世纪 50 年代分子生物学的诞生与发展。特别是 20 世纪 70 年代崛起的现代生物工程，其重要意义绝不亚于原子裂变和半导体的发现。作为当代新技术革命的关键技术之一，生物技术包括四大工艺系统，即基因工程、细胞工程、酶工程和发酵工程。基因工程和细胞工程是在不同水平上改造生物体，使之具有新的功能、新的性状甚或新改造的物种，因而它们是生物技术的基础，也是生物技术不断发展的两大技术源泉；而酶工程和发酵工程则是使上述新的生物体及其新的功能和新的性状企业化与商品化的工艺技术，所以它们是生物技术产生巨大社会、经济效益的两根重要支柱。在短短的 20 年间，生物技术在医药、化工、食品、农林牧、石油采矿、能源开发、环境保护等众多领域取得了一个又一个突破，产生一股史无前例的革命洪流，极大地改变着世界的经济面貌和人类的生活方式。生物技术对于 21 世纪的影响，就像物理学和化学对 20 世纪的影响那样巨大。

植物生物技术的快速发展也给林业带来了新的生机和希望。分子生物学技术和研究方法的更新和突破，使得林木物种研究工作出现勃勃生机。

（一）林木组培和无性快繁

林木组培和无性快繁技术对保存和开发利用林木物种具有特别重要的意义。由于林木生长周期长，繁殖力低，加上 21 世纪以来对工业用材及经济植物的需求量有增无减，单靠天然更新已远远不能满足需求。近几十年来，经过几代科学家的不懈努力，如今一大批林木、花卉和观赏植物可以通过组培技术和无性繁殖技术，实现大规模工厂化生产。这不仅解决了苗木供应问题，而且为长期保存和应用优质种源提供了重要手段，同时还为林木基因工程、分子和发育机制的进一步探讨找到了突破口。尤其是过去一直被认为是难点的针叶树组培研究。如今也有了很大程度的突破。如组培生根、芽再生植株、体细胞胚诱导和成年树的器官幼化等。

（二）林木基因工程和细胞工程

林木转基因是一个比较活跃的研究领域。近几年来成功的物种不断增多，所用的目的基因也日趋广泛，最早成功的是杨树。到目前为止，有些项目开始或已经进入商品化操作阶段。在抗虫方面，有表达 Bt 基因的杨树、苹果、核桃、落叶松、花旗松、火炬松、云杉和表达蛋白酶抑制剂的杨树等。在抗细菌和真菌病害方面，有转特异抗性基因的松树、栎树和山杨、灰胡桃（黑窝病）等。在特殊材质需要方面，利用反义基因技术培育木质素低含量的杨树、桉树、灰胡桃和辐射松等。此外，抗旱、耐湿、抗暴、耐热、抗盐、耐碱等各种定向林木和植物正在被不断地培育出来，有效地拓展了林业的发展地域和空间。

（三）林木基因组图谱

利用遗传图谱寻找数量性状位点也成为近年的研究热点之一。一般认为，绝大多数重要经济性状和数量性状是由若干个微效基因的加性效应构成的。可以构建某些重要林木物种的遗传连锁图谱，然后根据其图谱，定位一些经济性状的数量位点，为林木优良性状的早期选择和分子辅助育种提供证据。目前，已经完成或正在进行遗传图

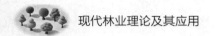

谱构建的林木物种有杨树、柳树、桉树、栎树、云杉、落叶松、黑松、辐射松和花旗松等。主要经济性状定位的有林积、材重、生长量、光合率、开花期、生根率、纤维产量、木质素含量、抗逆性和抗病虫能力等。

（四）林木分子生理和发育

研究木本植物的发育机制和它们对环境的适应性，也由于相关基因分离和功能分析的深入进行而逐步开展起来，并取得了应用常规技术难以获得的技术进展，为林业生产和研究提供了可靠的依据。

三、新材料技术

林业新材料技术研究从复合材料、功能材料、纳米材料、木材改性等方面探索。重点是林业生物资源纳米化，木材功能性改良和木基高分子复合材料、重组材料的开发利用，木材液化、竹藤纤维利用、抗旱造林材料、新品种选育等方面研究，攻克关键技术，扶持重点研究和开发工程。

四、新方法推广

从林业生态建设方面来看，重点是加速稀土林用技术、除草剂技术、容器育苗、保水剂、ABT 生根粉、菌根造林、生物防火隔离带、水土保持技术，生物防火阻隔带技术等造林新方法的推广应用。这些新方法的应用和推广，将极大地促进林业生态工程建设发展。

第十三章 林业生态文化建设关键技术

第一节 山地生态公益林经营技术

生态公益林是以发挥森林生态功能并以提供生态效益为主的一种特殊森林，其经营目的是发挥森林的多种生态效益。以生态效益为主导功能的生态公益林经营在实现可全球经济与环境可持续发展中具有不可代替的作用，特别是在改善生态环境建设中担负着维护生态平衡，保护物种资源，减轻自然灾害，解决人类面临的一系列生态环境问题的重大使命。因此，在我国南方林区林业实行分类经营后，随着生态公益林在林业经营中所占的比例大幅度提高，开展生态公益林经营技术的攻关研究，对促进海峡西岸现代林业建设进程，实现我国林业的永续发展具有十分重要的意义。

一、低效生态公益林改造技术

（一）低效生态公益林的类型

由于人为干扰或经营管理不当而形成的低效生态公益林，可分为四种类型。

1. 林相残次型

因过度过频采伐或经营管理粗放而形成的残次林。例如，传统上人们常常把阔叶林当作"杂木林"看待，毫无节制地乱砍滥伐；加之近年来，阔叶林木材广泛应用于食用菌栽培、工业烧材以及一些特殊的用材（如火柴、木碗和高档家具等），使得常绿阔叶林遭受到巨大的破坏，失去原有的多功能生态效益。大部分天然阔叶林变为人工林或次生阔叶林，部分林地退化成撂荒地。

2. 林相老化型

因不适地适树或种质低劣，造林树种或保留的目的树种选择不当而形成的小老树林。例如，在楠木的造林过程中，有些生产单位急于追求林木生产，初植密度 3 000 株以上，到 20 年生也不间伐，结果楠木平均胸径仅 10 cm 左右，很难成材，而且林相出现老龄化，林内卫生很差，林分条件急需改善。

3. 结构简单型

因经营管理不科学形成的单层、单一树种，生态公益性能低下的低效林。例如，福建省自 20 世纪 50 年代以来，尤其是在 80 年代末期，实施"三、五、七绿化工程"，营造了大面积的马尾松人工纯林。随着马尾松人工林面积的扩大，马尾松人工林经营中出现了树种单一、生物多样性下降、林分稳定性差、培育成了小老头林，使得林分质量严重降低等一系列问题。

4. 自然灾害型

因病虫害、火灾等自然灾害危害形成的病残林。例如，近几年，毛竹枯梢病已成我国毛竹林产区的一种毁灭性的病害，为国内森林植物检疫对象。该病在福建省的发生较为普遍，给毛竹产区造成了极为严重的损失，使得全省范围内毛竹低效林分面积呈递增趋势，急需合理的改造。

（二）低效生态公益林改造原则

生态公益林改造要以保护和改善生态环境、保护生物多样性为目标，坚持生态优先、因地制宜、因害设防和最佳效益等原则，宜林则林、宜草则草或是乔灌草相结合，以形成较高的生态防护效能，满足人类社会对生态、社会的需求和可持续发展。

1. 遵循自然规律，运用科学理论营造混交林

森林是一个复杂的生态系统，多树种组成、多层次结构发挥了最大的生产力；同时生物种群的多样性和适应性形成完整的食物链网络结构，使其抵御病虫危害和有害生物的能力增强，具有一定的结构和功能。生态公益林的改造应客观地反映地带性森林生物多样性的基本特征，培育近自然的、健康稳定、能持续发挥多种生态效益的森林，这是生态公益林的建设目标，是可持续经营的基础。

2. 因地制宜，适地适树，以乡土树种为主

生态公益林改造要因地制宜，按不同林种的建设要求，采用封山育林、飞播造林和人工造林相结合的技术措施；以优良乡土树种为主，合理利用外来树种，禁止使用带有森林病虫害检疫对象的种子、苗木和其他繁殖材料。

3. 以维护森林生态功能为根本目标，合理经营利用森林资源

生态公益林经营按照自然规律，分别按特殊保护区、重点保护区和一般保护区等

三个保护等级确定经营管理制度，优化森林结构，合理安排经营管护活动，促进森林生态系统的稳定性和森林群落的正向演替。生态公益林利用以不影响其发挥森林主导功能为前提，以限制性的综合利用和非木资源利用为主，有利于森林可持续经营和资源的可持续发展。

（三）低效生态公益林改造方法

根据低效生态公益林类型的不同，有针对性地采取不同的生态公益林改造方法。通过对低效能生态公益林密度与结构进行合理调整，采用树种更替、不同配置方式、抚育间伐、封山育林等综合配套技术，促进低效能生态公益林天然更新，提高植被的水土保持、水源涵养的生态效益。

1. 补植改造

补植改造主要适用于林相残次型和结构简单型的残次林，根据林分内林隙的大小与分布特点，采用不同的补植方式。主要有：（1）均匀补植；（2）局部补植；（3）带状补植。

2. 封育改造

封育改造主要适用于郁闭度小于 0.5，适合定向培育，并进行封育的中幼龄针叶林分。采用定向培育的育林措施，即通过保留目的树种的幼苗、幼树，适当补植阔叶树种，培育成阔叶林或针阔混交林。

3. 综合改造

适用于林相老化型和自然灾害的低效林。带状或块状伐除非适地适树树种或受害木，引进与气候条件、土壤条件相适应的树种进行造林。一次改造强度控制在蓄积的20%以内，迹地清理后进行穴状整地，整地规格和密度随树种、林种不同而异。主要有：（1）疏伐改造；（2）补植改造；（3）综合改造。

（四）低效生态公益林的改造技术

对需要改造的生态公益林落实好地块、确定现阶段的群落类型和所处的演替阶段、组成种类，以及其他的生态环境条件特点，如气候、土壤等，这对下一步的改造工作具有重要的指导意义。不同的植被分区其自然条件（气候、土壤等）各不相同，因而导致植物群落发生发育的差异，树种的配置也应该有所不同，因此要选择适合于本区的种类用于低效生态公益林的改造，并确定适宜的改造对策。而且，森林在不同的演替阶段其组成种类和层次结构是不同的。目前需要改造的低效生态公益林主要是次生稀疏灌丛、稀疏马尾松纯林、幼林等群落，处于演替早期阶段，种类简单，层次不完整。为此，在改造过程中需要考虑群落层次各树种的配置，在配置过程中，一定要注意参照群落的演替进程来导入目的树种。

1. 树种选择

树种选择时最好选择优良的乡土树种作为荒山绿化的先锋树种，这些树种应满足：择适应性强、生长旺盛、根系发达、固土力强、冠幅大、林内枯枝落叶丰富和枯落物易于分解、耐瘠薄、抗干旱，可增加土壤养分，恢复土壤肥力，能形成疏松柔软，具有较大容水量和透水性死地被凋落物等特点。新造林地树种可选择枫香、马尾松、山杜英；人工促进天然更新（补植）树种可选择乌桕、火力楠、木荷、山杜英。

根据自然条件和目标功能，生态公益林可采取不同的经营措施，如可以确定特殊保护、重点保护、一般保护三个等级的经营管理制度，合理安排管护活动，优化森林结构，促进生态系统的稳定发展。生态公益林树种一般具备各种功能特征：（1）涵养水源、保持水土；（2）防风固沙、保护农田；（3）吸烟滞尘、净化空气；（4）调节气候、改善生态小环境；（5）减少噪声、杀菌抗病；（6）固土保肥；（7）抗洪防灾；（8）保护野生动植物和生物多样性；（9）游憩观光、保健休闲等。因此，不同生态公益林，应根据其主要功能特点，选择不同的树种。

乡土阔叶林是优质的森林资源，起着涵养水源、保持水土、保护环境及维持陆地生态平衡的重大作用。乡土阔叶树种是生态公益林造林的最佳选择。目前福建省存在生态公益林树种结构简单，纯林、针叶林多，混交林、阔叶林少，而且有相当部分林分质量较差，生态功能等级较低。生态公益林中的针叶纯林林分已面临着病虫危害严重、火险等级高、自肥能力低、保持水土效能低等危机，树种结构亟待调整。利用优良乡土阔叶树种，特别是珍贵树种对全省生态公益林进行改造套种，是进一步提高林分质量、生态功能等级和增加优质森林资源的最直接最有效的途径。

2. 林地整地

水土保持林采取鱼鳞坑整地。鱼鳞坑为半月形坑穴，外高内低，长径 0.8～1.5 m，短径 0.5～1.0 m，埂高 0.2～0.3 m。坡面上坑与坑排列成三角形，以利蓄水保土；水源涵养林采取穴状整地，挖明穴，规格为 60 cm×40 cm×40 cm，回表土。

3. 树种配置

新造林：在Ⅰ～Ⅱ类地采用枫香×山杜英；各类立地采用马尾松×枫香，按1:1比例模式混交配置。人促（补植）：视低效林林相破坏程度，采用乡土阔叶树乌桕、火力楠、木荷、山杜英进行补植。

二、生态公益林限制性利用技术

生态公益林限制性利用是指以林业可持续发展理论、森林生态经济学理论和景观生态学理论为指导，实现较为完备的森林生态体系建设目标；正确理解和协调森林生态建设与农村发展的内在关系，在取得广大林农的有力支持下，有效地保护生态公益林；通过比较完善的制度建设，大量地减少甚至完全杜绝林区不安定因素对生态公益林的破坏，积极推动农村经济发展。

（一）生态公益林限制性利用类型

1. 木质利用

对于生长良好但已接近成熟年龄的生态公益林，因其随着年龄的增加，其林分的生态效益将逐渐呈下降趋势，因此应在保证其生态功能的前提下，比如在其林下进行树种的更新，待新造树种郁闭之后，对其林分进行适当的间伐，通过采伐所得木材获得适当的经济效益，这些经济收入又可用于林分的及时更新，这样能缓解生态林建设中资金短缺的问题，逐渐形成生态林生态效益及建设利用可持续发展的局面。

2. 非木质利用

非木质资源利用是在对生态公益林保护的前提下对其进行开发利用，属于限制性利用，它包含了一切行之有效的行政、经济的手段，科学的经营技术措施和相适应的政策制度保障等体系，进行森林景观开发、林下套种经济植物、绿化苗木，培育食用菌，林下养殖等复合利用模式，为山区林农脱贫致富提供一个平台，使非木质资源最有效地得到开发和保护。

（二）生态公益林限制性利用原则

（1）坚持"三个有利"的原则。生态公益林管护机制改革必须有利于生态公益林的保护管理，有利于林农权益的维护，有利于生态公益林质量的稳步提高。

（2）生态优先原则。在保护的前提下，遵循"非木质利用为主，木质利用为辅"的原则，科学合理地利用生态公益林林木林地和景观资源。实现生态效益与经济效益结合，总体效益与局部效益协调，长期效益与短期利益兼顾。

（3）因地制宜原则。依据自然资源条件和特点、社会经济状况，处理好森林资源保护与合理开发利用的关系，确定限制性利用项目。根据当地生态公益林资源状况和林农对山林的依赖程度，因地制宜，确定相应的管护模式。

（4）依法行事原则。要严格按照规定，在限定的区域内进行，凡涉及使用林地林木的问题，必须按有关规定、程序进行审批。坚持严格保护、科学利用的原则。生态公益林林木所有权不得买卖，林地使用权不得转让。在严格保护的前提下，依法开展生态公益林资源的经营和限制性利用。

（三）生态公益林限制性利用技术

1. 木质利用技术

以杉木人工林为主的城镇生态公益林培育改造中，因其不能主伐利用材，没有经济效益，但是通过改造间伐能够生产一部分木材，能够维持培育改造所需的费用，并有一小部分节余，从而达到生态公益林的持续经营。以杉木人工林为主的城镇生态公益林培育改造可生产木材 60 m³/hm²，按 500 元/m³ 计算，可收入 30 000 元/hm²；生产木材成本 6 000 元/hm²，培育改造营林费用 3 000 元/hm²；为国家提供税收 2 400 元/hm²；尚有节余 18 600 元/hm²，可作为城镇生态公益林的经营费用，有利于城镇生态公益林的可持续经营。

以马尾松林为主的城镇生态林培育改造中，通过间伐能够生产一部分木材，也能够维持培育改造所需的费用，并有一小部分节余，从而达到生态公益林的持续经营。以马尾松人工林为主的城镇生态公益林培育改造可生产木材 45 m³/hm²，按 500 元/m³ 计算，可收入 22 500 元/hm²；生产木材成本 4 500 元/hm²，培育改造营林费用 3 000 元/hm²；为国家提供税收 1 800 元/hm²；尚有节余 13 200 元/hm²，可作为城镇生态公益林的经营费用，有利于城镇生态公益林的可持续经营。

2. 林下套种经济植物

砂仁为姜科豆蔻属多年生常绿草本植物，其种子因性味辛温，具有理气行滞、开胃消食、止吐安胎等功效，是珍贵南药；适宜热带、南亚热带和中亚热带温暖湿润的林冠下生长。杉木林地郁闭度控制在 0.6～0.7，创造适宜砂仁生长发育的生态环境，加强田间管理，是提高砂仁产量的重要措施。因为砂仁对土、肥、荫、水有不同的要求，在不同季节又有不同需要，高产稳产的获得，是靠管理来保证。

雷公藤为常用中药，以根入药，具祛风除湿、活血通络、消肿止痛、杀虫解毒的功能。雷公藤也是植物源农药的极佳原料，可开发为生物农药。马尾松是南方常见的造林树种，在林间空隙套种雷公藤，可以大力提高土地利用率，提高林地的经济效益。马尾松的株行距为 150 cm × 200 cm，雷公藤的株行距为 150 cm × 200 cm。种植过程应按照相应的灌溉、施肥、给药、除草、间苗等标准操作规程进行。根据雷公藤不同生长发育时期的需水规律及气候条件，适时、合理进行给水、排水，保证土壤的良好通气条件，需建立给排水方案并定期记录。依据《中药材生产质量管理规范（试行）》要求，雷公藤生长过程必须对影响生产质量的肥料施用进行严格的控制，肥料的施用以增施腐熟的有机肥为主，根据需要有限度地使用化学肥料并建立施肥方案。

灵香草又名香草、黄香草、排草零陵香，为报春花科排草属多年生草本植物，具有清热解毒、止痛等功效，并且具有良好的防虫蛀作用。在阔叶林下套种灵香草。其生长情况和产量均呈山脚或山凹＞中下坡＞中上坡在同坡位下，灵香草的藤长、基径、萌条数均随扦插密度增加而递减其单位面积生物总量与扦插密度关系则依驻地条件不同而异，立地条件好的则随密度加大而递增。林分郁闭度为 0.7～0.85，灵香草的生长与产量最大，随林分郁闭度下降，其产量呈递减趋势。

肉桂是樟科的亚热带常绿植物，其全身是宝，根、枝、皮、花、果均可入药；叶可提取桂油，是现代医药、化工与食品工业的重要原料。肉桂属浅根性耐阴树种，马尾松属深根性喜光树种，选择在马尾松林分内进行套种。一方面，由于它们的根系分布层次不同，有利于充分利用地力；另一方面，既可充分利用空间，又可利用马尾松树冠的遮阴作用，避免阳光对肉桂幼树直射而灼伤，减少水分流失，提高造林成活率。在郁闭度 0.4、0.6 的马尾松林下套种肉桂造林，成活率可比进地造林提高 19.1%和19.6%，是发展肉桂造林的好途径。在生产上应大力提倡在郁闭度 0.4 左右的马尾松林分中套种肉桂。但不宜在封闭度较大的林分内套种，以免影响肉桂后期生长和桂油品质。

3. 林下养殖

林下养殖选择水肥条件好，林下植被茂盛、交通方便的生态公益林地进行林下养殖，如养鸡、养羊、养鸭、养兔，增加林农收入。林下养殖模式，夏秋季节，林木为鸡、鹅等遮阴避暑，动物食害虫、青草、树叶，能减少害虫数量，节省近一半饲料，大大降低了农民打药和管理的费用，动物粪又可以肥地，形成了一个高效的绿色链条。大力发展林下经济作为推动林畜大县建设步伐的重要措施，坚持以市场为导向，以效益为中心，科学规划，因地制宜，突出特色，积极探索林下养殖经济新模式。

发展林下规模养殖的总体要求是，要坚持科学发展观，以市场为导向，以效益为中心，科学规划，合理布局，突出特色，因地制宜，政策引导，示范带动，整体推进，使林下养殖成为绿色、生态林牧业生产的亮点和农村经济发展、农民增收新的增长点。

在农村，许多农户大多是利用房前屋后空地养鸡，饲养数量少，难成规模，而且不利于防疫。林下养鸡是以放牧为主、舍饲为辅的饲养方式，其生产环境较为粗放。

因此，应选择适应性强、抗病力强、耐粗饲、勤于觅食的地方鸡种进行饲养。林地最好远离人口密集区，交通便利、地势高燥、通风光照良好，有充足的清洁水源，地面为沙壤土或壤土，没有被传染病或寄生虫病原体污染。在牧地居中地段，根据群体大小选择适当避风平坦处，用土墙或砖木及油毛毡或稻草搭成高约 2 m 的简易鸡舍，地面铺砂土或水泥。鸡舍饲养密度以 20 只/m² 为宜，每舍养 1 000 只，鸡舍坐北朝南。

4. 森林生态旅游

随着生活水平的不断提高，以及人们回归自然的强烈愿望，丛林纵生，雪山环抱，峡谷壁立，草原辽阔，阳光灿烂，空气清新，少数民族文化色彩浓厚，人与自然和谐而备受人们向往和关注。森林生态旅游被人们称为"无烟的工业"，旅游开发迅速升温。

有些生态公益林所处地形复杂，生态环境多样，为旅游提供了丰富的资源，其中绝大部分属森林景观资源。以这些资源为依托，开发风景区，发展生态旅游，同时带动了相关第三产业的发展，促进了经济发展。

森林浴：重在对现有森林生态的保护，沿布设道路对不同树种进行挂牌，标示树种名称、特性，对保护植物应标明保护级别等，提醒游人对保护植物的关爱。除建设游步道外，不建设其他任何设施，以维护生物多样性，使游人尽情享受森林的沐浴。

花木园：在原有旱地上建立以桂花、杜英、香樟及深山含笑等为主的花木园，可适当密植，进行块状混交。一方面可增加生态林阔叶林的比重，增加景观的观赏性；另一方面也可提供适量的绿化苗，增加收入。

观果植物园：建设观果植物园，如油茶林、柑橘林，对油茶林进行除草、松土，对柑橘林进行必要的除草培土、修剪和施肥，促进经济林的生长，从而提高其产量和质量，增加经济收入，同时也可为游人增加一些如在成熟期采摘果实参与性项目。

休闲娱乐：根据当地实际情况，以及休闲所在地和绿色养殖的特点，设置餐饮服务和休闲区，利用当地木、竹材料进行搭建，充分体现当地民居特色，使游人在品尝绿色食品、体验优美自然环境后有下次再想去的欲望。

生态公益林区还可以作为农林院校、科研机构以及林业生产部门等进行科研考察和试验研究的基地，促进林业科研水平和生产水平的提高。

森林生态旅游的开发必须服从于生态保护，即必须坚持在保护自然环境和自然资源为主的原则下，做好旅游开发中的生态保护。森林生态旅游的开发必须在已建立的森林生态旅游或将规划的森林生态旅游中进行本底调查，除了调查人文景观、自然景观外，还要调查植被类型、植被区系、动物资源等生物资源方面的调查，了解旅游区动、植物的保护类型及数量，在符合以下规定的基础上制定出生态旅游区的游客容量及游览线路。制止对自然环境的人为消极作用，控制和降低人为负荷，应分析人的数量、活动方式与停留时间，分析设施的类型、规模、标准，分析用地的开发强度，提出限制性规定或控制性指标。保持和维护原有生物种群、结构及其功能特征，保护典型且有示范性的自然综合体。提高自然环境的复苏能力，提高氧、水、生物量的再生能力与速度，提高其生态系统或自然环境对人为负荷的稳定性或承载力。以保证游客游览的过程中不会对珍稀动植物造成破坏，并影响其自然生长。

三、重点攻关技术

生态公益林的经营是世界性的研究课题，尤其是在近年全球环境日趋恶化的形势下生态公益林建设更是引起了全世界的关注，被许多国家提到议事日程上。公益林建设中关键是建设资金问题，不可否认生态公益林建设是公益性的事业，其建设资金应由政府来投入，但是由于许多国家存在着先发展经济、后发展环境的观念，生态公益林建设资金短缺十分严重。因此，有些国家开始考虑在最大限度地发挥生态公益林生态效益的前提下，在公益林上进行适当经营，以取得短期的经济效益，从而解决公益林建设的资金问题。美国制订的可持续林计划，为森林工作者、土地拥有者、伐木工人及纸业生产商提供了一种有效的途径，使他们在保证有效经营的同时，又能满足人们不断提高的环保要求，最终用森林资源的经济效益来保证其生态效益的发挥，他们也提出了发挥森林生态效益和经济效益结合的模式，如适当的间伐、套种经济作物等。法国在20世纪80年代成立自然资源核算委员会，开展森林资源、动植物资源的核算试验，以评估生态公益林的经济价值，并进行改造和提高现有生态公益林的生态功能试验。此外，加拿大、日本、德国也在这方面做了很多研究，但发展中国家在这方面的研究比较少。

（一）生态公益林的经营利用模式比较分析

目前国内在不影响生态公益林发挥生态效益的前提下，进行生态公益林适当经营的研究还不多，特别是把生态公益林维持生态平衡的功能和其产业属性结合起来，从中取得经济效益并能提高生态公益林生态功能的模式的研究更少。

在保护生态公益林的前提下，寻找保护与利用的最佳结合点，开展一些林下利用试点。在方式上，要引导以非木质利用为主、采伐利用为辅的方式；在宣传导向上，要重点宣传非木质利用的前景，是今后利用的主要方向；在载体上，要产业拉动，特别是与加工企业对接，要重视科技攻关，积极探索非木质利用的途径和方法，逐步解决林下种植的种苗问题。开展生态公益林限制性利用试点，开展林下套种经济作物等非木质利用试点，探索一条在保护前提下，保护与利用相结合的路子，条件好的林区每个乡镇搞一个村的试点，其余县市选择一个村搞试点，努力探索生态林限制性利用途径。在保护资源的前提下进行开发利用，采取一切行之有效的行政、经济的手段，科学的经营技术措施和相适应的政策制度保障等体系，进行森林景观开发、林下套种经济植物、绿化苗木，培育食用菌，林下养殖等复合利用模式，为山区林农脱贫致富提供一个平台，使非木质资源最有效地得到开发和保护。

（二）生态公益林的非木质资源综合利用技术

非木质资源利用是山区资源、经济发展和摆脱贫困的必然选择，也是改善人民生产、生活条件的重要途径。非木质资源利用生产经营周期大大缩短，一般叶、花、果、草等在利用后只需 1 年时间的培育就能达再次利用的状态。这种短周期循环利用方式不仅能提高森林资源利用率，而且具有持续时间长、覆盖面广的特性。因此，能使林区农民每年都能有稳定增长的经济收入。所以，公益林生产地应因地制宜大力发展林、果、竹、药、草、花，开发无污染的天然保健"绿色食品"，建设各种林副产品开发基地。

建立专项技术保障体系生态公益林限制性利用技术支持系统，包括资源调查可靠性，技术方案可行性，实施运作过程的可控制性和后评价的客观性，贯穿试验工作全过程。由专职人员对试验全过程进行有效监控，建立资源分析档案。

非木质资源利用对服务体系的需求主要体现在科技服务体系、政策支持体系、病虫害检疫和防治体系、资源保护与控制服务体系、林产品购销服务体系等方面，这些体系在我国的广大公益林地区还不够健全，尤其是山区。对非木质资源的利用带来不利因素。应结合政府机构改革，转变乡镇政府职能，更好地为林农提供信息、技术、销售等产前产中产后服务。加强科技人员的培训，更新知识，提高技能，增强服务意识，切实为"三农"服务。

（三）促进生态公益林植被恢复和丰富森林景观技术

森林非木质资源的限制性开发利用，使农民收入构成发生变化，由原来主要依赖木质资源的利用转化为主要依赖非木质资源的利用，对森林资源的主要组成部分——林木，没有直接造成损害，因此，对森林资源及生态环境所带来的负面效应很小。而且，非木质资源的保护和利用通过各种有效措施将其对森林资源的生态环境的负面影响严格控制在可接受的限度之内，在一定程度上还可以提高生物种群结构的质量和比例的适当性、保持能量流和物质流功能的有效性、保证森林生态系统能够依靠自身的功能实现资源的良性循环与多途径利用实现重复利用，使被过度采伐的森林得以休养生息，促进森林覆盖率、蓄积稳定增长，丰富了森林景观。而且具有收益稳、持续时间长、覆盖面广的特性，为当地林农和政府增加收入，缓解生态公益林的保护压力，从而使生态公益林得以休养生息，提高森林覆盖率，丰富森林景观，维护森林生物多样性，促进森林的可持续发展。

（四）生态公益林结构调整和提高林分质量技术

一方面通过林分改造和树种结构调整，能增加阔叶树的比例，促进生态公益林林分质量的提高，增加了森林的生态功能。另一方面，通过林下养殖及林下种植，改善了土壤结构，促进林分生长，提高了生态公益林发挥其涵养水源、保持水土的功能，使生态公益林沿着健康良性循环的轨道发展。

建立对照区多点试验采取多点试验，就是采取比较开放的和比较保守的不同疏伐强度试验点。同时对相同的林分条件，不采取任何经营措施，建立对照点。通过试验取得更有力的科学依据，用于补充和完善常规性技术措施的不足，使林地经营充分发挥更好的效果。

第二节　流域与滨海湿地生态保护及恢复技术

一、流域生态保护与恢复

（一）流域生态保育技术

1. 流域天然林保护和自然保护区建设

生物多样性保护与经济持续发展密切相关。自然保护区和森林公园的建立是保护生物多样性的重要途径之一。自然保护区由于保护了天然植被及其组成的生态系统（代表性的自然生态系统，珍稀动植物的天然分布区，重要的自然风景区，水源涵养区，具有特殊意义的地质构造、地质剖面和化石产地等），对改善环境、保持水土、维持生态平衡具有重要的意义。

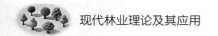

2. 流域监测、信息共享与发布系统平台建设

流域的综合管理和科学决策需要翔实的信息资源为支撑，以流域管理机构为依托，利用现代信息技术开发建设流域信息化平台。完善流域实时监测系统，建立跨行政区和跨部门的信息收集和共享机制，实现流域信息的互通、资源共享、提高信息资源的利用效率。

3. 流域生态补偿机制的建立

流域生态经济理论认为：流域上中下游的生态环境、经济发展和人类生存乃是一个生死与共的结构系统。它们之间经济的、政治的、文化的等各种关系，都通过生命之水源源不断的流动和地理、历史、环境、气候等的关联而紧密相连。合理布局流域上中下游产业结构和资源配置。加大对上游地区的道路、通信、能源、水电、环保等基础设施的投入，从政策、经济、科技、人才等多方面帮助上游贫困地区发展经济，脱贫致富。加强对交通、厂矿、城镇、住宅建设的管理。实行"谁建设，谁绿化"措施，严防水土流失。退耕还草，退耕还林，绿化荒山，保护森林。立法立规，实施"绿水工程"，对城镇的工业污水和生活污水全面实行清浊分流和集中净化处理，严禁把大江小河当作垃圾池和"下水道"的违法违规行为。动员全社会力量，尤其是下游发达地区政府和人民通过各种方式和各种渠道帮助上游人民发展经济和搞好环境保护。

（二）流域生态恢复

流域生态恢复的关键技术包括流域生境恢复技术、流域生物恢复技术和流域生态系统结构与功能恢复技术。

1. 流域水土流失综合治理

坚持小流域综合治理，搞好基本农田建设，保护现有耕地。因地制宜，大于 25°陡坡耕地区域坚决退耕还林还草，小于 15°适宜耕作区域采取坡改梯、节水灌溉、作物改良等水土保持综合措施；集中连片进行"山水田林路"统一规划和综合治理，按照优质、高产、高效、生态、安全和产业化的要求，培植和发展农村特色产业，促进农村经济结构调整，并逐步提高产业化水平。

建立水土保持监测网络及信息系统，提高遥感监测的准确性、时效性和频率，促进对水土流失发生、发展、变化机理的认识，揭示水土流失时空分布和演变的过程、特征和内在规律。指导不同水土流失区域的水土保持工作。

2. 流域生物恢复技术

流域生物恢复技术包括物种选育和培植技术、物种引入技术、物种保护技术等。

不同区域、不同类型的退化生态系统具有不同的生态学过程，通过不同立地条件的调查，选择乡土树种。然后进行栽培实验，实验成功后进行推广。同时可引进外来树种，通过试验和研究，筛选出不同生态区适宜的优良树种，与流域树种结构调整工程相结合。

3. 流域退化生态系统恢复

研究生态系统退化就是为了更好地进行生态恢复。生态系统退化的具体过程与干扰的性质、强度和延续的时间有关。生态系统退化的根本特征是在自然胁迫或人为干扰下，结构简化、组成成分减少、物流能流受阻、平衡状态破坏、更新能力减弱，以及生态服务功能持续下降。研究包括：生态系统退化类型和动因；生态系统退化机制；生态系统退化诊断与预警；退化生态系统的控制与生态恢复。

流域内的天然林进行严格的保护，退化的次生林进行更新改造，次生裸地进行常绿阔叶林快速恢复与重建。根据流域内自然和潜在植被类型，确定造林树种，主要是建群种和优势种。也包含灌木种类。

在流域生态系统恢复和重建过程中，因地制宜地营造经济林、种植药材、培养食用菌等相结合的生态林业工程，使流域的生物多样性得到保护，促进流域生态系统优化。

二、湿地生态系统保护与恢复

（一）湿地生态系统保护

由于湿地处于水陆交互作用的区域，生物种类十分丰富，仅占地球表面面积 6% 的湿地，却为世界上 20% 的生物提供了生境，特别是为濒危珍稀鸟类提供生息繁殖的基地，是众多珍稀濒危水禽完成生命周期的必经之地。

1. 湿地自然保护区建设

我国湿地处于需要抢救性保护阶段，努力扩大湿地保护面积是当前湿地保护管理工作的首要任务。建立湿地自然保护区是保护湿地的有效措施。要从抢救性保护的要求出发，按照有关法规法律，采取积极措施在适宜地区抓紧建立一批各种级别的湿地自然保护区，特别是对那些生态地位重要或受到严重破坏的自然湿地，更要果断地划定保护区域，实行严格有效的保护。

2. 湿地生态系统保护

一个系统的面积越大，该系统内物种的多样性和系统的稳定性越有保证。因此，增加湿地的面积是有效恢复湿地生态系统平衡的基础。严禁围地造田，对湿地周围影响和破坏湿地生境的农田要退耕还湿，恢复湿地生境，增加湿地面积。湿地入水量减少是造成湿地萎缩不可忽视的原因，水文条件成为湿地健康发展的制约因素，需要通过相关水利工程加以改善。增加湖泊的深度和广度以扩大湖容，增加鱼的产量，增强调蓄功能；积极进行各湿地引水通道建设，以获得高质量的补充水源；加强水利工程设施的建设和维护，加固堤防，搞好上游的水土保持工作，减少泥沙淤积；恢复泛滥平原的结构和功能以利于蓄纳洪水，提供野生生物栖息地以及人们户外娱乐区。

湿地保护是一项重要的生态公益事业，做好湿地保护管理工作是政府的职能。各级政府应高度重视湿地保护管理工作，在重要湿地分布区，要把湿地保护列入政府的重要议事日程，作为重要工作纳入责任范围，从法规制度、政策措施、资金投入、管理体系等方面采取有力措施，加强湿地保护管理工作。

（二）湿地生态恢复技术

湿地恢复是指通过生态技术或生态工程对退化或消失的湿地进行修复或重建，再现干扰前的结构和功能，以及相关的物理、化学和生物学特性，使其发挥应有的作用。根据湿地的构成和生态系统特征，湿地的生态恢复可概括为：湿地生境恢复、湿地生物恢复和湿地生态系统结构与功能恢复3个部分。

1. 湿地生境恢复技术

湿地生境恢复的目标是通过采取各类技术措施，提高生境的异质性和稳定性。湿地生境恢复包括湿地基底恢复、湿地水状况恢复和湿地土壤恢复等。湿地的基底恢复是通过采取工程措施，维护基底的稳定性，稳定湿地面积，并对湿地的地形、地貌进行改造。基底恢复技术包括湿地基底改造技术、湿地及上游水土流失控制技术、清淤技术等。湿地水状况恢复包括湿地水文条件的恢复和湿地水环境质量的改善。水文条件的恢复通常是通过筑坝（抬高水位）、修建引水渠等水利工程措施来实现；湿地水环境质量改善技术包括污水处理技术、水体富营养化控制技术等。由于水文过程的连续性，必须严格控制水源河流的水质，加强河流上游的生态建设。土壤恢复技术包括土壤污染控制技术、土壤肥力恢复技术等。在湿地生境恢复时，进行详细的水文研究，包括地下水与湿地之间的相互关系，作为湿地需要水分饱和的土壤和洪水的水分与营养供给，在恢复与重建海岸湿地时，还需要了解潮汐的周期、台风的影响等因素；详细地监测和调查土壤，如土壤结构、透水性和地层特点。

2．湿地生物恢复（修复）技术

湿地生物恢复（修复）技术主要包括物种选育和培植技术、物种引入技术、物种保护技术、种群动态调控技术、种群行为控制技术、群落结构优化配置与组建技术、群落演替控制与恢复技术等。在恢复与重建湿地过程中，作为第一性生产者的植被恢复与重建是首要过程。尽管水生植物或水生植被是广域和隐域性的，但在具体操作过程中应遵循因地制宜的原则。淡水湿地恢复和重建时，主要引入挺水和漂浮植物，如菖蒲、芦苇、灯芯草、香蒲、苔草、水芹、睡莲等。植物的种子、根茎、鳞茎、根系、幼苗和成体，甚至包括种子库的土壤，均可作为建造植被的材料。

3．生态系统结构与功能恢复技术

生态系统结构与功能恢复技术主要包括生态系统总体设计技术、生态系统构建与集成技术等。湿地生态恢复技术的研究既是湿地生态恢复研究中的重点，又是难点。

退化湿地生态系统恢复，在很大程度上，需依靠各级政府和相关部门重视，切实加强对湿地保护管理工作的组织领导，强化湿地污染源的综合整治与管理，通过部门间的联合，加大执法力度。要严格控制湿地氮肥、磷肥、农药的施用量，控制畜禽养殖场废水对湿地的污染影响，大型畜禽养殖场废水要严格按有关污染物排放标准的要求达标排放，有条件的地区应推广养殖废水土地处理。

植物是人工湿地生态工程中最主要的生物净化材料，它能直接吸收利用污水中的营养物质，对水质的净化有一定作用。目前，在人工湿地植物种类应用方面，国内外均是以水生植物类型为主，尤其是挺水植物。由于不同植物种类在营养吸收能力、根系深度、氧气释放量、生物量和抗逆性等方面存在差异，所以它们在人工湿地中的净化作用并不相同。在选择净化植物时既要考虑地带性、地域性种类，还要选择经济价值高、用途广以及与湿地园林化建设相结合的种类，尽可能地做到一项投入多处收益。植物除了对污物直接吸收外，还有重要的间接作用，输送氧气，提供碳源，从而为各种微生物的活动创造有利的场所，提高了工程污水的净化作用。

第三节　沿海防护林体系营建技术

一、防护林立地类型划分与评价

根据地质、地貌、土壤和林木生长等因素，在大量的外业调查资料和内业分析测算数据的基础上，运用综合生态分类方法、多用途立地评价技术，可以确定基岩海岸防护林体系建设中适地适树的主要限制因子，筛选出影响树种生长的主导因子，再建立符合不同类型海岸实际的立地分类系统，进行多用途立地质量评价，并根据立地类型的数量、面积和质量，提出与立地类型相适应的造林营林技术措施。为沿海基岩海岸防护林体系建设工程提供"适地适树"的理论依据，这将大大提高工程质量和投资效益，充分发挥土地生产潜力，并可创造出更高的经济和社会效益。

二、防护林树种选择技术

造林树种的选择必须依据两条基本原则。第一，要求造林树种的各项性状（以经济性状及效益性状为主）必须定向地符合既定的育林目标的要求，可简称为定向的原则。第二，要求造林树种的生态习性必须与造林地的立地条件相适应，可简称为适地适树的原则。这两条原则是相辅相成、缺一不可的，定向要求的森林效益是目的，适地适树是手段。人工林的生产力水平应是检验树种选择的主要指标，同时也要考虑其他经济效益、生态效益和社会效益的综合满足程度。

沿海基干林带和风口沙地生境条件恶劣，属于特殊困难造林地，表现在秋冬季东北风强劲，台风频繁，海风夹带含盐细沙、盐雾，对林木有毒害作用；沙地干旱缺水、土壤贫瘠，不利于林木生长。因此，选择造林树种时，应根据生境条件的特殊性，慎重从事，其主要原则和依据是：生态条件适应性，所选择的树种要能适应地带性生态环境；经营目的性原则，要能够符合海岸带基干林带及其前沿防风固沙的防护需要以生态效益为主；对沿海强风、盐碱和干旱等主要限制性生态因子要有很强的适应性和抵御能力。

三、沿海防护林结构配置原则

（一）生态适应性原则

沿海地区立地条件复杂多样，局部地形差别极大，在考虑防护林结构配置模式时，必须根据造林区具体的风力状况、土壤条件选择与之相适应的树种进行合理搭配，以提高造林效果和防护功能。

（二）防护效益最大化原则

防护林营建的主要目的是发挥其抵御风沙危害，改善沿海生态环境，因此，防护林结构配置，应以实现防护林防护效益最大化为目标，在选择配置树种时，要尽可能采用防护功能强的树种，并在迎风面按树种防护功能强弱和生长快慢顺序进行混交，促进防护林带早成林和防护效益早发挥。

（三）种间关系相互协调原则

不同树种有其各自的生物学和生态学特性，在选择不同树种混交造林时，要充分考虑树种间的关系，尽量选用阳性—耐阴性、浅根—深根型等共生性树种混交配置，以确保种间关系协调。

（四）防护效益优先，经济效益兼顾原则

沿海防护林体系建设属于生态系统工程，在防护林树种选择和结构配置上，必须优先考虑生态防护效益，但还要兼顾经济效益，以充分调动林农积极性，实行多树种、多林种和多种经营模式的有效结合。特别在基干林带内侧后沿重视林农、林果和林渔等优化配置，在保证生态功能持续稳定发挥的同时，增加防护林保护下发展农作物、果树、畜牧和水产养殖的产量和经济收益。

（五）景观多样性原则

不同树种形体各异，叶、花、果和色彩等均存在差异性，防护林结构配置在保证防护功能的前提下，需要充分考虑到树种搭配在视觉上协调和美感，增强人工林景观的多样性和复杂性，有利于促进森林旅游，提高当地旅游收入和带动其他行业发展。

第四节　城市森林与城镇人居环境建设技术

城市是人类活动的聚集地，是人类文明和社会进步的象征，是一个国家社会经济发展水平和社会文明的重要标志。20 世纪以来，伴随着工业革命的推进，全球城市化发展逐步加快。城市随着规模扩大、各种设施的完善以及人口的增加，促进了城市经济、社会和文化等诸多方面的繁荣，但与此同时，城市化又带来了一系列的社会和环境问题。城市生态环境建设用地比例失调、污染程度加剧、住房紧张、交通困难、生物多样性丧失等问题，引起城市生活质量下降，制约了城市可持续发展。城市森林作为城市生态系统中具有自净功能的重要组成部分，在保护人体身心健康、调节生态平衡、改善环境质量、美化城市景观等方面具有不可替代的作用。

一、城市森林道路林网建设与树种配置技术

（一）城市道路景观的林带配置模式

城市道路景观的植物配置首先要服从交通安全的需要，能有效地协助组织车流、人流的集散，同时，兼顾改善城市生态环境及美化城市的作用。在树种配置上应充分利用土地，在不影响交通安全的情况下，尽量做到乔灌草的合理配置，充分利用乡土树种，展现不同城市的地域特色。

城乡绿色通道主要包括国道、省道、高速公路及铁路等，城乡绿色通道由于道路较宽、交通流量大，树种配置时主要考虑滞尘、降低噪音的生态防护功能，兼顾美观效果。树种配置时应采用常绿乔木、亚乔木、灌木、地被复式结构为主，乔、灌、花、草的互相搭配，形成立体景观效应，增强综合生态效益。交通线两边的山体斜坡或护坡，也可种上草或藤，有些地方还可以种上乔、藤、花等。主要乔木树种可选用：巨尾桉、厚荚相思、马占相思、木麻黄、龙眼、荔枝、杧果、假槟榔、大王椰子、凤凰木、枇杷、南洋杉、高山榕、木棉、鹅掌楸等；灌木可选用：黄花夹竹桃、黄花槐、黄槿、三角梅、福建茶、九里香、黄公榕、变叶木、红桑、美蕊花、含笑、棕竹、美丽针葵、扶桑、朱蕉等；裸露山体林相改造树种有：木麻黄、台湾相思、厚荚相思、马占相思、团花、千年桐、香樟、榕树、橡皮树、南洋楹、银合欢、木麻黄、丛生竹、巨尾桉、柠檬桉、木荷、杨梅等；彩化景观树种有：枫香、山杜英、红叶乌桕、香樟、红花羊蹄甲等。

（二）城市森林水系林网建设与树种配置技术

1. 市级河道景观生态林模式

市级河道两岸是城市居民休闲娱乐的场所，在景观林带设计上应将其生态功能与景观功能相结合，树种配置上除了考虑群落的防护功能外，还应选择具有观赏性较强的或具有一定文化内涵的植物，以形成一定的景观效果。每侧宽度应根据实际情况，一般应保持 20～30 m，宜宽则宽，局部可建沿河休闲广场，为城市居民提供良好的休闲场所。在淡水水域河道树种主要选择：水杉、水松、落羽杉、池杉、垂柳、龙爪柳、邓氏柳、枫杨、鹅耳枥、桤木、木波罗、印度榕、菩提树、小叶榕、凤凰木、香樟、橄榄、苦楝、川楝、秋枫、乌桕、荔枝、羊蹄甲、合欢、木棉等；在咸水水域河道树种选择有：木麻黄、黄槿、苦槛兰、老鼠刺、秋茄、桐花树、木榄、竹节树等；灌木

有鸡冠刺桐、红花夹竹桃、软枝黄蝉、三角梅、黄花槐、扶桑、紫薇、悬铃花、美丽针葵、桂花、石榴等；竹类有观音竹、黄金间碧玉竹、孝顺竹等。

2. 区县级河道生态景观林模式

区县级河道主要是生态防护功能，兼顾景观功能和经济功能。在树种配置上以复层群落配置营造混交林，形成异龄林复层多种植物混交的林带结构，充分发挥河道林带的生态功能。同时，根据河道两岸不同的景观特色，进行不同的植物配置，营造不同的景观风格。河道宽度一般控制在 10～20 m，根据河道两岸实际情况，林带宜宽则宽，宜窄则窄。在树种选择上乔木主要有：龙眼、荔枝、乌桕、榕树、相思树、橄榄、苦楝、番石榴、垂柳、水杉、水松、杧果、杨梅、香蕉、菠萝、厚荚相思、番木瓜、洋蒲桃、第伦桃、柿树、香椿、广玉兰、樟树、大叶桉、巨尾桉等；灌木树种选择有：鸡冠刺桐、红花夹竹桃、米兰、三角梅、龙船花、杜鹃花、美蕊花、含笑、龙牙花、红叶乌桕、朱槿、红桑、四季桂等；竹类有佛肚竹、凤尾竹、刚竹、黄金间碧玉竹、孝顺竹、绿竹、麻竹、大头点竹等。

（三）城市森林隔离防护林带配置模式

1. 工厂防污林带的配置模式

该模式主要针对具有污染性的工厂而建设污染隔离防护林，防止污染物扩散，同时兼顾吸收污染物的作用。根据不同工业污染源的污染物种类和污染程度，选择具有抗污吸污的树种进行合理配置。树种选择如下。工厂防火树种：选择含水量大的、不易燃烧的树种，如银杏、海桐、泡桐、女贞、杨柳、桃树、棕榈、黄杨等。抗烟尘树种：黄杨、五角枫、乌桕、女贞、三角枫、桑树、紫薇、冬青、珊瑚树、桃叶珊瑚、广玉兰、石楠、构骨、樟树、桂花、大叶黄杨、夹竹桃、栀子花、槐树、银杏、榆树等。滞尘能力的树种：黄杨、臭椿、槐树、皂荚、刺槐、冬青、广玉兰、朴树、珊瑚、夹竹桃、厚皮香、构骨、银杏等。抗二氧化硫气体树种：榕树、九里香、棕榈、雀舌黄杨、瓜子黄杨、十大功劳、海桐、女贞、皂荚、夹竹桃、广玉兰、重阳木、黄杨等。抗氯气气体的树种：龙柏、皂荚、侧柏、海桐、山茶、椿树、夹竹桃、棕榈、构树、木槿、无花果、柳树、枸杞等。

2. 沿海城市防护林带的配置模式

城市防护林不但为城市区域经济发展提供庇护与保障，而且在环境保护方面、提高市民经济收入和风景游憩功能等方面发挥重要的作用。城市防护林应充分考虑其防御风沙、保持水土、涵养水源、保护生物多样性等生态效应，建立多林种、多树种、多层次的合理结构。在防护林的带宽、带距、疏透度方面，根据城市特点、地理条件来确定，一般林带由三带、四带、五带等组合形式组成。城市防护林树种选择时，要根据树种特性，充分考虑区域的自然、地理、气候等因素，因地制宜地进行合理的配置。

二、城市森林核心林地（片林）构建技术

（一）风景观赏型森林景观模式

该模式以满足人们视觉上的感官需求，发挥森林景观的观赏价值和游憩价值。风景观赏型森林景观营造要全面考虑地形变化的因素，既要体现景象空间微观的景色效果，也要有不同视距和不同高度宏观的景观效应，充分利用现有森林资源和天然景观，尽量做到遍地林木阴郁，层林尽染。在树种组合上要充分发挥树种在水平方向和垂直方向上的结构变化，体现由不同树种有机组成的植物群体呈现出多姿多彩的林相及季相变化，显得自然而生动活泼。在立地条件差、土壤瘠薄的区域，可选择速生性强、耐瘠薄、耐旱涝和根系发达的树种，如巨尾桉、马占相思、山杜英、台湾相思、木麻黄、夹竹桃和杨梅等；常绿阔叶林主要组成树种有：木荷、青冈、润楠、榕树、潺槁树、厚壳树、土密树、朴树、台湾相思等；彩化景观树种主要有：木棉、黄山栾树、台湾栾树、凤凰木、黄金宝树、黄花槐、香花槐、刺桐、木芙蓉、山乌桕、山杜英、大花紫薇、野漆、幌伞枫、兰花楹、南洋楹、细叶榄仁、红花羊蹄甲、枫香、槐树等。

（二）休息游乐型森林景观模式

该模式以满足人们休息娱乐为目的，充分利用植物能够分泌和挥发有益的物质，合理配置林相结构，形成一定的生态结构，满足人们森林保健、健身或休闲野营等要求，从而达到增强身心健康的目的。树种选择上应选择能够挥发有益的物质，如桉树、侧柏、肉桂、柠檬、肖黄栌等；能分泌杀菌素，净化活动区的空气，如含笑、桂花、米兰、广玉兰、栀子、茉莉等，均能挥发出具有强杀菌能力的芳香油类，利于老人消除疲劳，保持愉悦的心情。枇杷能安神明目，广玉兰能散湿风寒。该模式的群落配置为：枇杷树＋桃树＋八仙花—八角金盘、枸骨—葱兰、广玉兰＋香樟—桂花＋胡颓子—薰衣草、含笑＋桂花—栀子—玫瑰＋月季、木荷＋乐昌含笑—垂丝海棠、含笑—八仙花等群落。在福建地区可采用的乔木树种有：枫香、香椿、喜树、桂花、杨梅、厚朴、苦楝、杜仲、银杏、南方红豆杉、女贞、木瓜、山楂、枇杷、紫薇、柿树、枣树；灌

木植物有：粗榧、小檗、十大功劳、枸杞、贴梗海棠、木芙蓉、连翘、九里香、枸骨、南天竺、羊踯躅、玫瑰、胡颓子、接骨木、火棘、石楠、夹竹桃、迎春；草本植物有：麦冬、沿阶草、玉簪、菊花、垂盆草、鸢尾、长春花、酢浆草、薄荷、水仙、野菊、万年青、荷花、菱、菖蒲、天南星、石蒜。

（三）文化展示型森林景观模式

该模式在植物群落建设同时强调意与形的统一，情与景的交融，利用植物寓意联想来创造美的意境，寄托感情，形成文化展示林，提高生态休闲的文化内涵，提升城市森林的品位。如利用优美的树枝，苍劲的古松，象征坚韧不拔；青翠的竹丛，象征挺拔、虚心劲节；傲霜的梅花，象征不怕困难、无所畏惧；利用植物的芳名：金桂、玉兰、牡丹、海棠组合，象征"金玉满堂"；桃花、李花象征"桃李满天下"；桂花，杏花象征富贵，幸福；合欢象征合家欢乐；利用丰富的色彩：色叶木引起秋的联想，白花象征宁静柔和，黄花朴素，红花欢快热烈等。在地域特色上，通过市花市树的应用，展示区域的文化内涵。如厦门的凤凰木、三角梅，福州的榕树、茉莉花，泉州的刺桐树、含笑花，莆田的荔枝树、月季花，龙岩的樟树、茶花和兰花，漳州的水仙花，三明的黄花槐、红花紫荆与迎春花等。

三、城市广场、公园、居住区及立体绿化技术

（一）广场绿化树种选择与配置技术

城市广场绿化可以调节温度、湿度、吸收烟尘、降低噪音和减少太阳辐射等。铺设草坪是广场绿化运用最普遍的手法之一，它可以在较短的时间内较好地实现绿化目的。广场草坪一般要选用多年生矮小的草本植物进行密植，经修剪形成平整的人工草地。选用的草本植物要具有个体小、枝叶紧密、生长快、耐修剪、适应性强、易成活等特点，常用的草种植物有：假俭草、地毯草、狗牙根、马尼拉草、中华结缕草、沿阶草。广场花坛、花池是广场绿化的造景要素，应用彩叶地被灌木树种进行绿化，可以给广场的平面、立体形态增加变化，常见的形式有花带、花台、花钵及花坛组合等，其布置灵活多变。地被植物有：龙舌兰、红苋草、红桑、紫鸭趾草、小蚌花、红背桂、大花美人蕉、花叶艳山姜、天竺葵、一串红、美女樱；灌木彩叶树种有：黄金榕、朱顶红、肖黄栌、变叶木、金叶女贞、红枫、紫叶李、花叶马拉巴栗、紫叶小檗、黄金葛等。

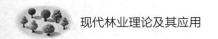

（二）公园绿化树种选择与配置技术

城市公园生态环境系统是一个人工化的环境系统，是以原有的自然山水和森林植物群落为依托，经人们的加工提炼和艺术概括，高度浓缩和再现原有的自然环境，供城市居民娱乐游憩生活消费。植物景观营造必须从其综合的功能要求出发，具备科学性与艺术性两个方面的高度统一，既要满足植物与环境在生态适应上的统一，又要通过艺术构图原理体现出植物个体及群体的形式美及人们在欣赏时所产生的意境美。树种配置主要是模拟和借鉴野外植物群落的组成，源于自然又高于自然，利用国内外先进的生态园林建设理念，进行详尽规划设计，多选用乡土树种，富有创造性地营造稳定生长的植物群落。

营建滨水区的植物群落特色，利用自然或人工的水环境，从水生植物逐渐过渡到陆生植物形成湿生植物带，植物、动物与水体相映成趣、和谐统一。由于水岸潮间带是野生动植物的理想栖息地，能形成稳定的自然生态系统，是城市中的最佳人居环境。

利用地形地貌营造的植物群落，福建省丘陵山地多，峭壁、溪涧、挡墙、岩石、人工塑石等复杂地形特征很常见，依地形而建的植物群落易成主景，利用本土树种、野生植物、岩生植物、旱生植物进行风景林相改造，营造出层次丰富、物种丰富的山地植物群落。

以草坪和丛林为主的植物群落，大草坪做衬底，花镜做林缘线，丛林构成高低起伏的天际线，中间层简洁，整个群落轮廓清楚、过渡自然、层次分明，观赏性强，人们可以在群落内游憩，这类植物群落可以在广场绿地、休闲绿地等中心绿地广为应用。

以中小乔木为主突出季相变化的小型植物群落，乔木层结构简单、灌木层丰富、以大花乔木和落叶乔木为主，搭配大量灌木、观叶植物、花卉地被，突出植物造景，这类植物群落可用于街头绿地、建筑广场、道路隔离带等小型绿地。

以高大乔木为主结构复杂的植物群落，借鉴和模拟亚热带和中亚热带原始植物群落景观，上层选用高大阳性乔木，二层、三层为半阴性中小乔木和大藤本，灌木层由耐阴观叶植物、藤灌、小树组成，地被为耐强阴的草本、蔓性地被，在树枝上挂着附生植物，这类植物群落适宜在城市中心绿地、道路两侧绿化带等城市之"肺"上营造。

以棕榈科植物为主的植物群落，以高大的棕榈树高低错落组合形成群落主体，群落中间配置丛生及藤本棕榈植物，增强群落层次，底层选用花卉、半阴性地被、草皮来衬托棕榈植物优美的树形。

（三）居住区与单位庭院树种配置模式

居住区与单位是人们生活和工作的场所。为了更好地创造出舒适和优美的生活环境，在树种配置时应注意空间和景观的多样性，以植物造园为主进行合理布局，做到不同季节、时间都有景可观，并能有效组织分隔空间，充分发挥生态、景观和使用三个方面的综合效用。

1. 公共绿地

公共绿地为居民工作和生活提供良好的生态环境，功能上应满足不同年龄段的休息、交往和娱乐的场所，并有利于居民身心健康。树种配置时应充分利用植物来划分功能区和景观，使植物景观的意境和功能区的作用相一致。在布局上应根据原有地形、绿地、周围环境进行布局，采用规则式、自然式、混合式布置形式。由于公共绿地面积较小，布置紧凑，各功能分区或景观间的节奏变化较快，因而在植物选择上也应及时转换，符合功能或景区的要求。植物选择上不应具有带刺的或有毒、有臭味的树木，而应利用一些香花植物进行配置，如白兰花、广玉兰、含笑、桂花、栀子花、云南黄素馨等，形成特色。

2. 中心游园

居住小区中心游园是为居民提供活动休息的场所，因而在植物配置上要求精心、细致和耐用。以植物造景为主，考虑四季景观，如体现春景可种植垂柳、白玉兰、迎春、连翘、海棠、碧桃等，使得春日时节，杨柳青青，春花灼灼；而在夏园，则宜选用台湾栾树、凤凰木、合欢、木槿、石榴、凌霄、蜀葵等，炎炎夏日，绿树成荫，繁花似锦；秋园可种植柿树、红枫、紫薇、黄栌，层林尽染，硕果累累；冬有蜡梅、罗汉松、龙柏、松柏，苍松翠柏，从而形成丰富的季相景观，使全年都能欣赏到不同的景色。同时，还要因地制宜地设置花坛、花境、花台、花架、花钵等植物应用形式，为人们休息、游玩创造良好的条件。

3. 宅旁组团绿地

是结合居住区不同建筑组群的组成而形成的绿化空间，在植物配置时要考虑到居民的生理和心理的需要，利用植物围合空间，尽可能地植草种花，形成春花、夏绿、秋色、冬姿的美好景观。在住宅向阳的一侧，应种落叶乔木，以利夏季遮阴和冬季采光，但应在窗外 5 m 处栽植，注意不要栽植常绿乔木，在住宅北侧，应选用耐阴花灌木及草坪，如大叶棕竹、散尾葵、珍珠梅、绣球花等。为防止西晒，东西两侧可种植攀缘植物或高大落叶乔木，如五叶地锦、炮仗花、凌霄、爬山虎、木棉等，墙基角隅可种植低矮的植物，使垂直的建筑墙体与水平的地面之间以绿色植物为过渡，如植佛肚竹、鱼尾葵、满天星、铺地柏、棕竹、凤尾竹等，使其显得生动活泼。

4. 专用绿地

各种公共建筑的专用绿地要符合不同的功能要求，并和整个居住区的绿地综合起来考虑，使之成为有机整体。托儿所等地的植物选择宜多样化，多种植树形优美、少病虫害、色彩鲜艳、季相变化明显的植物，使环境丰富多彩，气氛活泼；老年人活动区域附近则需营造一个清净、雅致的环境，注重休憩、遮阴要求，空间相对较为封闭；医院区域内，重点选择具有杀菌功能的松柏类植物；而工厂重点污染区，则应根据污染类型有针对性地选择适宜的抗污染植物，建立合理的植被群落。

（四）城市立体绿化模式

城市森林不仅是为了环境美化，更重要的是改善城市生态环境。随着城市社会经济高速发展，城区内林地与建筑用地的矛盾日益突出。因此，发展垂直绿化是提高城市绿地"三维量"的有效途径之一，能够充分利用空间，达到绿化、美化的目的。在尽可能挖掘城市林地资源的前提下，通过高架垂直绿化、屋顶绿化、墙面栏杆垂直绿化、窗台绿化、檐口绿化等占地少或不占地而效果显著的立体绿化形式，构筑具有南亚热带地域特色的立体绿色生态系统，提高绿视率，最大限度地发挥植物的生态效益。垂直绿化是通过攀缘植物去实现，攀缘植物具有柔软的攀缘茎，以缠绕、攀缘、钩附、吸附等四种方式依附其上。福建地区适合墙体绿化的攀缘植物有：爬山虎、异叶爬山虎、络石、扶芳藤、薜荔、蔓八仙花、美国凌霄、中华常春藤、大花凌霄等；适宜花架、绿廊、拱门、凉亭等绿化的植物有：三角梅、山葡萄、南五味子、葛藤、南蛇藤、毛茉莉、炮仗花、紫藤、龙须藤等；适宜栅栏、篱笆、矮花墙等；低矮且通透性的分隔物绿化植物有：大花牵牛、圆叶牵牛、藤本月季、白花悬钩子、多花蔷薇、长花铁线莲、炮仗花、硬骨凌霄、三角梅等；屋顶绿化应选用浅根性、喜光、耐旱、耐瘠薄和树姿轻盈的植物，主要植物有：葡萄、月季、金银花、雀舌黄杨、迎春、茑萝、马尼拉草、圆叶牵牛、海棠、金叶小檗、洒金榕、凌霄、薜荔、仙人球、龙舌兰、南天竹、十大功劳、八角金盘、桃叶珊瑚、杜鹃等。

第十四章　林业绿色经济的实践探索

第一节　林业绿色经济的主要实践模式

一、林业低碳经济模式

在全球气候变暖的严峻背景下，发展低碳经济有利于促进社会可持续发展，而林业在低碳经济发展中起着举足轻重的作用。所谓林业低碳经济，是指在林业经济活动过程中，通过科学管理和技术创新，增加森林碳汇，减少林业碳源，从而以较少的温室气体排放获得较大产出的新的林业经济活动。（江泽慧，2010）

促进中国林业发展低碳经济稳步发展的因素有四个方面：第一，要提高中国的资源能源利用效率；第二，要开发利用可再生的资源能源；第三，要引导广大消费者的消费行为；第四，利用国际碳汇贸易来发展新技术。（郭万达等，2010）在中国，想要持续良好地发展林业低碳经济，第一，需要调整林业产业的布局，使林业产业成为低碳产业，限制高碳产业发展甚至从市场中剔除，防止其重回市场；第二，使林业工业低碳化，提高能源的开发利用的效率；第三，构建低碳城市，在居住空间方面，要低碳环保，在公共交通方面，要广泛使用环保交通设备和设施；第三，增加碳汇量，主要手段有重视植树造林活动、进行生物固碳等。（任力，2009）在我国有多个省市已开展了林业低碳经济的模式实践，例如黑龙江省、内蒙古自治区。

黑龙江省是林业大省，利用黑龙江省的资源环境优势，发展林业低碳经济有利于促进全省低碳经济发展，实现经济增长方式的转变，林业低碳经济发展模式的实现可以有效地将黑龙江省的资源优势转变为经济优势，促进黑龙江省经济良好健康的发展，实现社会、经济可持续发展。（王建，2012）尤其是在黑龙江国有森工林区发展低碳经济是实现生态林业的必然选择，这是从保护生态环境的角度出发以促进林区的发展。

另外，在森工林区开发新能源、采用低碳模式进行生产经营可以为整个黑龙江地区带来新的经济增长点。森林的生态化培育、林产工业的低碳化发展，产业结构的低碳化调整，清洁能源的开发和利用等都将推动林区经济低碳化发展，推动林区经济向低消耗、低排放、低污染的高效增长方式转变。这些都是实现可持续发展战略的重要的环节，极大地推动了黑龙江国有林区的可持续发展，实现经济和生态双赢战略。（李婷婷，2012）

内蒙古自治区地处我国北部边疆，生态区位十分重要，林业用地面积和森林面积均居全国第一位，既是森林资源大省区，也是荒漠化大省区，生态保护和建设任务艰巨、责任重大。林业作为典型的资源依赖型产业，不但具有较高的经济效益，同时还承担着保护环境、造福社会的生态效益和社会效益。当前，面临着诸多问题：第一，如何在保障林业产业经济效益不降低甚至有所提高的前提下提高其生态效益和社会效益；第二，如何在传统林业产业的基础上促进其他林业加工利用产业的发展、优化林业产业等。以上都是低碳经济视角下内蒙古林业在未来发展中面临的棘手问题。（麦拉苏，2014）

二、林业循环经济模式

在走林业低碳经济模式的道路过程中，林业循环经济是另一重要的驱动力。循环经济是指"资源—生产—消费—资源再生"的反馈式流程，主要有"减量、再用、循环"这三大基本原则（"3R"原则）。林业循环经济指的是在林业生产经营活动中，按照"3R"原则，通过优化林业产品生产到消费整个产业链的结构，实现物质的多级循环利用，使产业活动对环境的危害降低到最小。用"资源—产品—再生资源"的反馈式流程取代传统的"资源—产品—废物"的单程式经济发展模式，实现林业生态效益、经济效益和社会效益的统一。

从微观、中观和宏观层面上来探讨林业循环经济。从微观层面来说，企业是构成林业产业生态化主系统的核心个体，属于微观层面，基于循环经济的产业生态化过程主要在企业内部进行。主要分为链条延伸模式、技术驱动模式和市场驱动模式。链条延伸模式是指延伸产品链条或者是生产链条的模式。要实现产业生态化，首先考虑向排放物"开刀"，把它变成新资源，延长产品链条或生产链条；技术驱动模式是指通过技术创新和技术改造来实现企业生态化，通过大力发展相关的生态化技术，降低企业对资源和能源的消耗，减少废弃物排放，提升产品档次和技术含量，从实质上实现企业生态化；市场驱动模式是指在企业与市场之间建立一种沟通协调机制，如建立中介组织机构来加强企业与市场之间的信息沟通与共享，使企业能够第一时间识别市场需求，并对市场需求作出快速反应，满足市场需求。中观层面主要指的是循环型产业模式和联合经营模式。前者是充分发挥龙头企业在生产经营及市场主导等方面的强势地位和快速响应能力，以龙头企业为核心逐步形成产业集聚或产业集群。后者是在主体独立经营的基础上，利用企业之间签订协议的方式将两个或两个以上独立利益主体变成一个虚拟的利益主体，共同实现企业的生态化。而在宏观层面上，循环型社会模式分为点线互动模式，即在林区中选择一些具有带动作用的点——中心城镇、乡镇、林场，通过这些点来推动林区产业结构调整。此外，森林碳汇交易模式也是循环型社会模式的一种。由于森林是自然界中吸收二氧化碳的主要载体，森林资源能够有效地降低温室气体存量和二氧化碳浓度。因为林区拥有较多的碳排放权，而其他地区则缺乏碳排放权，林区可以将其拥有的富余碳排放权拿出来进行交易，从而解决林业产业生态化过程中面临的资金瓶颈。

从林业产业特性角度来看，发展林业循环经济的潜力很大。林业既有内部经济，又有外部经济，并且外部经济远远大于内部经济。（李怒云，宋维明，2006）因此，林业产业是一个环境友好型产业，是循环经济的主体和支柱，是实现林业可持续发展的必然选择。（谢煜，张智光，2009）从木材供需角度来看，发展林业循环经济是缓解木材供需矛盾的重要途径。根据中国现阶段的经济特点，对于木材的需求量大大增加，因此导致了木材供需缺口持续加大。而通过发展林业循环经济，减少木材的消耗量，提高资源利用率，加大废弃木材回收利用，可以在一定程度上缓解木材供需矛盾。很多国家都已把废弃木质原料的回收利用作为充分利用自然资源、保护环境的重要政策。（魏殿生，2006）从林业企业的角度来看，发展循环经济可以促进企业发展。林业企业通过实施清洁生产、企业间协作和回收利用木质废料，可减少污染治理费用，降低能耗和物耗，从而降低生产成本。因此，实施循环经济是林业企业提升竞争力的重要手段。（谢煜，张智光，2009）发展循环林业经济是在林业资源不足的情况下，实现我国林业经济效益和生态效益双赢的重要举措。（朱玉林，陈洪，2007）

我国有部分地区在林地立体开发模式中已初步形成产业经济的雏形，并且取得了比较明显的效益。吉林省林业局已经探索了林笋立体开发模式，以延长笋竹产业链。主要的过程是：在建设笋竹产业经济的过程中，实施麻竹笋用林繁育、栽培、加工综合技术研究，麻竹笋加工剩余物为原料在麻竹林下栽培食用菌的研究，麻竹产业化培育技术标准研究，有力地带动了全县林笋立体开发。根据这个原理，将麻竹笋加工剩余物转化为食用菌、将食用菌下脚料转化为有机肥的生物转化技术和麻竹林下立体栽培丰产模式研究成果，获国家发明专利，循环经济发展初显巨大效益。

三、生态林业经济模式

生态林业就是要按森林生态系统生长、发育规律来经营森林。生态林业经济模式是根据"生态利用"原则而组织起来的森林经营利用制度。它运用生态经济学原理和生态过程方法，充分利用当地自然条件和自然资源，在促进林产品持续发展的同时，为人类社会的当代和后代的生态和发展创造最佳状态的环境。生态林业经济模式运行的自然动力机制是指对林业生态经济复合系统能够产生影响的所有自然条件所构成的，并且能够促使生态经济协调发展的力，其核心就是自然生产力。该生产力是由资源要素、人力要素、科技要素、科技要素、投资要素、制度要素和文化要素这六大要素所构成。（贺景平，2010）生态林业经济系统具有一切大系统共有的特征，即系统性、有序性、互补性、整体效益最优率控制。（孙兴志，2001）林业生态经济系统作为一个复合系统，具有三个特点。一是它的双重性。它是由森林生态系统和林业经济系统复合形成的，因此其运行同样要受林业经济规律和森林生态规律的制约。二是它的结合性。在林业生态经济系统这复合系统的运行中，对于人们发展经济来说，森林生态系统与林业经济系统两个子系统的地位和作用是不相同的。林业生态经济系统的建立，体现了森林生态与林业经济两个系统的结合，同时也体现了自然规律与林业经济规律两种规律作用的结合。三是它的矛盾统一性。即在其内部，森林生态和林业经济两个子系统的运行方向既是矛盾的，又是能够统一的。这是因为，一方面，林业经济系统本身的要求是对生态系统"最大的利用"，而森林生态系统对自身的要求则是"最大的保护"，因此两者在林业经济发展中是会产生矛盾的。但是另一方面，从长远来说，人们对于森林生态系统，不但要求目前的利用，而且也要求长远的利用，因此也需要对之进行保护。这就使林业经济和森林生态两个方面的要求得到了统一，从而也就使得两者的矛盾统一能够实现。（诸大建，2008）

全国各地的发展模式不尽相同，在江西省鄱阳湖林区内，公益林区域林业生态经济发展模式分为江西省"一大四小"工程中的林业生态经济发展模式、以天然林培育及保护为主的生态优先型林业生态经济发展模式、以生态重建与生态移民为主的林业生态经济发展模式和以生态旅游为主的林业生态经济发展模式。在商品林区内，则主要是采用了林农复合型林业生态经济发展模式、资源综合利用型林业生态经济发展模式以及林工一体化林业生态经济发展模式。（周莉荫等，2012）

四、社会林业经济模式

在发展中国家，人口增加、贫穷和粮食需求、社会经济的压力使得森林的破坏远未停止，人口和贫困对资源的破坏和环境的压力有增无减。在地球的某些地区，正以牺牲后代的利益来换取眼前的温饱。显然，林业问题不仅仅是个经济问题、生态问题，同样也是一个重大的社会问题。人类的活动，社会的发展，既受制于自然，又影响着自然，自然的演化也随着人和社会行为的作用而日益明显与迅速。因此，林业问题已是超越国界和全球战略的重要内容之一。于是在 20 世纪 60 年代末，人们对林业及其发展中作用的认识产生了飞跃性的改变，其主要标志是产生了社会林业的概念和基本思想，并且在许多发展中国家，社会林业的实践蓬勃开展起来。由 104 个国家的近 2 000 名林业工作者在 1978 年签署的《雅加达宣言》，明确提出"森林为人民"的林业指导思想，使社会林业的思想在全世界的传播起了强有力的推动作用。社会林业的定义可分为广义与狭义两种。广义的社会林业是指以保存生物基因，协调全国、大区域的生态环境为目标的社会林业。主要类型有两种，一种为保存生物的基因的社会林业，如自然保护区；另一种为协调大区域人类生存、生产环境的社会林业，如防护林体系、面积广袤的大林区即天然林区。广义的社会林业目标远大，关系到国家、民族的长远利益，所以，由国家设立专业机构进行科学经营管理。而狭义的社会林业是指森林的社会功能在特定的社区发挥作用，由社区组织林业活动，社区和参与者直接受益。主要分为 3 类：第一类是乡村社会林业，即包括平原、山区、林区林业，以改善乡村生态环境，为村民提供薪材、饲料、食物和经济收入为宗旨；第二类是城市林业，包括城区和郊区林业，以美化、绿化城市环境，净化空气，为居民创造优良的生活、生产、工作环境为宗旨；第三类是特殊社区的社会林业，包括工厂、矿区、军营等特殊社区的林业，以改善本社区生活、生产、训练环境为宗旨。还有些学者认为：社会林业运用的主要技术手段是农林复合经营等，参与主体是群众，群众在参与森林经营管理的各项林业活动中，从林产品、林副产品中获取自身利益的来源，保护环境，促进农村社会持续发展。（刘思慧，李云梅，1998）另外还有一些人认为：社会林业是由社区组织的林业活动，参与对象是人民群众，是为解决其自身生存和发展所需的林业实践活动，是在特定的社区发挥森林的社会功能的作用，改善了农村生态环境，促进农村社会的综合、协调与持续发展，直接受益者为社区和参与者。无论是采用何种定义，在社会林业的内涵和作用上，人们有着共性的认识。

我国福建省已经对社会林业经济发展模式进行了探索。其主要的技术手段是农林复合经营。根据科学规划、经营目的将林业与农业、养殖业等多种产业有机地联合在一起，组成一种综合型的人工复合型生态系统。农林复合生态系统对于保护乡村自然环境、促进乡村经济发展、提高农民收水平具有不容忽视的作用，同时兼顾林业的三大效益，使土地与资源可持续利用。（钟昌福，2007）福建省主要的发展模式为村民自发型发展模式、政府主导型发展模式和林业企业组织领导型发展模式，这三种模式各自有其利弊。（陈丽敏，2012）

第二节　林业绿色经济的主要实践组织形式

一、家庭林场

2013年中央一号文件首次出现"家庭农场"概念，鼓励和支持承包土地向专业大户、家庭农场、农民合作社流转。林业作为大农业下的一部分，与之相应的"家庭林场"也应运而生。在集体林权制度明晰产权、放活经营、规范流转、减轻税费的改革背景下，制度安排与家庭农场相类似的家庭林场也在全国各地蓬勃发展起来。家庭林场是以家庭为基本经营单位，进行以林业为主的商品生产的经济主体，是在林业承包责任制的基础上发展起来的一种林业生产经营形式。（何得桂，朱莉华，2013）家庭林场有固定的生产基地，达到一定的经济规模；有较高的经营管理水平，趋向科学化、集约化、丰产化、林工商一体化经营，而且贯穿营林的全过程。家庭林场的造林有规划、有设计、标准高、措施新，造林质量也有强有力的保证。（邹继昌，2013）在林业产业结构中，除了家庭林场，还有林业专业大户、林业专业合作社，但是后两类经营方式与家庭林场还是存在显著的不同的。家庭林场是以家庭为单位来进行林业商品生产的，劳动力主要是家庭成员为主的一种小型化的经营方式，基本不需要额外地雇佣工人。林业专业大户的经营规模比家庭林场大，需要长期依靠雇佣工人进行林业商品的生产和林场的管理。林业专业合作社则是由来自不同家庭的林农自发联合形成的一种组织化经营方式，分散的林农联合起来，由合作社统一安排生产和经营。（马汉金，2014）

家庭林场承包经营有诸多优点，这种经营模式最突出的优点，不仅在于适应了市场内在的经营和激励机制，能够充分调动营林主体的生产经营积极性，激发人力资本的创新活力，更在于这种经营模式内涵丰富的生态文明价值理念，以林业为发展载体的家庭林场要想实现可持续发展，客观上要求生产经营者树立尊重自然、顺应自然、保护自然的可持续发展生态文明价值观，提高对自然环境和生态资源保护的责任意识，在生产经营过程中以自然资源和生态环境为价值取向，尽量避免对生态环境带来不利的影响或破坏。（张驰等，2015）与此同时，家庭林场能够极大地发挥林业所带来的经济、社会以及生态效益。经济效益最直接的表现在了促进林农增收上。家庭林场的经济收益由五部分组成：第一是进行植树造林、森林抚育维护所得的政府补贴；二是开展林下种、养殖业务（如蘑菇、木耳、中药材、竹木编制品、家禽家畜养殖等）获得的收益；三是依法按规采伐获得的木材销售和果林、油树产品（如水果、坚果、茶油、棕榈油、橄榄油等）销售收益；四是开展林业旅游与休闲服务获得的收益；五是参与林业碳汇交易获得的收益。社会效益则表现在很大程度上解决了农村劳动力短缺的问题。与此同时，也能带来一系列的促进家庭感情、解决留守儿童和空巢老人的正外部性。生态效益与林业所发挥的生态价值相一致，促进人与自然、人与社会和谐发展，促进全社会绿色发展。（林嘉维，2016；张驰等，2015）

二、林业生态园

林业生态园是以某类（种）具有经济价值、文化内涵的植物树种为主体的，以林业生产为基础，以产品加工为支撑，结合自身的资源、人文、区位优势以开发林业景观、田园景观和旅游服务为依托的，集林业生产、生活与生态三位一体的综合性主题生态园，在经营上表现为集产、供、销及旅游、休闲、服务等三级产业于一体的林业产业发展形势。（孙银银，2013）

林业生态园是以某类（种）具有经济价值、文化内涵的植物树种为主体的，以林业生产为基础，以产品加工为支撑，结合自身的资源、人文、区位优势以开发林业景观、田园景观和旅游服务为依托的，集林业生产、生活与生态三位一体的综合性生态园，在经营上表现为集产、供、销及旅游、休闲、服务等三级产业于一体的林业产业发展形势。特色林业生态园是一种以林业生产为基，将林业和旅游业相结合的一种新型的、生态的、可持续的现代林业发展模式。（肖嘉欣，2016）在这种模式下，采用机械化、标准化、集约化的生产流程，以市场为导向，挖掘开发林业资源并调整优化林业结构，带动相关产业发展，保护和改善生态环境，促进生态林业的可持续发展。同时特色林业生态园作为生态旅游园区，具有艺术性和观赏性，其形成的园林景观能够满足人们感官需求与心理需要。具有产业的复合性、景观的多样性、发展的可持续性、开发经营模式的多元性四个特点。（孙银银，2013）

三、林业观光园

林业观光园区是以林产品生产基地、森林环境为基础，配备相应的服务设施，为居民提供观光、生产实践、教育、休闲度假等森林生态旅游活动的场所。（张建国等，2006）在林业观光园内，除了各地结合自己的林业特点、自然资源等先天基础以外，可以引进一些优良品种或者是进口一些稀有花卉蔬果供公众进行观赏。园内除了提供给游客观赏、游览以外，也可以提供一些无污染的绿色无公害的林产品，最终形成一个独具特色的科技示范园。林业观光园有以下 7 个特点。第一，以保护生态环境为主要目的，其中主要是为了保证当地的林业符合生态环境的发展，实现生态环境有效统一，同时在生产林业时要低于自然资源的再生能力；另外在当地发展林业时也有效地维护了生态的平衡能力。第二，林业观光园将自然景观与当地的文化有效地融合。第三，林业观光园有着独特的地域性和地域文化。第四，林业观光园具备着高度的可塑性，可以在继承当地的传统文化的同时，也将现代社会新的文化有效地体现出来，从而具备了鲜明的时代特色，有着本身不可磨灭的可塑性。第五，林业观光园是将生态化和科学化进行有效的统一，在保护林业经济的基础上利用科学技术，在传统的技术上有效地利用新型技术，以此来提高林业观光园的经济效益以及生态效益。第六，林业观光园可以供人们游玩，从而具备着娱乐性和参与性等特点。第七，林业观光园具备着可持续发展的特点。林业观光园是站在生态经济的基础上尊重自然生态的发展规律，从而在此之上建立林业观光园。因此，其在最大程度上具备着可持续发展的特点。（王小亚，鲍海波，2013）林业观光园，一个可游、可憩、可赏、可居的综合活动空间境域，是作为我国一条使林业既可以发挥其复合功能，又能维持林业经济、资源、环境可持续发展的道路，各地区有必要结合本地区特点对林业观光园做一个详细构想，为开辟有特色的生态观光园打下基础。

四、国家森林公园

近年来，我国社会经济水平发展迅速，人们的生活水平和生活质量也得到了显著的提升，在闲暇时间不变的情况下，公众所的追求也有所转变。公众从追求物质生活向追求精神生活转变，休闲为主的外出旅游则成为了体验异样的生活和放松身心、寻找精神寄托的最佳方式。随着旅游市场对旅游休闲的追求膨胀，对旅游休闲产品的要求就越来越高。对于如今短促的闲暇周末时间，旅游者更希望在离居住地较近的休闲场所游玩，正是如此促成了城郊型的、带有优质的自然风景和悠久的文化底蕴特征的公共公园的引人注目。（尤佳，2015）发展森林旅游业是林业部门按照森林多功能经营和生态经济学原理转变观念、探索森林经营思路的重要举措。森林旅游业的发展弥补了森林资源限制性开发的背景下林业经济效益的损失，是林业经营过程中生态效益、社会效益和经济效益同步发展的有效结合方式。（何丹，2012）森林公园则是森林旅游业发展的主要载体，国家森林公园（National Forest Park），这一提法主要用于中国大陆地区，是各类别森林公园中的最高级。中国的森林公园分为国家森林公园、省级森林公园和市、县级森林公园等三级，其中国家森林公园是指森林景观特别优美，人文景物比较集中，观赏、科学、文化价值高，地理位置特殊，具有一定的区域代表性，旅游服务设施齐全，有较高的知名度，可供人们游览、休息或进行科学、文化、教育活动的场所，由国家林业和草原局作出了准予设立的行政许可决定。截至 2015 年年底，共有森林公园 826 处，面积 10 845 491.71 hm^2。我国的国家森林公园发展是伴随着改革开放而出现的新兴事物，是一种有别于传统城市的空间的生产模式。（罗芬，保继刚，2013）森林公园作为以树木为主的生物群落与其周围环境所组成的生态系统，也是一种自然旅游生态系统。它除了具有一般森林生态系统的提供林木产品和林副产品、森林游憩、涵养水源、固碳释氧、养分循环、净化环境、土壤保持和维持生物多样性等生态服务功能，森林公园还具有良好的保健和疗养功能。（汪朝辉，2012）

　　山区、林区是我国旅游业提质升级的主阵地，在促进旅游投资和消费中发挥着重要作用。森林公园大多位于经济相对落后的大山区、大林区，这些地区通过发展森林旅游获得了显著的经济效益。森林公园以自然景观为主导，以森林生态环境为依托，集生态产业与生态文化于一体，为广大游客提供了休闲度假、回归自然、调理身心的理想之地。当今，健康养生的生活方式，已成为人们追求的目标。作为健康养生重要领域的森林公园，只有不断提升品质，才能为这一新兴生态产业进入市场作好充分准备。

　　森林公园建设的初衷，就是要保护与合理利用我国的森林风景资源。森林公园的建设不仅使我国林区一大批珍贵的自然资源和文化遗产得到有效保护，还有力地促进了国家生态建设和自然保护事业的发展。截至 2015 年年底，全国已有国家级森林公园 826 处、国家级森林旅游区 1 处；省级森林公园 1 402 处，县（市）级森林公园 1 005 处。在全国各级各类森林公园中，总数超过 100 处的省份有广东、山东、浙江、福建、江西、河南、山西、四川、湖南、江苏和河北共 11 个。其中，广东省森林公园总数位居首位，达到 615 处，已经成为生态文明建设的重要载体。

五、林业生态经济园区

林业生态经济园区是以"充分保护自然环境、充分利用生态资源、充分体现生态园特色、充分发挥最大效益"的基本原则来规划景观，以达到景观组合自然得体，项目丰富多彩、吸引力强；休闲度假安静、舒适，服务周到；娱乐观光内容充实、富有创新、超前意识，刺激性强的极品景点。伊春市金山屯区林业生态园人文景观与自然景观巧妙结合，体现出人与自然的和谐统一。自然景观主要集中在"峰岩泉"周围。峰岩泉，位于此旅游区西侧的上部，泉水常年保持 8 ℃以上，喝一口全身顿感无比舒畅。山泉上方的悬崖上，生长着一棵百年青松，如同山泉的忠诚卫士日夜恪尽职守。山泉南侧有一条沟，巨石从山顶排到山脚，游人观赏需跳着走，故称"跳石林"。跳石林南侧，有刺嫩芽景区、五味子景区和成排的石人阵。状如人形的石人阵，似出兵、似布阵，景观奇特，气势磅礴。人文景观有矿泉水"金水山泉王"生产车间，由透明玻璃与外界隔断，纯天然矿泉水从海拔 2 700 m 的山顶顺管道引来，游人可从玻璃墙外看到各式作坊的生产过程，这样的"透明"生产，令游人感到新鲜有趣。广场的草坪不怕践踏，其中设有 5 处篝火点燃点，供游人夜间狂欢之用。北侧有木制别墅供游人留宿，每个单间内设施简朴而舒适。山下峰岩湖，湖水平稳如镜，可游泳、划船、钓鱼。这里冬天还可滑雪、溜冰、观雪景、打雪仗。金山屯区林业生态正在逐步发展中，林业园正在向旅游区的打造而发展，植被保护及野生动物的保护法规完善。目前金山屯区正在致力于建设绿色小镇，而林区生态园的建设在其中属于重点建设部分，在保护生态园的基础上适当进行开发，吸引游客，为建设旅游生态园而努力。

六、林下经济园区

"林下经济"是近年来林业生产领域涌现的新生事物，也是一项新兴的富民产业。中央明确指出，发展林下经济，既可促进农民增收，又可巩固集体林权制度改革（翟明普，2011）；同时加快林业经济转型升级，提高林业综合生产能力和质量效益也是当前各级林业主管部门和广大林业经营者共同面临的重要课题。（王宗星等，2013）大力发展林下经济，充分挖掘和利用现有的林地林木资源，是我国在新时期根据林业发展的现状提出的加快林业向纵深发展，向可持续发展、循环发展、绿色发展、环保发展的重大战略转移。通过发展林下经济，可以充分调动广大林农爱护林业、投身林业的积极性。（李艳国等，2014）林下经济园区的建立与发展对于发展林下经济，推动林业产业不断壮大和转型升级、稳定和进一步保护林业生态建设成果有着十分重要的意义。

林下经济分为林下种植、野生动物驯养繁殖、林下采集及产品加工、森林旅游这四种。主要的模式有林药模式、林草模式、林禽模式、林经模式、林菌模式、林蝉模式、林菜模式等。

广西壮族自治区浦北县坚持以林为主、保护生态、突出特色的原则，因地制宜发展林下经济。县委、县政府把林下经济纳入"特色农业提升工程"建设，制定了《浦北县"十二五"林下经济发展规划》，出台了《浦北县林下经济发展扶持办法》。通过政府扶持、部门支持、企业带动、示范促动，推动林下经济园区化、基地化发展。2011年，浦北全县已建立了百万亩林下经济产业区，建成了初具规模的七大产业基地。即林下藤芒原料基地 30 万亩；林下红椎菌产业基地 15 万亩；林下中药材和金花茶等名贵花卉产业基地 1.2 万亩；林下养鸡产业基地 5 万亩；林下养蜂产业基地 40 万亩；林下养畜产业基地 20 万亩；以五皇山森林旅游为主，带动农家乐旅游的森林旅游产业基地。通过这几年的发展，浦北县林下经济产业呈现由散到聚，由聚到大，由大到优的发展格局，形成特色明显，辐射力强，多业发展的良好态势，促进了农民的增收，产生了较好的效益。

七、城市林业管护经济

林业发展除了经济效益之外，还有巨大的社会效益和生态效益。林业资源比较丰富，是自然资源非常重要的组成部分，其直接关系到人类生产生活、社会的可持续发展。森林管护工作是一种国有林区生产和管理的一种综合性工作方式，是始终以国有林区的健康持续发展为基础的一种管理工作方式。自从国家实施天然林保护工作以来，森林管护工作越来越发挥出其重要作用，成为林业生产的关键所在。在森林管护工作中，其通常都是围绕林业的生态化建设、生态安全以及文明一体生产的总体要求，使得森林企业能够从工作思想上发生根本的转变，从而给林业的持续健康生产提供保障依据。通过林业管护工作的开展，可以有效转换林业经营机制；责任是经营机制的重要内容，通过责任区的划分，能够将工作人员、群众等开展林业管护工作的积极性调动起来，同时，林业经济效益、社会效益及生态效益也可以得到有效提升。通过林业管护工作的开展，能够有效保护林业资源，积极采取现代管理技术和管理手段，构建完善的管护责任体系，对林木病虫害有效防治，避免灾害破坏林业资源。同时，通过林业管护工作的开展，也可以有效提升林地生产力，能够促使人们复层利用林地资源，充分开发底层空间，促使林下经济得到发展，林地综合生产能力得到提升，增强林业产业的综合竞争力。（王淑芳，2016）

林业资源是我国经济发展的重要战略资源，复合式林业经济的发展不仅要求我们要重视林业的经济效益，更要重视林业的生态效益，加强林业管护，加快林业发展，是实现林业经济复合发展的重要手段。通过对林业管护的分析和探索，不仅能为广大林地覆盖地区的居民带来现实的经济实惠，也能为整个地区的生态环境创造价值，因此，我们在不断发展林区经济的同时，更要注重森林资源的管护，这样才能保证林业建设的综合效应，走出一条林业经济复合式可持续发展的新路子。（郭东，2016）

八、林家乐经济模式

我国乡村旅游现在已经进入全面发展时期，呈现出了良好的发展态势。（江山，邹志荣，2008）林家乐是继农家乐、渔家乐之后出现的乡村旅游新形式，属于休闲旅游的高端产品。与其他乡村旅游形式相比，林家乐对于环境的要求会更高，要求具有浓郁的绿色森林环境、优良的空气质量及较高的空气负氧离子含量，这也是林家乐区别于农家乐、渔家乐的核心特征。（程仁武等，2013）尤其是近年来，公众的工作和生活压力倍增，特别是白领阶层的娱乐时间受工作时间限制，对于大多数人来说假期基本等同于周末。由于周末仅有两天，他们又渴望得到心灵的净化，因此近郊出行成为主流趋势，城市白领阶层尤其偏爱可以为他们提供物美价廉农家院、林家院的服务。另外，对于来自农村的城市居民来说，农家、林家是儿时的记忆，那有一片片绿草地，种着很多菜、有许多漂亮的小野花。而常年居住于城市中的居民认为，他们盼望逃离城市这个车水马龙的世界，期待返璞归真。在农家乐、林家乐之中，依山傍水的环境让他们享受自然的拥抱，游客不但可以实现普通林家院惯有的垂钓采摘，亲手获取美味，还可以在体验田中体验种植的乐趣。

目前来说，林家乐正处在一个建设初期的阶段，呈现出一种朦胧状态。作为继农家乐、渔家乐之后提出的建设模式，现阶段的林家乐与农家乐、渔家乐等都市乡村旅游模式的差异并不明显，具有都市乡村旅游模式的共性。由于所依托的自然环境质量高、占地规模大、旅游产品独特，林家乐在三者中处在较高端的位置，所提供的也是较高端的休闲产品。林家乐未来的发展必然是进一步充分发挥森林、水体、空气等自然优势，深度挖掘森林休闲游憩、康体养生主题，开发具有森林特色的参与性、体验性系列活动，形成有别于农家乐和渔家乐的特色产品。从长远来讲，随着都市居民对绿色休闲。森林养生需求的不断增长，对高端定位的林家乐诉求将越来越大，对于林家乐的发展也就有了一个更大的潜力。（程仁武等，2013）林家乐将会成为带动农业产业结构调整、促进农民增收致富、提升当地形象与知名度的"民心工程"。（徐睿，

张军涛，2013）

九、乡村庭院经济

随着农村劳动力的转移和农村住宅建设的快速发展，抛荒的自留地、四旁空隙地面积大大增加。为了能够持续增加林农的收入，建设绿色生态村庄，推进社会主义新农村建设，发展庭院林业经济是一个良好的选择。

庭院林业经济的主要模式有以发展经济林果为主体的经济收益型庭院林业、以发展用材林和高大风景树为主的商品用材型庭院林业和以绿化美化庭院居住环境为主的生态环境型庭院林业。（施玉书等，2001）发展乡村庭院林业经济不仅可以持续增加农民收入，而且是村庄"五化"的主体内容。只要突出特色，不仅可以成为休闲林业、乡村旅游的主要支撑和载体，而且还是降低农业风险、调整种植产业结构，防御自然灾害的生态调控措施。因此，大力发展乡村庭院林业经济不仅是推进社会主义新农村建设的重要内容，而且可以充分发挥林业在推进社会主义新农村建设中的重要作用。

第三节　典型地区的林业绿色经济实践

一、黑龙江林业绿色经济实践状况

黑龙江省森工林区作为我国重点国有林区，是林业经济发展的重要组成部分，更是全省乃至全国生态建设的主力军之一。现有的林业生态经济发展模式大多从森林分类经营角度，将森林划分为公益林与商品林，分区域有针对性地构建发展模式，在东北国有林区林业生态经济发展模式主要有：在公益林区构建以天然林保护及培育为主的生态优先型林业生态经济发展模，生态重建与生态移民为主的林业生态经济发展模式以及森林生态旅游为主的林业生态经济发展模式；在商品林区构建林农复合型林业生态经济发展模式，资源综合利用型林业生态经济发展模式以及林工一体化林业生态经济发展模式。该地区形成了"一个基础，两个方向"的林业生态经济发展模式，第一是森林资源培育模式，黑龙江省森工林区的森林资源培育在过去很长的一段时间内由于围绕林业生产木材的这一单一目标，其内容仅仅是培育木材，随着林业建设目标的转变，即由木材生产为主转变为生态建设为主，森林资源培育的内容也从培育木材转变为了保护和改善生态环境，促进人与自然的和谐相处与可持续发展。森林资源培育不只是对林产品等直接资源的培育，还有对间接资源，如森林景观和人文资源的培育。第二是木质资源接续产业共生循环模式，即在延续资源利用的基础上改变资源利用方式的发展模式，主要以林产工业为代表。林产工业是以木质资源为基础，是林区的主导产业，并且对生态环境威胁最大，林产工业的生态化是林区产业生态化的关键环节。第三是林下经济发展模式。森工林区的林下经济具有较好的生态位发展态势，目前已经形成较为丰富的经营模式：林菌、林草、林药、林菜、林油、林粮、林牧等，以及两种或两种以上方式相结合的复合经营模式。第四是森林旅游布局。黑龙江森林旅游产品丰富且特色鲜明，具有很强的季节性，冬季有滑雪与雾凇、冰雕、雪乡等景观项目，夏季有漂流、森林公园等项目，而丰富的植被类型及地质类型使得林区在秋季也有很强观赏性，湿地、湖泊风景独特。第四是建立林业生态经济模式保障机制，利用绿色财政与金融工具，从制度改革、融资机制、人才机制、科技研发及监管机制多层面建立较完善的运行保障机制。（齐木村，2015）

专栏　伊春市林业绿色经济实践状况

近年来，伊春始终高扬生态保护旗帜不动摇，秉持"林业经济林中发展、林区工业林外发展"的理念，坚持走绿色化发展之路，开启了全面建设美丽富庶、文明和谐、健康、幸福新伊春的征程。除了加大对森林的管护之外，伊春市乌伊岭林业局的榛子林改培也开展得如火如荼。在该局林场的一处山上，几十个家庭的男女老少，忙碌在自家承包的榛子林间。去年，他们每户承包了200亩榛子林，后年每户可见效益3万元，大后年可见效益6万元，这以后，每年每户的效益增长将在2万元以上。

2010年，伊春在全国国有林区率先停止主伐，变"吃山"为"养山"，全力发展林下经济，成功探索出一条林业经济可持续发展之路。伊春市倾注全力发展林下项目，打造出"红蓝黑"三项产业，分别是红松、蓝莓、黑木耳产业。由于全市食用菌生产规模持续扩大，产品产量和质量不断提高，食用菌年生产规模达6.7亿袋，其中黑木耳6.4亿袋，产量2.7万t，约占全国产量的7%；建成五营九天公司、朗乡营林中心、带岭林科所3个蓝莓种苗繁育基地，蓝莓组培苗木繁育能力达到4 000万株，友好林业局建起万亩蓝莓基地，蓝莓、蓝靛果等小浆果种植面积达4.9万亩，成为全国最大的蓝莓苗木繁育和种植基地；营造和改培红松果林2.27万亩，红松子年采集量1万t以上，就地加工转化率达40%。

伊春市大力发展药材生产和特色养殖及榛子林改培，推动了林业经济的可持续发展，实现了林农的持续增收。目前，药材种植面积达13.1万亩，榛子林改培面积30.8万亩，野猪饲养量达到4.5万头，各类林下种植养殖基地发展至235个。另外，壮大现有龙头企业，整合企业资源，打造本地绿色产业谷。利用科技创新增添发展动力，建立产学研相结合的技术创新体系，与省内外相关院校、科研院所建立合作关系，不断推广培养技术，逐步形成了近万人的不同层次的技术队伍，为林下经济快速发展提供了技术和智力支撑。

伊春市按"群众自愿、民主管理、风险共担、利益共享"的原则，引导扶持专业合作社健康发展。在乌马河林业局成立了绿谷香菇生产合作社，以"公司＋合作社＋经营户"的形式，组织合作化生产，实行产供销一条龙服务，合作社把菌袋发放给林场职工，全程提供技术服务，产品生产出来后再回收菌袋成本；翠峦林业局探索"公司＋协会＋带头人"的发展模式，组建起多种经营产销服务公司，在种养环节提供新技术，在产品上市前提供市场信息。通过建立各类专业合作社有效扩展了林下经济的发展规模。

作为国务院确定的全国唯一林业资源型城市经济转型试点市，伊春始终将优化发展环境作为促进经济社会发展的重中之重，全力建设宜居宜业宜游的现代化森林城市，努力营造以人为本、经济可持续发展的良好社会氛围。

目前，国内林业绿色经济的发展实践活动正在如火如荼地开展中，实现了从无到有的发展历程，并取得了一定的成效，带动了当地生态、经济和社会的全面发展。但客观地说看，现阶段的林业绿色经济实践仍处于起步阶段，有些甚至算不上完全意义上的绿色经济实践。同时，实现绿色经济发展，促进绿色经济实践的技术体系的建设，产业链的构建，以政府引导、市场导向的经济发展环境的优化及相关法律法规的完善等亟待进一步探索和完善。林业绿色经济发展实践任重而道远。

二、福建省林业绿色经济实践状况

福建省素有"八山一水一分田"之称，是我国南方重点集体林区，也是海峡西岸重要的生态屏障。林业是福建省的一大优势、一大保障、一大潜力。一方面，林业担负着建设和保护森林生态系统、管理和恢复湿地生态系统、改善和治理荒漠生态系统、维护和发展生物多样性的重要职责，在推进生态文明先行示范区建设中发挥着不可替代的作用。另一方面，林业也是福建国民经济的重要组成部分，更是山区林区农民增收致富的重要渠道之一，在扶贫开发、吸纳就业、统筹城乡发展等方面都发挥着重要的积极作用。（黄朝法等，2016）

1. 林下经济发展现状

随着集体林权制度改革不断深化，福建省林下经济发展成为绿色富民新亮点。福建省林下经济的发展长期处在群众自发利用的初级状态，随着改革开放的推进、市场经济的逐步形成以及林权制度改革的实施，林下种植、养殖，以及林下休闲旅游等逐步发展。近些年福建省各地通过自主发展林下经济，积累了具有区域特色的发展林下经济的成功经验，并总结出适合于一定区域发展，成熟的林下经济模式，主要有：林药模式，即不同郁闭度的林中种植不同耐荫度的中草药；林菌模式，即充分利用森林环境，在郁闭的林下种植香菇、木耳等食用菌，或者利用林下原有的如红菇等菌群，做好菌群基地管护工作，适时采摘收获；林游模式（森林人家），即利用森林生态景观开发森林休闲旅游；林蜂模式，即利用森林里丰富的蜜源植物，饲养蜜蜂，发展养蜂业，获取蜂蜜资源；林禽模式，即在林下透光性、空气流通性好等环境条件，充分利用林下空间及林下丰富的昆虫、杂草等资源，放养或圈养鸡、鸭、鹅等禽类。

2. 智慧林业经济发展现状

作为国家发改委授牌 4G 智慧林业的首个应用示范单位，福建金森林业股份有限公司于 2012 年 6 月在深交所上市，是全国首家纯林业种植型上市公司，是全国最大规模单细胞种苗繁育中心，是全国最大规模新品种、标准化紫薇产业园，也是我国南方面积最大商品林国际森林认证单位。现有森林资源面积 72 万亩，森林蓄积量 583 万 m^3，是中国生态环境建设十大贡献企业和福建省农业产业化龙头企业。

近年来，福建金森公司应用物联网技术在森林气象监测、林区智能烟火识别、单兵系统、苗圃智能化管理、无人飞行器森林资源航拍等方面取得了良好成效。福建金森在信息化建设中开发了软硬件应用平台，整合智能苗圃、森林资源管理大数据平台、林区智能管理系统、森林资源并购评审等数据资源所涉及的关键技术都是林业领域的行业发展瓶颈技术，通过项目的示范，将推动整个行业的信息化技术发展。通过"智慧林业"建设，福建金森在实现现代林业发展目标的同时，有效地解决好资源分布在哪里、林子造在哪里、效益体现在哪里等问题，彻底改变了林业向来"无围墙企业、露天仓库、粗放管理"的被动局面，打造出阳光、透明、规范、精准的经营管理新模式。

3. 集体林权制度改革创新——林业互联网金融产品

2003 年，福建省全面启动集体林权制度改革，并于第二年在永安发放了全国第一笔林权抵押贷款。到 2014 年，三明启动新一轮深化林改工作，把林业金融创新作为深化林改的切入点，取得了积极成效。三明针对林业生产经营周期与原有林权抵押贷款期限短的矛盾，以及贷款难、担保难、贷款贵、品种单一、手续繁琐等问题，积极探索、大胆实践、扎实推进林业金融创新，在全国首推林权按揭贷款，林权流转支贷宝、林业互联网金融 P2P 等新品种。（张扬南，2013）目前，全市累计发放林权抵押贷款总额 80 多亿元、余额 40 多亿元，占全国林权抵押贷款总额的约 1/10，占福建省林权抵押贷款总额的约 50%。林权按揭贷款产品是由三明市政府主导，兴业银行三明分行、邮储银行三明分行、三明农商银行与中闽林权收储公司共同推出的林业金融创新品种，具有期限长、利率低、用途广等特点，解决了林业生产投资周期与贷款期限严重不匹配的问题。

林业金融服务 P2P 平台于 2015 年 10 月在三明市注册成立，注册资金 5 000 万元，作为全国首创的专注于林业领域的互联网金融平台，实行线上与线下相结合的经营发展模式。该平台结合全球惠普金融发展趋势与互联网技术创新，不仅更加多元化，多渠道地满足林业企业、林业经营组织和林农的融资需求，也为社会投资者提供专业、可信赖的投资服务，实现财富增值。

三、北京市林业绿色经济实践状况

改革开放以来，北京市全面贯彻党中央、国务院关于加强北京市生态建设的重要指示，把植树造林作为改善生态环境的战略措施，有力地促进了林业发展。全民生态意识不断加强，义务植树运动深入开展，全社会办林业、全民搞绿化的积极性不断提高。近年来，北京市相继实施了山区、平原、城市绿化隔离地区三道绿色生态屏障等一批重点林业生态工程。目前，全市三道绿色生态屏障基本形成，林业生态体系、产业体系和森林资源安全保障体系基本建成，生态环境质量明显改善，城市面貌显著改观，林业在首都经济社会发展中发挥着越来越重要的作用。北京市发布了"十三五"时期绿色发展规划，该规划指出，实现发展目标，破解发展难题，厚植发展优势，必须牢牢树立和贯彻落实创新、协调、绿色、开放、共享的新发展理念。在规划中明确了绿色发展的重要地位，提出了几十项有关绿色生产、消费等指标，绿色是永续发展的必要条件和人民对美好生活追求的重要体现。必须坚持节约资源和保护环境的基本国策，坚持可持续发展，坚定走生产发展、生活富裕、生态良好的文明发展道路，加快建设资源节约型、环境友好型社会，形成人与自然和谐发展现代化建设新格局，推进美丽中国建设，为全球生态安全作出新贡献。林业在北京市绿色发展中具有重要作用。

为加快转变发展方式、改善首都生态环境、推动首都生态文明建设、提升城市宜居环境和幸福指数，2012 年北京市委、市政府作出实施平原地区造林工程的重大战略决策。几年来，全市上下齐心协力、众志成城，截至 2015 年年底，共完成造林 105 万亩、植树 5 400 多万株，平原地区百万亩造林工程建设任务超额完成。平原造林工程在建设规模、造林速度、质量水平、景观效果等方面均创造了北京平原植树造林新的历史。工程建设得到了各级领导的肯定、社会的赞誉、农民的拥护。平原造林工程建设成效显著、影响深远。（首都绿化委员会，2016）统筹林业发展和耕地保护，优先使用建设用地腾退、废弃砂石坑、河滩地沙荒地、坑塘藕地、污染地实施生态修复和环境治理 36.4 万亩。在完成百万亩平原造林工程的同时，2015 年还重点推进了四环至六环之间的绿化隔离地区绿化。北京市启动第一道绿化隔离带建设已有 20 多年，至今仍有 28km² 没有实现绿化，第二道绿化隔离地区也有很大面积没有实现规划建绿。本着"拆除一块、绿化一块"的原则，2015 年，北京市对绿化隔离地区已经拆迁腾退、满足绿化条件的地块全部实施绿化，城乡接合部 50 个重点村、昌平六环内拆迁腾退地、海淀"三山五园"、朝阳一道绿化隔离地区 6 个试点乡、大兴西红门镇是实施重点，绿化面积达 1.4 万亩。

2014 年 9 月，北京顺义区碳汇造林一期项目作为北京市首个碳排放权抵消项目在北京环境交易所挂牌；同年 12 月，承德丰宁千松坝林场碳汇造林一期项目在北京挂牌并成功实现交易；2015 年 5 月，我国第一个碳汇造林 CCER 项目——广东长隆碳汇造林项目获得签发。这都是林业项目借助碳市场进行融资的有益尝试，也为盘活林业经济、促进市场化生态补偿机制发展提供了重要参考。目前，已进入项目审定阶段的林业碳汇项目已达 20 余个。

森林文化是"生态文明"的组成部分，森林文化是生态文明的组成部分，与生态文明建设相辅相成。森林文化承载并丰富生态文明，生态文明蕴含并提升森林文化。森林文化是"五个之都"的抓手。推动森林文化建设、保持良好生态环境、提升公众生态文明素质，实现"社会主义先进文化之都"和建设"和谐宜居之都"的抓手和途径。森林文化水平是世界城市建设的重要指标之一，积极吸收国际大都市森林文化建设的成功经验，打造以森林文化为特色的绿色名片，对推动北京世界城市建设具有十分重要的意义。

专栏　北京森林文化促进和示范工程

为了落实党十八大提出的弘扬生态文明、建设美丽中国目标，北京市率先在 4 个国家级森林公园和自然保护区开展了森林文化促进和示范工程。

（1）八达岭国家森林公园——以长城脚下的山地森林体验中心和森林大讲堂为特色。森林体验中心包括：建设集森林历史沿革、森林多功能性、森林保护和森林产业等内容的不同室内展示区，并通过空间、影像和实物体现森林文化；森林户外体验包括：在户外设置大本营、森林小木屋、森林树屋和讲解步道等设施，以便于公众进入森林中有效地了解和认识森林；森林室外植物展示基地包括：建设专业的自然观察路径和讲解牌，便于公众了解树木的功能和不同季节的不同形态。

（2）松山国家级自然保护区——以森林医疗、森林探险和自然学习为特色。森林医疗即将医学和森林的多功能性相结合，建立全国第一家森林医院；森林观察体验即在保护区内规划自然观察路径和森林体验区域，引导公众进入森林、了解森林；建设一处自然学校，由专业的自然讲解师在室内外带领公众认识森林、动植物、地质水文现象等。

（3）百望山森林公园——以红色革命与绿色文化教育有机结合为特色，进行爱国主义教育和生态文明教育。红色革命教育：通过公园内的"黑山扈抗日战斗纪念碑"为基点，建设为全市红色革命教育活动基地；绿色文化宣传：借助公园内的首都绿色文化碑林，大力宣传我国生态建设的步伐和成就；亲子森林体验：在园内开展亲子活动，如笔记大自然、自然观察、自然游戏等森林体验活动。

（4）西山国家森林公园——以近郊城市森林休闲健身和森林音乐会为特色。森林音乐会：将音乐会引入到森林中，将音乐、森林有机结合，展现森林艺术；森林健身拓展：在森林公园内规划不同年龄层的健身、长走、骑行等活动区域，吸引更多的公众走入森林；森林大讲堂：通过森林课堂，森林摄影、绘画及笔记大自然等活动，使更多的公众发现、了解和宣传森林的多功能性。

四、广西壮族自治区林业绿色经济实践状况

从发展来看，广西地区林下经济的产业模式主要有林下生态—经济—旅游模式、林—禽产业模式、林桑产业模式、林草产业模式、林药模式、林花产业模式及其他类型。目前，广西林下经济产业结构需要进一步优化配置，增加林菌产业、林禽产业等新兴产业的规模和比重。广西林下经济建设使林地空间资源得到有效利用，且将特色林业产业开发、农民增收、地方经济发展有机结合，调整了项目区农村产业结构，并且展开了农村复合经济的发展，提供了大量就业机会给农村剩余劳动力，促进地方经济发展。广西通过林下经济建设，保证了当地生态系统不被破坏，并且能够将丰富的林地资源充分利用，有效的节约林地资源，推动了新农村经济发展，为农民增收具有重要的意义。

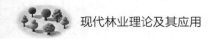

五、重庆市林业绿色经济实践状况

实施森林工程，建设生态文明，是时代赋予重庆的光荣使命。但是，森林资源总量不足、林分质量不高、森林结构不尽合理、林业市场化程度不高、制度机制不够完善，仍然是制约城乡绿化的突出问题，林业基础在重庆市国民经济中还相对薄弱。重庆市作为全国统筹城乡综合配套改革试验区和三峡库区所在地，具备大面积造林绿化的地理、气候条件，有实现山区农民兴林致富的现实要求，有统筹城乡林业发展的迫切需要，有创建国家森林城市的广泛社会需求。贯彻落实对重庆发展作出的"314"总体部署，要求全市各级各部门务必高度重视生态建设，加快推进城乡绿化，拓展森林生态系统的容量和空间，确保长江上游和三峡库区腹心地带生态安全，促进经济社会更好更快发展。

2016 年，重庆市林业局实施 6 大举措建设长江上游重要屏障，具体如下：（1）编制重庆建设长江上游重要生态屏障林业规划纲要，积极融入国家和全市发展战略大局。（2）严守林业生态红线，全面停止天然林商业性采伐，加强生物多样性保护，试点建设国家公园。（3）以退耕还林为重点大力实施生态修复，退耕还林经济林占比 70%以上，启动森林质量精准提升工程。（4）编制产业发展规划，重点发展森林旅游、木本油料、笋竹等特色产业，促进农民增收致富。（5）深化林业改革，全面实施国有林场改革，探索林地承包权有偿退出和横向森林生态效益补偿。（6）推动市域、流域共建共享，争取长江上游重要生态屏障建设上升为国家战略。（中国林业网，2016）

2017 年重庆市林业局在市林业科技创新大会上表示，将重点加强天然林资源、消落带湿地和岩溶性石漠土地生态系统优质经营与高效修复关键共性技术研究，集成优化森林质量精准提升技术；加强珍稀濒危野生动植物和典型地带性植被等生物多样性保育技术研究。鼓励建立特色效益林业科技示范基地，支持产学研牵头发展特色效益林业技术联盟和龙头企业牵头建立特色效益林业研发平台，打造一批林业科技示范区和生物产业基地。优化林业科技成果服务库，探索"科技＋"协同创新型林业科技推广服务模式，建成 O2O 林业技术推广服务网络。

六、浙江省林业绿色经济实践状况

浙江是"七山一水两分田"的省份。全省土地总面积 10.18 万 km²，山地、丘陵占总面积的 70%。林业用地面积 9 911 万亩，占全省土地总面积的 64%，全省森林覆盖率 60.58%。浙江省坚持兴林富民，推动林业产业转型升级。

在坚持生态优先、注重森林资源保护的同时，通过机制创新、政策引导、开拓市场、资金扶持，激活各类林业生产要素，推动了林业产业的快速发展，形成了木业、竹业、花卉苗木、森林食品、野生动植物驯养与繁殖、森林旅游等六大产业，涌现了一批林业经济强市强县，临安、安吉、江山等林业经济强县农民收入的 60% 以上来自于林业。为推进林业产业转型升级，启动了现代林业园区建设，公布了三批 246 个省级现代林业园区创建点，建设规模达到 239 万亩，总投资 50.7 亿元。另外，森林生态休闲旅游业发展迅猛，野生动植物驯养繁育产业在政策激励下显现出新的增长势头。在发展林业产业中，注重长期效益和短期效益相结合，大力发展林下经济，引导农民利用承包的林地，规模化发展林药、林菌、林果、林花等林下种植业，以及家禽、家畜、野生动物等林下养殖业，同时发展以森林景观为主体的休闲旅游业，实现近期得利、长期得林，以短养长、长短协调的森林培育与农民增收相互促进的良性发展机制。坚持规模经营，培育林业经营主体。广大林农和各类经营主体积极参与林业建设是推进林业产业发展的主导力量和活力源泉。在深化集体林权制度改革和促进林业产业经营过程中，我们积极培育专业大户、林业合作社和龙头企业等生产经营主体，有力地推动了林业产业的规模化发展。积极培育林业专业大户。坚持深化配套改革，优化森林资源配置。

规模化经营是林业产业化发展的必然要求。为了解决林改后"有人无山经营、有山无人经营"的问题，我们积极深化林权配套改革，推进森林资源流转，既确保了林业生产要素的合理流动，又维护了广大林农的合法权益。一是健全流转制度。制定了《浙江省森林、林木和林地流转管理办法》《浙江省森林资源资产抵押管理暂行办法》等政策性文件，初步明确了物权和债权的各自范围及其管理方式，规定相关部门的管理职责和林权流转程序，为规范林权有序流转提供了制度保障。二是加强流转服务。积极开展林权管理机构、森林资产评估机构、森林资源收储中心等组织机构建设，开展林权登记、信息发布、森林资产评估、林权流转、林权证抵押贷款、林业保险、林业法律咨询和林业科技服务。坚持大力扶持，创新林业金融服务。金融是现代经济的核心要素。发展林业产业，需要大量的资金投入。浙江省创新林业金融服务体系，大力推进林权抵押贷款，通过盘活森林资源资产推进林业产业发展。一是创新林业金融产品。创新银林合作模式，与建行浙江省分行共同打造"林贷通"网络银行融资平台，推出林业企业联贷联保等四款绿色融资产品。二是完善林业金融服务。推进林权信息管理系统建设，庆元、龙泉等地通过建设"林权 IC 卡"，将林权信息、森林资源资产评估数据与金融系统实现对接，有效破解林权抵押贷款工作中的"评估难""耗时长"

等问题。坚持强林惠农服务，构建公共服务平台。市场经济条件下推进林业产业发展，仍然离不开政府的政策引导和资金扶持。各级政府高度重视集体林权制度改革和林业产业发展，不断完善强林惠农的各项政策措施。

现在浙江的林业主导产业有致富百万农民的竹产业、快速发展的野生动植物驯养繁育产业、低碳和循环利用的木材加工业、生态高效的森林食品。主要是山核桃、香榧。二者为我国特有的珍稀干果业，集果用、材用和保健等多种用途于一体，结果寿命长，经济效益高，是浙江省最具地方特色和市场潜力的林业产业资源。此外，还有欣欣向荣的花卉苗木和多种模式的林下经济。作为一个林业资源小省，浙江更加重视通过提高林地利用率和生产力，来实现林兴民富。多年来，浙江一手抓生态、一手抓产业，推行立体经营和复合经营模式，发展林下养殖业和种植业，实现近期得利、长期得林，远近结合、协调发展的森林功能效益。目前，全省林下经济经营面积 2 200多万亩，主要有林＋草、林＋菜、林＋苗、林＋茶、林＋菌、林＋药、林禽、林畜等模式，每亩林地平均增收 2 100 元，实现林下经济效益 826 亿元。近几年，随着经济社会的快速发展，以走进森林、回归自然为特征的森林旅游业正成为社会的消费热点，也逐步发展成为富民惠农的林业新兴支柱产业。

参考文献

［1］郝冬梅. 现代林业生态建设与林政资源管理措施探析［J］. 中文科技期刊数据库（全文版）农业科学，2022（10）：3.

［2］朱国斌. 现代林业生态建设以及林政资源管理对策［J］. 农村科学实验，2022（6）：49-51.

［3］张秋玲，侯贺平，王德彩，等. 地方农林院校现代林业信息技术课程教学改革研究［J］. 创新创业理论研究与实践，2022（007）：005.

［4］罗清波. 林业信息化建设中的网络信息安全管理研究——评《现代林业信息技术与应用》［J］. 林业经济，2022，44（10）：1.

［5］无. 广西壮族自治区人民政府 国家林业和草原局关于印发广西现代林业产业示范区实施方案的通知（桂政发〔2022〕2 号）［J］. 广西壮族自治区人民政府公报，2022（6）：2-6.

［6］霍大伟. 强化林业苗木培育及移植造林技术的建议［J］. 农民致富之友，2023（7）：3.

［7］唐操. 林业技术推广在生态林业建设中的运用［J］. 花卉，2023（6）：3.

［8］孙美娥. 林业技术推广在生态林业建设中的问题及其对策研究［J］. 中文科技期刊数据库（全文版）农业科学，2023（3）：4.

［9］卢冉. 生态林业保护下林业可持续发展的探讨［J］. 中文科技期刊数据库（全文版）自然科学，2023（3）：4.

［10］张家林. 浅析林业工程造林管理的方法及意义［J］. 中文科技期刊数据库（全文版）农业科学，2023（1）：4.

［11］吴国文，覃荣，彭正，等. 基于 SWOT-AHP 的广西现代特色林业示范区发展战略研究［J］. 安徽农业科学，2023，51（3）：4.

［12］孙凌波. 农业林业技术创新与现代农业林业发展研究［J］. 中文科技期刊数据库（全文版）自然科学，2023（1）：4.

［13］刘智星. 林业发展中的育苗栽培管理技术要点分析［J］. 中文科技期刊数据库（全

文版）农业科学，2023（2）：3.

[14] 梁茂雄. 林业生态工程技术与森林虫害预防措施［J］. 农家科技：理论版，2023（3）：3.

[15] 尹思颖. 我国林业生态保护存在的问题及对策研究［J］. 农业开发与装备，2023（1）：3.

[16] 何佩佩. 浅析现代林业生产和林业保护的关系［J］. 新农业，2023（1）：3.

[17] 薄锡红. 浅析现代林业发展与保护的关系［J］. 中文科技期刊数据库（全文版）自然科学，2023（2）：3.

[18] 张玉霞. 现代林业营造方法及营林生产管理探讨［J］. 新农业，2023（3）：2.

[19] 王国东. 现代林业营林管理存在的问题及解决措施［J］. 中文科技期刊数据库（全文版）农业科学，2023（1）：4.

[20] 王国东. 朝阳县林业建设现状及现代林业发展对策探析［J］. 水土保持应用技术，2023（1）：2.

[21] 詹放. 新形势下现代林业企业人力资源管理创新探究——评《现代林业企业管理学》［J］. 林业经济，2022，44（5）：1.

[22] 薄锡红. 现代林业育苗栽培管理技术的探研［J］. 中文科技期刊数据库（全文版）自然科学，2023（4）：3.

[23] 刘熙添. 浅论遥感技术在现代林业中的应用［J］. 中文科技期刊数据库（全文版）自然科学，2023（3）：4.

[24] 于海龙. 探讨林业技术创新在现代林业发展中的重要性［J］. 中文科技期刊数据库（全文版）农业科学，2023（3）：4.

[25] 孙二发. 现代林业营林技术方法与措施研究［J］. 中文科技期刊数据库（全文版）自然科学，2023（3）：4.

[26] 王大鹏. 现代林业的森林经营管理理论与实践分析［J］. 花卉，2023（4）：3.